JN291941

シリーズ
縄文集落の多様性 I

集落の変遷と地域性

鈴木克彦・鈴木保彦 編

雄山閣

シリーズ「縄文集落の多様性」の刊行にあたって

　南北に連なる日本列島の豊かな自然環境のもとに形成された縄文時代の集落形成には、地域と年代により多様性があることが知られている。

　集落は、人々が生活を営む過程でくらし易いように人工的に土地や環境を改変して形成されるもので、居住の家だけでなく広場、墓、貯蔵、屋外炉、捨て場など、諸作業あるいは信仰、祭祀儀礼、生業などの生活に必要な諸施設の全体範囲を指す。それらの諸施設は、みな有機的に連携されているものである。当然そこには家族、親族、血縁・地縁集団の社会組織や世界観が存在するだけでなく、社会的な規制、慣習などが反映されている。

　そういった有形、無形の「縄文集落」の全体像を正しく認識するために、これまでわれわれが発掘調査で明らかにしてきた集落を形成する諸要素を、単元的にとりあげて全体で総括的にまとめることとし、下記のとおり企画編集した。

　そのⅠでは、各地域単位に集落形成の主体となる住居および住居群の集落形態と構造を俯瞰するかたちで総論的にまとめ、ⅡからⅣにおいて集落を構成する諸施設を便宜的に分割してテーマ化し、縄文時代における地域の多様な集落形成の特徴を発掘された埋蔵文化財を通して明らかにするものである。そのうえで、執筆者各位には、経験的に考えてきたことや研究成果により地域の文化や社会的な思惟あるいは社会構造などの諸問題を任意にとり上げてもらうことにした。このシリーズが21世紀のスタート時代にふさわしい問題提起となり、新世代の「縄文集落」研究の礎になることを望んでいる。

　なお、本書の企画には前編集長の宮島了誠氏よりご理解とご協力を賜わるとともに、刊行にあたり株式会社雄山閣に対し衷心より感謝の意を表するものである。

　　　　　　　　　　　　　　　　　　　　　　　　　　　　　　（編集者）

Ⅰ　集落の変遷と地域性（本書）
Ⅱ　葬墓制（2010年4月刊行予定）
Ⅲ　生活・生業（以下、続刊）
Ⅳ　信仰・祭祀

凡　例

編集者
　鈴木保彦、鈴木克彦

編集の主旨
　１：全国の地域、時期ごとの多様な縄文時代の集落像が理解できる内容とする。
　２：各地域の集落研究の現状と課題（第１章）、各時期の集落の変遷と特徴（第２章）を明らかにする。
　３：集落形態の構造を分析し、関連する諸問題を任意にとり上げて考察する（第３章）。

編集方針
・地域区分は、任意で行なった。
・文中の人名は、敬称を省略した。
・用語については、次の事項を統一した。
　①：住居を指す竪穴、竪穴式住居、住居跡、住居址は「住居」に、集落跡、集落址は「集落」に、数量単位について、住居は「軒」、掘立柱建物は「棟」、ほかは「基」とする。
　②：土坑、土壙の用語は、墓と確定できない場合は「土坑」、墓を指す場合は「土壙墓」とする。
・遺跡名には最初に限り、北海道を除いて都府県市町村名を記入した。
・住居、集落の時期表記は、土器型式に基づく場合、例：十腰内１式期と表記した。
・数値は算用数字を用い、単位はm、㎡、kmと記号化して表記した。
・引用・参考文献は、文中に（鈴木2001）と括弧書きで著者名と西暦発行年を記し、文末には著者姓名、西暦発行年、「論文名」、『掲載誌』または『単行本』を五十音の順に記した。
　　また、文中の出典文献の表記は、地方公共団体等（教育委員会、埋蔵文化財センター）の場合、教育委員会等を省略し、例：北海道2001と記した。ただし、文献一覧には北海道教育委員会2001と記載した。
・遺跡に関連する報告書等の文献は、巻末に都道府県別にまとめた。

シリーズ縄文集落の多様性Ⅰ
集落の変遷と地域性　目次

　　刊行にあたって　i
　　凡例　ⅱ
　　総　説 ･･･〈鈴木保彦〉 1

Ⅰ　北海道の縄文集落と地域社会 ･･････････････････〈小杉　康〉 11
　　第1章　北海道の集落研究の現状と課題 ･･････････････････････ 11
　　第2章　北海道の縄文集落の変遷と特徴 ･･････････････････････ 14
　　　第1節　草創期〜早期の集落　14
　　　第2節　前期〜中期の集落　19
　　　第3節　後期〜晩期の集落　28
　　第3章　遺跡分布の変遷と地域社会の形成 ････････････････････ 36
　　　第1節　集落を認識することは可能か　36
　　　第2節　地域区分と地域社会―「地域」とは何か―　39

Ⅱ　東北地方の縄文集落の社会組織と村落 ･････････〈鈴木克彦〉 51
　　第1章　東北地方の集落研究の現状と課題 ････････････････････ 51
　　　第1節　はじめに　51
　　　第2節　東北地方における集落研究略史と課題　52
　　第2章　東北地方の縄文集落の変遷と特徴 ････････････････････ 53
　　　第1節　草創期〜早期の集落　53
　　　第2節　前期〜中期の集落　56
　　　第3節　後期〜晩期の集落　67
　　第3章　東北地方の集落構成の仕組みと村落 ･･････････････････ 74
　　　第1節　集落と生業の領域　74
　　　第2節　東北地方の居住施設の変遷　76
　　　第3節　東北地方の集落の類型と社会組織の問題　82
　　　第4節　東北地方北部における集落と村落共同体　88

Ⅲ 関東・東海地方の縄文集落と縄文社会················〈鈴木保彦〉95

第1章 関東・東海地方における集落研究の課題················ 96
第1節 環状集落論と横切りの集落論 96
第2節 定住論と移動論 98

第2章 関東・東海地方の縄文集落の変遷と特徴················ 99
第1節 草創期〜早期の集落 99
第2節 前期〜中期の集落 103
第3節 後期〜晩期の集落 111

第3章 縄文集落の実像と縄文社会····························· 118
第1節 縄文集落の画期と諸様相 118
第2節 縄文集落の構成と構造 127
第3節 縄文集落と縄文社会 139

Ⅳ 北陸・中部地方の縄文集落と世界観················〈櫛原功一〉145

第1章 北陸・中部地方の集落研究の現状と課題················ 145
第2章 北陸・中部地方の縄文集落の変遷と特徴················ 150
第1節 草創期〜早期の集落 150
第2節 前期〜中期の集落 153
第3節 後期〜晩期の集落 163

第3章 縄文時代の環状集落構造と世界観······················ 169

Ⅴ 関西地方の縄文集落と縄文社会················〈瀬口眞司〉185

第1章 関西地方の集落研究の現状と課題······················ 185
第2章 関西地方の縄文集落の変遷と特徴······················ 187
第1節 草創期〜早期の集落 187
第2節 前期〜中期の集落 190
第3節 後期〜晩期の集落 192

第3章 集落から見た関西地方の社会の特質···················· 199
第1節 集落規模の推移 199
第2節 集落構成の変化 204

第3節　時期的変化と地域的特色に関する考察　207
　　第4節　おわりに　215

Ⅵ　中国・四国地方の縄文集落と縄文社会・・・・・・・・・・・・・・〈丹羽佑一〉219
　第1章　中国・四国地方の研究の歴史・・・・・・・・・・・・・・・・・・・・・・・・・・219
　　第1節　研究の展開と課題　219
　　第2節　検討の対象と方法　222
　第2章　中国・四国地方の後期縄文集落と地域社会・・・・・・・・・・・・・223
　　第1節　瀬戸内山陽側の事例　223
　　第2節　中国山地山陽側の事例　227
　　第3節　中国山地山陰側の事例　231
　　第4節　中国日本海沿岸部の事例　246
　　第5節　四国太平洋側山地の事例　250
　第3章　まとめ
　　　　　―各地域の遺跡群と集落の様式と地域社会の関係・・・・・・・・255

Ⅶ　九州地方の縄文集落と「縄文文化」・・・・・・・・・・・・・〈水ノ江和同〉259
　第1章　九州地方の集落研究の現状と課題・・・・・・・・・・・・・・・・・・・・259
　　第1節　九州における縄文集落研究にあたって　259
　　第2節　九州における縄文集落研究の経緯と問題の所在　259
　第2章　九州地方の縄文集落の変遷と特徴・・・・・・・・・・・・・・・・・・・・262
　　第1節　草創期～早期の集落　262
　　第2節　前期～中期の集落　266
　　第3節　後期～晩期の集落　268
　第3章　九州地方の縄文集落をめぐる諸問題・・・・・・・・・・・・・・・・・・276
　　第1節　集落を構成する竪穴住居以外の遺構　276
　　第2節　九州縄文集落の景観　283
　　第3節　南島の縄文集落　285
　　第4節　朝鮮半島との関係　288
　　第5節　九州地方の縄文集落研究の展望　290

遺跡関連文献･･294
執筆者一覧･･313

総　説

鈴　木　保　彦

　本書は、縄文集落の実像を全国的に明らかにすることを目的とするものであるが、特に地域単位の多様な集落像が網羅的に理解できるものとすることを意図したものである。そこで全国を便宜的に7地域に区分し、最初に各地域の全体的なテーマとして、第1章は「集落研究の現状と課題」、第2章は「各時期の変遷と特徴」とし、地域ごとの縄文集落の変遷や動静について全国的に概観できるようにした。

　次に、第3章については各地域の集落の特性や普遍性を明らかにするため、それぞれの執筆者に独自なテーマを設定してもらい自由に論述してもらった。縄文集落の規模や構造は、単純に比較しても東日本と西日本では大きく異なるのであるが、各地域を担当した執筆者は、それぞれの地域の集落に精通している研究者であり、そうした方々によって選択され、記述された集落論は地域性を理解する上で役立つものとなり得たと考えている。しかし、それぞれのテーマは、結果的に統一性を欠くものとなったことは否定できない。縄文集落の地域性には様々な様相があり、一筋縄ではいかないことを御理解いただき御寛容を請うことにしたい。

　なお、本書の編集は鈴木克彦・鈴木保彦の両名で行なったが、企画・立案は、鈴木克彦によるものであり、鈴木保彦がこれに協力するかたちで進められた。

1　集落、領域、セトルメント・システム

　縄文時代の社会は、狩猟・漁撈・採集を主たる生業としていたのであり、各集落はその生産の基礎となる一定の領域を有し、これが定住的生活の基盤となっていたことは疑う余地のないところである。したがって、縄文時代の集落研究は、それが成立し存続するための経済的基盤となった土地や資源との関係を抜

きに考えることはできない。また、広く縄文時代の社会や文化を考える際には、集落遺跡のみならず、縄文人が生活をするために活動した様々な痕跡の総体をセトルメント・システムと捉えることも必要かつ有効な方法である。

　（1）　集　落

　集落を狭い意味で捉えれば人々が寄り集まり、生活した跡ということになる。残存する遺構としては住居が中心となるが、関東地方の大規模な集落は、住居などの居住施設のほかに、多様な性格をもつと考えられている掘立柱建物、埋葬施設（土壙墓、配石墓、甕棺）、貯蔵施設（貯蔵穴、小竪穴）、調理施設（炉穴、集石土坑、集石）、祭祀施設（各種配石遺構）、および廃棄場・モノ送りの場などから構成されており、さらに、これらの遺構群が規則性をもって集落内に配置されている。典型的なものでは、中央部に土壙墓群からなる墓域があり、墓域を取り巻くように掘立柱建物群がめぐり、さらのその外側に貯蔵穴や住居群が環状に建ち並ぶのである。いわゆる環状集落であり、地域の拠点的な集落と考えられている。また、東北北部の円筒土器の圏内からは、集落における遺構群の配置が直列状を呈するものも検出されている。いずれも集落の形成当初から施設の性格ごとに配置が決められており、これが集落の存続期間を通して遵守された結果、累積した集落のかたちが環状や直列状となったと考えられるものである。しかし、全国的な視野で縄文集落や遺跡の規模・内容についてみれば、これらにとどまらず様々なものがあるのが実態である。特に西日本の縄文集落には、東日本に見られる大規模集落のようなものはきわめて少なく、小規模なものが主体となっている。

　小林達雄は、東京都の多摩ニュータウン遺跡群の分析から、縄文時代のセトルメント・パターンには、A～Fの6つパターンがあるとしている（小林 1973）。このうちA～Cの3パターンが集落遺跡であり、Aパターンは、ほぼ前述の大規模集落に相当するものである。Bパターンは、貯蔵穴、墓壙などの遺構がともなうことが少ない小規模集落であり、Cパターンは1～2棟の住居のみが検出される遺跡であるが、これに関して、可児通宏は「パターンB・Cは、パターンAでの生活を支えるために必要な資源を調達するために設けられた"拠点"ではなかったか」とする（可児 1993）。つまり、パターンB・Cは本拠地であるパターンAの存在を前提とした出作り的集落であり、長期に滞在したか、

季節的な短期の滞在であったかの違いであったとするのである。こうした集落論は、東京都多摩ニュータウン遺跡群の分析から導き出されたものであり、関東地方の縄文集落などの理解にはそれなりに意味をもつが、特に西日本には大規模な拠点的集落は非常に少ないので別の理解が必要となる。本書の関西、中国・四国、九州地域の記述によって明らかにされた集落像がこれを補うものとなり、さらに東北や北海道地域における縄文集落の実情が加味されることにより、縄文集落の多様性が明らかにされよう。

(2) 領　域

集落を維持・経営するためには、領域は必須のものである。一定の土地・資源からなる領域は、狩猟・漁撈・採集を生業とする社会であろうが、農業を中心とする社会であろうが、欠くことのできないものである。それゆえ、時には領域をめぐって争いが起き、血が流れ多くの命が失われたこともあったことは、これまでの歴史がよく示すところである。

一つの領域の経済活動を示す好例として、かつてのアイヌ民族の例がある。コタンを営む人々が日々の生活の糧を得る場所としては、「1）シカやクマ、ウサギなどを自由にとる猟場、2）小魚やクジラ、オットセイ、メカジキ、マグロなどの大型魚海獣を捕獲する海の猟場、3）サケやマスを捕獲する漁場、4）着物をこしらえるための繊維とする樹皮や敷物の材料にするガマ・スゲなどを刈る場所、家をたてる際の材料―木材やカヤなど―を伐ったり、刈ったりする場所、薪を切る場所、5）食用や薬用のための山菜類をとる場所……」などがあったという（伊藤ほか 1993）。こうしたものは、狩猟・漁撈・採集活動のフィールドであるとともに建築資材や燃料を得るための場所でもあり、自然に依存しこの資源を利用して生活をしていたアイヌ民族の人々にとって生きていくために欠くことのできないものであったことがよく理解できる。また、こうした様々な天然資源を得るための場所もコタンごとにある程度決められており、一定の大きな地域圏が昔から決められ、守られてきたという。イウォルと呼ばれるこうした領域は、ほかのコタンの領域と区別されているが、そうしたものと画する方法は、山であれば伝統的に山や丘の稜線、川であれば本流とそれに注ぐ支流別に、また海であればコタンの端々から海にまっすぐ延長した境界線（それは海からは山と山の重なり具合で計る方法がとられていた）などによって行な

われていたという。さらに、そこから一歩踏み出して、ほかのコタンのイウォルを侵すことは厳重にいましめられており、それがわかった場合、そのコタンは、ほかのコタンから談判を受け、代償としてとった獲物を提供したり、漆器や大刀など宝物としていたものを提供しなければならないとされていたという。各集落が占有的な領域をもち、かつその領域の範囲がほかの集落の領域と明確に区分され、厳重に管理されていたことを示すものである。領域というものがコタンを営むアイヌの人々にとって非常に重要なものであり、生きていくためのすべてであったといっても決して言い過ぎではないものであった。

　それでは、縄文時代の集落と領域との関係はどのようなものであったのであろうか。谷口康浩は、縄文時代中期中葉～後葉における関東地方南西部の大規模かつ継続性の強い環状集落が、8～9km程度の距離をおいて均等的に分布している事実に着目し、これらを各地域社会の通年の本拠地となる拠点集落と仮定してティーセン多角形分析を行ない、各集落の領域と面積を求めた。ティーセン多角形分析とは、隣り合う2地点間の中間点に垂線を引き、それらの交点を結んで作図される多角形によって勢力圏を設定する方法であるが、これにより、蜂の巣状に巡る六角形ラチスの領域モデルが導かれ、各集落の領域面積は29～98km²の範囲にあり、45～65km²程度の規模が多く、平均は約54～63km²となったのである(谷口1993・2004)。半径4.2～4.5kmの円圏の面積とほぼ等しいこの規模は、谷口も指摘するように、世界の現生採集民の平均的な生活領域からみるとかなり狭いのである。世界各地の狩猟・採集民の集落相互の距離は、平均約20km、個々の集落の領域は平均約350km²といわれている（藤本2008）。やはり、民族例からみると相当狭いということがいえるが、少なくとも関東地方南西部の縄文時代中期中葉～後葉という時期は、縄文時代を通して住居数が最も多く構築され、大規模集落も数多く営まれた時期に相当している。気候的には優温期であり、自然環境が最も豊かで、資源量も多く得られたことが反映されているものといえよう。狭い領域でも拠点的集落を営むことができるいい時代だったのである。したがって、谷口が示したモデルは、縄文時代の最も良好な時期のものということになる。事実この地域では、直後の中期末には冷涼期となり、上記のような環状を呈する大規模集落がことごとく没落・解体してしまい、小規模集落となって広く分散することになるのである（鈴木1986）。各

集落では、住居軒数も構成人員もかなり減少したものと考えられるが、集落が広く分散したことにより、一人あたりの領域の面積は拡大することになったのである。逆にみれば、そうせざるを得ないきびしい自然環境となり、天然資源による人口支持力も著しく低下したことが予想されるのである。

さて、先のティーセン多角形分析に戻ると２つの拠点集落の領域が接する境界線には、多くの場合、河川や丘陵尾根などが位置しており、隣接する２集団の領域の境界が、そうした自然地形の要衝を境として取り決められていた可能性があると指摘されている。アイヌ民族の例ともよく合致しており、各領域の境界と自然地形との関係が具体的に明らかにされたものと評価できる。

集落を営む縄文人の行動範囲は、基本的に自らの領域を中心とするものであったが、ときにはこれを超えて行動することもあった。東京都北区中里貝塚は、中期中頃から後半に形成されたと考えられる低地の貝塚であるが、堆積する貝層の厚さは最大4.5m、薄い箇所でも３mを越え、これが幅40mほどで約１kmもつづくとみられている。堆積している貝殻の量は膨大なものである。しかし、住居は検出されておらず、土器の出土も少なく、動物や魚の骨も皆無でカキとハマグリに限定された貝殻だけが延々と堆積しているのである（阿部ほか2000）。遺構としては、多数の焚火跡や熱湯を利用して貝の身を取り出すための木枠で囲った「貝処理施設」が検出されており、もっぱら採った貝を干貝などに加工することに専念した場所であったものと考えられている。しかもその堆積する貝殻の量から考えると、近隣の２・３の集落の住民にとどまらず、多数の集落の人々が利用していたものと思われるのである。おそらくこの海岸は、特定の集落の占有的な領域ではなく、かなり遠方の武蔵野台地や大宮台地に集落を営む人々も利用できるものであったものと考えられる。東関東の貝塚地帯ではこうした貝塚を「ハマ貝塚」とし、集落をともなう「ムラ貝塚」と区別している（阿部1996）。

同じように東海地方晩期の渥美周辺域では、巨大な「居住地型貝塚」がある一方で「加工場型貝塚」があることが知られている。「加工場型貝塚」はその特徴として、①貝種がハマグリに集中、②食料残滓の動物遺体が希少、③石器・骨角器の日常品が希少、④住居が未確認、⑤埋葬人骨が皆無、という共通した特徴をもち、春〜夏に採貝されていたことが判明しているという（岩瀬2008）。

潮の干満の差が最大となる大潮の日は月に2回あり、潮干狩りに最適の日であるが、大潮は新月の日と満月の日の前後となるから、遠くの集落から貝を掘りにくる場合は、月が見えなくなる新月の日か、満月の日を目途に集落を出発すれば良いのである。毎年、春から夏のシーズンに貝を採りに来て、干貝などに加工して持ち帰っていた各集落の集団は、こうしたことをよく知って行動していたのであろう。

（3）集落と領域、セトルメント・システム

　集落と領域は、密接不可分のものであるが、アイヌ民族の場合、一戸であってもコタンはコタンで、大きな河川や、河川が海に注ぐ河口付近に、数戸ないしせいぜい十数戸程度の家々が点在し、1つの村落を形成しており、社会生活上の単位であったという。家のまわりには、便所（アシンル）、食料保存倉（プ）、子熊飼育檻（ヘペレセッ）、祭壇（ヌサ）などがあり、共同の墓地（トゥシリ）、共同の水汲み場（ワッタウシ）、共同の舟つき揚（ペタル）があったという（伊藤ほか1993）。こうした集落を狭義のコタンと捉えるなら、前述の領域である"資源調達の場"も広義にはコタンという意味の範疇に入るという。狭義・広義を含めた概念で把握される情景が、コタンあるいはアイヌコタン（人里）とされている。つまり、コタンないしアイヌコタンを狭く捉えれば集落、広く捉えれば集落と領域を含めたものということになるのである。

　本書のなかで、北海道地方を担当した小杉康によって紹介されている大沼忠春のいう「コタン系集落」とは、河川や海岸に沿って、その要所要所に点在する個々の住居が「ルートでつながっている」ものを1つの集落と捉えるものであるが、これを集落と認識したのは、それらの距離をおいて住居を営む人々が、河川の流域や海岸線の沿った一定の範囲を共有の領域としていたということが前提になっていると推測される。

　また、中国・四国地方を担当した丹羽佑一は、島根県の中国山地に位置する「志津見地区遺跡群では後期中葉において、8遺跡が神戸川流域のほぼ10kmの間に分布し、1つの集落を形成した。」と解釈している。同じように、斐伊川の上流域の尾原地区遺跡群では、13遺跡が河川延長おおよそ10kmの間に分布するが、これも1つの集落と捉えている。前者の志津見地区遺跡群の例では、住居が検出されている遺跡が3遺跡あり、ほかの遺跡からは丹羽が祭祀場─焼土

群（集団墓地）、貯蔵場─貯蔵穴群、墓地─焼土・土壙墓群、墓地・貯蔵場─土壙墓群・貯蔵穴群としているものなどが検出されている。丹羽は、これらの遺跡が有機的な連携のもとに１つの集落を形成しているとし、婚姻関係などの社会組織のあり方にも言及している。これも当然領域を共有しているという認識が前提となっていると考えられるが、住居が検出されている３遺跡からは、１～２軒の住居のほかに土壙墓群、貯蔵穴群なども検出されているから個別の小規模集落とみることもできよう。林謙作は、複数のムラ（集落）の関係を捉えることによりムラはさらに「村落」となるとして、有機的に結合する集落の存在を想定して「村落」という概念を用いている（林 1979）。

　また、丹羽が１つの集落とした河川流域の遺跡群を含めて、彼の地の遺跡群の総体をセトルメント・システムと捉えることも可能である。小林達雄は前述のように、縄文時代のセトルメント・パターンには、A～Fの６つのパターンがあるとし、A～Cの集落遺跡のほかに、それ以外の諸活動にかかわる遺跡としてD～Fのパターンを設定している。それらは、正体不明のピットなどをもつものや、独立的に存在する墓地、デポ、土器製作用粘土の採掘跡、石器原材の採掘跡、石器製作跡、あるいは想定し得る一晩だけのキャンプ地、道・狩猟・採集の場などである。つまり、セトルメント・システム論とは、縄文人のすべての活動の痕跡とその分布状態から、個々の集団の生活実態を環境との係わりの中で明らかにしようとするものである。小林は、ある地域におけるセトルメント・システムのあり方にこそ、その地域性なり時代性がよく反映されていると指摘しているが（小林 1986）、これに従えば、志津見地区遺跡群や尾原地区遺跡群の例は、中国山地における縄文後期の地域性がよく示されたセトルメント・システムということになろう。また、小林は領域内における複数の集落を単位集団の集まり、単位集団群の統合体と捉え、有機的な統合体として社会的な意味をもつものとしている。

　一定の地域における集落跡や遺跡群のあり方をどのように解釈するのかについては、１つの集落と捉えるもの、村落とするもの、あるいは単位集団群の統合体とするものなど様々な考え方が提示されている。本書でもこれらの点については、執筆者により様々な解釈がなされている。縄文集落の解釈にも多様性が認められるのである。

2 まぼろしの縄文都市、縄文文明

　縄文集落を全国的にみると様々な様相があり、さらにその変遷にも盛衰がある。関東地方の中期の最盛期のものには、住居数が1,000軒を超えると思われる巨大な集落もみられる。しかし、この数字は中期の前葉と末葉をのぞくおよそ700年の間の長きにわたって累積した住居の総数である。一時期に構築されていた住居を正確に把握することは非常に難しいが、大規模集落でも多くて10軒を超える程度であり、大多数は10軒以下、数軒であったと考えられる。拠点的集落では、儀礼の執行や祭りなどに際し、一時的に近隣の集落の人々が結集することもあったと考えられるが、常時生活を営んだのはこの程度であったと考えられる。

　ところが、大規模集落が検出された青森県三内丸山遺跡では、その集落の評価について「大きい」、「長い」、「多い」というキーワードで説明できることが特徴であるとされ、中期の1,000年間に常時100軒ぐらいの住居が営まれ、約500人が生活していたという説が現われた（岡田1997）。さらには、1,000のオーダーの人口を考えることも可能であるとし、中央に祭祀センターをもつ大人口の「都市」の姿が髣然とうかびあがってくるとするものもある（小山1996）。こうしたものでは、三内丸山遺跡の集落を「縄文都市」と標榜するのである。また縄文文化は全体的に未開・野蛮な社会ではないから文明社会であるとし、独自の文明概念をもとに縄文時代観を披瀝したものものある（安田1997）。

　このような説に共通するものは、その解釈の前提となる都市や文明の概念が従来のものに捉われない独自のものとなっていることである。言い換えれば、これまでの学史や研究を無視した姿意的な「ひとりよがりの概念」とも採られかねないものである。縄文都市、縄文文明を主張するならば、その前提として、都市とは何か、文明とは何かという定義が必要となる。それもこれまでの研究に基づく共通の概念をもとに議論されなければ、都市も文明も比較研究することは不可能である。各自が自分の思うままに都市や文明の概念を振り回していたら、考古学も歴史学も成立しないのである。

　藤本強は、都市や文明について論述するにあたり、学史をふまえた上で、都市の定義については考古学から究明しやすい形に整理して、①規模（一定規模

の大きさは必要)、②高密度の居住(人口密度の高さ)、③階層性(階層差を都市内と社会内に内包)、④分業(種々の職業の出現)、⑤非農業的な性格(都市住民は直接食糧生産しない)、⑥周辺地域の管理の中心(政治の中核)、⑦交易の拠点(地域の交易の中心)などとそのポイントとなる要素を挙げている(藤本2007)。

　加えて文明の条件も多くの研究者によって様々な内容で提唱されているが、その最大公約数を取ると以下のようになるとして、①都市の出現(「定住」から「集住」への変化)、②社会の階層化(支配階層と被支配階層の出現)、③分業の成立(種々の職業の出現)、④商工業と農牧業の分離(都市住民と非都市住民の居住地と生活様相の差)、⑤金属器の出現(種々の金属器が様々な役割)、⑥交易ネットワークの成立(都市の成立により都市への物資の運搬)、⑦文字などによる記録(社会管理の必需品)などを挙げている。

　また、こうしたものに該当するものとして、メソポタミア文明の都市、インダス文明の都市、エーゲ文明の都市にエジプト文明の都市に匹敵する遺跡群などがあり、これらはすべてその基礎にティグリス・ユーフラテス川流域周辺で生まれ育ったムギの農耕とヤギ・ヒツジの牧畜があることを指摘している。一方、東アジアには、長江流域のコメの農耕とサカナの漁撈を主な生業とする文化と黄河・淮河流域のアワ・キビの農耕とブタの飼育を主要な生業にする文化があることを述べている。これが中国における文明や都市を支える経済的基盤となっていくのである。

　縄文集落が大いに隆盛し、巨大化しているようにみえたとしても、上記の都市や文明といかに異質のものであるか今さらいうまでもないだろう。縄文時代の社会は、一部で植物の栽培が行なわれていようとも狩猟・漁撈・採集を主要な生業とするものであったことは確かなことである。このような社会や文化から文明や都市は成立し得ないのである。縄文文化を野蛮なものとは思わないが、さりとて自然に依存し、うまく折り合い、自然とともに生きている人々の生活は、文明以前のものであることは疑う余地がない。ちなみに藤本は、日本列島における都市の出現は、500年ほど前の戦国時代、あるいは中世の後半からと考えて大きな間違いはないと述べている。縄文時代に都市などというものはあり得ないのである。

引用・参考文献

阿部芳郎 1996「水産資源の活用形態」『季刊考古学』55
伊藤裕満ほか 1993「コタンとはどういう意味か」『アイヌ文化の基礎知識』
岩瀬彰利 2008「東海の貝塚」『日本考古学協会　2008年度愛知大会　研究発表資料集』
岡田康博 1997『縄文都市を掘る』
可児通宏 1993「縄文時代のセトルメント・システム」『季刊考古学』44
小山修三 1996『三内丸山の世界』
小林達雄 1973「多摩ニュータウンの先住者―主として縄文時代のセトルメント・システムについて―」『月刊文化財』112
小林達雄 1986「原始集落」『日本考古学』4
鈴木保彦 1986「中部・南関東地域における縄文集落の変遷」『考古学雑誌』71―4
鈴木保彦 2006『縄文時代集落の研究』
谷口康浩 1993「セトルメント論」『季刊考古学』44
谷口康浩 2004「領域」『現代考古学事典』
林　謙作 1979「縄文期の集落と領域」『日本考古学を学ぶ』（3）
藤本　強 2007『都市と都城』
藤本　強 2008『考古学でつづる日本史』
安田喜憲 1997『縄文文明の環境』

I　北海道の縄文集落と地域社会

小　杉　　康

第1章　北海道の集落研究の現状と課題

用語問題　本論に先立って、キーワードとなる用語の問題を整理しておきたい。用語法としては「住居址」と「住居跡」とを、また「集落址」と「集落跡」とを、以下のように区別して用いるのが有効である。住居址の「址」は「し」と読ませて、現在のわれわれが認識する「遺構」の意味で用いる。一方、住居跡の「跡」は「あと」と読み、当事者にとっての「住居の跡」あるいはその「跡地」の意味で使用する。集落址の場合は、「址」は「遺跡」の意味として、よって「集落遺跡」と同義となる。今日のわれわれの目線である。他方、集落跡はやはり当事者にとっての「集落の跡地」の意味で使用する。当事者において、あるいは当時において、廃絶した住居やその跡地が、あるいは一旦放棄されたような集落の場所が、再び利用された事例が存在する。ただし、ここでは本書の編集方針にしたがって、一部を除き一律に「住居」「集落」として表記する。

研究の現状　北海道の縄文文化の集落について、その変遷の概要を論じたものに長沼孝「縄文集落の変遷＝北海道」（長沼1993）、大沼忠春「北海道における縄文時代集落の諸相」「北海道地方における集落変遷の画期と研究の現状」（大沼2001ab）がある。また、概説書の中の記述を拾い出すことによって同様の内容を読み取れるものとして藤本強『北辺の遺跡』（藤本1979）や宇田川洋『北海道の考古学』（宇田川1995）などがある。

『季刊考古学』（特集「縄文時代の家と集落」）に掲載された長沼の論考は、その雑誌の性格上コンパクトなものであるが、標記概要を知る上で重宝である。その記述のスタイルは、縄文前期までの時期については主に土器型式群圏を単位

として、その圏内の著名な事例が紹介されている。

　一方、大沼の論考は、2001年12月に開催された研究集会『縄文時代集落研究の現段階』の際に準備された『基礎資料集』と『発表要旨』に掲載されたものである。その中で「変遷と画期」ないしは「縄文時代集落の変遷」として紹介された内容は、縄文早期から晩期にかけての網羅的な記述となっているが、集落（遺跡）構成に関しての記述は少なく、住居形態の説明が中心となっている。その要因の一つとして、例えば関東地方の縄文前〜後期の集落に顕著にみられる「円環状」のような住居群の幾何学的あるいは規則的な配置構成が、北海道の事例では抽出しづらいことなどが考えられる。

　研究の課題　このような北海道の縄文集落のあり方に対して、大沼は「コタン系集落」という考え方を紹介している。その内容については再度議論することにして、ここではその際の説明の仕方に注目したい。「縄文時代の道南では多数の住居の切り合いが認められ、いかにも大規模な集落が形成され人口も多かったのに対して、道東では、住居はまばらで、人口も希薄であったのではなかろうか。（中略）北海道の東北部は、伝統的に、非本州系の縄文時代集落、いわば散居的な『コタン系集落』〔を〕形成しているのか」（大沼2001b、亀甲括弧内・傍点は小杉補足）。すなわち、北海道を「道南」、「道央」、「道北・道東」の3（ないし4）地域に区分した上での記述となっている。この点は、土器型式群圏を前提とした前出の長沼論文においてもいえることであり、両者を適宜併記しながら、あるいは書き分けながら記述している。

　このような北海道の地域区分は大沼や長沼においてのみ特別なことではなく、北海道を研究フィールドとするほかの多くの考古学研究者も採用している汎用性のある理解の仕方である。長沼は前出の論文の冒頭で、「広大な土地ゆえ地域性も強い。道北・道東は石刃鏃文化にみられるように北方から直接・間接的な影響があり、道南は東北地方北部の影響が強く、円筒土器・亀ガ岡文化などは津軽海峡を挟んで展開し、道央はそれらの接点となっている」（長沼1993）と述べている。ここで問題とすべき点は、北海道といったような所与の地域において集落の変遷を概観しようとするときに、どのような記述の方法が有効であり、可能であるか、である。なぜこのような点が改めて問題になるのかというと、特徴的な個別の遺跡例を時系列にそって羅列的に紹介するのではなくて、

一時期一地域の様相を代表するものとして適切な集落を選定することが可能であるか、さらにそもそも集落は一時期一地域において、斉一性とまでもいわないが、ある程度の外観的なまとまりを呈しうるものなのか[1]、あるいは内的構成における共通性をもちうるものなのか、その一時期一地域とは土器型式圏にどの程度対応するものなのか、という問題がなんら解決されていないからである。

　筆者はこれまでにも、土器型式（圏）をもってただちに実在的な集団として認識し、あるいはそれを無自覚的に前提とするような研究や記述を「土器型式実体論」として批判してきた（小杉 2001・2006）。特定の土器型式（圏）と特定の集落形態や住居形態がどの程度対応するか、といった課題はこれまでそれほど厳密には探求されてこなかった。おそらくは集落形態や住居形態において、土器型式やそれを構成するタイプにみられるような確固とした「定型性」などを認めることが難しいことを経験的に了解していたことなどが、その背景にあったのではないだろうか[2]。

　本稿では、前述のような土器型式圏と特定の集落形態や住居形態との対応の程度を検討することは行なわない。土器型式圏としての空間的な広がりは、方法論的に（あるいは研究史上）、先験的に先取りされたものであることは再三議論してきたところである（小杉 1995・2008a）。また、そこに含まれる各タイプが特定の空間的広がりを呈するのは事実であるが、その現象およびそれを生じさせたメカニズムと、仮に集落や住居に特定の形態が認められたとして、その分布現象およびメカニズムとが、同一の原理あるいは要因によって生じたとは想定し難いからである。本稿第3章では、集落をはじめとする遺跡全般の分布状態と「地域」との関係を議論してみたい。その結果として、新たな地域区分や、あるいは「地域」の発見が可能であるならば、それを前提とした「集落の変遷と特徴」を紹介したいところだが、それに先立つ第2章では、現状において効果的である前述の長沼論文の前半の記述スタイルにならって、土器型式群圏と北海道の3（ないし4）地域区分とを考慮した各時期の特徴的な集落を紹介することをもって、その任をはたしたい。

第2章　北海道の縄文集落の変遷と特徴

第1節　草創期～早期の集落

草創期の様相　縄文文化が展開した日本列島において、最大級の四島のうち、本州以南の三島と比べて北海道島ではその始まりを画する基準とされる土器の出現が大幅に遅れる。江別市大麻1遺跡（図1-1）出土の大麻0群土器が、本州草創期後半の多縄文系土器群の一つである室谷下層式土器に類似するものとして、長らくその最初期に位置付けられてきた（北海道1980）。2003年、十勝平野を流れる十勝川、その支流の札内川と途別川によって挟まれた細長い段丘に残された大正遺跡群中の一つ、帯広市大正3遺跡（図1-2）で、本州草創期前半の爪形文土器群、あるいは施文技術的には隆起線文土器群にも比される要素をもった土器が発見された。遺跡が立地する段丘縁辺部に形成された自然堤防状の微高地の周辺から問題の土器は出土した。出土破片数444点、元は12から15個体分ほどの土器であったと推定されている。土器内面に付着していた炭化物をAMSで測定、較正年代で14,000年前を遡る年代が得られている（帯広市2006）。尖頭器、箆形石器、両面調整石器、掻器、彫器などの石器群がこれにともなう。彫器は176点と多数出土しており、またその刃部を作りだしたり再生したりする際に生じた削片は252点に及ぶ。多数の彫器が出土する傾向は、十勝平野における後期旧石器文化の後半期から縄文早期後葉にかけて見られる現象であり、「本地域の最終氷期の終末から後氷期初期にかけての一連の枠組みの中で理解することが可能」な遺跡として評価されている（帯広市2006）。以上の土器群や石器群をともなう住居などの明確な遺構は発見されていないが、調査を担当した山原敏朗は「当該遺物群は偶発的で瞬間的に滞在した集団によって残されたとするよりも、ある程度の期間、本地域を生活領域としていた集団によって残された」とする理解を示している（帯広市2006）。大正3遺跡は海岸から直線距離で38km、十勝川を遡行すること約60km、内陸に入った標高97mほどのところに位置している。

早期前半の集落　北海道で住居をともなった集落遺跡の存在が明確になるのは、早期前半（あるいは撚糸文系土器群をもって早期の始まりとする時期区分観では早期中葉）に至ってからである。「貝殻文シンドローム」（小杉2008b）に属

する文様施文を特徴とし、尖底形態をとる「貝殻沈線文系土器群」は道南から道央に分布し、平底形態の「貝殻条痕文系土器群」は主に道東に分布する。両土器群が分布する圏内で竪穴住居をともなう最初期の集落が出現してくる。

同じ十勝平野において、大正3遺跡から南西に15kmほど離れた日高山脈の裾野に近い、標高280m前後の馬の背状の台地に位置する帯広市八千代A遺跡（図1-3）では、平底の貝殻条痕文系土器群に先行する暁式期（あるいは暁式までを含めて貝殻条痕文土器群とするならば、その最初期）の103基の竪穴遺構が発掘され、住居と考えられている（帯広市1990）。十勝川の支流、売買川の源流部付近の湿地に面した、比高差の小さな馬の背状の台地上面から斜面にかけて、住居群は3群（第1・2・4地点）に分かれて立地している。住居の配置に明確な規則性は見受けられないが、各住居はかなり密集して構築されていながらも重複する事例が少ない点が重要である。この土地から他所の土地への移動の際に廃棄された住居およびその竪穴が埋まりきる前に再びこの地に戻ってきて、新たに住居を構築するような過程、すなわちその場所が比較的短期間のうちに回帰的反復利用（小杉1998）されていた可能性が考えられる。平面形は円形から楕円形を呈する。最大

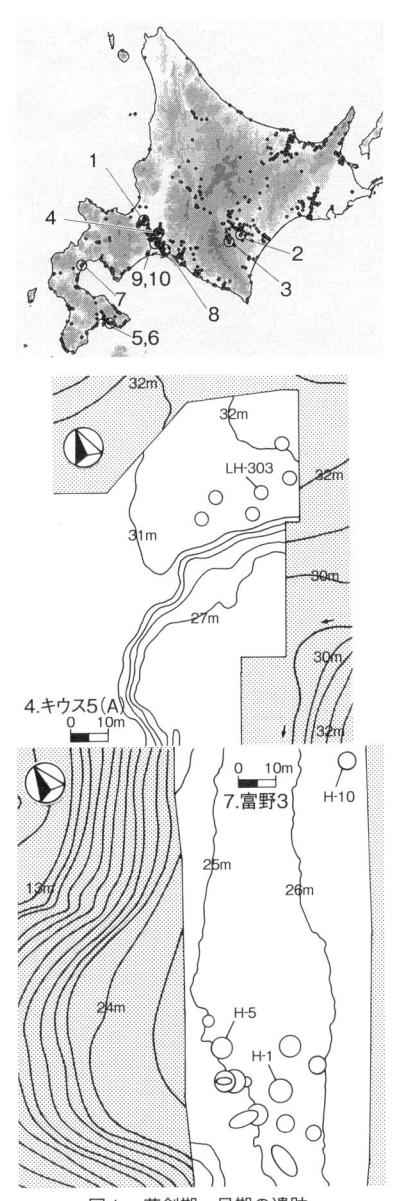

図1　草創期・早期の遺跡
1. 大麻1　2. 大正3　3. 八千代A
4. キウス5（A地区）　5. 中野A　6. 中野B
7. 富野3　8. 静川8　9. 美沢2　10. 美々7

で 10.4 × 8.0 m の楕円形プラン、大半の事例が 3 m ～ 8 m ほどの中形に属する。半数以上の住居に炉（地床炉）がともなう。柱穴を想定しうる小さな穴（杭状）が半数以上の事例で確認されているが、配置上の規則性はうかがえない。液体シンチレーション法による ^{14}C 年代（未較正）で 7,000 ～ 8,000 年代 B.P. の測定値が得られている。このような住居と想定される竪穴遺構をともなう遺跡が、テンネル式や暁式などの貝殻条痕文系土器群の早い時期に、十勝から日高にかけての一帯で多く発見されている。

　千歳市キウス 5 遺跡 A 地区では同じ暁式期の竪穴遺構 6 基が発掘され、石狩低地帯での初めての発見例として注目された。遺跡は馬追丘陵西麓を東から西へと流れるキウス川右岸に立地する（図 1-4、北海道 1998）。当該遺構が発見された地点の標高は 32 m をはかる。平面形は隅丸長方形から不整な隅丸多角形で、規模は 3 ～ 4 m ほどである。床面中央部付近に地床炉があり、床面柱穴や壁柱穴をともない、いずれも住居と考えられている。遺構番号 LH-303 は床面中央に地床炉があり、主柱穴（掘立柱状）はなく、竪穴の掘り込みの肩口に 10 基の小柱穴（杭状）が求心的に傾きながら均等に配された事例である。同時併存 3 軒の 2 段階変遷、あるいは同時併存 1 ～ 2 軒の 4 段階変遷が、調査者によって想定されている。

　以上のように、貝殻条痕文系土器群の最初期の暁式期の集落が道東、道央で確認されるのとは対照的に、尖底の貝殻沈線文系土器群の集落は道南、渡島半島で発見されている。津軽海峡にそそぐ松倉川と汐泊川にはさまれた海岸段丘の標高 40 ～ 50 m ほどの緩斜面を、北東から南西に向けて流れる小河川（銭亀宮の川）の両岸の対面する位置に、函館市中野 A 遺跡と中野 B 遺跡は立地している。中野 A 遺跡（図 1-5）では現段階で道南最古となる本州東北系の日計式土器を出土した、住居と考えられる竪穴遺構（H-1）をはじめとして、貝殻沈線文系土器群の物見台式期の竪穴遺構が 60 基ほど発掘されている（北海道 1992b）。中野 B 遺跡（図 1-6）では、やや遅れて同土器群の住吉町式期を中心として、早期の住居と考えられる竪穴遺構が 600 基以上発掘されている。これらの住居は、銭亀宮の川とそれに合流する小さな埋没沢とにはさまれた先細りの尾根状の区域に、激しく重複しながら密集していた。調査・整理を行なった冨永勝也は、遺構出土の土器破片の接合関係を検討し、縄文早期前葉（原文では「早期中葉」）から

末葉にかけて、居住域が7段階の変遷を遂げながら、ほぼ継続して営まれた集落の姿を復元している。特に第3・4段階の住吉町式期、第6段階のアルトリ式期（東北北部のムシリⅠ式相当）が最盛期であった点も指摘されている（北海道 1999a）。住居の平面形は隅丸方形や隅丸長方形、隅丸台形、楕円形、円形など多様で、炉はない事例が目立つ。一辺4～5m程で、床面積十数㎡のものが多い。床面積40㎡前後の大形の住居は、床面中央に隅丸長方形の浅い掘り込みがあり、焼土をともなうこともある（H-568）。炉を中心にして4本程度の床面柱穴（掘立柱状や杭状）がともなう事例（H-523）もあるが、壁際をめぐる小柱穴（杭状）の存在が目立つ事例（H-575）が多い。

以上のような限られた範囲に多くの住居が密集した理由を、林謙作は貝殻沈線文系土器群以降の住居にみられる「住居面積の拡大という要求と、それに見合った本格的な軸構造の不備という矛盾」（林 2004）であると説明している。「本格的な軸構造の不備」とは、壁柱としてめぐる垂木とその支柱とで土葺きの上屋を支えることを意味しており、構造的な負荷の大きさから耐用年数が短く、頻繁な建て替えが必要であったと考えている。ただし、この説明では、建て替えの対象は上屋構造にとどまっており、なぜあえて地点を変えて、すなわち新たな竪穴を掘って建て替えたかには答えていない。住居の構造面では、八千代A遺跡の事例と共通する点も多いが、両遺跡には住居が重複するか否かの明瞭な違いがある。その要因は、中野A、中野B遺跡が八千代A遺跡の場合と同様に、基本的にはその場所を比較的短期間のうちに回帰的反復利用しており、かつ居住地としての利用を長期にわたって続けたからであると考えられる。すなわち、既存の住居の跡（竪穴）を避けての新築、それを繰り返す間に初めの頃の住居の跡（竪穴）の埋没が進行し、やがて埋没しきると、埋まりきった住居の跡地での新築、という過程を想定できる。また、集落立地の場所が限定されていたという解釈のほかに、固定的な領域の形成という観点からの考察も必要となってこよう。

中野A遺跡の集落とほぼ同じ時期に営まれた事例として、渡島半島の付け根付近に位置する長万部町富野3遺跡が知られている。内浦湾に面した海岸段丘上、標高25mの地点に立地する。中野A式期（物見台式）の住居と考えられている竪穴遺構2基（H-1,5）が出土している（図1-7、北海道 1999b）。ともに一辺

約6mの隅丸方形に近い平面形で、床面の中央に地床炉があるが、柱穴はいずれもしっかりしたものは確認されていない。当該期における同時存在の可能性のある住居群の一つの典型的なあり方を示しているのかもしれない。

早期後半の集落　北海道は早期の前半において、平底の貝殻条痕文系土器群圏と東北北部に結びつく尖底の貝殻沈線文系土器群圏とによって、おおまかに北東と南西とに二区分されていたが、後葉に至り、平底が卓越した独自性の強い東釧路式系土器群（絡条体圧痕文・組紐圧痕文土器群）が全道的な広がりをもって登場する。前出の富野3遺跡は、東釧路Ⅱ式期の住居と考えられている竪穴遺構が13基確認されており、この土器群の最初期に位置付けられる集落でもある。また、中野A式期の2軒の住居には、その竪穴が埋没する過程の窪地に、東釧路Ⅱ式期の焼土をともなう活動痕跡が残されていた。調査区の東側に離れて位置する1軒（H10）を除いて、ほかの12軒は南西部の緩斜面にまとまっていた。住居の多くは、平面形が隅丸方形や不整楕円形で、規模は4〜6m×3〜5mほどである。大半の住居で地床炉が確認されており、2〜3基ある事例が目立つ。一方で、柱穴は確認できない事例が多い。確認できた事例では、不規則に配置された杭状や浅い皿状を呈する床面柱穴であり、壁柱穴はみられない。

東釧路式系土器群における次の東釧路Ⅲ式期、コッタロ式期、中茶路式期の住居が展開した集落遺跡として、苫小牧市静川8遺跡（図1-8）をあげることができる。石狩─苫小牧低地帯南部の勇払平野、その東寄りに位置する静川台地を開析する小谷がつくりだした舌状台地の先端部に立地する。調査が行なわれたB地区では34基の早期後半の住居と考えられている竪穴遺構が発掘された（苫小牧市1990）。住居は標高約17mの平坦面上、南北方向に点在しており、それらが取り囲むような広場的空間はない。東釧路Ⅲ式期2軒、コッタロ式期9軒、中茶路式期19軒（そのほかコッタロ式期か中茶路式期のいずれかに属する4軒）の住居が、台地上面を南側から北側へと広がるように展開している。全体として、中央から北側にかけて密集するが、重複する事例はほとんどない。住居の平面形は楕円形を基調とするが、大半は不整な形状である。規模は長径が10m近い大形のものから、3mほどの小形のものまであり、床面積は平均値で18.2㎡である。34軒中、26軒に炉があり、その多くが地床炉で、ほかに浅い掘り込みをともなう例もある。柱穴は1例（16号）を除いて、ほかはいずれも明

確ではない。同時期（コッタロ式期・中茶路式期）の事例としては、同じ勇払平野の西側、支笏カルデラ火山南東麓の支笏火砕流の台地を開析する美沢川流域に位置する苫小牧市美沢2遺跡（図1-9）があるが、立地において際立った違いを示している。そこでは30基を超える住居と考えられている竪穴遺構が、美沢川右岸の標高10mの低位平坦面で発掘されている（北海道 1979a）。低位平坦面で住居が密集する地点の東寄りに位置している直径8mを超える大形の円形の住居6軒は、2軒が一対となり3時期にわたって展開したと考えられている。これをもとに一時期の住居の数と組み合わせを単純計算すると、大形の住居2軒、長径5～7mほどの中形の楕円形のもの4～5軒、長径4m前後の小型の卵形のもの3～4軒になることが指摘されている（高橋・越田 1984）。住居の平面形や規模、柱穴の確認状態は静川8遺跡と類似しているが、美沢2遺跡では半数以上の住居に炉がない。

第2節　前期～中期の集落

早期末葉から前期前半の集落　東釧路式系土器群の最後に位置する東釧路Ⅳ式は平底から丸底へと移行する過程の土器で、前期前半の縄文丸底・尖底土器群（「繊維尖底土器群」〔藤本 1979〕、「縄文尖底土器群」〔宇田川 1995〕）へと展開してゆく。勇払平野を南流してウトナイ沼にそそぐ美々川の支流、美沢川の流域に展開した千歳市美々7遺跡、美々5遺跡、美々4遺跡では、この間（東釧路Ⅳ式～縄文丸底・尖底土器群〔縄文土器～静内中野式〕）における集落の展開を追うことができる。

美々7遺跡（図1-10）は、美沢2遺跡の対岸にあたる美沢川左岸の台地上面から斜面、低位平坦面へと広がる地点に立地している。住居と考えられている24基の竪穴遺構は、標高14m以下の斜面から低位平坦面にかけて分布している。斜面の上側には遺物が集中して分布しているが、台地上面では4基の竪穴遺構と11基の土壙墓が確認されている。編年上、早期末に位置する東釧路Ⅳ式期の住居は、斜面下部から低位平坦面にかけて約15軒、台地上面に4軒が占地している。土壙墓群も東釧路Ⅳ式期に属し、斜面寄りの台地の肩のところ、H1・H2住居の近くにまとまっている（北海道 1979b・1992c・1993）。住居の規模は長径2～3mの小形で、平面形は不整な円形ないしは楕円形を呈する。炉はない。

さらに低位平坦面には、前期初頭に位置する縄文土器（美々7式）の時期の4軒ほど[3]の住居が占地している。長径4〜5mほどの隅丸長方形のものが目立つ。炉をともなう事例1軒（XH-3）がある。

　美沢川流域の遺跡群で早期後葉（美沢2遺跡：コッタロ式〜中茶路式）からみられた、台地斜面から低位平坦面にかけての地点に、住居と考えられる竪穴遺構群が構築される立地傾向は、美々7遺跡（早期末東釧路Ⅳ式〜前期初頭縄文土器〔美々7式〕）では前期初頭にまで引き継がれ、同様の傾向は続く前期前葉（トドホッケ式・春日町式・静内中野式）の美々5遺跡、美々4遺跡へと継続する。美々7遺跡のすぐ上流側、美沢川左岸に美々5遺跡（図2-1）は位置する。その斜面下部から低位平坦面にかけて、縄文丸底・尖底土器群の時期の72基の住居と考えられている竪穴遺構が存在し、台地上面には東寄りに早期末、西寄りに前期前葉の遺物分布が広がる（北海道 1979b・1985）。住居の規模は5〜6mの中形から2〜3mの小形のものまである。上屋の構造上の共通性が想定されるものとして、平面形が隅丸方形で、長軸方向に一対の床面柱穴が配され、壁柱穴がめぐる、6×4mほどの規模を呈する規格性の高いグループと、長径5mほどで不整な楕円形を呈し、壁柱穴をめぐらすグループとが存在することが指摘されている。前者の隅丸方形グループには炉があるものは1例のみだが、後者の楕円形グループには多くの事例で炉を確認できる。規格性の高い隅丸方形グループでは棟持ち柱となる床面柱穴が掘立柱状になるが、上屋構造の変遷過程を考える上で重要である。美々4遺跡（図2-2）はさらにその上流側の左岸に、美々5遺跡と接して立地する。斜面下部から低位平坦面にかけて縄文丸底・尖底土器群の時期の33基の住居と考えられている竪穴遺構が、浅い谷をはさんで二群に分かれて存在する（北海道 1981a）。規模は大半が2〜3mの小形で、平面形は隅丸方形を呈する。壁柱穴あるいは壁外柱穴がめぐる事例がみられるが、炉は明確なものがない。

　以上のような前期前葉の集落の立地傾向は、美沢川流域にのみあらわれたものではなく、同じ石狩―苫小牧低地帯の馬追丘陵の千歳市キウス5B地区においても見出すことができる。B地区は前出の早期前半暁式期集落が確認されたA地区よりもキウス川の下流側、右岸に位置する。勾配20〜25％ほどの南向き斜面に37基、さらに南側に下った低位平坦面の離れたところに1基、合計

38基の住居と考えられている竪穴遺構が発見されている（図2-3、北海道 1996）。規模は3m前後の小形のものが多く、平面形は隅丸方形、隅丸長方形とがあり、長軸が等高線に並行するように配されている。前期初頭の縄文土器（美々7式）の時期の住居が15軒、美々5遺跡と同じ縄文丸底・尖底土器群に属する静内中野式期の住居が6軒ある。標高23～26.5mの間に等高線に沿うように4列ないし5列になって配されているが、全体で8段階の変遷過程が想定されている（北海道 1996）。

　以上のような、早期末葉から前期の前半にみられる立地傾向の遺跡について、西脇対名夫はそれが集落であることに疑問を呈している。その根拠は、居住域として相応しい広々とした台地上面があるのにもかかわらず、斜面地や谷底の狭隘な平坦地が占地されている点、また住居と考えられている平面方形を呈する竪穴遺構は、そのほとんどの事例で内部（床面）に炉をもっておらず、普通の住居とは認定し難い点などである。「炉のない建物」である方形竪穴遺構は、「圃場の経営、特に開墾のような一過性の作業」を行なう際の建物であると推定している。そして、そのような作業を行なった人々の日常的な居住空間としては、未だ大規模な緊急発掘の対象とされたこ

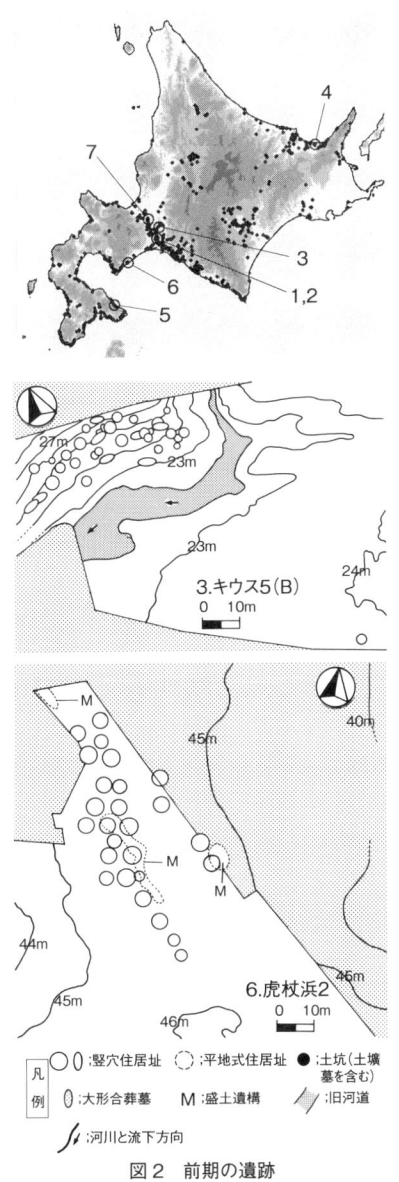

図2　前期の遺跡
1．美々5　2．美々4　3．キウス5（B地区）
4．大栄6　5．ハマナス野　6．虎杖浜2
7．北の里3

とのない海に面した台地や段丘上などの可能性を想定している（西脇 2006）。

　縄文丸底・尖底土器群は、東北北部の各土器型式と強い関連性をもった土器群である。平面形や柱穴の配置、規模などの点で、方形竪穴遺構と共通する特徴をもった遺構の存在が、同時期の関東から東北にかけて存在することが西脇によって指摘されている（西脇 2006）。ただし、それらは炉を有する点で住居として考えられている。一方、同時期の道東においては、主に縄文丸底・尖底土器群が分布する範囲に、炉のない方形竪穴遺構をともなう遺跡が存在し、それらが傾斜地や狭い丘陵面などの「占地の異常さ」がうかがえる場所に立地することも指摘されている（西脇 2006）。一つの土器型式圏を超えて、あるいは関連する土器型式群圏内において、共通する住居形態がある程度変容をしながらも広域に広がる事例である。なお、ほぼ同じ時期に道東・道北には、尖底の押型文土器群（朱円式・温根沼式・東釧路Ⅴ式）が地域的な広がりをみせている。斜里町大栄6遺跡（図2-4）は、オホーツク海沿岸の南端、斜里平野の西に位置する小清水台地の東側にひろがる小丘陵上に立地している。A、B、2ヵ所の調査区で24基の住居と考えられる竪穴遺構が発掘された（斜里町 2001）。うち23基が前期で、綱文式・朱円式・温根沼式の時期に属する。平面形は円形を基調とし、直径5m前後、床面の中央付近に地床炉を配し、多くの小柱穴がある程度壁面に沿うかのように散在する。調査区が細長で変形しているため住居群の配置に有意な規則性は見出せないが、個々の住居どうしは隣接しながらも重複しない点に特徴を見出せる。

　前期後半の集落　前期後半にいたると東北地方北部では円筒下層式系土器群が展開し始め、北海道南西部もほぼこれと同調した動きをみせることになる（椴川式、サイベ沢Ⅰ式〜同Ⅳ式）。道央部では以降の各段階において、円筒下層式系土器群圏の広がりの広狭の変化に連動して、共通性の度合いを変えながらも在地的な様相を備えた土器群が展開する（植苗式、大麻Ⅴ式、フゴッペ貝塚1式）。

　函館市ハマナス野遺跡（図2-5）は円筒下層a式からd2式に併行する椴川式期から前期末のサイベ沢Ⅳ式期まで継続して営まれた集落である。亀田半島東岸、太平洋にそそぐ川汲川左岸の標高20〜30mの海岸段丘上に立地している。総面積は72,000㎡に達し、中心部だけでも40,000㎡の広がりをもつと推定されている。そのうちの13,750㎡を発掘した段階で、住居約190軒、土坑約260基

が確認されている。住居の平面形はおおまかには円形から楕円形、小判形へと変容する。床面をさらに五角形ないしは六角形に掘り下げて、周囲にベンチ状の段構造を作り出した特徴的な住居形態である。掘り下げた各角には、左右対称の配置になるように4ないし6本の掘立柱用の床面柱穴が配される。集落の平面形は、中央部の地面を削って平坦部を作り、住居群がそこを取り囲むように東西二群に分かれて展開するものである（小笠原 1982・1984、阿部 2001）。

　中部、関東、東北南半で早くから発達する「環状集落址」は、累積した「住居址群」が環状を呈するというだけではなくて、土壙墓群や貯蔵穴群、広場的空間などが全体として同心円的に配置されるのがその最大の特徴である。「開村」の当初（「集落遺跡」の開始段階）から、そのような配置構成のプランがあったか否かという問題としてではなく、継続的あるいは断続的であっても、長期にわたってその場所での定住的生活が続けられた結果、ある段階から統一的な集落景観が明確化してきて、後世に続く居住者たちがその集落景観を維持・利用・強化するような「意識」のもとで、定住的生活が繰り返された結果として、上記地域ではそのような「環状集落址」が発達したと筆者は考えている（小杉 N.D.）。このような理解の下、累積した「住居址群」のみが円環状を呈する「集落遺跡」と、居住域が同心円状構成の一部をなす「集落遺跡」とは、もともと構成の原理・過程が異なるのである（ただし、前者は後者のような同心円構成が顕在化する中途段階である場合もありうるが）。今日のわれわれが「集落遺跡」として両者を「環状集落址（遺跡）」といった同一名称で呼称したとしても、当事者にとって「環状集落」としての意味があったのは、後者の場合であると考えられる。ハマナス野遺跡は「環状集落址」の一例として数えられることもあるが、上記のような意味合いで、それが「環状集落」であるかは問題である。後述するように現在では東北北部の円筒下層式土器圏の「集落址形態」が、環状形態というよりも直線的ないしは弧状の帯状を呈する特徴であることが明らかになってきた。今後、ハマナス野遺跡も同様の視点からの再検討が必要となるだろう。

　胆振山地の太平洋沿岸、倶多楽火山の南麓の標高約 50m の段丘上に、ハマナス野遺跡の開始期と同じ円筒下層 a 式期の白老町虎杖浜2遺跡がある。海岸線から 700m ほど内陸に入った段丘の中央平坦部に立地しており、前期前半の

集落の立地傾向として指摘された斜面地や狭小な土地ではない。これまでに住居と考えられている竪穴遺構28基のほかに、貝塚や盛土遺構も発見されているが、遺跡の規模に比べて土器の出土量が少ない点から、まだ見つかっていない「土器捨て場」が周辺に存在していることが推測されている（図2-6、北海道2001a）。住居の平面形は楕円形を基調とし、規模は3～5m前後のものが多い。床面柱穴は杭状のものが多く、配置の規則性も明確ではない。炉と想定される焼土が確認された事例は2基のみである。北西から南東方向にのびる尾根状の台地の平坦面に、住居は長軸方向を台地ののびる方向に合わせるように構築されており、また重複する事例もほとんどない。前期前半（縄文丸底・尖底土器群）の住居群が美沢川左岸の斜面地に展開した前出の千歳市美々4遺跡では、前期後半の植苗式土器をともなった2軒の住居（BH-1・27）が台地上面の平坦部に構築される。平面形が隅丸方形を呈し、長径が7～8mの大形のもので、壁柱穴がめぐり、床面中央部に炉がある。道央部における同時期の集落形態の様相を北広島市北の里3遺跡（図2-7）に見ることができる。遺跡は野幌丘陵の東側、標高約10～20mの低位段丘上の比較的平坦な面に立地する。植苗式期から大麻Ⅴ式期の住居が12軒ほど発掘されている（北広島市2001）。不整の楕円形を呈する平面形のものが多く、規模は6m台から3m台である。全体が発掘された事例においては、床面中央付近に地床炉をもち、柱穴は壁面周囲の内外に散在する事例が多い。住居群の配置には際立った規則性はうかがえない。全体的には南北方向に帯状に散在しているが、中央やや北寄りのところで4ないし5軒が重複している。円筒下層式系土器群が在地化した様相を呈する植苗式・大麻Ⅴ式は、円筒下層c式に併行する時期に石狩─苫小牧低地帯を中心として道央部に分布する土器型式である。

　道東・道北の前期後半には、刺突文を特徴とするシュブノツナイ式土器や平底の押型文土器群（多寄式・神居式）が地域的な広がりを見せ、類似した様相は中期前半まで引き継がれる。平面形が隅丸多角形を呈する住居が発見されているが、集落としての形態はなお不明である。道東・道北に展開する「平底押型文系土器群」は、先行する前期前半の縄文丸底・尖底土器群や後続する中期後半の北筒式系の土器群とは様相を異にして、狩猟にウェイトをおいた定住性が相対的に低い居住様式であり、それが大きな集落遺跡を残さなかった要因であ

るとも考えられている（藤本 1979）。

中期の集落　中期前葉から中葉にかけて道南部では、前期から引き続き東北北部の円筒上層式系土器群と同調し、またその終末段階では東北南部から北部へと分布圏を拡張した中期大木式系土器群（榎林式）と同調した展開をとげる（サイベ沢Ⅴ式〜同Ⅶ式、見晴町式）。道央部も前代の様相を引き継ぎ、日本海側では道南に広がる円筒上層式系土器群が在地化したような特色をもった土器群（フゴッペ貝塚2式、同3式、オサツ式、天神山式）が展開し、また太平洋側では円筒上層式系土器群そのものが展開し、それぞれの分布圏を形成する。中期後葉にいたると、円筒上層式系土器群およびそれと強く関連した周辺地域の土器群をベースとしながらも地域色を強めた土器群が、道南では大安在B式からノダップⅡ式へ、道央では柏木川式から北筒式へ、道東ではモコト式から北筒式（トコロ6類土器）へと展開してゆく。

　道南、亀田半島太平洋沿岸地域では、標高10〜40mほどの海岸段丘上に前出のハマナス野遺跡をはじめとして、函館市大船C遺跡、臼尻B遺跡などの前期から中期にかけての多くの大規模遺跡が約4km間隔で群集している。大船川左岸の海岸段丘上に立地する大船C遺跡（図3-1）は、道南における円筒上層式系土器群の様相が衰退し、中期大木式系土器群の榎林式併行期から、在地的な様相が強まった大安在B式期に盛行した集落である。遺跡の総面積は約71,000㎡、中心部25,000㎡、発掘を実施した4,000㎡から112軒の住居が発見された（南茅部町 1996、阿部 2001）。住居群は調査区の南東側に密集している。そのやや北寄り、台地の平坦面から浅い谷地形へと転換する地点に盛土遺構が形成されている。盛土遺構に含まれる遺物群は住居群が盛行した時期よりも一時期古く、円筒下層d2式から榎林式の併行期である。榎林式併行期の住居は盛土遺構の北側、浅い谷地形にかかる緩斜面に構築された。続く大安在B式期からノダップⅡ式期の住居は、盛土遺構南側の台地平坦面に構築された。住居の形態・構造は榎林式期からノダップⅡ式期まで5段階（A〜E；A・Bは榎林式期、C・Dは大安在B式期、EはノダップⅡ式期）の変遷を遂げることが指摘されている（南茅部町 1996）。平面形は楕円形から卵形、そして舟形へと変化する。卵形あるいは舟形の先端部には、皿状の小土坑が設けられており、「住居内の祭祀施設」と考えられている。太い掘立柱用の床面柱穴は、4基から6基、8基、10

基へと増加する方向で推移する。炉は埋甕炉から石囲炉へと変化する。平面規模は大形のもので9×7mほどのものがある。竪穴の掘り込みはいずれも深いが、なかには2mに達する事例もある。この特徴的な形態と構造をもった住居は、内浦湾を隔てて対岸にあたる胆振山地の太平洋沿岸に位置する、同じ土器型式（ノダップⅡ式）圏内の登別市千歳6遺跡でも確認することができる。ただし、竪穴の極端に深い掘り込みは大船C遺跡周辺の亀田半島太平洋沿岸の地域に限られる現象であり、千歳6遺跡では認められない。検討された19軒の住居は、10軒からなる北群と9軒の南群に分かれ、それぞれが弧状に分布して、それらが対向することで全体として円環状を呈するかのような形態となっている。しかし、調査・報告をした瀬川拓郎は北側の住居群での居住が先行し、「時間的断絶」を経て（すなわち、いったんよその地に移り住んだ後に）、南側の住居群での居住が開始（再開）されたことを想定している（図3-2、登別市1982）。

　道央における同時期の集落遺跡の様相を、恵庭市カリンバ2遺跡第Ⅶ地点（図3-3）で確認することができる。石狩—苫小牧低地帯の南西部、恵庭岳の東麓に広がる平野の低位段丘面に立地する。ユカンボシ川に合流する旧トーウイン川の左岸、標高27〜28mの本地点では、縄文文化の住居51軒が発掘された。中期後半では後葉の柏木川式期7軒、末葉の北筒式期11軒の住居が確認されている（恵庭市2005）。柏木川式期の7軒の住居は、床面積で25㎡以上の大形、13〜20㎡の中形、4〜7㎡の小形に分かれる。平面形は不整な楕円形や円形で規則性に乏しい。大形には炉はなく、中形・小形は1例を除きすべて中央部に地床炉がある。柱穴の配列には全体に共通する規則性はみられない。住居の長軸上あるいは短軸上に、浅い掘り込みの「付属ピット」が1〜3基ほど設置されている。中から「土器片加工品」などが出土する例がある。住居群の配置としては、調査区の東側に4軒がまとまり、中央部付近に3軒が散在する。続く北筒式期の11軒の住居群は9軒が中央部西寄りにまとまり、2軒が中央部東寄りに位置している。平面形や規模、内部構成、また住居群の全体的な配置の様相においても、基本的には前代の柏木川式期のものと共通するが、長軸で12mを超え、床面積がそれぞれ約90㎡と約65㎡に達する「超大形」の2軒の住居が存在する点で、両者の違いが際立っている。

　円筒上層式系・大木式系土器群の分布域と重なる大安在B式・ノダップⅡ

式の土器型式圏と、その周縁にあって地域色の強い柏木川式・北筒式の土器型式圏とでは、それぞれに対応するような特徴的な住居形態があり、かつ両者の形態と内部構成に大きな差異があることを確認できた。一方、集落の構成としては、道南の前期・中期の集落の分析を行なった小笠原忠久は、「三角形配置」を基本とする「三基一単位」の住居群が2ないし3単位ほどがあつまって一時期の集落を構成することを指摘している（小笠原1984）。しかし、住居群の配置から読み取れる集落としての形態には、両圏それぞれに独自な規則性を認め難い。むしろ、台地上面や丘陵上面の平坦地に立地して、一定の範囲内に緩やかにまとまりながらも個々の住居が散在する状態に、ある程度の共通性を認めることができるであろう。

道東における同時期の集落遺跡の様相を、標茶町開運町遺跡で確認することができる。遺跡は釧路川右岸の河岸段丘の南端部、沖積地との比高差6〜8m、標高30m前後のところに位置する。中期末葉、北筒式期（トコロ6類）の住居12軒が3ヵ所の「盛土」をそれぞれに取り囲むように配置されている（図3-4、標茶町1983）。盛土の上面と下底面には多くの焼土が認められる。調査・報告を行なった豊田熙司は、三連の環状の集落形

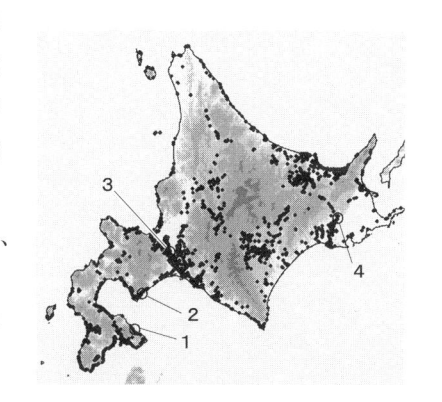

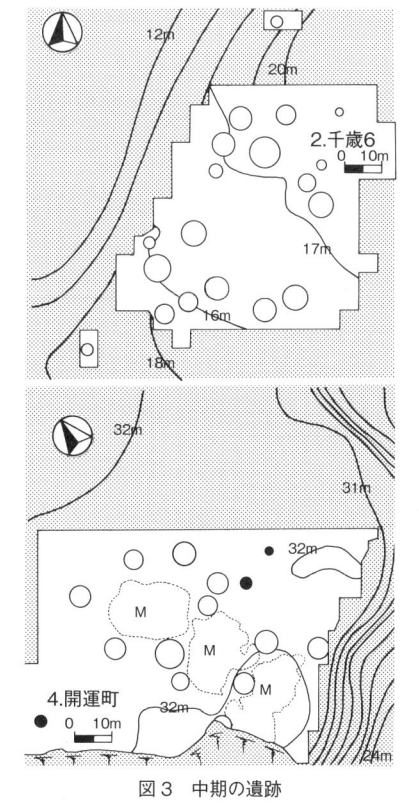

図3 中期の遺跡
1. 大船C 2. 千歳6
3. カリンバ2（第Ⅶ地点）
4. 開運町

態を想定している（標茶町 1983）。住居の平面形は大半が不整の隅丸多角形で、規模は6m前後、炉ないしは焼土をもつものが半数ほど、柱穴は杭状の壁柱穴の例が多い。床面に不整形の掘り込みがあるのが特徴である。住居形態については、不定形である点は同じ北筒式期のカリンバ2遺跡第Ⅶ地点の事例と共通している。

第3節　後期〜晩期の集落

後期の集落　北海道における集落の変遷を追ううえで、ある程度、地域性を配慮した取扱いをするために、土器型式（群）圏の広がりに目配せをしておくことは、作業上は有効な手立ての一つである。このような視点から北海道の後期を概観するため、次のような地理的な傾斜をともなった4段階を設定しておく。

中期の後葉に全道的に広がった地域性の強い土器群、道南のノダップⅡ式〜煉瓦台式・道央の北筒式・道東の北筒式（トコロ6類）の伝統を引き継いで、後期初頭の土器型式群の展開が始まる。道南の天祐寺式・湧元1式、道央の余市式系土器群、道東の後期北筒式系土器群である（第1段階）。前葉には、道南ではいち早く東北北部との関連が強い入江式系土器群（ここでは湧元2式・トリサキ式・大津・白坂3式までを含める）へと転換し（第2段階）、この傾向は中葉には道央へと拡大し（ウサクマイC式）、やがて汎列島的な規模で拡大するところの、関東の加曽利B式土器に系譜がたどれる磨消縄文系土器群に属する手稲式・ホッケマ式が全道的な広がりをみせるようになる（第3段階）。後葉には、東北の瘤付土器との関連もうかがえるが、在地的な特色が強い堂林式土器へと展開し、末葉の湯の里3式・御殿山式・栗沢式土器へとつながる（第4段階）。

渡島半島の東岸、駒ヶ岳火山の北西に位置する森町鷲ノ木4遺跡は、南東側の桂川と北西側の毛無川とにはさまれて北東側に張り出したような低位の河岸段丘面から上位の段丘面に移行する斜面地にかけて広がっている（図4-1）。毛無川の対岸には鷲ノ木遺跡（旧鷲ノ木5遺跡・同3遺跡）がある（図4-2）。鷲ノ木4遺跡では後期にかぎっただけでも、11軒の住居（天祐寺式期〜手稲式期）、大規模な「石垣状配石遺構」（ウサクマイC式期・手稲式期）、斜面地の大形土坑群（主体は大津式期・白坂3式期）、「造成土」（ウサクマイC式期・手稲式期）など、各種遺構群の展開を追うことができる（森町 2006）。鷲ノ木遺跡（旧鷲ノ木5遺

跡相当範囲）では、上位の段丘面上で後期前葉の環状列石（約37×34m）と竪穴墓地（直径12×12m）が、また上毛無川左岸の鷲ノ木4遺跡に対面する緩斜面地では後期中葉の住居15軒、土坑76基（大半は後期中葉）などが発見されている（森町2008）。

　鷲ノ木4遺跡の調査区の南側には5軒の住居がある。後期であること以上は時期を絞り込めない1軒を除いて、4軒はいずれも後期前葉、天祐寺式期・湧元式期の住居である（上記第1段階）。平面形は円形を基本として、規模は5m以下の小形が多い。掘立柱が立つようなしっかりした床面柱穴はない。炉が確認された2例は、床面中央付近に石囲炉を設け、そこから外側に向けて一方に、横長の2個の立石を並行して配する特徴がある（HP-4・5）。調査区の北寄りの斜面地から「造成土」にかかる付近には、大津式期の3軒の住居がある（第2段階）。遺存状態がよい事例からは、平面形は円形、床面中央の石囲炉、壁柱穴（HP-12）、壁面の一部を張り出させる、といった特徴が読み取れる。張り出し部と炉との間の位置に、2基一対となる小土坑をもつ事例がある（HP-8）。規模は第1段階と同じで、5m以下の小形である。調査区の北端には手稲式期の3軒の住居がある（第3段階）。いずれも遺存状態がよくない。平面形は不整な楕円形、明確な炉は確認されていない。張り出し部の可能性があるものが一例ある（HP-9）。規模は前段階までと同様に5m以下で小形である。同時期（手稲式期）の住居は上毛無川の対岸の緩斜面地（鷲ノ木遺跡）で、約15軒確認されている。一連の集落として捉えるべきであろう。

　調査区北側、第2・第3段階の住居群の西側にせまる段丘斜面には直径2m前後、深さは斜面上位側で1～2mに達する大形の土坑群が展開する。平面形は円形で、筒状の掘り方が基本である。27基確認され、重複する例はない。人為的に埋め戻された痕跡が認められており、土壙墓の可能性が推察されている。大津式期から白坂3式期（第2段階）に作られたものが多く、一部手稲式期（第3段階）にも下る。この斜面地の大形土坑群と住居が展開する低位の段丘面とを画するかのように、斜面の裾部を掘削して構築されたのが「石垣状配石遺構」である。列石の一部が埋没した大津式期の住居（HP-13）の上に配されており、ウサクマイC式期・手稲式期の構築であることがわかる。

　道南では後期に至り、その初頭（天祐寺式期・涌元1式期）あるいは第1段階

の住居は、中期後葉(大安在 B 式期・ノダップⅡ式期)において渡島半島から胆振山地、石狩―苫小牧低地帯南部にかけて採用されていた平面舟形(卵形)を基調とした特徴的な住居形態とは大きく異なり、円形を基調とするものに代わっている。この変化はすでに中期末の煉瓦台式期の住居において生じており(戸井町浜町A遺跡:HP-5・6、図4-3、戸井町1990)、前代との開きが感じられる。後期前葉から中葉にかけて、あるいは第2段階から第3段階の大津式や手稲式は、東北あるいは関東地方の土器と密接に関連する土器である。しかし、確認された同期の住居は在地性の強い煉瓦台式から第1段階の住居の系統を引き継ぐ形態である。

　北海道における後期土器群の分布動態の第3段階、すなわちウサクマイC式、手稲式、ホッケマ式の時期の集落形態はどのようなものであろうか。八雲町野田生1遺跡では後期中葉、ここでいうところの第3段階の住居が31軒発掘されている(図4-4、北海道2003b)。遺跡は渡島半島中央部、内浦湾に面した段丘上に位置する。段丘面は海岸に向かって流れる幾筋もの小沢によって列歯状に開析され、その一つの舌状の段丘の海岸寄り(北側)の平坦面に立地している。後期の住居群は調査区(B地区)の西側、段丘を開析する弥之助沢川に面する段丘上の平坦面から、急斜面部に落ちかける緩斜面部に集中して分布している。住居の平面形はいずれも円形を基調とし、規模は直径約4～5mが大半を占め(「標準タイプ」)、大きいものは8m以上になる。「標準タイプ」は急斜面部側に位置し、大形のものが平坦部寄りに配置される傾向があるが、全体的な配置には幾何学的な規則性は認められない。住居は構成上、次の2つに区分できる。地床炉は床面中央やや片側に寄って位置する。その寄った方の壁面が内側に小さく突出する。その間には2基一対の細長い小土坑を1、2組と1つの立石が設置される事例(AH-5・6)が、最も手の込んだ住居の造りである。掘立柱の床面柱穴を方形に配する事例(AH-1・3)、杭状の壁柱穴を密に回らせる事例(AH-7・8)などがある。これに対して地床炉が床面中央に配されるだけで、ほかに目立った造作をともなわない一群が存在する。

　千歳市キウス周堤墓群を造った人たちの集落はどこにあるのか。長らくの課題だったが、千歳市キウス4遺跡の発掘調査で、ようやくその答えの一端がわかりはじめてきた(図4-5、北海道2001b・2003a)。石狩―苫小牧低地帯中央部の

馬追丘陵の西側緩斜面、国指定史跡「キウス周堤墓群」の南西に約300m離れた標高4〜19mの地点に位置している。この遺跡を最も特徴づけているものは、長さ160m、幅40m、高さ1mほどの2基の弧状の盛土遺構である（「北側盛土遺構」「南側盛土遺構」）。約100mの間隔をおいて向かい合うように配置されており、その間に2百数十基の「建物跡」が発掘されている。両者の片側の端からは、北東側に2列の直線状盛土が伸び、その間が道路状の遺構となっている。その周辺には、主に南側に密集して20基ほどの周堤墓が構築されている。これらは後期後葉、堂林式期を中心として（第4段階）、先行するホッケマ式期の終わりから、後続する三ツ谷式併行の時期に残されたものである。「建物跡」として報告された遺構は、発掘された約9,000基の後期に属する土坑から約2,000基を選び、組み合わせて得られ

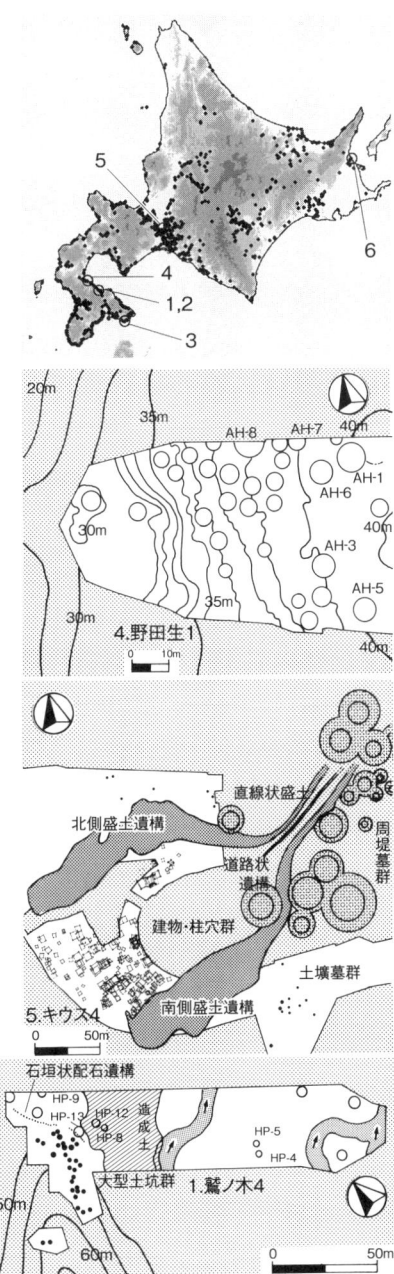

図4　後期の遺跡
1. 鷲ノ木4　2. 鷲ノ木　3. 浜町A（中期末）
4. 野田生1　5. キウス4
6. 伊茶仁チシネ第3竪穴群

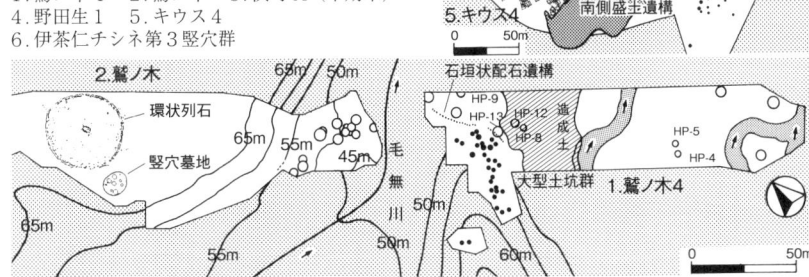

た 226 基のものであり、2 種に分けられている。1 つは「住居もしくは同様の上部構造をもつもの」124 軒で、ほかの 1 つは「高床の倉庫などが想定される、4 本の掘立柱建物」141 棟である。攪乱や削平などによる後世の遺存状況の悪さのために、住居の竪穴部分がほとんど失われてしまい、残存した柱穴や炉などの組み合わせによって住居であると認定されたものである。主に主柱穴・壁柱穴・炉・「出入り口ピット」（2 基の「ハの字状に開く楕円形ピット」）の存在を根拠としている。主柱穴は方形 4 基配列となるものであるが、それのみが確認されたものを後者すなわち「4 本の掘立柱建物」として区分した。すべての要素が揃ったもの（報告書分類 A-1）に、竪穴を加えたものが、当該期の典型的な住居形態ということになる。これらの「建物跡」の配置の規則性については、「柱穴間距離 5m 以上で主柱穴の直径が 1m を超える建物」が、南北の盛土遺構に囲まれた区域内において、30m × 15m の升目の交点の位置で繰り返し建て直されるような規則性があったことが指摘されている。また、南北の盛土遺構の周辺にはほとんど規則性がうかがえないような状態で、小形の「建物跡」が配置されていたようである。以上のような「集落形態」が、「南北の盛土の間には大型の柱で構成される建物が規則的に配置され、その周囲や盛土遺構に近い縁辺部に小形の建物が分布するという景観」として復元されている（北海道 2003a）。

　後期中葉以降、すなわち第 3 段階から第 4 段階にかけては、磨消縄文手法の広がりの中で、東日本全体にわたって広い共通性を示しながらも、北海道における地域性が強まってゆく時期である。道東、知床半島と根室半島とを結ぶ海岸線の中央付近に位置する標津町伊茶仁チシネ第 3 竪穴群遺跡（図 4-6）ではホッケマ式期、堂林式期、各 1 軒の住居が発掘されており、当該期の土器群と住居形態との関連の程度を確認することができる（標津町 1990）。遺跡はオホーツク海にそそぐ小河川の右岸に沿って広がるが、後期の住居が発見された地点は、現海岸線から 80m ほど内陸に入った標高 5m ほどのところである（B 地点）。ホッケマ式期の住居は平面形が円形で、床面中央に地床炉を設け、出入口部に関連する 2 基で一対になる小土坑を備えるものであり、基本的には道南・道央部で確認された事例と共通するものである。

　晩期の集落　後期後葉から末葉にかけて、全道的な広がりをみせた斉一性の高い磨消縄文系土器群は、晩期にいたると道南では亀ヶ岡式系土器群に引き継

がれ、また石狩─苫小牧低地帯以東、特に道東においては地域色の強い土器群が顕在化してくる。晩期中葉（ママチ1類土器など）以降、この傾向は一層強まって、後葉の石狩─苫小牧低地帯ではタンネトウL式土器へ、道東では幣舞式土器へと展開してゆく。

　晩期になると、多くの土壙墓が発見されているのに対して、住居の発見例は極端に少なくなり、全般的に集落としての様相を把握するのが難しい。その一因として、竪穴式から平地式への住居構造の変化や、竪穴の掘り込み深度が浅くなり、黒色土中に床面が設定されるためなどといった、発掘・検出の難しさが指摘されている。縄文中期の恵庭市カリンバ2遺跡のすぐ隣の下流側右岸にカリンバ3遺跡（図5-1）は位置する。段丘上面から低地部にかけて、遺構・遺物の有無が確認調査された。段丘上には居住域と墓域が展開し、低地部では貯蔵穴、柱穴、焼土、そして多くの縄文後期後葉から晩期前葉の遺物が出土し、「墓域に隣接した作業・生活空間として機能していた」ことが推察されている（恵庭市 2004）。段丘上では後期中葉から晩期後葉まで継続して住居群や土壙墓群がみられる。多くの漆製の装身具が出土した大形の合葬土壙墓は、御殿山式期に属する（2人あるいは4、5人～7人以上を埋葬した合葬墓である）。その時期を含む後期後葉の住居2軒、土坑・土壙墓86基、周堤墓1基が発見されている。調査・報告を行なった上屋真一は、墓の数に比べて住居数が圧倒的に少ないので、「広い周辺地域一帯の共同墓地」としてのカリンバ3遺跡の性格を考えている（恵庭市 2004）。晩期前葉から中葉にかけては、段丘上で住居5軒、土坑・土壙墓125基が確認されている[4]。遺構群は、後期後葉の分布域と大きく重なり合って分布している。土坑・土壙墓群の分布のほぼ中央付近に、住居群の集まる傾向がある。住居の大半は平面形の一部を確認しただけであるが、おおむね円形を基調とする竪穴式のものである。晩期前葉の土器群は御殿山式土器から系統的な変化を遂げたものであるが、亀ヶ岡式系土器群の最初期の大洞B式と連動しながら共通する要素を多くもったものである。

　道南あるいは亀ヶ岡式系土器群圏の様相を示すものとして、やや道央寄りではあるが胆振山地の太平洋岸に位置する白老町社台1遺跡（図5-2）を紹介する（北海道 1981b）。遺跡は現海岸線から1.2kmほど内陸側に入ったところの、細長く突き出した丘陵の先端の斜面から海岸部の低地にかけて立地している。住

居は丘陵斜面が低地へと移る地点で1軒発見された。斜面側で浅い竪穴の掘り方が確認された。5×3.5mほどの楕円形に近い平面形となる。柱穴は壁柱穴1列とその内側に1列、ややまばらに配される。住居の中央部で土壙墓と重複しており、炉の有無は不明である。丘陵斜面を中心として72基の土壙墓、また斜面から低地部にかけて6ヵ所に焼土が残されている。焼土からはシカの焼骨片が出土している。亀ヶ岡式系土器群が主体で、少量のママチ1類土器がともなう。晩期中葉、大洞C1式期からC2式期にかけて住居や土壙墓などが作られたと思われる。

　石狩一苫小牧低地帯南部の美沢川流域の千歳市美々3遺跡では、台地平坦面に4軒、美沢川の低地部に向かう斜面地に2軒、合計6軒の住居が発見されている（図5-3）。平坦面の2軒（H-7・8）が掘立柱の平地式住居で4本の主柱を基本とする。平坦面のほかの2軒（H-20・45）は竪穴式で、長径はそれぞれ5m強と9m強となり、平地式よりも大形である。H-45住居の平面形は楕円形となる（北海道1990）。平坦面から傾斜面にかかるところの2軒（H-47・50）は不整な隅丸方形の竪穴式であり、規模は2m前後と小ぶりで、平地式と同じ程度である。壁際に柱穴が配される（北海道1992a）。土壙墓を含む土坑37基、焼土53ヵ所がH-20住居付近の調査区南東側の台地から斜面への肩口にかけての範囲と、調査区北西側のH-47・50住居付近の台地上面に分布している。これらの遺構群は晩期中葉に属し、在地系のママチ1類土器を主体として少量の亀ヶ岡式系土器がともなうところの、この地域の特徴的な土器群の構成となっている。続く晩期後葉の集落の様相を、同地域の千歳市ママチ遺跡（図5-4）にみることができる。遺跡は、支笏火山の東側山麓から続く火山砕屑岩台地の東端、そこを蛇行するママチ川の右岸にとりのこされた平坦部に立地している。調査区中央部の発掘を実施した昭和60・61年に発見された当該時期の遺構群の内訳は、住居1軒、土壙墓27基、土坑187基、焼土17ヵ所となる（北海道1987）。住居（AH-3）は竪穴式で、長径3m弱の楕円形、床面中央部で少し片側に寄ったところに地床炉を設ける。AH-3住居から東側に30～40mほど離れた地点で柱穴状の小土坑が多く発見されており、何軒かの住居があった可能性が指摘されている。土壙墓は以前（昭和56・57年）の調査範囲も含めると、AH-3住居の周辺とそこから東側に40～50mほど離れた区域、さらにそこから20～30m北東側に離れた

区域の3群に分かれて分布している。焼土から出土する焼骨片の大半はシカであるが、当該時期にはイノシシの焼骨片の出土が目立つようになる。このイノシシの飼育問題と住居や多くの土壙墓の出現などを考慮して、当該時期における定着化の高まりが指摘されている（北海道1987）。タンネトウL式系統の在地系の土器が主体となり、少量の亀ヶ岡式系土器が加わる様相が引き継がれる。

道東における晩期後半から続縄文文化前半の集落遺跡の様相を、釧路市幣舞遺跡を例にして紹介する。釧路川河口近くの釧路川の面した標高21〜23mほどの台地先端部付近に立地する。台地の先端に向かった緩やかに傾斜する地点で、これまでの調査で当該期の住居4軒、土壙墓96基、焼土61ヵ所が発見されている（図5-5、釧路市 1994・1996）。住居は平面形が楕円形や円形の竪穴式で、床面中央部に地床炉をもち、壁柱穴が一周めぐる事例（H-12）、壁際に寄った片側に4基ほどの柱穴を配する例（H-7・10）などが確認できる。住居は4軒が近接しており、それと重なるように土壙墓群が分布している。その分布の北東側の縁辺に3基の大形合葬墓が配されている。住居群と大形の合葬墓を含む土壙墓群との組み合わせとその配置のされ方は、カリンバ3遺跡の後期後葉の様相と類似して

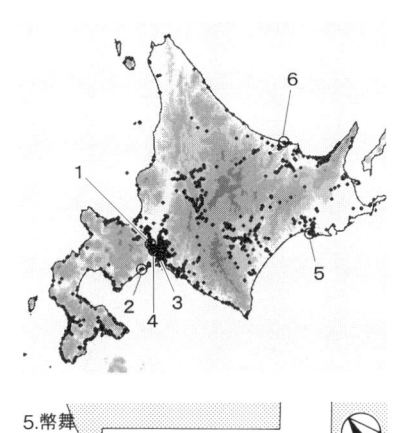

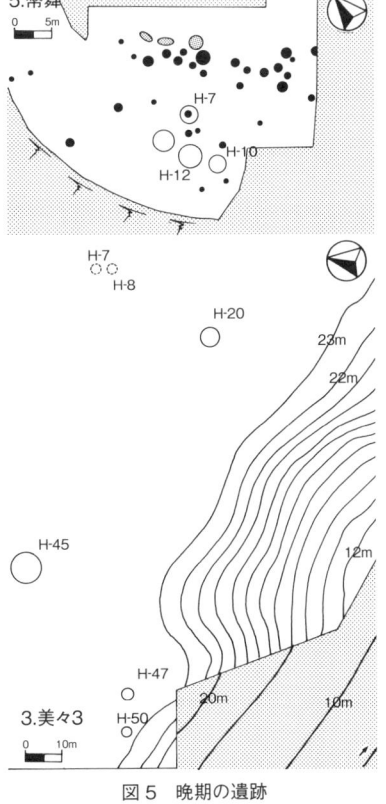

図5　晩期の遺跡
1.カリンバ3　2.社台1　3.美々3
4.ママチ　5.幣舞　6.常呂

おり、注意したい点である。さらに道東のオホーツク海岸、東西にのびる砂丘上に2,500基以上の竪穴が確認されている常呂町常呂遺跡（図5-6：栄浦第一遺跡、同第二遺跡を含む）では、その限られたごく一部が発掘調査されただけだが、これまでに14軒の晩期後葉の幣舞式期、続く緑ヶ丘式期（あるいは続縄文前半までにいたる期間）の住居が発掘されている（東京大学文学部考古学研究室1972、常呂町1995）。集落としての全貌はうかがいしれないが、住居形態において特筆すべき点がある。主体部が円形ないしは隅丸多角形の竪穴式となり、その一端に柄鏡の柄のような入口部が付けられている。柱穴は小形のものが床面に散在し、あるいは壁柱穴としてめぐる例もある。13号住居では直径約7mの主体部に、ほぼ同じ長さの入口部に相当すると思われる掘り込みが付帯していた。続縄文前半の住居と共通した作りである点が注目される。

第3章　遺跡分布の変遷と地域社会の形成
第1節　集落を認識することは可能か

「縄文集落の多様性」「コタン系集落」、この少し耳慣れない用語は、先に紹介した2001年開催の研究集会『縄文時代集落研究の現段階』の中で、北海道を担当した大沼によって用いられたものである（大沼2001b）。コタン系集落、その意味するところは、「われわれが縄文時代に認めようとする集落は、生活の舞台となる河川や沿岸の要所に営まれた家屋の群れである。個々の家は離れていてもよいが、それがルートでつながっていることが要件である。どの時代にも、1つの家屋だけでは存立できないので地域的に家家はすべてルートでつながっていた。それらを、どの程度かはともかくとして、いくつかの地形単位に区切って、その地域の集落ととらえるのが、北海道ではふさわしいのではないだろうか」（大沼2001a）というもののようである。

　「コタン系集落」すなわち「非本州系の縄文時代集落」、そのような認識は、まさに「縄文集落の多様性」と一面では合致し、また別の一面では相反する内容になっている。まず「非本州系の縄文時代集落」であるが、これはいったい何を念頭においたものなのであろうか。例えば「前期後半の集落は、道南では円筒下層式の時期で、多数の住居址の群集する遺跡が知られる。（中略）ハマナス

野遺跡は環状集落ともみなされている」(大沼 2001b) といった記述からもわかるように、環状集落をもって「本州系」と理解している一面がうかがえる。まさにこの点が、多様性の認識には反するところの従来的な見解の残響なのである。

　1973年、縄文文化の集落遺跡研究にセトルメント・システムの概念を導入した小林達雄は、セトルメント・パターンAからFの組み合わさり方によって地域性や時代性を反映した多様な居住実態を把握しようとした (小林 1973)。しかし、その総括的な論考でセトルメント・パターンAをもって「広場をほぼ中央にもつ環状集落＝縄文モデル村」(小林 1986) というような巧みな表現を用いた考察を行なったがために、そのような環状集落の形態が縄文文化の代表的なものであるという認識がさらに醸成されてしまったきらいがある。例えば、縄文中・後期の関東地方を中心とした遺跡を分析して「集落型式」を設定した丹羽佑一は、環状 (A・B・C・G型式) のみならず並列状 (D型式) の存在を指摘しながらも (丹羽 1987)、「環状集落は、この環状住居群を骨格として、加えて最も整美な形態を有することから、縄文集落の代表であり、縄文文化の特徴とされる」(丹羽 1993) といった概括を記すことになる。

　1997年、秋田県で開催された日本考古学協会大会では、シンポジウムのテーマとして『縄文時代の集落と環状列石』が設定された。円筒土器分布圏の集落の事例として紹介された秋田県大館市池内遺跡の内容は、「遺構分布―直線的帯状平行配置」あるいは「集落構成―非円環集落―」といった見出し題目からもわかるように、「縄文集落の多様性」を具体的に示すものとなった (桜田 1997)。あるいは、集落遺跡における定住性と定着性の問題を取り扱った矢野健一は、兵庫県における特定の河川流域での遺跡の継続性の具体的な検討をとおして、「縄文集落の定住性は少なくとも後期以降は高まったと推定でき、それ以前には季節移動の可能性を否定できないこと」、また「定着性については従来の多くの説に比較すれば低く見積もること」を指摘した (高松・矢野 1997)。また、中国地方の縄文遺跡を集成した山田康弘は、そこにみられる「少人口下に成立した小規模集落」の特徴として、「当時の居住形態は、季節によって山間部と沿岸部を行き来したり、場合によってはかつての居住域に回帰したり、あるいは数年間にわたって一ヶ所にとどまったりと、集落を移動させることをベースとしなが

らも周辺の自然的・社会的環境や集団内の社会的状況などによって、集落規模や居住期間が融通無碍に変化するものであったのではないか」と想定している（山田 2002）。いずれにしても、典型的な「環状集落」とは違った集落形態、居住形態を探求しようとする研究動向である。

　そして、このような「縄文集落の多様性」に覚醒した研究動向の延長線上に登場してくるのが、大沼の提起する「コタン系集落」であると評価できよう。それは河川や海岸に沿って、その要所要所に点在する個々の住居が「ルートでつながっている」状態をもって「集落」として捉える理解である。このような認識は、前出の大沼の発表（および要旨集）において紹介された「集落の変遷と画期」（大沼 2001ab）の内容のほとんどが、住居の平面形（プラン）の記述に終始していた点と呼応している。

　ある程度広範囲の発掘調査がなされて多くの住居が発見された遺跡においても、住居群や土坑群などが幾何学的に、あるいは「整美な形態」をもって、配置された状態を見出せる事例が北海道では比較的（道南を除いて）少なかった。膨大な資料の集成とその解説があっても、北海道における「縄文集落の変遷」の具体的な内容が理解しづらいのは、そのためではないだろうか。この点は、前出の長沼の所見（長沼 1993）においても同様の傾向を指摘できる。住居形態に偏重した解説と表裏の関係である。そして、この点をむしろ積極的に評価して説明付けようとしたのが「コタン系集落」である。

　空間的にそれぞれ離れて立地する複数の住居が「径（こみち）」によって結びついて一つの「集落」として機能あるいは存在する、といった見解は、実際にどの遺跡とどの遺跡とが結びつくのかを検証しないと議論がそれ以上前に進まないが、その点が今後の重要な検討課題の一つである。ただし、それを「コタン系集落」と呼称することには躊躇する。アイヌ文化におけるコタンは、「一戸でも人家のあるところはコタンである」が、「普通は数戸の家の群である」（高倉 1970、Watanabe 1972）と解説されているように、大沼が抱いているイメージとはいささか異なるようである。

　遺跡としての集落の認識　前章で紹介したように、北海道では縄文前期前半の遺跡の特徴的な立地傾向が指摘されている。例えば、千歳市・苫小牧市美々川上流域の遺跡群では、火山灰台地を開析する美沢川の谷底の低地から斜面地

にかけて、多くの竪穴遺構が集中する遺跡が立地している。台地上の広々とした平坦面ではなくて、傾斜地や低地などの狭隘な場所に竪穴遺構が集中する同様の立地傾向は、道東・道北にも見受けられる。それらの遺跡では、平面形が方形を呈する竪穴遺構は住居として把握される場合が多いが、それらが住居であることに対する否定的な見解が西脇によって提起されていることは先に述べたとおりである。

　これと類似した問題状況は、イングランド南部青銅器時代前期の事例（松田 2005）においても見受けられる。これらはいずれも、考古学研究における「非在」の評価と遺構の機能認定との困難さを改めて明るみに出してくる。「非在」については、考古学的状況において「もともと無い」のか「なくなってしまった」のか、あるいは「発見されていない」だけなのか、その判断の一つ一つの根拠を示しながら考察を進めなければならない。われわれがある遺構を「住居」として認定する際の基準は何であり、またその根拠はどこにあるのか。さらにはわれわれが「住居」とするものに、そもそもどの程度の普遍性があるのかないのか。

　また、このような問いかけは、そのまま「集落」の認識においてもあてはまる。「住居址の近接性」（小杉 2001）をもって「集落遺跡」を把握してきた従来の認識方法では、1基のみの「住居址」は「集落遺跡」の最小の形を示しうるのであって、距離をおいてそれらが分散しながらも大沼がいうように「ルートでつながっている」状態があるとするならば、それは「集落」ではなくて林謙作の用語法に従うならば「村落」（林 1979）ということになる。われわれが捉えることができる考古学的現象のうち、何が「集落」なのか、さらに議論を深めなければいけない。

第2節　地域区分と地域社会 ―「地域」とは何か―

地域区分としての北海道の妥当性　先に北海道における地域区分の問題として、「道南」「道央」「道北・道東」の3ないし4地域区分の汎用性を認め、また本稿においても適宜その表現を用いてきた。この3地域の境界線をどこに設定するかは、対象とする現象（あるいは時期）によってある程度の振れ幅はあるが、おおむね道央には石狩低地帯（およびその周辺）が充てられ、それよりも北

側・東側が道北・道東、それよりも南西側が道南ということになる。前出の大沼の見解もまさにそのような前提で記述されている。「北海道の縄文集落の変遷」といった課題では、このような3地域ごとに通観するのがよいのかもしれない。しかし、この三つの地域区分あるいは地域性が見て取れるのは、まず北海道という地域区分があってのことであり、そもそも北海道という区分は何を根拠としているのか、である。

　今日の考古学研究を支えている一つの根幹が埋蔵文化財行政の成果であるために、基礎的なデータの集積が必然的に都道府県別の自治体単位になりやすい傾向にある点は否めない。そこで、東北や中部といった「地方」を前面に押し出した記述にすることによって、かつそれらの境界をあえて漠然と捉えることによって、それにともなう危険性をできるだけ回避しようとするような文章もよく見受けられる。あるいは北海道の場合、本州側すなわち青森県との境界に海峡を挟むことによって、またそこが陸上動物の分布境界であるブラキストン線と重なることもあって、さらにはいわゆる「日本史」においても歴史的に有意な境界線として認識されてきたことも作用して、そして何よりもほかの都府県と比べて広大な面積を擁しているために、一つの地方として認識され、また取り扱われてきた。しかし、このような説明が後追い的な理屈である面はかなり強い。

　考古学研究において「地域」は、研究の便宜のための仮定的なものなのか、あるいは歴史的に形成された実在するものなのか。前者の場合、ある特定の一種類の考古資料が、あるいは特定の種類の一定の組み合わせが、空間的な広がりをもって発見される範囲が、ある特定の「地域」として仮定されるのか、あらかじめ何らかの基準によって区切っておいた空間的な広がりを任意の「地域」として研究を進めるのか。そして、それらが後者の「歴史的地域」（実在的地域）に読み替えられることはありえるのか。よって、本稿での問題の焦点は、北海道におけるそのような3ないし4地域区分が、説明のための便宜にすぎないのか、あるいは何らかの考古学的な根拠をもつものなのかを点検することである。

　ただし、本稿では次で実践する資料操作も、埋蔵文化財行政の一つの単位である自治体としての「北海道」のデータに依拠したものである。そのために北海道内部の地域区分の問題に関しては一定の成果を導き得たとしても、そのこ

との限界性によって、北海道そのものの地域区分の妥当性を直接検討することができない。このような限界性を認識することが研究の現状においては不可欠であり、まずはその「内部」から省察することである。この視点は、取りもなおさず「縄文文化」という枠組み全体の省察にも直接つながる。蛇足になるが、仮に「北海道考古学」という立場に意味があるとするならば、縄文文化の地理的な辺縁地にあってそのような問題意識を先鋭化できる、まさにその点においてであろう。

カーネル密度推定法　ここでは地理情報システム（GIS）に取り込んだ遺跡の位置データを用いて、カーネル密度推定法で遺跡の密度地図を作成し、それを地域区分に利用する方法を試みてみたい。カーネル密度推定法では、まず「任意の点」から描いた一定の半径（＝検索半径）の円の内側に位置する「対象となる点」に、「任意の点」に近いものほど大きな重みを与え、またそれとは別の「特定の基準」によって「対象となる点」に重みを与え、それらを合算した値を、円の面積で除したものを「任意の点」の密度値とする。この場合、「対象となる点」が遺跡である。検討を行なう対象地域全域にメッシュをかけて、各メッシュの中心点をもって「任意の点」とし、「任意の点」の密度値をそのメッシュの密度値とする。対象地域全域を覆う各メッシュに与えられた各密度値を、適当な「高さ」に換算した地形モデルに変換し、さらにそれを等高線（等値線）で表現したものが、ここで求めるべき密度地図となる。今回は、以上の作業をGISソフト（ESRI社 ArcView.ver.9.2）で行なった。

　「任意の点」を中心として描いた円の内側に位置する「対象となる点」＝遺跡数が多いほど、また「任意の点」と遺跡との距離が近いほど、さらにまた「特定の基準」によって各遺跡に負荷された重みが大きいほど、「任意の点」の密度値は大きくなる。「特定の基準」による各遺跡の重み付けは、そこで求めようとするものに応じて決めればいいが、単純に集落遺跡としての規模に焦点を合わせるのならば、住居数や遺跡の面積を利用するのがよいであろう。ただし、ここで使用するデータの元となるものは、北海道教育委員会の遺跡台帳に「遺跡」として登載されたものであり、表面採集で確認されたものも多く含むために、そのような重み付けを行なうには不向きである。そこで、今回は「対象となる点」＝遺跡に「特定の基準」による重み付けを行なわずに、近接性による

重み付けをした遺跡数のみを用いて、カーネル密度推定法を行なうことにする。よってその結果得られた密度地図が表示する内容は、遺跡の位置を点で地図上におとしただけのもの（点分布データ）と基本的には変わるものではない。しかし、点分布データを密度化するメリットは、分布的なまとまりを視覚的に把握しやすくし、また統一的な基準でまとまりの線引きを可能にすることである。

なお、今回の分析では、北海道をもって対象地域とし、その全域にかけるメッシュ一辺の長さを500mとする。

該当するデータは北海道教育委員会が開設しているホームページ『北の遺跡案内』[5]から2006年3月に取得したものをベースとして、その後追加された遺跡を適宜加えたものである。今回使用した旧石器文化、縄文文化の各時期の遺跡数は、旧石器655点、草創期・早期956点、前期925点、中期2,706点、後期1,508点、晩期1,415点である。なお、複数時期にまたがる遺跡は、各時期で重複してカウントしてある。

3 地域区分と密度分布　「任意の点」からの検索半径を大きくすればするほど平滑化された広域的な分布傾向を示し、最大において対象地域は一つのまとまりとして示されることになる（300km：図6-a）。逆に、検索半径を小さくすると局所的な分布傾向があらわれてきて、最小において個々の点分布（図6-d）とほとんど同じ結果になる（5km：図6-c）。よって、検索半径を変えることによって表現される密度の分布的なまとまり（密度分布）は数や形状が異なることになる。

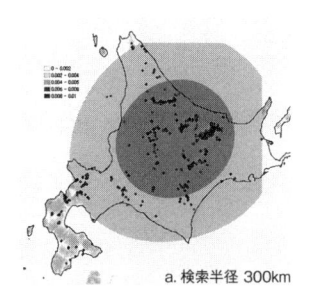

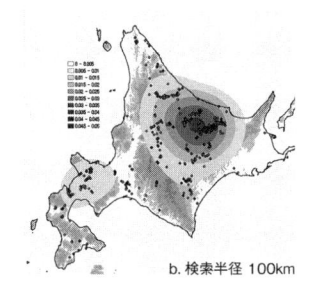

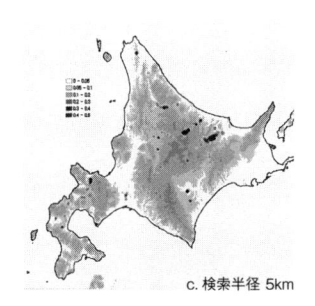

図6
旧石器文化の遺跡の密度分布
（単位：点／km²）

a. 検索半径 300km
b. 検索半径 100km
c. 検索半径 5km
d. 遺跡の点分布

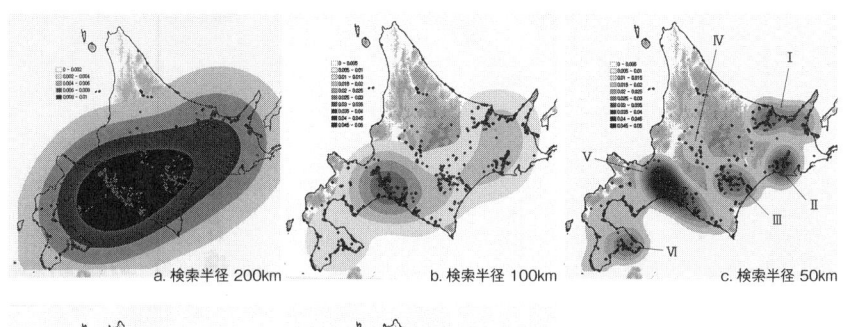

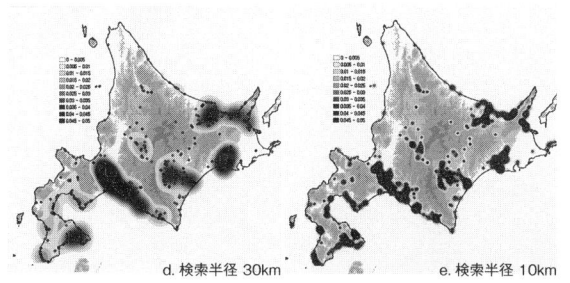

図7　縄文早期の遺跡の密度分布（単位：点/km²）

　では、このような密度分布において、以前から汎用されてきた北海道の3ないし4地域区分に対応するような空間的な広がりを見いだすことができるだろうか。また、その際の検索半径はどのくらいなるのであろうか。
　縄文早期を例にして、まず検索半径を200km、100km、50km、30km、10kmに設定して、それぞれの密度分布図を描いてみる（図7-a〜e）。検索半径200kmでは北海道を一つのまとまりとして密度分布があらわれてくるが（図7-a）、検索半径100kmで二つの強い分布と、一つのやや弱い分布との三つが顕在化する（図7-b）。北海道全域からこの三つの分布域を引き去ると、それらに属さないもう一つの広がりの存在があることに改めて気付かされる。これらは北海道の3ないし4地域区分にきわめて近似した内容となっている。ちなみに検索半径50km以下では、顕在化した密度分布の強い広がりだけでも六つ以上になってしまう（図7-c〜e）。そこで検索半径100kmをもって縄文文化の各大別時期について密度分布を表したものが図7-b・図8-a〜dである。いずれも明瞭な三つの密度分布があらわれている。これらを検索半径100kmの旧石器文化の遺跡の密度分布と比較するとどうなるであろうか（図6-b）。縄文各期の様相とは明

確に異なった、二つの密度分布があらわれてくる。以上の結果から、従来実施されてきた北海道の3ないし4地域区分が、縄文文化においては単に自然地理的な区分を前提としただけのものではなくて、遺跡の分布状況を経験的に加味した判断であったことを確認することができる。また、ユーラシア大陸の半島であった氷河期の旧石器文化の段階では、北海道の3ないし4地域区分は、今日的な記述の便としての意味しかないことも明らかとなる。

そこで改めて問題となるのは、そのような遺跡分布の集中をもたらしている主因は何かである。縄文各期の検索半径100kmであらわれてくる三つの密度分布のうちの一つ、道東の分布はその中心が北見盆地から斜里平野にかけてである（図7-b・図8-a～d）。これに対して、同じく検索半径100kmであらわれてくる旧石器文化の二つの密度分布のうちの一つ、東側の分布の中心は、それよりもやや北西側にずれて、常呂川と湧別川とのそれぞれの上流地域となっている（図6-b）。このことから、検索半径100kmでの旧石器文化の西側の密度分布が、道南山地の赤井川を包摂している点は興味深い。よって、旧石器文化の二つの密度分布は黒曜石産出地（北見山地中部～南部の置戸・白滝と道南山地の赤井川）と重なりあうことは明らかであり、それが遺跡の集中をもたらす重要な要因の一つになっていることが推測できる。これに対して、縄文文化の各期の三つの密度分布、すなわち遺跡の集中が何に起因しているのかは即断できない。全体的には、遺跡が海岸線に近づいた立地となり、また平野部や内陸盆地などの平坦面に立地する傾向が強まったことは指摘できる。そのような自然地理的な空間が三つの密度分布の前提になっている点は認めうるが、それらが三つであり、またそれぞれの場所がそこであったことの説明にはならない。ほかの状態での分布もありえたはずである。ここではそのような三つの分布状態を生ぜしめた要因よりも、早期の段階にすでにそのような特徴的な分布傾向が出現し、それが縄文文化の期間ずっと維持された点、その意味するものが何であるかにむしろ注目したい。

また、今回の分析では、対象地域を北海道に限定して密度推定法を実施している。北海道に隣接する地域、すなわち東北北部とサハリン南部、千島列島南部も対象地域に加えるならば、北海道に生じた三つの密度分布の状態は違ったものになりうる。実際には、道北部での遺跡分布が希薄であることなどから、道

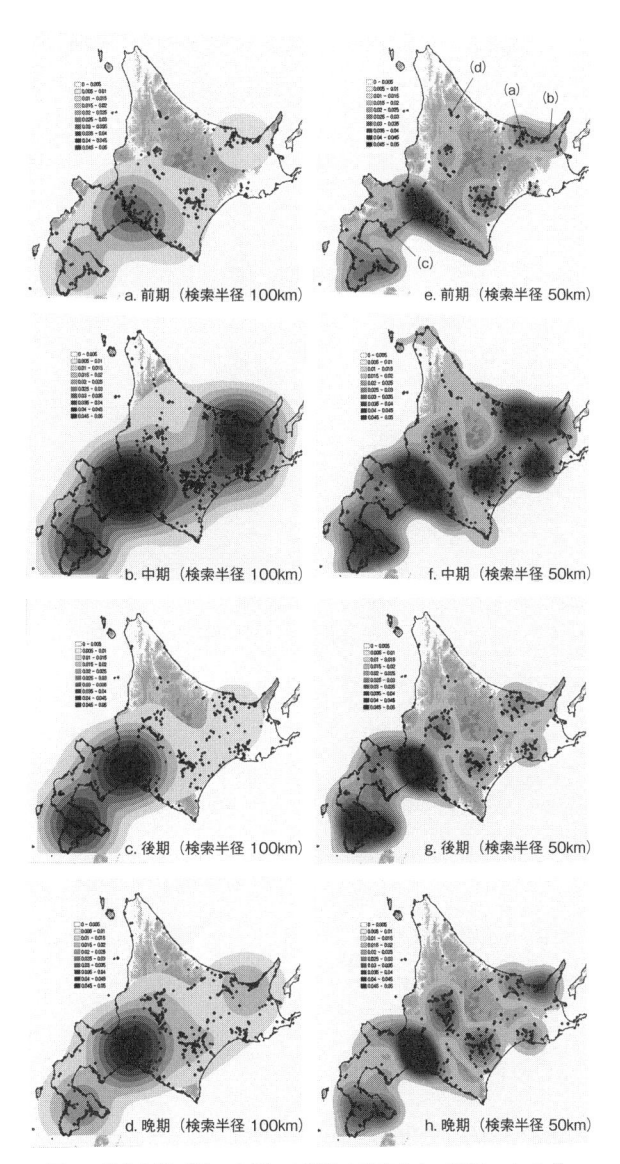

図8 縄文各期（前〜晩期）の遺跡の密度分布（単位：点/km²）

央部や道東部の密度分布はそれほど大きな影響を受けないだろうが、分布の中心が渡島半島の南端寄りにある密度分布は、青森県域の遺跡データを加えるならば、それに大きく干渉された結果となることが明らかである。この点からも、北海道という地域区分が任意のものであることが改めて自覚される。

　検索半径と密度分布　では、検索半径を徐々に小さくしてゆくと、何があらわれてくるだろうか。

　詳細は割愛するが、図7・8で示した旧石器・縄文早期の検討結果をふまえて、検索半径50kmで縄文文化の各時期の密度分布のあらわれ方を通時的に観察してみよう（図7-c・図8-e～h）。まず全時期をとおして、ほぼ同じ位置に密度分布があらわれる点が注目される。その数、六つである。図7-cのように数字をふる（Ⅰ～Ⅵ）。やや細かくみるならば、各時期をとおしてさらに共通する特徴や特定の時期だけに顕著になる特徴を指摘することもできる。Ⅰでは常呂川流域地域(a)と斜里平野地域(b)とがいつも分離する傾向にある（図8-e）。ⅤとⅥとの間に位置する内浦湾北東岸から胆振山地太平洋岸にかけての地域(c)は、各時期において弱いながらも独立した密度分布をあらわしかけている。また、前期にはⅣの北側の名寄盆地周辺(d)で密度分布が強くなる反面、根釧台地での密度分布Ⅱが非常に希薄化する。中期以降ⅤとⅥとの結びつきがあたかも強まったかのように、日本海沿岸廻りの分布密度のつながりが顕著になってくる。地域(c)の密度分布が顕在化してくるとともに、Ⅵとの密度分布のつながりも強くなってくるが、それは内浦湾越しであって、両地域が湾岸伝いで結びつくような様相はあらわれてこない。

　地域社会と超越的地域　では、ここに示したような分布密度によって示された空間的な広がりは何を示しているのであろうか。第2章で紹介した諸遺跡の位置をそれに重ね合わせてみよう。遺跡を選定する基準としては最初に述べたように、土器型式圏の広がりと北海道の3ないし4地域区分を考慮したもので、それによって全体像を俯瞰できるように試みた。しかしその際に、土器型式圏をもってただちに実在的な集団と考えることは間違いであることを前提としたうえで、特定の土器型式（圏）と特定の集落形態や住居形態とが対応するか否かについての検討が厳密には推し進められていない現状を指摘しておいた。検索半径50kmがどのような意味があるのかは、引き続き今後も検討を重ねてゆ

きたい課題であるが、それによって表出される密度分布が、各時期にわたってほぼ同じ空間的な範囲に繰り返しあらわれてくるならば、それは単に各時期における遺跡分布が同じ傾向であることを示しているのにすぎないが、実はその点が重要である。そこに、すなわち繰り返しあらわれてくる密度分布の背景に、「特定の集団」や「系統的に連なった集団」を想定するのではなくて、一つの「歴史的な地域（超越的地域）」がその輪郭をあらわしつつある状況を読み取ることが可能なのである。「歴史的な地域」という表現では「歴史的なストーリー性を担った（に規定された）実在的地域」といったニュアンスが生じてくるので、ここでは適切ではない。むしろ誤解を招かないためにも積極的に「超越的地域」という用語を用いることにする。

　この超越的地域は厳密には土器型式圏の広がりとも、またおそらくは特定の集落形態や住居形態の広がりとも重なることはない。あるいは、後者とはある程度の重なりをみせる可能性もありうるが、今回の分析では、これらの超越的地域を前提として選定した遺跡を検討したのではないので、この点に厳密に答えることはできない。この超越的地域は遺跡の近接性によってのみ出現した現象であり、時期が異なればその超越的地域内にあらわれてくる密度分布の広がりは微妙に変動する。また、図としての表示の基準を変えれば、われわれの視覚にうったえる面積も異なってくる。しかし、これまでに筆者が縄文文化研究においていろいろと想定してきた集団や関係に対比させると、次のように整理できる。

　筆者は実在的な集団として「小地域集団」を想定している。これは共時的な遺跡群よりも大きく、土器型式の地域色の範囲よりも小さい規模のものであろうと予測した（小杉 2001）。その集団の内容は、日常的な面接関係または血縁関係で結ばれた生活集団、あるいは構成員間で相互扶助的な互換活動が行なわれる実在的な生活集団であると想定している（小杉 2003）。検索半径 10 ～ 20km によってあらわれてくる密度分布程度の規模のものかもしれないが、実際には自然地理的な要因をもっと考慮しなければその外形はあらわれてこないだろう。このような小地域集団が、縄文文化の後半期において広域にわたる集団関係の基本的な様態をかたちづくっているのであり、それを「小地域集団を結節点（ノード）とするネット型の集団編成」（ネット型間欠的結合モデル）と表現した

（小杉 2001・2006）。一方で、複数のこのような小地域集団の地理的な近接性によって出現した、小地域集団間の「交通関係」および「交通空間」を「地域社会」として定義した（ちなみに、交通関係とは物資あるいは財貨、情報、人的な交換によって形成される個人間あるいは集団間の関係のことである）（小杉 2003）。よって、検索半径 50km のマジックナンバーによるところの遺跡の近接性によって出現した密度分布は、まさにこれまでに筆者が論じてきた地域社会の規模にかなり近似していると思われる。紙数ここに至ってはその当否を本稿で検証することはできないが、一つの提案として、マジックナンバー 50km の検索半径による密度分布が繰り返しあらわれる範囲を単位として、集落遺跡の内容を検討すると同時に、その範囲すなわち超越的地域と各時期における土器型式圏との重なりの程度を検討することの必要性を述べておきたい。

補記

本稿は、総合地球環境学研究所プロジェクト「日本列島における人間-自然相互関係の歴史・文化的検討」（代表：湯本貴和）による調査研究成果の一部である。なお、本論の一部は、2005 年 4 月に北海道考古学会研究大会で発表したものである（参照：小杉康 2005「北海道における縄文文化の遺跡立地」北海道考古学会編『北海道考古学会 2005 年度研究大会　遺跡立地を考える』所収、pp.18-24）。

注

(1)　集落遺跡の型式を取り扱ったものに丹羽（1987・1993）などがある。
(2)　住居の型式を取り扱ったものに笹森（1981）、菅谷（1985）などがある。
(3)　西脇（2006）では 6 軒となっている。
(4)　発見された遺構数や帰属時期の判定が、報告年次によって若干異なることがあるようだが、ここでは最終報告年次の 2004 年刊『カリンバ 3 遺跡（3）』によった。
(5)　http://www.dokyoi.pref.hokkaido.lg.jp/hk/bns/kitanoisekiannai.htm

引用・参考文献

阿部千春 2001「大規模集落の出現―北海道南部の縄文集落―」『新北海道の古代 1　旧石器・縄文文化』

宇田川洋 1995『北海道の考古学』
大沼忠春 2001a「北海道における縄文時代集落の諸相」『列島における縄文時代集落の諸様相』
大沼忠春 2001b「北海道地方における集落変遷の画期と研究の現状」『縄文時代集落研究の現段階』
小笠原忠久 1982「ハマナス野遺跡」『縄文文化の研究8　社会・文化』
小笠原忠久 1984「北海道西南部における縄文時代前・中期の集落」『北海道の研究1　考古編Ⅰ』
小杉　康 1995「土器型式と土器様式」『駿台史学』94、pp.58-131
小杉　康 1998「定住のはじまりから三内丸山まで—列島における後氷期適応—」『科学』68—4．pp.314-322
小杉　康 2001「縄文時代の集団と社会組織」『現代の考古学6　村落と社会の考古学』
小杉　康 2003「生業としての交易活動」『考古学研究』50—2
小杉　康 2006「地域と集団——林論文と縄文文化へのオマージュ——」『ムラと地域の考古学』pp.185-222
小杉　康 2008a「土器型式編年の基礎概念—山内清男・モンテリウス・チャイルド—」『縄文時代の考古学3　歴史のものさし—縄文時代研究の編年体系—』
小杉　康 2008b「竹管文」『縄文時代の考古学7　土器を読み取る—縄文土器の情報—』
小杉　康 N.D.「葬墓祭制と大規模記念物」『講座日本の考古学4』〔2006年11月脱稿〕
小林達雄 1973「多摩ニュータウンの先住者—主として縄文時代のセトルメント・システムについて」『月刊文化財』112、pp.20-26
小林達雄 1986「原始集落」『岩波講座日本考古学4　集落と祭祀』
桜田　隆 1997「秋田県池内遺跡」『日本考古学協会1997年度大会研究発表要旨』
笹森健一 1981「縄文時代前期の住居と集落」『土曜考古』3
菅谷通保 1985「竪穴住居の型式学的研究—縄文時代後・晩期の諸問題—」『奈和』23
高倉新一郎 1970「社会」『アイヌ民族誌』
高橋稀一・越田賢一郎 1984「美沢川流域の遺跡群—遺物分布と遺構分布の関係からみて—」『北海道の研究1　考古編Ⅰ』
高松龍暉・矢野健一 1997「縄文集落の定住性と定着性—兵庫県養父郡八木川上・中流域における事例研究—」『考古学研究』44—3
長沼　孝 1993「縄文集落の変遷＝北海道」『季刊考古学』44

西脇対名夫 2006「炉のない住居」『ムラと地域の考古学』
丹羽佑一 1987「集落」『季刊考古学』21
丹羽佑一 1993「環状集落の構造と類型」『季刊考古学』44
林　謙作 1979「縄文期の集落と領域」『日本考古学を学ぶ（3）』
林　謙作 2004『縄紋時代史Ⅱ』
藤本　強 1979『北辺の遺跡』
松田宏介 2005「集落遺跡の欠如をどのように考えるべきか―続縄文後期とイングランド南部における青銅器時代前期における比較考古学的検討（素描）―」『北大史学』45、pp.1-22
山田康弘 2002「中国地方の縄文時代集落」『島根考古学会誌』19
H. Watanabe 1972 *The Ainu Ecosystem*：*Environment and Group Structure*,University of Tokyo Press

Ⅱ 東北地方の縄文集落の社会組織と村落

鈴 木 克 彦

第1章 東北地方の集落研究の現状と課題

第1節 はじめに

　東北地方における縄文集落の資料は、豊穣、多彩である。しかし、他地域に較べ集落研究は進展しているとは言いがたい。その背景に、住居年代の決定に対する甘さと相互批判の欠如、つまり理論や論理を好まない体質的問題がある。「掘れば当たる」この地域では、論より証拠の体質が根強く出土遺物の一発勝負で事を決する風潮があり、発見によって取りあえず考古学が完結するのである。

　東北地方の集落研究は、「井の中の蛙」である。その好例が、根拠も実証もない集落人口500人説、都市文明とされる三内丸山遺跡で、文化的第二の捏造（佐々木2001）と批判されている。残念ながら、その指摘は正しい。

　近年、土器型式編年と集落調査が乖離する傾向がますます目立ち始めている。住居年代を決める土器型式を特定せず、中期中葉などと大雑把に記載する報告書が多い。時期を特定できない住居は単なる類例でしかなく、集落研究ではあまり使えない。時期決定は発掘者に課せられた責任である。

　集落の調査研究の基本は、編年学的研究とその応用にある。住居年代を決定できなければ、ジャスト・モーメント（後藤1956b、一型式内同時期）の住居数つまり集落規模を確定できない。時期決定はもとより、本稿の主要テーマである住居の観察、住居群の大群、小群の分節構造に対する把握などは、発掘者の観察所見によって大きく左右される。

　東北地方に限らず日本考古学にとって、20世紀とりわけその第4四半期はかつてない経験と今後に望めないほどの資料が急増した時代である。本書執筆を機に、改めてこれまで上梓された発掘調査報告書を通読してみた。それらの

成果として資料の問題点などをまとめておくことは有意義なことだと思うので、限られた誌面ながら代表的な集落事例を取り上げ、現状を分析した上で研究の課題や展望を明らかにしたいと思う。

第2節　東北地方における集落研究略史と課題

　東北地方の集落研究の突破口を開いたのが、福島県の目黒吉明らによる福島大学考古学研究会の活動である。中期の編年と住居や集落を有機的に捉え、社会の組織、構造を問題視し、複式炉住居をメルクマールに取り上げて中期社会の集落論を展開した。

　埋蔵文化財行政75年体制の下、東北地方にも専門職が配置されて集落調査が各地で行なわれ、大形住居、掘立柱建物、敷石住居、環状集落などが発掘された。とりわけ、岩手県西田遺跡の環状集落は、東北地方の存在感を高めた。同時に、大湯、御所野(ごしょの)、三内丸山遺跡などの配石遺構を伴う大規模集落、富ノ沢2、風張(かざはり)1、新田Ⅱ、上ノ山(うえのやま)Ⅱ、西海淵(さいかいぶち)遺跡などの環状集落、上野尻(かみのじり)遺跡の掘立柱建物群の環状集落、押出(おんだし)遺跡の独自な住居形成など多くの事例が明らかになった。平行して、埋蔵文化財センター職員などによる住居などの集落研究や基礎資料の集成が行なわれ、須藤隆は住居群の同時性という正しい方法論を問題提起し、武藤康弘は大形住居についてグローバルな視点で論じている。

　1997年、2001年、2006年には日本考古学協会秋田、岩手、福島大会で集落、複式炉住居などがテーマにされ、縄文時代文化研究会 (2001) の『列島における縄文時代集落の諸様相』に所載された在地会員の諸論考は、集落研究の現状と問題点を改めて浮き彫りにした。

　個別的には、大形住居、掘立柱建物、配石住居の機能、環状集落の再検討、環状列石の大湯遺跡が集落か共同墓域かなど多くの課題があるが、21世紀型の集落研究は、これまで蓄積した確かな方法論と問題意識を持って類例を分析し、無形の居住規制や社会制度（ルール）などを論じる方向に向かうべきだと考える。その際、住居などの諸遺構集成、他地域との比較研究などを行なう必要があるが、一番大事なことは発掘調査時点の観察力である。そして、研究は須らく実証主義でなければならない。

第2章　東北地方の縄文集落の変遷と特徴

第1節　草創期〜早期の集落

　縄文草創期では、旧石器時代からの名残として山形県高畠町に所在する日向(ひなた)洞窟などの洞窟、岩陰が居住に利用されている。日向洞窟の西側には、柱穴や炉のない不整長方形の住居1軒が発見されている。

　福島県飯館村岩下向A遺跡で、爪形文土器に平行する時期の不整方形の住居1軒が発見されている。内部に炉はないが、柱穴が存在する。

　青森県八戸市櫛引(くしびき)遺跡（図1）では、柱穴や炉のない多縄文土器期の円形住居2軒の左右に2基と4基の土坑群が分かれて存在し、集石を伴う。住居の出土土器を見ても大きな時間差がみられないので同時2軒とそれとの関係で土坑群の帰属を想定できよう。土坑の性格は、1号土坑から復元土器が出土していて墓の可能性がある。この集落形態は、住・坑隣接型である。2軒単位の集落設計が草創期に芽生えていた可能性を知る上で重要である。

　山形県米沢市矢子大日向C遺跡で、撚糸文土器期の地床炉のある隅丸長方形(よりいともん)(じしょうろ)住居1軒が検出されている。米沢市二夕俣A遺跡では、撚糸文土器期の不整円形住居2軒が20mの間をおいて存在し、1軒に地床炉がある。

　草創期の住居および集落には不明な点が多いが、1、2軒単位の小さな集団で集落を形成している。住居には円形と方形を基調とする二種があり、炉と柱穴がみられない事例が多い。

　縄文早期には、草創期に較べて集落および住居数が増える。特に、草創期と早期の時期的境界にあたる日計式期に10遺跡ほど知(ひばかり)られ、顕著になる。その背景に、後氷期の気候温暖化が影響して

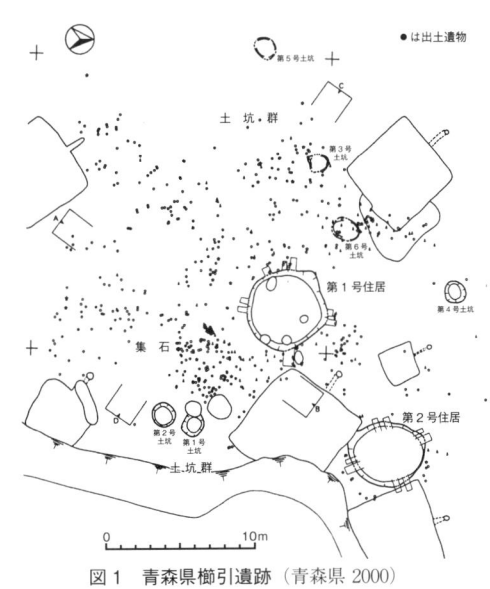

図1　青森県櫛引遺跡（青森県 2000）

いると推測される。海水面が上昇し始め、早期後半期から貝塚が形成されるようになる。その代表が、赤御堂式、早稲田5式期の青森県八戸市長七谷地貝塚である。長七谷地貝塚（図2）では、大形住居1軒を含む早稲田5式期の住居が南北に約60m離れて8軒（重複あり）と4軒が存在する。こういった住居群の分節構造はその直前期にも存在し、八戸市牛ヶ沢4遺跡（図3）では早期住居22軒のうちムシリI式期に東西に約150m離れて4軒と4軒がまとまり、東西住居群に伴う土器の内容が異なることが指摘されている。

　岩手県矢巾町大渡野遺跡（図4）では、早稲田5式期の炉のない隅丸方形の住居2軒の2m脇に野外竪穴炉と土坑が存在し、住居、厨房施設、貯蔵穴の施設がセットで確認できる。早期には炉のない住居が多いが、これが早期の一世帯の標準的な居住施設セットではないかと想定される。

　早期などに多い炉のない住居について、中央部に浅い掘り込みがあるものの焼土が確認されない場合、炉と認定できないために無炉住居と判断されることが多いが、今村啓爾（1985）は焼土が認められなくても木柵で囲んだ内部に灰を溜めた灰床炉の存在を想定した。灰床炉とは、灰を溜めた言わば囲炉裏のことである。秋田県能代市寒川I遺跡の赤御堂式期第3号住居でも、同様な断面を観察できる（図5）。

　宮城県七ヶ宿町大倉遺跡では、早期末葉の大形長方形住居2軒を含む4軒と東北地方最古と思われる埋設土器が確認されている。

　山形県矢子大日向C遺跡では、明神裏3式期の住居4軒が検出されている。重複住居と同一型式内の建て替えがみられるので、最大3軒もしくは2軒単位の構成が考えられる。同市二夕俣A遺跡では、日計式期から槻木下層式期までの住居16軒が検出され、5期にわたる住居が2〜4軒単位で捉えられている。その配列をみると、2軒単位の分節構造が読み取れる。

　早期の特徴は、住居数の増加と青森県おいらせ町中野平遺跡の東北最古の白浜式期大形住居の出現である。集落規模は次第に大きくなり一土器型式内に10数軒が検出されているが、それらの土器は細別されると思われるので二夕俣A遺跡の2軒単位、牛ヶ沢4遺跡の4軒単位が標準的な集落モデルになるだろう。この時期には、すでに2〜4軒住居単位で二群に分節される双分の集落構造が成立していたと考えられる。

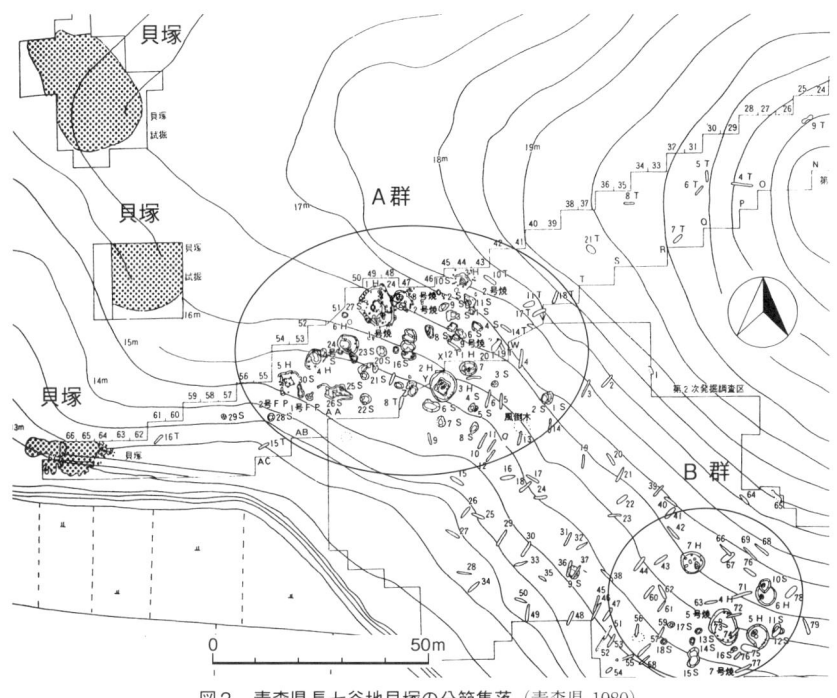

図2 青森県長七谷地貝塚の分節集落（青森県 1980）

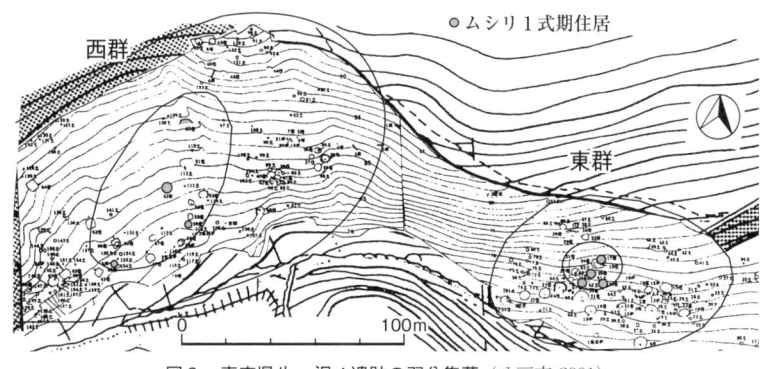

図3 青森県牛ヶ沢4遺跡の双分集落（八戸市 2001）

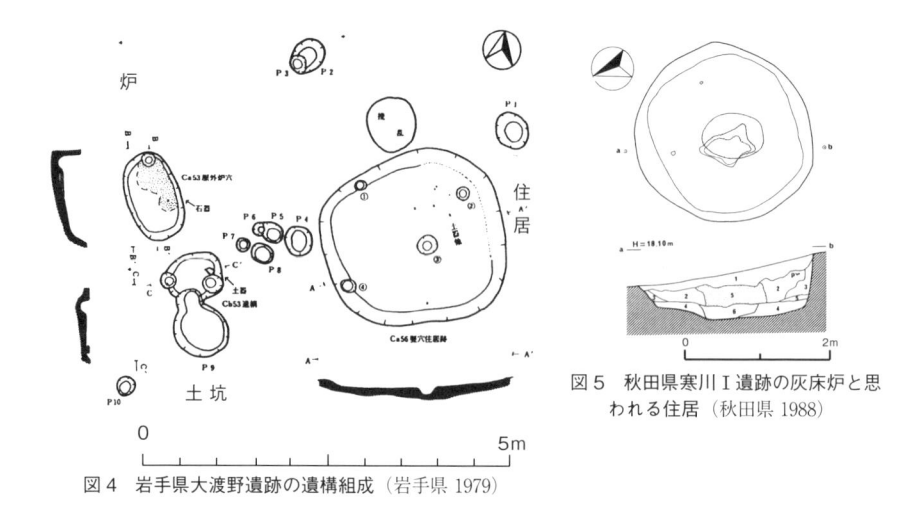

図4　岩手県大渡野遺跡の遺構組成（岩手県 1979）

図5　秋田県寒川Ⅰ遺跡の灰床炉と思われる住居（秋田県 1988）

第2節　前期〜中期の集落

　縄文前期には、集落内の住居数が増大し集落規模が大きくなり、掘立柱建物群、環状集落が出現する。その中で、大形住居主体の環状集落が出現することが大きな特徴である。

　青森県八戸市畑内(はたない)遺跡（図6）は、円筒下層a、b、d式期を主体に住居約120軒（うち大形住居7軒）の環状集落（A区）である。そのうち、環状を形成するのは下層d式期の住居群である。下層a、b式期では、A区において少なくとも住居群単位が累計32軒と6軒で分節され、さらにそこから南に約100m離れたB区に10軒程の住居群があり、複雑な集落構成を示す。

　平川市大面(おおづら)遺跡では、円筒下層a、b式期37軒の住居が3〜4群に分かれて所在し、隣接して土坑群、集石、埋設土器、北側20mに配石群を伴う。住居には炉が見当たらない反面、野外に竪穴炉が6基検出されている。

　下北半島の数少ない資料であるむつ市熊ヶ平(くまがたい)遺跡では、前期円筒下層b式から中期円筒上層a式期までの14軒の住居が検出され、下層b式と上層a式期に住居内埋設土器が発見されている。

　岩手県宮古市千鶏(ちけい)遺跡では、上川名(かみかわな)Ⅱ式期の方形を基調とする住居34軒が検出されている。地床炉は5軒に見られるだけで、炉のない住居が多い。前期

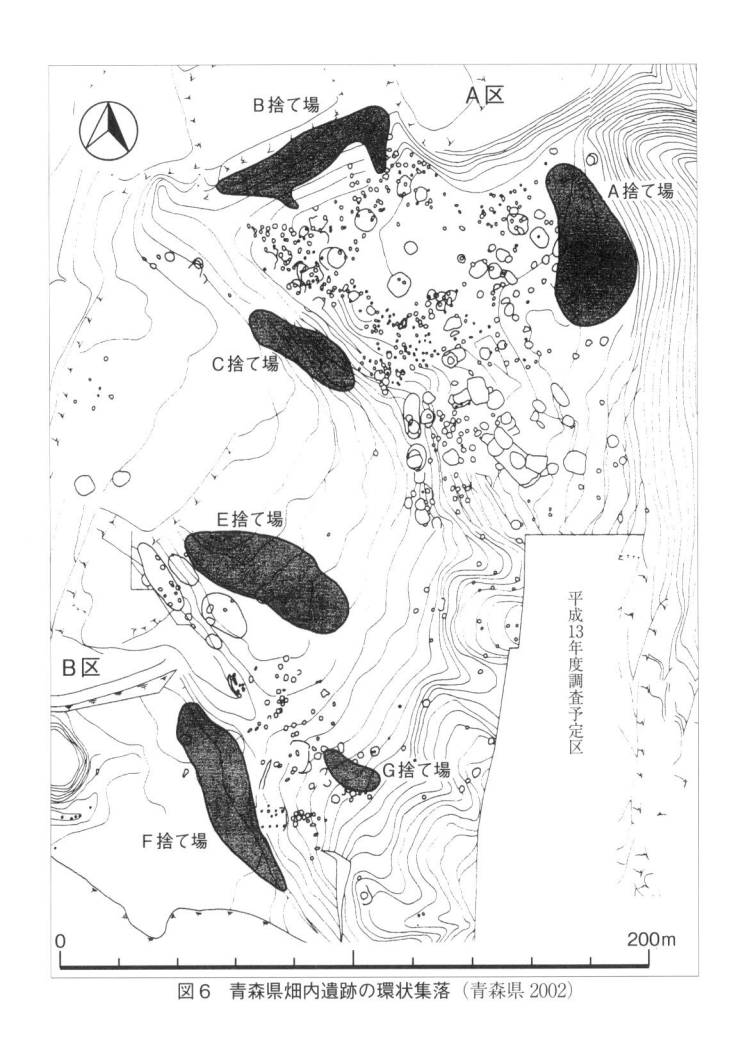

図6 青森県畑内遺跡の環状集落（青森県 2002）

前葉には、まだ無炉住居が少なくない。

　二戸市飛鳥台地Ⅰ遺跡の早稲田6式期の長方形住居6軒は、この時期の標準的な住居形態を示す。住居は、長軸9mの大形住居1軒を含み、中央に地床炉2軒、灰床炉1軒、無炉3軒の住居が共存している。

　山田町沢田Ⅰ遺跡では、大木2a、b式期の大形住居6軒を含む楕円形、方形住居66軒が検出されている。大形住居の規模は最大のものが長軸20mで長方形を呈し、5回の建て替えが行なわれている。中期の住居群（42軒）と重複

しており、中期には大形住居はみられない。
　青森県青森市三内丸山遺跡、岩手県八幡平市長者屋敷遺跡、盛岡市上八木田(かみやぎた)Ⅰ遺跡など前期円筒下層 a 式および大木 2 式期以後、この地域に住居数が増大し、特に大木 4、5 式から 6 式期とその平行期に大規模集落が出現する。三内丸山遺跡では野球場建設部分で 73 軒、長者屋敷遺跡では前期住居 160 軒（前半 89 軒、後半 64 軒ほか）、上八木田Ⅰ遺跡では前期住居 134 軒（初頭〜前葉 14 軒、中葉 1 軒、後葉 34 軒、後葉〜末葉 59 軒、末葉 6 軒、ほか 20 軒）確認されているが、土器型式に対応した住居数は不明である。
　前期中葉には、大形住居が主体になって放射状に並ぶ環状集落が出現する。岩手県遠野市新田(しんでん)Ⅱ遺跡（図 7）では、大木 2 〜 4 式期の大形住居がコ字形ないし環状を呈し、南北に対をなす。北上市蟹沢館(かにさわだて)遺跡（図 8）では、中央の土坑群の周囲にほとんど大形住居からなる大木 2 〜 5 式期の方形、長方形住居が住居単位に重複して建て替えられている。大形住居と通常の大きさの住居が対になると思われるが、ジャスト・モーメントの把握では環状集落と言い難い。一方、北上市鳩岡崎(はとおかざき)遺跡では、大木 6、7 式期の大形住居と通常の住居が 1：2 になって南側に土坑群を擁する。そのほか、岩手県二戸市五庵Ⅰ遺跡に円筒下層 d 式期の石囲埋設炉(いしがこい)が出現する。
　大形住居発見の嚆矢と言える秋田県能代市杉沢台遺跡では、段丘縁辺部に沿って円筒下層 a 〜 d 式期の住居 40 軒、大形住居 4 軒、土坑群が発見されている。時間差があり、最盛期が円筒下層 d 式期で大形 2 軒、中形 2 軒、小形 5 軒である。長軸 31 m の大形住居は、中央に地床炉が 6 基並び 4 回の増改築が行なわれている。
　大館市池内(いけない)遺跡は、東北地方の前期における最大面積の集落である。丘陵全体が発掘され、前期（中葉 13 軒、後葉 11 軒、時期特定不能 54 軒）の住居が計 78 軒、大形住居、掘立柱建物群、土壙墓群、土坑群、埋設土器が検出されている。馬の背状の丘陵地に埋没谷を挟む独立的な丘陵先端部に 4 〜 5 群の住居群があり、その北側平坦地に掘立柱建物群、土壙墓群、土坑群の占有エリアがそれぞれ独立して存在する。特に、掘立柱建物 63 棟、土壙墓 44 基は注目される。掘立柱建物には、長軸方向が南北と東西に向く二種がある。ジャスト・モーメントの住居数を特定できないが、住居群が 4 〜 5 群に分節されている。

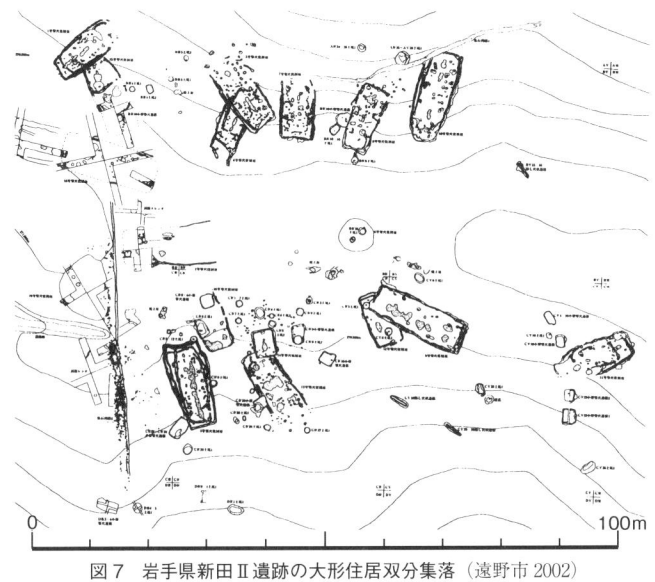

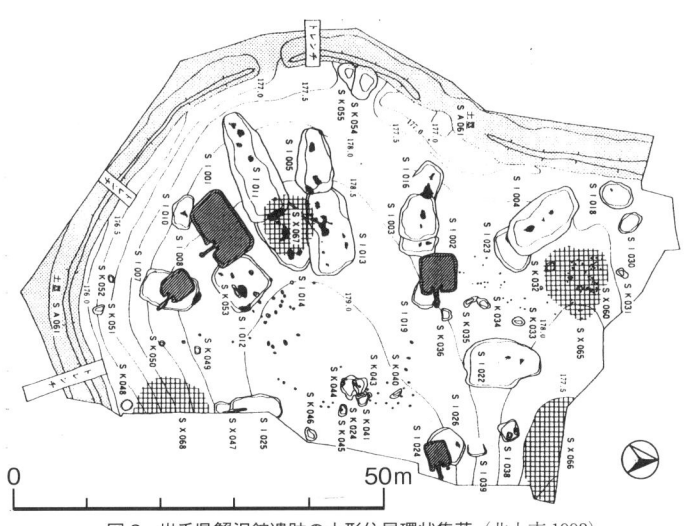

図7 岩手県新田Ⅱ遺跡の大形住居双分集落（遠野市 2002）

図8 岩手県蟹沢館遺跡の大形住居環状集落（北上市 1993）

図9　秋田県上ノ山Ⅱ遺跡の大形住居環状集落
（秋田県 1989）

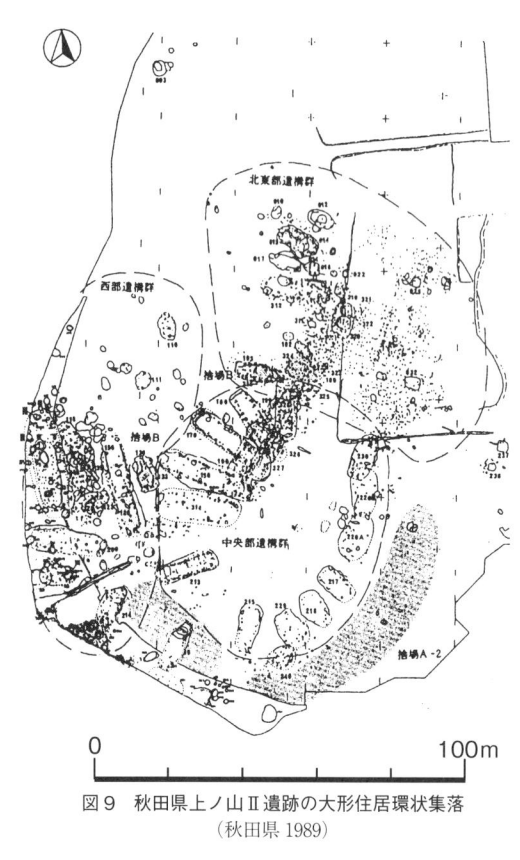

大仙市上ノ山Ⅱ遺跡（図9）は、大木4、5a式期の大形住居33軒を含む住居72軒、土坑群、配石遺構、埋設土器を擁する環状集落である。住居の半数近くが大形住居で占められる稀有な事例である。玦状耳飾などの石製品が多く出土し、その職能集団によって形成されたと考える。

宮城県名取市今熊野遺跡（図10）では、大木1、2式期の方形、長方形住居71軒が確認され、住居群は2ないし3群に分節され、中央部に空白域を擁し、土坑群はB群の一角にある。いずれも住居内部に炉が見られず、壁柱穴と中央にピット、貯蔵穴らしき付属ピットがある。出土土器が明らかな住居は、大木1式期18軒、大木2a式期20軒、2b式期1軒と変遷するが、住居の重複、堆積土の状況からさらに複数に細分され、ジャスト・モーメントの住居数は一桁になると予測されている。

栗原市嘉倉貝塚（図11）は、大木5～7a式期の大形住居27軒を含む住居108軒（把握されている住居は大木5式期12軒、6式期15軒、7a式期7軒）、掘立柱建物群、土坑群による環状集落である。

山形県米沢市一ノ坂遺跡（図12）に、日本最大の長軸43.5m、短軸4mの極めて細長い上川名上層式期の竪穴、連結するように連なる方形の住居8軒などが検出されている。石器などが多数出土した超大形竪穴は石器工房建物（作業場）、連房式住居と呼ぶ8軒は工人集団の宿舎と想定されている。米沢市では、

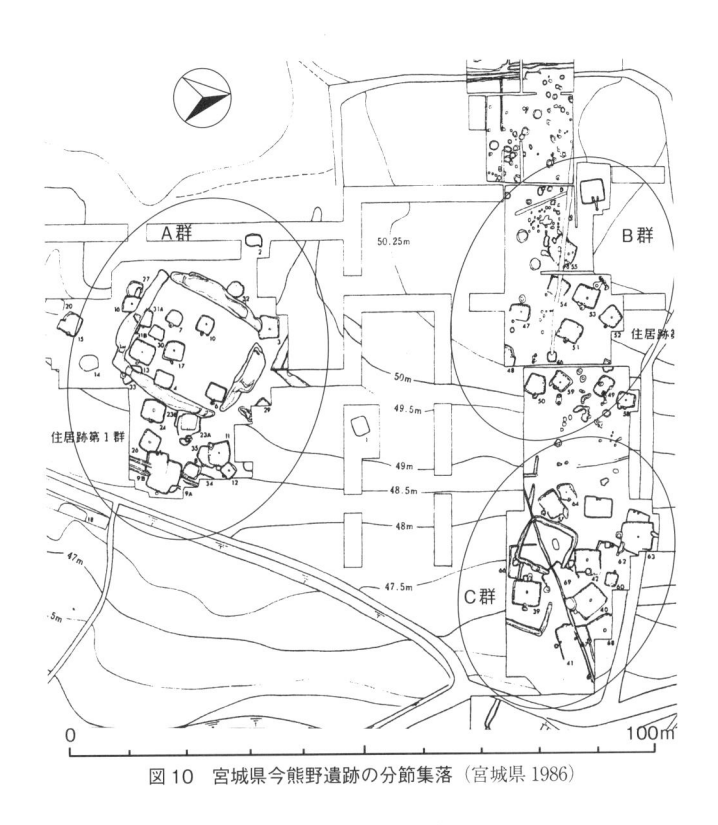

図10　宮城県今熊野遺跡の分節集落（宮城県1986）

一ノ坂遺跡より古い窪平遺跡にも大形住居が検出されている。
　遊佐町吹浦遺跡は、馬蹄形ないし環状集落で中央に広場を持ち、大木6式期の住居48軒、土坑173基が検出されている。住居群は、土坑群を挟んで南北2群に分けられる。大木6式期の住居26軒、大形住居12軒が検出されている寒河江市高瀬山遺跡は、大形住居主体の環状集落である。
　高畠町押出遺跡では、低湿地の微高地に多数の丸太杭を方形や楕円形に打ち込んだ平地式の大木4式期の住居39軒が検出されている。竪穴住居と違い掘り込みがなく、丸太を横に並べて床にして周囲を丸太杭で囲んだものと思われるが、屋根などの住居構造は不明である。
　福島県相馬市段ノ原B遺跡では前期の住居99軒が検出され、集落は4期に区分されている。住居は、1期の上川名Ⅱ式期1軒から開始し、2期5軒、大木1式の3期古期59軒、新期32軒、大木2a式の4期2軒で終焉する。最盛

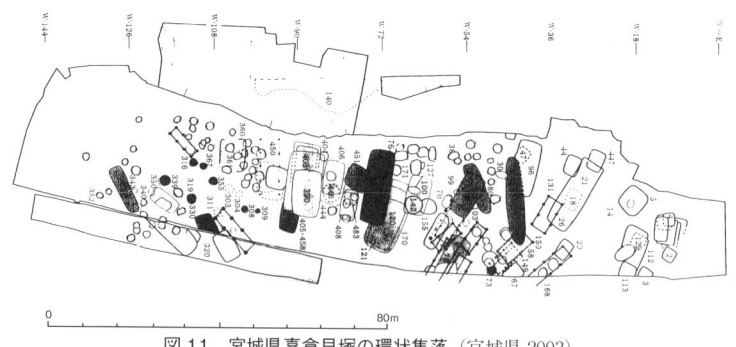

図11 宮城県嘉倉貝塚の環状集落（宮城県 2003）

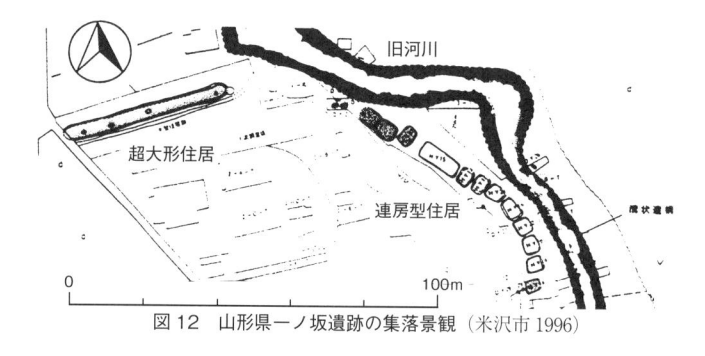

図12 山形県一ノ坂遺跡の集落景観（米沢市 1996）

期の住居群は、二大群5小群に区別できる。

　福島県福島市獅子内遺跡は、地形景観から丘陵部と沢を挟んで数段の河岸段丘面それぞれに大木1式期主体の独立した小集落が形成されている。それらの少なくとも五つの独立した小集落が集まって一つの村落を形成していたものと推定され、東北地方では最も古い時期の村落と言えよう。

　前期は、集落規模が拡大するだけでなく、配石遺構を伴うことや環状集落の成立、一ノ坂遺跡の最大住居、石器や玦状耳飾などの生産工房集落、大形住居主体の環状集落の出現など、集落形成の大きな転換期である。集落の原型が成立、確立した重要な時期だと言える。

　中期になると、縄文時代では集落数が最も多くなり、特に中期後半から集落数が増大し、同心円状に遺構群を配列する環状集落や複数の集落が集合して大きな村落を形成するようになる。南部には福島県を主体に複式炉住居、敷石住居が見られ、配石遺構群が形成される。

青森県八戸市笹ノ沢3遺跡は、丘陵の尾根に円筒上層a式期の39軒の住居列が左右に並び、環状集落と思われる。六ヶ所村富ノ沢2遺跡でも、円筒上層c式から大曲1式期までの総数で住居405軒、土坑698基、掘立柱建物9棟が検出され、全体で環状集落を形成している。発掘調査報告書によると、住居は円筒上層c式期9軒、d式期50軒、e式期71軒、榎林式期85軒、中の平3式期41軒、大曲1式期15軒、ほか不明数軒である。隣接して富ノ沢2遺跡C地区があり、榎林式から大曲1式期までの住居79軒が検出されている。

　青森市三内丸山遺跡では、野球場部分に住居308軒（ほかに不明75軒）が検出されている。しかし、富ノ沢2遺跡などと同様に同時期住居数が把握されておらず集落構造の実態は不明で、提示されている資料は大雑把で集落研究では使えない。沖館川を挟んで対峙する三内沢部遺跡では、円筒上層c式期から中の平3式期までの住居39軒が検出されている。この地域には、三内丸山2、6、9遺跡、大形住居を擁する近野遺跡など同時期の遺跡群があり、村落共同体を形成している。その中枢が、住居や土偶などを多量に出土した三内丸山遺跡であると思う。

　階上町野場5遺跡では、51軒の住居が検出されている。時期を特定できるのは中期末葉25軒、後期初頭4軒である。北区19軒と南区32軒に分かれ、貯蔵穴や配石遺構が伴い、中間に空白域を擁する双分構造の集落と思われる。

　青森市稲山遺跡、黒石市花巻遺跡、平川市堀合Ⅰ・Ⅲ遺跡など、東北地方北部に組石棺墓群を擁する集落が、末葉から後期前葉にかけて見られる。

　岩手県には、中期の集落遺跡は非常に多く、後半期に集中している。一戸町御所野遺跡、八幡平市長者屋敷遺跡、盛岡市湯沢遺跡、大館町遺跡、花巻市観音堂遺跡、北上市柳上遺跡など住居数が100軒を超える遺跡が知られており、それぞれの集落形態は多様である。御所野遺跡は、大小の配石遺構群を擁する大規模遺跡である。保存を主目的にしているので集落構造に不明な点が多いが、集落内に配石遺構を擁する遺跡は、ほかに花巻市清水屋敷Ⅱ遺跡などいくつか存在する。また、大館町遺跡、紫波町西田遺跡、花巻市大地渡遺跡、観音堂遺跡、宮古市崎山遺跡など環状集落も多く知られ、大木8式期前後に顕著になる。さらに、大木10式期には、長者屋敷遺跡、軽米町叺屋敷遺跡群、一戸町田中遺跡群など複数の集落が集合して村落を形成している。

その中で、西田遺跡（図24）の大木8a、b式期の環状集落は、縄文集落の一つのモデルである。中央に二重の土壙墓群、掘立柱建物群、竪穴の住居群、土坑群という同心円的配列が行なわれている。土壙墓群を掘立柱建物群が取り巻く構造は、後の大湯環状列石に類似し極めて重要な構図である。
　集落形態には、住居群に夥しい土坑群が一体になるものが多く、西和賀町本内Ⅱ遺跡、藤沢町十文字遺跡など住・坑分離型、長者屋敷遺跡、雫石町塩ヶ森Ⅰ遺跡など数棟の住居群が小さくまとまる分節構造の集落、大槌町夏本遺跡の数棟の住居群の中間に空白域を持つ双分集落も存在する。
　盛岡市上八木田Ⅰ遺跡では、A区に大木10式期の円形住居6軒が等高線に沿って並列している。それらにはほぼ中央に正位、斜位の埋設土器炉があり、2軒の炉に石が立てられ（立石炉）、周囲を粘土で囲んでいる。4軒の床面から石棒が出土し、相互に接合するものがある。6軒は、大木10a式期1軒、10b式期2軒、10c式期3軒に分類でき、それは炉の構築土と土器の胎土分析からの所見と概ね符合し、祭祀行為を行なう特殊な集団の住居と想定される。立石炉は、軽米町君成田Ⅳ遺跡でも見られる。
　秋田県には、雄物川の沖積地を見下ろす標高20〜30mの御所野台地の2×3kmの範囲に秋田市新都市開発に伴って発掘調査された下堤A、湯ノ沢F遺跡など大木10式期の集落が19ヵ所群集する一大村落が存在する。それぞれは大木10式期の中で微妙な時間差があるが、現在把握されている事例としては東北地方どころか日本でも最大級の縄文村落だと考えている。
　大木9式期の住居7軒、掘立柱建物7棟を擁する大仙市太田遺跡は、西側から住居列と掘立柱建物列、土坑群から構成される。掘立柱建物の平面形に、方形と側辺が膨らむ梯形の二種がある。複数の地床炉があり、平地式の住居と思われる。丘陵先端部の30×40mの範囲に収まり集落規模は小さく、さらに建物が重複しているので同時軒数は半減すると見てよい。各々4軒前後で構成されていたと予測でき、当該期集落のモデルになると思われる。
　秋田市松木台Ⅲ遺跡（図13）は、規模が40×50mの大木8b式から10式期に至る環状集落である。時期単位の住居、掘立柱建物、土坑群の配置の様子が把握されていて、当初から環状を呈して構成されているものでなく、環状の形態は最終累計形態であることがわかる。

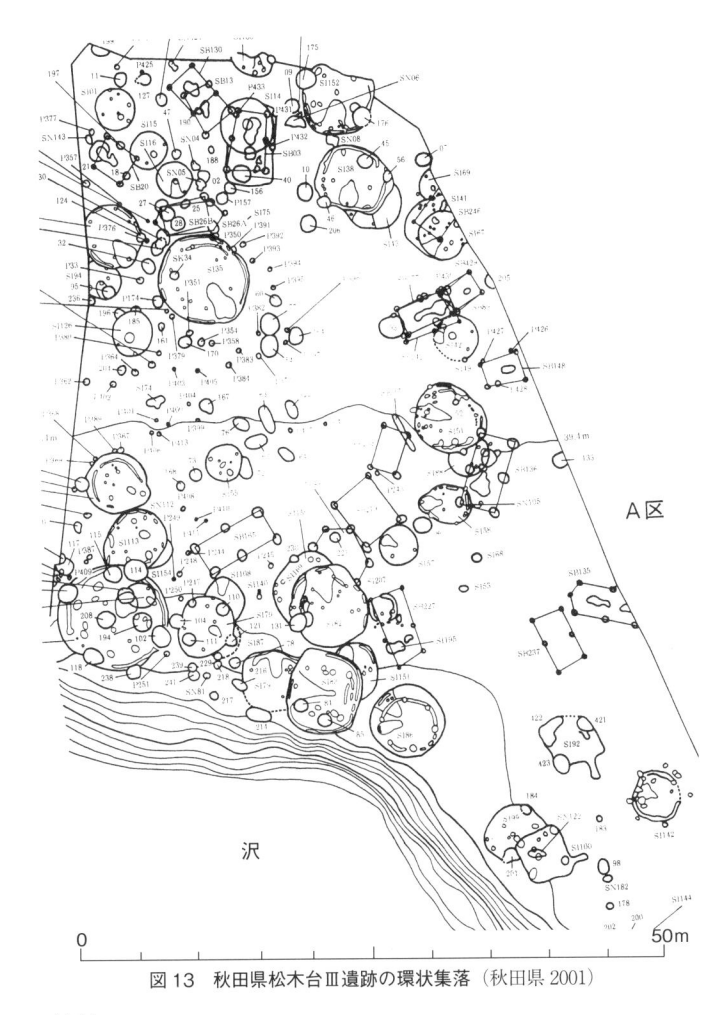

図13 秋田県松木台Ⅲ遺跡の環状集落（秋田県 2001）

　宮城県大衡村上深沢遺跡では、狭い丘陵部に大木9式期の21軒の円形、方形住居が検出されている。住居群は丘陵縁辺部にのみあり3群に分節され、南側に土坑群が位置する住・坑分離型で、同時期8軒ほどの集落と推定される。
　七ヶ宿町大梁川遺跡では、複式炉と3本柱構造の円形住居が検出されている。同町小梁川遺跡では大木8a式期に分節集落、大木8b式期に双分集落、仙台市山田上ノ台遺跡では大木10式期に分節ないし双分集落を形成している。仙台市下ノ内遺跡では、大木10式期の敷石住居2軒が検出されている。

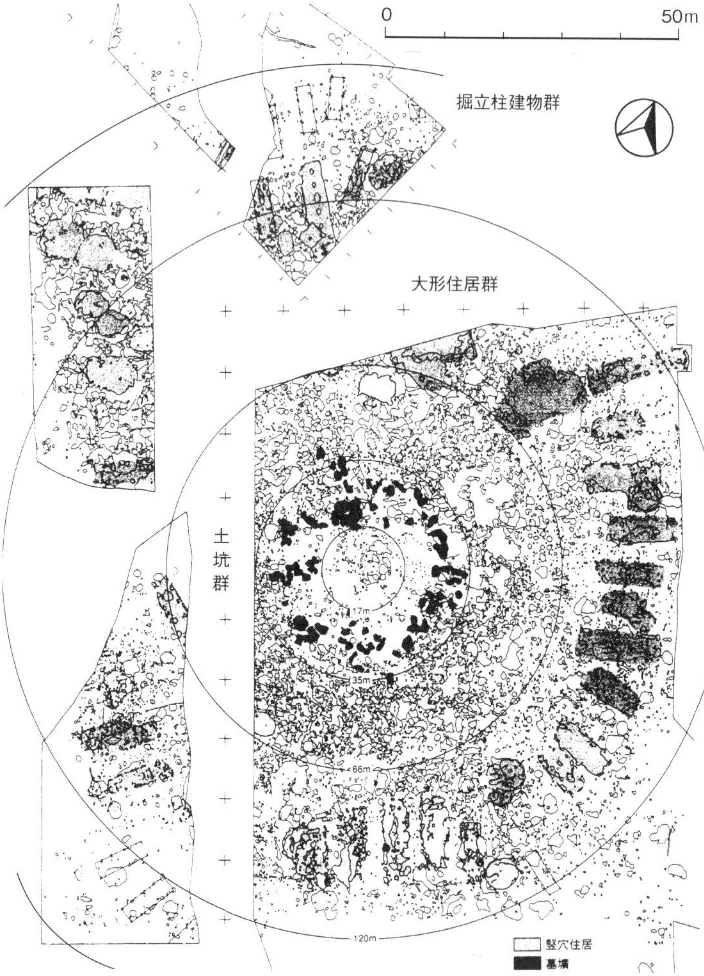

図14 山形県西海淵遺跡の環状集落（小林圭一 2001）

　山形県の中期集落は、村山市西海淵遺跡（図14）の大形住居主体の同心円環状集落に代表される。米沢市台ノ上遺跡、舟形町西ノ前遺跡も大形住居が主体になるが、西ノ前遺跡では半分ほどの発掘ながら丘陵縁辺部に大形住居のみが並列し、秋田県上ノ山Ⅱ遺跡、岩手県新田Ⅱ遺跡と同じ構成を示す。同心円環状集落としては岩手県西田遺跡に類するが、配列構造が異なる。

　広大な高瀬山遺跡では、前期には環状集落、中期には大木10式期に地区ご

とに数軒単位の集落を形成している。HO地区の集落は、3本と4本柱穴の複式炉住居が共存する6軒で構成された住・坑隣接型である。

真室川町釜淵C遺跡では、大木10式期複式炉住居11軒の北側に多様な配石遺構群が形成されている。

福島県三春町越田和遺跡では、大木10式期前後の住居群が検出され、1期から3期までの変遷が明らかにされている。1期では複式炉の住居が6軒と4軒、2期では石囲炉の住居が5軒と4軒の二群に分節され、3期の後期初頭に敷石住居6軒が出現する。同町西方前遺跡では、大木9、10式期の14軒の住居が検出され、埋設土器を伴う。大木10式期には敷石住居が検出されている。

磐梯町法正尻遺跡では、大木7a式から10式期までの113軒の住居、759基の土坑が検出され、分節構造の集落を形成している。

中期の集落形態には多様性がある。複式炉住居、敷石住居には地域差がある。後の環状列石の問題を考慮すれば、中央に土壙墓を配して同心円重帯の定型的環状集落の西田と西海淵遺跡の分析は重要な意味を持つ。しかも、前期と違って形成に時期差が少ない。

第3節　後期～晩期の集落

中期末葉から後期前葉にかけて、東北地方北半部に集落変遷上の大きな画期が訪れ、組石棺墓や大湯遺跡に代表される環状列石と一体になる集団墓を取り込む複合的諸施設を伴う大規模な集落が形成される。

後期の集落は、東北地方の南と北、前半期と後半期で様相が異なる。前葉では配石遺構、土壙墓群を伴い多様性がある。南では敷石住居は中葉まで見られ、新たに配石住居が出現する。後半期になると集落が少なくなる。

青森県六ヶ所村大石平遺跡では、0.7km四方の範囲に住居＋土坑群の9ブロックがあり、十腰内1式期などの住居54軒が検出されている。地区別に住居群と土坑群よりなる分節単位住居群が、集落のように集合して村落が形成されている。Ⅲ、Ⅳ、Ⅷ区には配石を中心に墓とされる土坑群が環状に廻り、住居は東側に4軒、西側に11軒と150m西に配石群が存在する。

八戸市の白山平台地に丹後平遺跡（住居21軒）、そこから北東100mに丹後谷地遺跡（47軒）、北西1kmに田面木平1遺跡（31軒）が所在し、村落を形成し

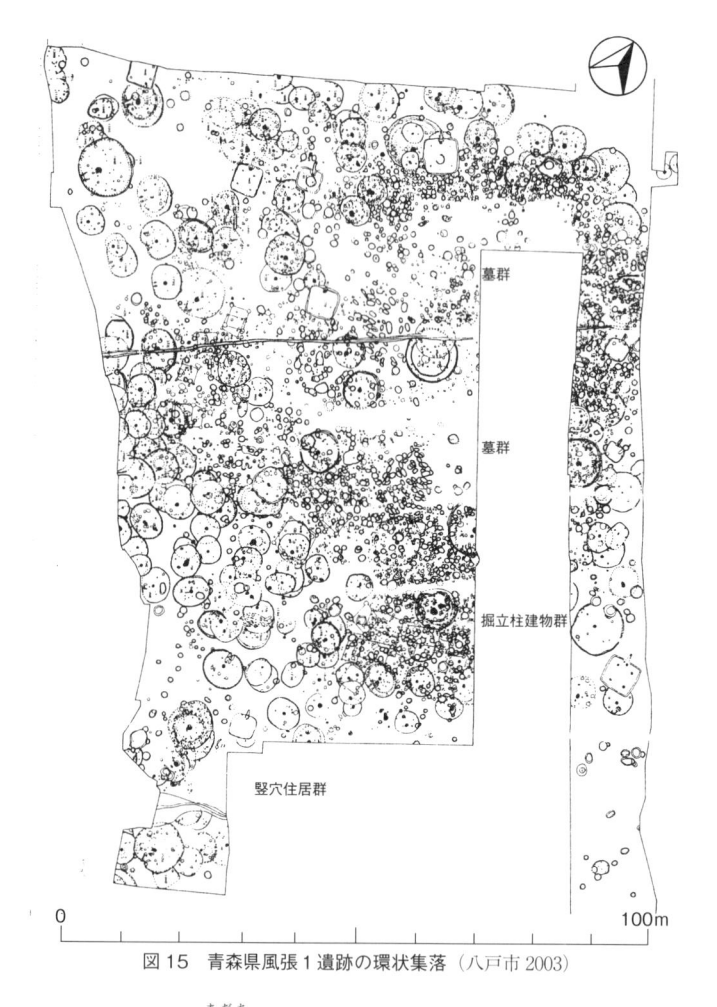

図15 青森県風張1遺跡の環状集落（八戸市 2003）

ている。3遺跡は、概ね馬立式から十腰内1式、丹後平式期まで断続的に併存しており、丹後谷地遺跡が後続している。

同市風張1遺跡（図15）は、中央の土壙墓群を土坑群、住居群、掘立柱建物群が囲む十腰内3式〜風張式期に至る環状集落である。複雑に重複しているが、遺構群に小群単位が読み取れる。

青森市上野尻遺跡（図16）では、掘立柱建物のみ35棟が80m×90mの範囲に環状に廻り、周囲に多少の土坑群が存在する。南に300m離れて、竪穴の住

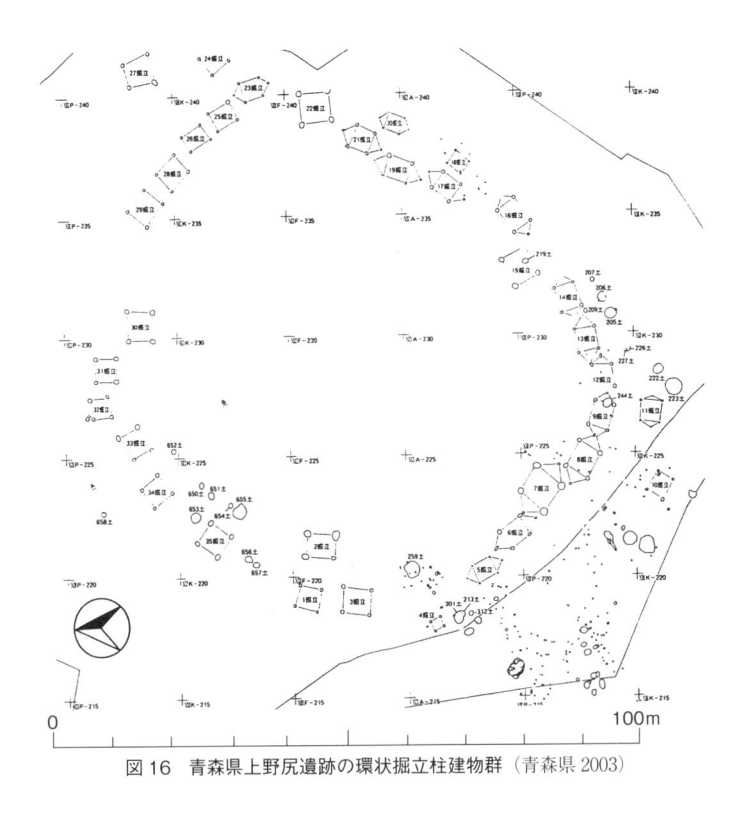

図16 青森県上野尻遺跡の環状掘立柱建物群（青森県 2003）

居3軒が検出されている。掘立柱建物には4本柱と6本柱の二種があり、両端の細い支柱らしき柱穴はやや斜めになっていて棟持柱の類と目される。掘立柱建物群には十腰内4式土器から、土坑群には十腰内3式土器から十腰内5式土器までの土器が出土している。掘立柱建物群は接近して存在し、35棟は同時存在でなく時間差があると思われる。配列構造は、北側が4本柱、南側が6本柱の建物群で占められ双分対称になっているが、4本柱の場所が削平されていて大半が6本柱であった可能性があるらしい。青森県史編纂委員会で、この問題を検討したが結論に至らなかった。

　岩手県八幡平市水神遺跡では、後期前葉3軒、末葉11軒の住居が検出され、それぞれ沢を挟んだ独立丘陵に住居が分節されている。八幡平市扇畑Ⅱ遺跡、大東町板倉遺跡に、北限となる敷石住居が発見されている。前者は出入り口の外側に、後者は丹後平式期の住居内に敷石が見られるが、炉がなく床面に水銀朱

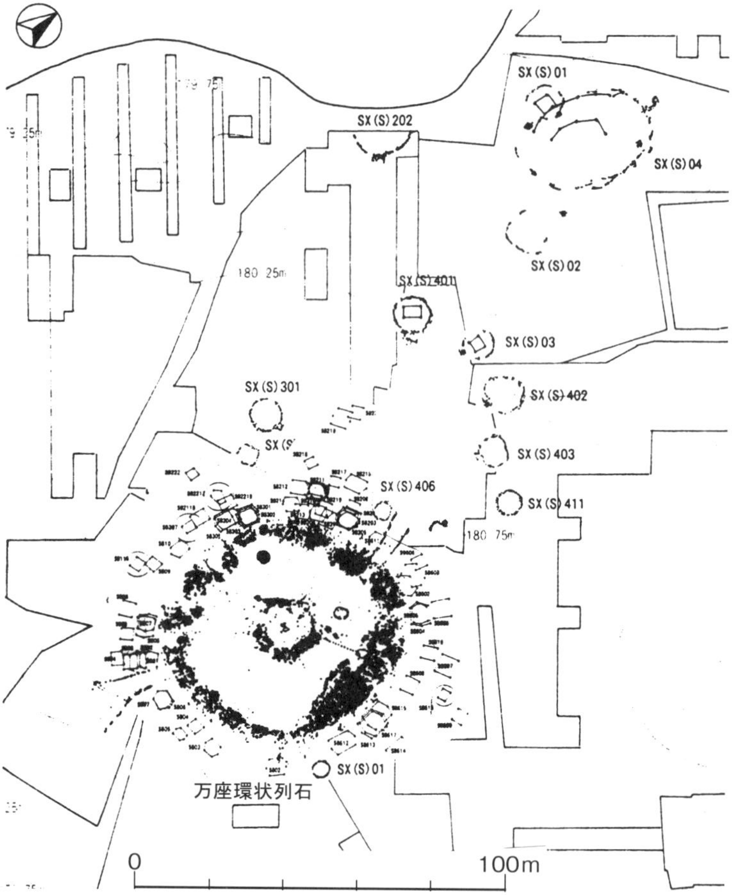

図17 秋田県大湯遺跡の環状列石と集落（鹿角市 2005）

が検出されている。

　秋田県鹿角市大湯遺跡（図17）は、著名な万座、野中堂環状列石を主体にする集落である。以前は、共同墓域とされて集落という観点が希薄であったが、環状列石の周囲に住居16軒、多数の掘立柱建物群とともに配石住居、環状配石、石囲炉などが発見され、集落としての全体像が明らかになった。配石住居は、平地式で円周礫と敷石住居に類する張り出し部が見られる。大湯遺跡から南西7kmに所在する同市高屋館遺跡でも、配石群の外側に掘立柱建物群が環状に廻る集落が知られている。

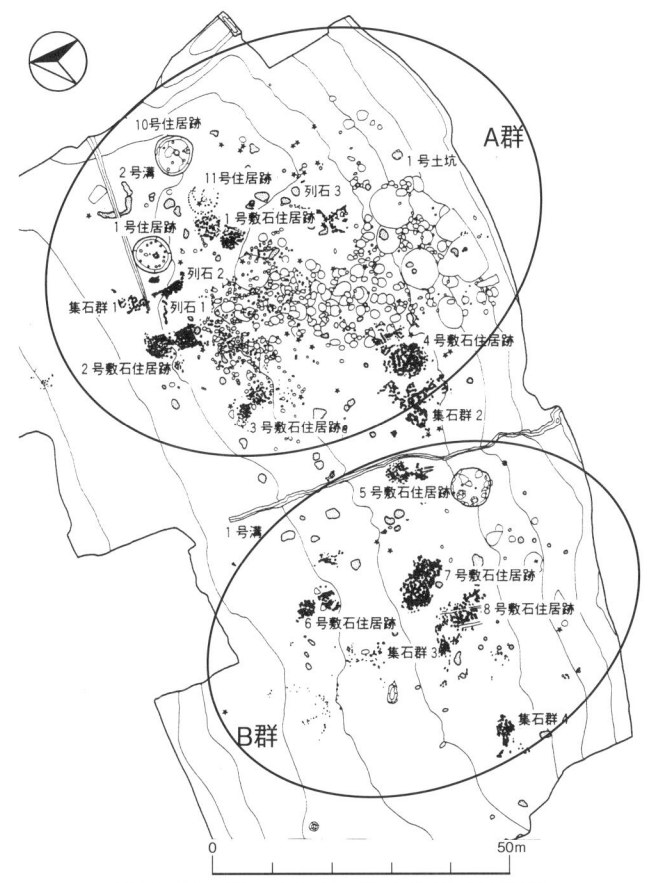

図18 福島県柴原A遺跡の分節集落（福島県1989）

　山形県最上町かっぱ遺跡では、旧河道に宮戸2a式、宝ヶ峯式期の住居7軒、掘立柱建物7棟、立石、配石が検出されている。

　福島県三春町西方前遺跡では、綱取式期の住居6軒、敷石住居、配石遺構群が検出されている。注目されるのは、柄鏡形敷石住居、円・方連結敷石住居、方形配石住居で、関東地方との関連性が窺われる。

　三春町柴原A遺跡（図18）では、東群と西群に分節されて綱取2式期の敷石住居8軒、住居3軒、多数の集石、列石、埋設土器が検出されている。敷石には石囲炉が見られるものの竪穴、柱穴の掘り込みが確認されず、信仰上の施設

の可能性がある。
　晩期の集落の特徴は、青森県八戸市右衛門次郎窪遺跡のような小規模な集落が多い反面、秋田市地方遺跡などに見る多数の土壙墓群、秋田市上新城中学校遺跡のように環状の柵列で囲まれた特異な集落が出現する。
　青森県五所川原市千苅1遺跡などに平地式の円形大形住居、弘前市大森勝山、十腰内1遺跡に竪穴式の円形大形住居が発見されている。
　岩手県二戸市上村遺跡では、大洞A、A'式期などの住居10軒が検出され、3軒ほどの住居群が20m離れて二群に分節されている。こういった住居小群は、軽米町大日向Ⅱ遺跡でも確認できる。また、湯田町本内Ⅱ遺跡では、大洞B、BC、A、A'式期などの住居16軒が検出され各期3〜4軒で集落が形成されている。そのうち、大洞B式期では2軒と1〜2軒が50m離れて分節され、大洞BCとA式期では3軒が一単位になり、大洞A'式期になると1〜2軒に減少する。安代町曲田Ⅰ遺跡には、晩期としては最も多い大洞B〜C1式期主体の住居57軒（うち1棟が掘立柱建物）が検出されている。そのうち、4回建て替えられているGⅢ016が円形の大形住居である。
　晩期の集落構造や規模を知る好例が、大洞B、BC式期の住居16軒、住居状竪穴14基、掘立柱建物15棟、土坑41基以上、配石遺構、捨て場を50×80mの範囲に形成している軽米町長倉Ⅰ遺跡（図19）である。集落は、大きな石囲炉と周壁に列石を持ち太い4本柱穴の平地式円形大形住居の東南側に住居列と大小の掘立柱建物列、土坑群を配し、住居群の北東と北西の両側に捨て場を設け、晩期の集落としては大規模の部類に入る。
　秋田県上新城中学校遺跡（図20）は、出入口とピットのある溝を長軸59m、短軸49mに廻らした大洞A式期の環状柵列集落である。住居は外側に1軒、内側に2軒が記載されているが、外側のものは地床炉のみで住居と断定できず、内側の2棟は掘立柱建物、平地式住居の可能性も考えられる。土壙墓群は外側に作られている。柵列が二重になっているのは造り替えによるもので、少し拡大されている。柵列が防御施設なのか俄かに断定できないが、従前に見られない新しい集落形態として注目される。このような柵列集落は、弥生時代前期の秋田市地蔵田B遺跡に継承される。柵列は、福島県福島市南諏訪原遺跡でも知られている。

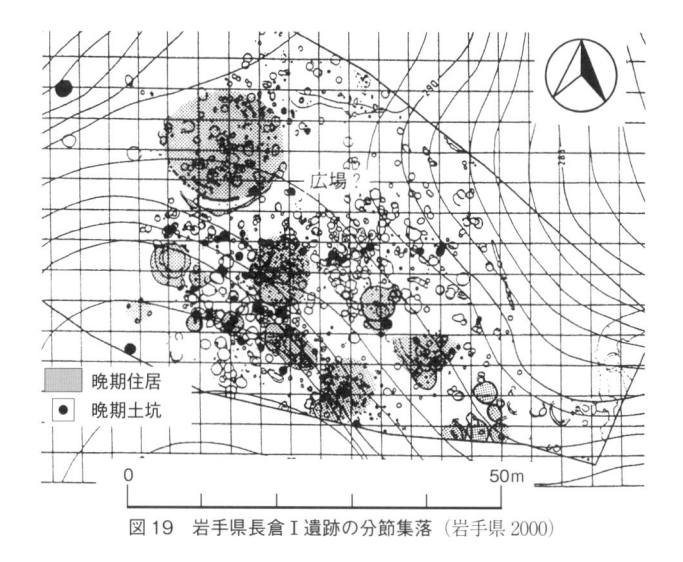

図19 岩手県長倉I遺跡の分節集落（岩手県 2000）

凡例:
- 晩期住居
- 晩期土坑

広場？

図20 秋田県上新城中学校遺跡の木柵囲集落（秋田市 1992）

第3章　東北地方の集落構成の仕組みと村落

第1節　集落と生業の領域

　集落の形成には、日照、飲水、眺望や食料資源である動植物の自然環境などの生態学的な外的要因と、生産力を向上させる手段や人間および社会の営みとして親族および氏族などの集団つまり共同体の社会組織などの内的要因が考えられる。環境の生態系については、縄文時代と現代が同じだという保証がないので学際的に行なわれる必要がある。

　人々は、日常生活を営むにしても狩を行なうにしても孤立的には不可能なので、生産力を得る生業において協同、社会生活を営むために共同が不可欠となり、そこに社会の仕組みが必然的に生まれる。生業すなわち生産の諸形態は、自然環境と食料資源をどういう効率的な形で利用し捕獲するのかという方法、すなわち生産手段と生産諸形態の法則として認識される。

　原野を切り開いて造る集落選地と食料資源を確保する生業領域の設定は一体のもので、集落形成は生業領域を定めて決定されると考える。動植物を捕獲する狩猟採集経済の縄文時代には、一定の収穫（生産量）を確保するために広域なエリアを必要とする。しかし、広ければ広いほど都合がよい訳でなく、富を蓄える習慣のない縄文社会では集団が日々の暮らしと越冬できる程度の生活に必要な生産力（収穫）を確保できる適地領域があれば十分で、それ以上に広く求める必然性がない。人々は回遊的な移動生活者ではなく、老人や大人たちはそこに骨を埋める覚悟を持ち、子供たちはそこをふるさとであると愛しみ、自然と共生して定住していたに違いない。設営に当たっては、食料資源の確保が決定的な条件であったとしても、地域社会の構成員のルールとしてほかの集落との競合を避ける知恵や配慮も暗黙に求められ、そうしてこそ集落同士が互いに共存する不可侵の生業および生活領域としての占有地が形成されたであろう。そこでは、食料、燃料や建築用材、生活物資が独占的に供給される。その境界は、集落間の中間にある訳でなく、河川や丘陵断崖に画された自然地形の景観によるところが大きい。

　この地域における内陸部の集落および村落は、例えば岩手県軽米町の中期末葉の叺屋敷遺跡群（叺屋敷村落）では河川に挟まれた丘陵地の尾根に立地し、二

戸市の馬立式期の馬立遺跡群（馬立村落）では小さな河川流域に沿って立地し、丘陵尾根型と河川流域型に類型できる（鈴木 2008）。河川に囲まれた丘陵に立地する点で共通し、動物の獣道と目される開口部を設けて、入り込んだ獲物を追い込める自然景観を確保した構図が読み取れる。その領域は、叺屋敷遺跡群で約 2×4 km、馬立遺跡群で約 5×7 km の範囲（図 21）を仮説でき、そこが村落の生業、生活占有地と推定される。

　一つの集落および村落が、構成員の生存に必要な生産力を確保することができる土地の生業領域については、考古学の実践的研究を積み上げてモデルを構築する試行錯誤が必要だが、アイヌ先住民族の事例が参考になるだろう。

　河川に主たる生業を求めているアイヌ社会では、河川や沢、断崖などにより区画された iwor（イヲル）と呼ぶ生活、生業の占有地が存在する（泉 1952）。イヲルには、父系に継承される血縁集団の家系に基づく複数の世帯が共存し、コタンが形成される。人々はカムイや家紋の下に統一され、先祖からの土地という意識が強く、沢や川に地名が付けられ樹木や森の精霊とともに、あるいはそれらに見守られて自然と同化して暮らしている。土地の占有は、生活、生産手段（狩猟採集だけでなく衣料、建築材料、燃料などの生活資材）を保証するものであって、農耕社会の土地私有制度とは本質的に違うものだとされている。獲物が他所のイヲルの境界を越えた場合、追跡を断念するか、獲物の一部を代償に差し出す義務があるという仕来りのある社会が形成されているのである。

　縄文時代に、先祖の土地という意識はともかく、アイヌ社会と同じく仕来りやルールは存在してい

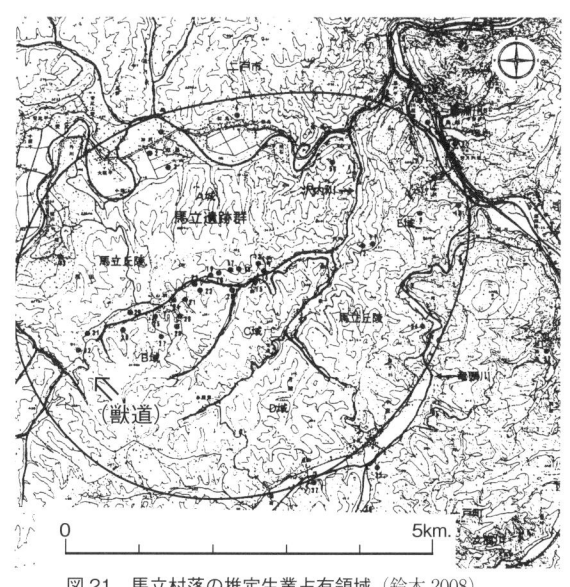

図 21　馬立村落の推定生業占有領域（鈴木 2008）

たと思う。縄文時代の人々は定住と移動を繰り返しているので、動植物相の変動がその主な要因に挙げられよう。定住が長期間にわたると、動物が移動する要因つまり動物が寄り付かなくなり、結果的に集落も移動することになる。もちろん、集落の移動要因は食資源の変動だけでなく、人の手が加わることによる住環境の汚染や変化、集落人口の拡張による生産力の需給バランスなど複合的なものであろうから、集落の定住と移住は社会的必然性を秘めている訳である。

第2節　東北地方の居住施設の変遷

（1）　住居と土器型式

ジャスト・モーメント――カメラとビデオの被写体景観の違い　集落研究の前提は、ジャスト・モーメントつまり同時期住居の数の把握にある。換言すれば、同時に何軒の住居によって集落が形成されていたのかが基準になる。それは、カメラで写した瞬間的な被写体景観に等しい。同時性の判断の原則は、土器の一型式（現状では約50～100年の時間幅がある）が基準である。

発掘調査報告書に記載される集落の住居数は、その遺跡から検出した住居の総数である。言うなれば、集落が造られてから廃絶されるまでビデオを回し続けて写った被写体景観のような累積に過ぎず、集落の継続性と規模を知る点で重要でも、集落研究の基本データーではない。考え方は人口や世帯数の国勢調査と同様で、基本は或る年度のジャスト・モーメントであり、それが統計学の基本である。だから、住居総数が問題ではなく同時期に存在した住居の数が問題になるのである。

当時の住居の耐用年数と利用年数は、現代と比較にならないほど短い。それは、柱自体よりも屋根、壁、床、梁桁の用材、萱を固定する紐などの建築材がすべて自然材による必然的なものである（現在の復元住居には、紐にアケビ蔓を使うと1年で乾燥して崩れるので釘や針金の現代用材が使われている）。そのために、縄文時代の住居には切合い関係と呼ぶ重複する事例が多い。それは住居の老朽化や居住人口の変動などによる改築、拡張などの建て替えによるものだが、上屋の屋根葺き材の交換は頻繁に行なわれたであろう。

また、竪穴の住居の衛生面を考慮しなければならない。押出遺跡では、床に

丸太材を敷いていたことが知られている。一般的には、地面に菰や草、萱を敷いていたと想定されている。そういう汚染、腐朽による住居の継続期間は、土器の一型式より遥かに短期間であったと考えてよい。

住居と居住構成員　住居には人々が住む家屋として、①一定の床面積、②炉、③柱穴（屋根）の３条件が考えられる。一定の床面積とは、関野克（1938）の夫婦二人が起居できる最小面積９㎡説を考慮して、家屋とは面積９㎡以上で炉と柱穴を持つ建物と定義することができる。ところが、床面積が５〜７㎡の極めて小さく通常の住居を縮小した竪穴に炉や柱穴がある場合や９㎡以上でも炉や柱穴が確認できない場合がある。炉や柱穴を確認できないからと言って、それらが存在せず住居でないと決め付けられないという問題もある。

そういう家屋に住んでいた人々は家族だろうか。アイヌ社会では、余所者が一緒に住む場合もあり家族だと断言できないので、世帯と言う。縄文時代の住居規模は、概ね平均15〜20㎡の面積である。新婚さんの家と呼んでいる面積が５㎡以下の炉、柱穴が存在する小形住居もある。それに対して、大形住居が知られている。実は、この小形、大形住居には確たる定義がない。関野克は、最小面積を９㎡としているのでそれ以下を小形住居の基準にしてよいと思う。円形住居の場合、面積９㎡では直径3.4mに当たり現在の６帖間の部屋に相当する。大形住居の場合、方形、円形、楕円形がありさらに複雑になり、基準を面積に求めるか最大直径ないし長径に求めるか、円形住居の場合直径８mあるいは10m以上とするなど異論がある。

住居構成員が家族か世帯か否かは、居住規制として無形の社会組織の問題なので考古学の盲点である。これには、住居に住む人々は家族であるという仮説を立てた上で議論しなければ水掛け論になる。その根拠に、基本的に縄文時代の住居面積から事実上家族以外の人数を収容できないことをあげることができる。その場合、親子の１親等２世代か孫までの２親等３世代（図22）を想定するかで議論が分かれる。当然、成人になると結婚し夫婦に子が複数生まれると仮定しなければならない。男系社会だと仮定すると、配偶者を迎えた直系嫡子が同居ないし親元に住居を構えるとして、配偶者を迎えた次男、３男あるいは女子の居住規制が問題になる。嫡子相続の形態を仮定して、嫡子が配偶者を迎えて独立したとしても親と同居していたか別居していたかどうかは考古学では解

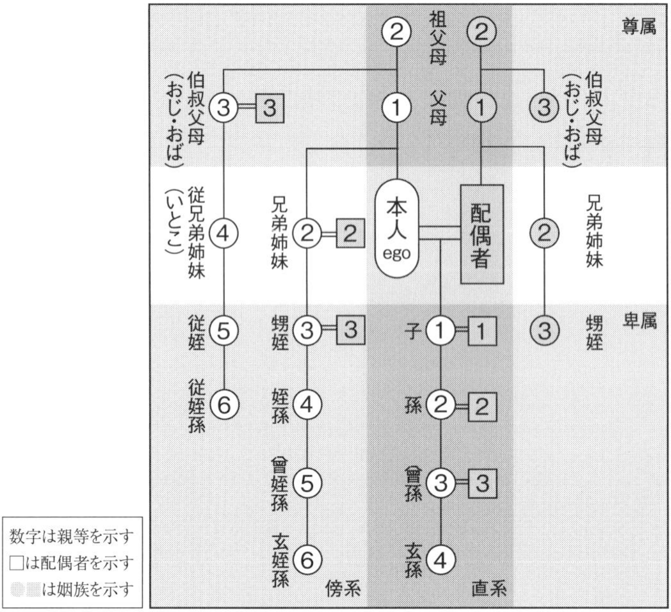

図22 親族親等系図
(「親族」『フリー百科事典 ウィキペディア日本語版』。2009年5月20日 01:50 (UTC)、URL：http://ja.wikipedia.org を一部改変)

決できない。同居の形態なら、親夫婦と未婚の兄弟姉妹の大家族制になる。しかし、住居面積15㎡では事実上不可能である。嫡子相続が親元の近くに居を構えて別居したと仮定すると、水野正好（1969）の2軒一単位説がクローズアップされ事例も少なくないが、それも縄文時代に普遍的な形態ではない。

住居内居住人数と集落の人口 集落人口は、ジャスト・モーメントであることを前提に住居面積による居住人数と住居数によって算出される。居住人数は、関野克（1938）が考案した方程式により、$n = (A \div 3) - 1$ [1] と算定される。通常は、1住居に夫婦と子の計4、5人が想定される。同時期住居数×推定居住人数が集落人口になるが、根拠となる住居面積と同時期住居数を確定できなければ集落人口は試算できない。三内丸山遺跡の500人は、担当者に確認しても同時期住居数を確定できていないので試算根拠と試算形跡がない架空数値である。

同時期の住居数確定は実際上容易なことでなく、土器型式特に細分型式内容が違うと結果も異なる。逆に、究極の細分を志向しても整合性を欠く場合が生

じる。住居自体の耐用年数が短いため、たびたび建て替えられている重複住居や年代の決め手になる土器が出土しない場合も少なくなく、精緻な観察と大変な労力が求められる。例えば、複数に細分されている大木10式などは単純に10軒だから人口50人、3細分だから三等分だという訳にいかない。したがって、いかなる試算を行なうにしても、プロセスを明らかにしたものでなければ鵜呑みにできないのである。

（2） 居住施設の変遷—住居と内部施設

居住施設の多様性　縄文時代の住居形式に、竪穴式、平地式、高床式の掘立柱建物がある。住居の平面形は、円形、楕円形と方形、長方形が基本で、時期差と地域差を示す。円形は複式炉住居の中期から多くなり、それ以前には方形が多い。後期以後に、平地式の住居が目立つようになる。円形住居と方形住居が混在する場合がある。その住居形態および住居形式の違いの背景に、文化や習俗あるいは居住者の出自系譜が異なる集団の集合が考えられるが、早期から両者が共存して見られる。

初期の住居には、内部に炉がないか未確認のもの（無炉住居）が多く、前期までは相当数に上る。青森県大鰐町大平(おおだい)遺跡では、円筒下層d式期53軒の住居に炉が皆無である。内部に炉が設けられる住居では、始め床面に火を炊く地床炉から始まり、前期末葉から石で囲んだ石囲炉が出現し、中期になると土器を埋めた土器埋設炉(うめがめ)（埋甕炉）、土器片で囲んだ土器囲炉(どきがこいろ)、石組炉(いしぐみろ)、石囲炉、そして大木9、10式期になると石囲炉を二つ並べ埋甕炉を組み合わせた複式炉が福島県などの東北南部に出現する。後期以後では再び石囲炉が多くなり、晩期まで継続するが、常に地床炉が同時に作られている。

住居には、炉以上に屋根が必須である。ところが、屋根を支える柱穴が確認できない竪穴がある。炉が存在すれば、当然屋根が架けられていたと想定しなければならない。ほかに、後期には出入口施設が確認される住居が多い。

複式炉とその住居　東北地方の住居を特徴付けるのは、福島県主体の中期大木9、10式期の複式炉住居である。青森県から北陸、関東地方まで分布し、福島、宮城、山形県が主体圏、それ以外が外縁圏という地域差があり、大木式土器の分布圏に符合する。

複式炉は、構造的に埋甕炉＋石組炉＋前庭部(ぜんていぶ)の三体からなる複合炉である。

主柱穴が3本と4本が基本で、住居中央に埋甕炉、壁際に前庭部が位置する。埋甕炉が置き火、石組炉が焚き火、前庭部が焚口の施設とされる。何故、そのような複合炉を作るのか、用途に定説がない。

複式炉住居の建築形態は、石組炉、前庭部が壁際に偏っていることと3本柱や太い柱穴であるために、一般的な円錐形の上屋の住居形態と異なると考えられている。左右の主柱穴の梁が複式炉の主体部直上に位置しているために、高い屋根を構築する二段構えによる棟桁（むなけた）と浮桁（うきけた）による構造で、直立した側壁のある住居形態が推定されている（目黒1982ほか）。

　東北地方の大形住居　大形住居は、早期の青森県中野平遺跡、長七谷地貝塚などに始まって、前期から中期にかけて増大し、後期以後急激に減少する。北陸地方以北の北海道まで知られており、東北地方の内陸部に多い。そのために、飛騨地方などの屋根裏を貯蔵用にしている合掌造りを連想して雪国の家屋（渡辺1980）とされたが、今では集会所、共同作業所、複合居住共同家屋などの諸説が提起されている。武藤康弘（1989）は内部に間仕切りや複数の炉が見られることから民族事例のロング・ハウス（長屋）を想定し、複数家族単位の住居と考えている。一方で、一ノ坂遺跡の日本最大（長軸43.5m）の建物には多量の石器などが出土し、石器製作所と推定されている。今後は職能集団の大家族制の存在も考慮すべきであろう。中期後半の敷石住居、複式炉住居の台頭とともに、以後激減する。

　東北地方における大形住居を擁する集落の特徴は、大形住居を主体にする集落の存在である。前期集落の新田Ⅱ遺跡（大形17軒：住居総数18軒、以下同じ）、蟹沢館遺跡（13：17）、上ノ山Ⅱ遺跡（33：72）、嘉倉貝塚（25：108）、福島県会津高田町冑宮西（かぶとみやにし）遺跡（5：8）では、住居の大半を大形住居が占めている。ただし、それらが同時期という訳ではなく、新田Ⅱ、上ノ山Ⅱ遺跡では三段階にわたり各々5軒から10数軒が対称的に並んで集落を構成していると推定されている。それらの集落に共通することは、石器や玦状耳飾を専業的に製作している特殊な職能工人の集落であるということである。

　東北地方の掘立柱建物　東北地方の掘立柱建物は、円筒文化圏では下層a式期から、大木式土器文化圏では大木1式期から出現し、晩期まで見られる。前期では池内遺跡63棟、松木台Ⅲ遺跡20棟、嘉倉貝塚27棟、中期では西田遺跡

56 棟、柳上遺跡 25 棟、大船渡市長谷堂遺跡 25 棟、後期では上野尻遺跡 35 棟、大湯遺跡 100 棟、高屋館遺跡 26 棟が発掘され、前、中期では大形住居に共存する傾向がある。嘉倉貝塚、西田、上野尻遺跡は環状集落、大湯、高屋館遺跡では環状列石を取り巻いている。

掘立柱建物は、地面に穴を掘って柱を立てた平地式か高床式の建造物である。柱穴には太く深いものが多く、柱穴の配置、本数、規模など多様性があり、機能、用途にも高床住居、越冬用食糧の貯蔵、殯屋、信仰施設など諸説がある。一般的には、柱穴配置の内側に焼土（地床炉）や間仕切りと思われる溝があるものが平地式、太い柱穴が高床式と見てよい。太田遺跡に柱穴の配置、本数が同じ形態の竪穴住居が存在し、大木 10 式期の複式炉住居と掘立柱建物が並列している。

柱穴は左右対称で平面形が正方形、長方形、梯形、多角形になるもの、特に多角形の建物は棟持柱の構造を想定できる。福島県須賀川市松ヶ作Ｃ遺跡に 4 本柱穴の 1 本から土偶が出土した事例もある。

復元された事例には、柱と屋根のみの吹きさらしの建物が多い。貯蔵庫なら相当量の生産力を物語ることになり、所有権が世帯なのか集落の共有なのかを検討しなければならない。フローテーションなどを含めて、精緻な発掘によらなければ結論はでないだろう。

西田遺跡では土壙墓群を取り巻いた群単位が検討され（図 24）、高屋館遺跡では環状配石列の外側に掘立柱建物 26 棟が二重に巡り、大湯遺跡の場合も万座環状列石の外側に二～三重に掘立柱建物 65 棟が巡り、野中堂環状列石でも同様である。従来、大湯遺跡は環状列石が注目されてきたが、環状列石の組石墓群に隣接して掘立柱建物群が林立する構図が明らかになっている。

東北地方の敷石住居、配石住居　関東地方の影響による敷石住居が、中期大木 9、10 式期から後期綱取式、南境式期にかけて主に東北地方南部の福島県西方前、越田和、柴原Ａ、宮内Ａ、日向、日向南、上ノ台Ａ、Ｄ遺跡、宮城県下ノ内、山田上ノ台、二屋敷、菅生田遺跡などに知られている（山本 2002）。それらの中には、柱穴が見られない敷石、配石施設が含まれる。

西方前遺跡では、中期の複式炉、石囲炉を持つ敷石住居、後期の石囲炉の平地式敷石住居と方形配石住居が見られる。敷石住居とともに住居の外縁に配石

を廻らす配石住居は、中期では竪穴式、後期では平地式のようである。柴原Ａ遺跡でも綱取２式期の柄鏡形敷石住居が発見され、石囲炉と連結部敷石の脇に埋甕が出土しているが、柱穴が見当たらない。

　北秋田市深渡(ふかわたり)遺跡では、竪穴の住居に配石を廻らしているものがある。同時期に円形竪穴の住居が存在する。

　岩手県花巻市安俵(あひょう)６区Ⅴ遺跡では、石囲炉を持つ円形と方形の平地式で、共存する炉のないものは環状列石と同じ形態を示す。岩手県花巻市大瀬川田屋(おおせがわたや)遺跡では、環状に礫を廻らした内部に地床炉があり、張出し部が伴い敷石住居に類似する。

　大湯遺跡では、万座環状列石に隣接して内部に地床炉、柱穴を伴う平地式の類例が15基あり、いくつかには内部に地床炉、石囲炉、柱穴を伴い敷石住居に見られる張出し部がある。野中堂でも環状列石の一部を構成した２基があり、施設としては平地式である。大形のSX04では組石と石囲炉が楕円形に廻って張出し部があり、基本的な形態構図は関東地方の柄鏡形敷石住居に類似し、何らかの形でそれらの影響を受けているものと思われる。配石住居は、さらに北上して津軽海峡を越え、北海道知内町湯の里５遺跡に影響している。

第３節　東北地方の集落の類型と社会組織の問題

（１）　東北地方の集落形成の変遷

集落形成の規模と変遷　草創期に開始する初期の定住集落は、櫛引遺跡の住居２軒が最古、二タ俣Ａ遺跡２軒で、１、２軒の小さな集落を形成していたと考えられる。早期には、北部に大形住居が出現するとともに全体では牛ヶ沢４遺跡の22軒を最大に二タ俣Ａ遺跡、馬立(まだち)Ⅰ遺跡で16軒など集落と住居数が増大するが、一型式では４～８軒以内の集落形成である。10軒を超えるのは、前期以後のことである。前期には東北各県で均等に集落が急増し、前期全体で累計100軒を越える住居が検出される遺跡や掘立柱建物、環状集落が現れ少しずつ集落規模が大きくなっているが、集落単位の住居数にバラつきが多い。

　広範囲に発掘した遺跡の同時期住居は、宮城県では前期今熊野遺跡で数軒、小梁川遺跡で大木６、７式期６軒、大木８ａ式期２～３軒、大木８ｂ式期２＋５軒、沼遺跡で大木10式期８軒（相原2001b）の数値が示されている。山形県

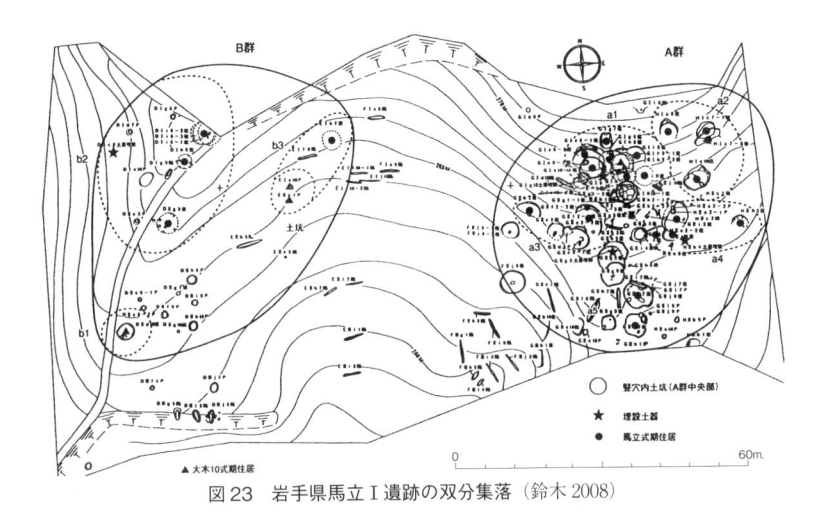

図23　岩手県馬立Ⅰ遺跡の双分集落（鈴木2008）

では、押出遺跡で大木4式期最大33軒、高瀬山遺跡で大木5、6式期に大形住居12軒を含む38軒、西海淵遺跡で大木8a、9式期約50軒、後期の水上、かっぱ、川口遺跡で10軒を超えず、晩期の北柳遺跡で大洞A2式期11軒とされている（小林圭一2001）。ほかに、西田遺跡では竪穴の住居のみは大木8a式期14軒、大木8b式期18軒に大木8a式期の掘立柱建物群が10群という数値を考慮すると、集落や環状集落が最大規模になるのは中期である。

一遺跡では富ノ沢2遺跡405軒、三内丸山遺跡308軒以上を筆頭に、御所野、長者屋敷、湯沢、柳上、天戸森、法正尻遺跡など100軒を超える遺跡が存在するが、ジャスト・モーメントの住居数が不確定な状況にある。現状では、未発掘部分を考慮しても、西海淵遺跡が最大クラスで50軒を越えない数ではないかと推定される。細分された土器型式に基づいた住居数が把握されている場合では、中期で20～25軒前後が標準と思われる。

集落規模は、後期以後に縮小する。社会の発展史から集落の増大が地域社会の人口や活力の原動力を示す決定的な要因なので、新しい時期に何故集落の規模、数量が減少するのか、ここに大きな問題がある。

（2）　東北地方の大規模集落と環状集落

環状集落、大規模集落の意義　遺構、遺物が質量的に多い環状集落や大規模集落は、地域における中心的な拠点集落と理解される。

環状集落の意義には、二つの考え方がある。一つは、規則性の強い複合集落構造の背景にある地域社会の拠点的な集落としての役割を重視する環状集落論である。それに対して、ジャスト・モーメントでは意外に少ない一時期住居数を重視し、移動を頻繁に繰り返した累積結果に過ぎないと考える所謂横切り集落論がある。例えば、松木台Ⅲ遺跡、畑内遺跡では土器の一型式に対応させた住居群は環状にならず、単なる分節集落に過ぎない。どちらにも一理あるが、離散集合の結果であっても何故結果的に環状集落となるのか、という疑問を払拭できない。時間差を伴う環状の結果を重視すれば、将来的に環状にする規制が潜在的に当初からはたらいており、それに至るプロセスは子々孫々まで家訓的慣例のライン上に継承されたと考えることができる。そういう規制の継続性は、直系親族の世代間か血縁関係の集団によって形成されるものと言えよう。現実に結果としての環状集落が存在する以上、その景観は受け入れざるを得ない。
　したがって、環状集落は記憶をたどれる住民が残存していたか、世代間の意思が継承されていたことを物語る。親族が継続していればこそ世代交代の下に次々に作られる住居群などを円環にでき、それにこだわる集団間の家訓的規制が存在したと考えることができる。
　谷口康浩（2005）は、従来の環状集落論と違うエスノロジーを全面的に応用して、環状集落が社会的進化を示す双分制社会の集落構造でバンド社会から部族社会に移行した所産とする、部族社会論と言うべき解釈論を提示している。仮説化することは重要かつ必要だが、分節構造や二つの集団に分かれそれぞれを半族とするだけなら形態分類であり許容できても、縄文社会に社会人類学上の必ずしも血縁関係だけで結ばれていない氏族の半族組織、父系、母系半族、外婚制の双分制を当てはめるとなると単なる分類だという訳にいかない。象徴的二元論も左右程度なら許容範囲でも、男女、聖俗、その解体が不平等社会（階層化）の拡大だと解釈するなら尚さらに実証義務があろう。
　このような、新しい考古学の方向性を展望して論じた谷口の問題意識は共有されてよい。しかし、環状集落、大規模集落などの資料の多い東北地方の研究は、未だに「集落が大きい、住居数が多い」というロウレベルにあり、宝の持ち腐れとなっている。その現状を克服し、資料分析や研究を真摯に行なわなければ展望を開くことはできない。

大規模集落の岩手県一戸町田中遺跡では、土器の細分に問題があるが、中期末葉の住居約57軒のうち大木10ａ式期10+α軒、10ｂ式期27+α軒が捉えられている（菅野 2007b）。岩手県叺屋敷遺跡群（村落）では、中期末葉の3細分される大曲1式期の6集落住居総数77軒だが、集落内住居数は叺屋敷Ⅰａ遺跡で最大累計25軒、多くは一桁である。しかも、3細分されると1型式単位では遥かに少なくなる。逆に、大規模集落と言えない後期前葉馬立式期の馬立Ⅰ遺跡（図23）では住居群が最大22軒と3軒、隣接する同時期の馬立Ⅱ遺跡でも7軒と7軒に分節され、さらに同時期の青ノ久保遺跡で2軒、ほかに大久保遺跡で住居1軒、累計42軒で村落が形成されている（鈴木 2008）。集落規模は小さくとも、集合すれば相当な住居数になる事例である。
　これらが、当時の村落の数量的実態である。しかし、三内丸山遺跡のような同時住居数100軒の事例は東北地方にも全国にも存在しないのである。
　環状集落の類型　環状集落は、中央部の広場、土壙墓の有無や主体になる住居施設などによって集落構造を分類できる。
　Ａ類：竪穴住居主体の環状集落（富ノ沢2、風張1、畑内、松木台Ⅲ）
　Ｂ類：大形住居主体の環状集落（新田Ⅱ、蟹沢館、大清水上、上ノ山Ⅱ、西海淵、嘉倉、本能原）
　Ｃ類：掘立柱建物群主体の環状集落（上野尻、西田）
　Ｄ類：環状列石主体の環状集落（大湯、高屋館）
　いずれも諸施設は複合的なもので、主体になる施設の比率などによっても類別できる。また、新田Ⅱ、上ノ山Ⅱ遺跡などは石器、石製品の工人集団の集落と目され、そういう主たる生業によっても特徴付けることができる。

（3）　集落の住居群分節構造と社会組織

　中央広場から祖霊空間へ　環状集落は、前期の中央に広場を持つ定形集落により成立する。東北地方では、前期の畑内遺跡などから後期の風張1、上野尻遺跡まで継続して見られる。その間、前期の上ノ山Ⅱ、新田Ⅱ遺跡などの大形住居、掘立柱建物群主体の広場を擁する環状集落、中期の西田遺跡などの中央部に土壙墓群を取り込む環状集落、後期の大湯遺跡の環状列石を取り巻く掘立柱建物群主体の環状集落、上野尻遺跡の掘立柱建物群の単一環状集落に至る節目が認められる。中央に土壙墓群を取り込む西田遺跡などの内帯と外帯の構造

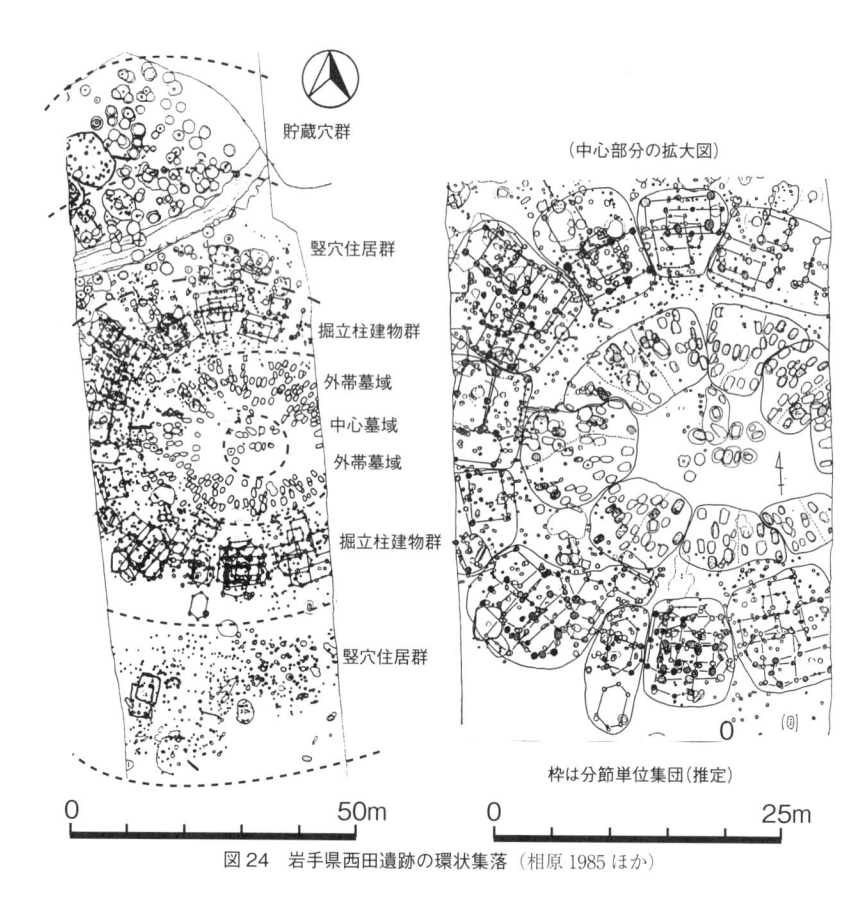

図24 岩手県西田遺跡の環状集落（相原1985ほか）

的環状集落が、大きな変節点である。

　中期に墓域を中心に取り込み祖霊（死者）の空間を設定した意義は、縄文集落の発展を考える上で極めて大きい。それによって、環状列石の本質的基本原理が成立したとも言える。

　西田環状集落の分節、重帯構造の諸問題　縄文時代の環状集落を代表する大木8a式期の西田遺跡では、掘立柱建物群、土壙墓群の分節構造による集団単位が把握されている（図24）。中央に土壙墓列、それを一周して主軸方向に基づく土壙墓8群（計192基+α）、それらを掘立柱建物群（56棟、10群、推定16群）が囲み、外側に竪穴の住居群（8a式期14軒）、貯蔵穴群が同心円状に重帯している。土壙墓8群は各々二小群に細別され、それに掘立柱建物群の16群単

位が対応する分節構造の双分集落ではないかと解釈されている（相原1985、佐々木1994）。

　一型式の間に掘立柱建物16群の単位集団によって形成され、掘立柱建物は、その数量に対して住居（家）が極端に少ないせいか殯屋、また土壙墓群の内帯と外帯の関係について、内帯をこの集落の中枢にあった者（始祖・統率者）たちの墓と推定している（岩手県1980）。内帯と外帯の土壙墓配列を細かに観察して、分節、双分構造や墓群単位と住居単位の社会組織の関係も指摘されている（丹羽1994、谷口2005）。

　反面、周囲に大木8a式期14軒より多い大木8b式期住居18軒が検出され、大木8式土器の細分問題、16集団のすべてが8a式期に自然発生的にできたのか、土壙墓192基に8b式期のものがないのか、掘立柱建物群が住居の可能性がないのか、56棟の掘立柱建物や192基の土壙墓群には重複するものがあり時間差があることや、被葬者ないし集落構成員が親族ないし氏族の血縁関係かそれとも地縁関係か、集落の人口推定など、未解決な問題も少なくない。

　集落の住居群分節構造と単位集団　共同体研究の場合、最小の集団単位の性格を仮説化することは許される。住居の構成員は、平均面積15㎡ほどでは現実的に家族と仮説することが前提である。つまり、親と子の直系家族が最小の構成員単位とみなされる。アイヌ社会のように長男が配偶者を迎えると親の家に隣接して住居を独立して構えるとすれば、水野説の2軒一単位の住居小群ができる。2軒単位が竈(かまど)（生計）を別にしていたと考えるよりは、採集狩猟社会では生業を世帯単位に集落構成員が協働していると思われるので、その構成員は大家族制（多世代居住形態）2軒1世帯の可能性がある。しかし、その場合、何故2軒つまりもう1棟の建物を作るのか、拡張や大形住居にすれば済むはずだという疑問が払拭できない。

　集落内の分節構造は、複数の住居小群とそれらが集合して二大群の双分集落を形成している場合が多いので、住居はともかく集落構成員を単純に複数の直系2〜3親等程度の範囲で認識することができない。そこには、当然尊属系譜に遡って連なる傍系従兄弟(いとこ)集団つまり親族の存在を考慮しなければならない。社会人類学のインセスト・タブーの問題を考慮すれば、それが複合家族主体の親族集団による集落（世帯共同体）なのである。

その一方で、姻族や地縁の異なる氏族集団が集合する可能性も念頭におかねばならない。それを認識する手段は、住居形態構造や遺物などの内容である。集落には、確かに大群、小群の外見的な住居群の分節構造が見られる。住居の小群には２軒に限らず数量に多様性があり、小群の間にも空白域、複数の小群が面的にまとまり大群を形成し、同様に中間に広い空白域が見られることが多い。共住しても、構えと竈を分けていることの意味を考えるべきである。

　水野正好（1968）は、大湯環状列石で６小群二大群に分類し小群単位に住居２軒を想定し、環状集落が左右対称の双分であるという予測的な解釈だけで双分制を論じた。仮に、環状集落が双分集落で縄文社会に双分制組織が存在したとしても、縄文社会に半族同士の氏族組織があったとは認定できない。谷口康浩（2005）の言う、上野尻遺跡の４本柱と６本柱の掘立柱建物群による環状集落が、形の上で双分制（レヴィー・ストロース 1972）を裏づける資料である。ところが、それさえも４本柱が本来６本柱であった可能性が高い（永嶋 2007）とされると、追加資料を待たなければ決めがたい。西田遺跡の場合も、発掘者たちの努力により分節単位の構造分類まではこぎつけた。しかし、192基の土壙墓から出土しているステイタスシンボルとされる硬玉製大珠は外帯土壙墓群の中の１基１点だけ、中央の土壙墓が二列でも西田が二つの半族から成る双分環状集落とか階層社会とすることはまだ断定できない。

　社会人類学者は、現に生きている先住民族と対話して調査したから氏族関係の半族による双分集落構造を認定できた。しかし、主体者が生存しない考古学では二大群という外見判断はできても、氏族双分組織、半族の是非は諸外国の民族誌に事例を求めるだけでなく集落の遺構、遺物の仔細な事例の分析を行なわければ判断できない。

　分節、双分構造の嚆矢が上記した早期の牛ヶ沢４遺跡、長七谷地貝塚に遡って古くから確認されるので、そういう構造を持つ集落の歴史的変遷を捉えて推考することが一つの方法になるだろう。

第４節　東北地方北部における集落と村落共同体

　社会の共同体概念における集団単位を、家族―世帯―親族―氏族―姻族―部族―血縁・地縁（カテゴリー）、住居―住居群―集落－村落―地域社会（プロセ

ス）という具合に下部構造から上位構造に止揚するときに、方法論上の暗黙のルールがある。例えば、住居という器に入る対象は、氏族や部族でない。

　集落を村と表現するようになるのは、後藤守一（1940）以来ではないかと思うが、では村落は村々だろうか。村と記すと集落を指すのか村落を指しているのか文字から判断できない。集落の概念については、住居の集合体だけでないことを後藤和民（1970）が説明しているとおりである。複数の集落が集合したかたちが村落、村落の集合形態が地域社会であり、集落と村落では形而概念が異なる。村落の研究は、分業（制）など目的的に集合した集落と集落の社会的関係を構造的に捉えるものである。

　縄文時代において、村落を論じた研究（林1979abc）は少なく、その分野は今後の研究課題である。縄文社会の仕組みを考えるために、村落のかたちを明らかにした事例研究として、以下に三つの村落事例を取り上げる。

　岩手県叺屋敷遺跡群（叺屋敷村落）は、丘陵頂部から眼下に目視できる平坦地に中期末葉大曲1式期の小さな6集落が点在し、標高の高い場所に4集落、見下ろす低い場所に2集落、中間に広い空白域を擁して双分村落を形成している。各々の集落は、住・坑分離型、住・坑隣接、双分集落、出土遺物など特徴が異なり、そのうち最も古い時期に開始し大形住居や青竜刀形石製品、土偶を多く出土する叺屋敷Ⅰa遺跡が主導的な役割を担ったと思われる。その叺屋敷村落から1km離れて同時期の君成田Ⅳ遺跡が存在し、1村落＋1集落による軽米村落共同体を形成している稀有な事例である。中の平3式期の最大9軒程度の1集落が次の大曲1式期に累計79軒7集落に急激に増大するので、自然増と考えられず、地縁集団を含む集合形態と捉えられる。しかし、共通する耳飾が出土し、全集落が縁もゆかりもない集団とは思えず、それらの地縁集団の中に尊属傍系の親族や姻族の集団が含まれている可能性が考えられる。

　上記した馬立遺跡群（馬立村落、図21・23）は、沢内川に沿って馬立Ⅰ遺跡（25軒）、200m離れて馬立Ⅱ遺跡（14軒）、500m離れて青ノ久保遺跡（2軒）、ほかに大久保遺跡（1軒）、それぞれ後期前葉馬立式期の小さな3～4集落が住居累計42軒で村落を形成している事例（鈴木2008）である。当然、相互の集落は目視できる距離にある。この村落の特徴は、住居群の小群と大群に分節された二つの双分集落が対になって所在することである。馬立Ⅰ、Ⅱ遺跡に土壙墓な

どが見られるが、配石遺構、埋設土器、狩猟文土器を出土する馬立Ⅱ遺跡が中心的な役割を担っていたと思われる。

また、中期末葉から後期前葉の八戸市丹後谷地遺跡群（丹後谷地村落）では、複数の集落ごとの打製石器と磨製石器の多寡あるいは石鏃、磨石などの石器組成率が異なり、集落単位に得意とする生業があって互酬的な分業が行なわれている。

それらのほかに、福島県獅子内遺跡群、岩手県長者屋敷遺跡、青森県大石平遺跡群などの広範囲に複数の集落が群在する事例も一つの集落と見るより村落と見るべきではないかと考える。東北最大の縄文村落は、秋田県秋田市の広大な御所野台地に所在する大木10式期の19ヵ所程の小さな集落からなる下堤、坂ノ上、湯ノ沢諸遺跡群である。

従来、集落の構造を捉える視点は少なくなかったが、集落と集落の社会的関係を村落というかたちで捉えるなら縄文時代の共同体研究の地平を広げることができよう。その問題は、信仰や生業の生産諸形態（生業領域、生産手段、分業、協同組織など）並びに住居、墓などに関する無形の社会的なしきたり（制度）、社会組織、構造などの諸問題を有機的に関連づけて研究する必要がある。考古学が一歩前進するためには社会を復元する博物館学的方法から抜け出し、定義や概念を重視する社会人類学の理論的な研究を応用することが必要であろう。

なお、本稿では、集落内の墓や墓域、配石遺構について意図的に触れていない。貝塚形成と集落、誰も振り向かない小さな単独の集落の問題などさまざまな課題も残した。東北地方南部など誌面の都合上説明できなかった遺跡も少なくない。

注
（1） nは居住人数、Aは住居面積、3は一人当たりの必要面積、−1は炉や柱穴などの居住不能な面積（3㎡）を1人分と仮定して算定する係数。

引用・参考文献
相原康二 1985「岩手県西田遺跡」『探訪縄文の遺跡　東日本編』
相原淳一 2001a「宮城県における縄文時代集落の諸様相」『列島における縄文時代集落の諸様相』

相原淳一 2001b「東北地方における集落変遷の画期と研究の現状」『縄文時代集落研究の現段階』

青森大学考古学研究所 1998「青森県内における縄文時代の住居跡集大成（1）」『青森大学考古学研究所研究紀要』1

青森大学考古学研究所 2000「青森県内における縄文時代の住居跡集大成（2）」『青森大学考古学研究所研究紀要』3

淺川滋男 1997『先史日本の住居とその周辺』

阿部勝則 2000「盛岡市上米内遺跡・向館遺跡における縄文時代中期の集落構造について」『岩手県埋蔵文化財センター紀要』19

阿部勝則 2005「大船渡市長谷堂貝塚における縄文時代中期の集落構造」『岩手県埋蔵文化財センター紀要』24

井 憲治 1996「真野川上流域における縄文中期末葉の集落構成」『論集しのぶ考古』

石井 寛 1977「縄文時代における集団移動と地域組織」『調査研究集録』2

石井 寛 2003「東北地方における礫石附帯施設を有する住居址とその評価」『縄文時代』14

泉 靖一 1952「沙流アイヌの地縁集団における iwor」『民族学研究』16—3・4

市原寿文 1959「縄文時代の共同体をめぐって」『考古学研究』6—1

今村啓爾 1985「縄文早期の竪穴住居址にみられる方形の掘り込みについて」『古代』80

岩淵一夫 1996「縄文中期の社会構造比較試論」『論集しのぶ考古』

梅宮 茂 1974「複式炉文化論」『福島考古』15

大林太良 1971「縄文時代の社会組織」『季刊人類学』2—2

大林太良編 1975『日本古代文化の探究—家』

岡田康博 1991「青森県内の縄文集落について」『よねしろ考古』7

岡田康博 2004「北海道・東北地方における集落変遷」『原始・古代日本の集落』

海道澄子 2004「秋田県における大型住居の集成」『秋田県埋蔵文化財センター研究紀要』18

金子昭彦 1997「岩手県平沢Ⅰ遺跡における蛍沢式期の集落構造」『岩手県埋蔵文化財センター紀要』17

金子昭彦 2001「岩手県における縄文時代集落の諸様相」『列島における縄文時代集落の諸様相』

金子昭彦 2002「岩手県における縄文時代晩期の集落跡」『岩手県埋蔵文化財センター紀要』21

菅野智則 2005「縄文時代中期集落の構造」『文化』69―1・2
菅野智則 2006「北上川流域における中期後半集落の研究」『宮城考古学』8
菅野智則 2007a「北上川流域における縄文集落の構造」『日中交流の考古学』
菅野智則 2007b「北上川流域における縄文時代中期後半集落の地域性」『博古研究』34
小島朋夏・小林　克 2001「秋田県における縄文時代集落の諸様相」『列島における縄文時代集落の諸様相』
小島朋夏・小林　克 2001「非環状集落」『縄文時代集落研究の現段階』
越田和夫 1972「縄文時代中期における住居跡（炉址）について」『福島大学考古学研究会研究紀要』2
後藤和民 1970「原始集落研究の方法論序説」『駿台史学』27
後藤守一 1940「上古時代の住居」『人類学先史学講座』15・16・17
後藤守一 1956a『住居の歴史』
後藤守一 1956b「衣・食・住」『日本考古学講座』3
小林和正 1967「出土人骨による日本縄文時代人の寿命の推定」『人口問題研究』102
小林圭一 2001「山形県における縄文時代集落の諸様相」『列島における縄文時代集落の諸様相』
小林　克 2001「秋田県における縄文時代集落の諸様相」『列島における縄文時代集落の諸様相』
近藤義郎 1959「共同体と単位集団」『考古学研究』6―1
酒井宗孝 1987「岩手県北部における縄文中期後半から後期後葉の住居跡」『岩手県埋蔵文化財センター紀要』Ⅶ
酒井宗孝 1991「岩手県における縄文時代中期の集落遺跡」『よねしろ考古』7
佐々木藤雄 1999「北の文明・南の文明（下）」『異貌』17
佐々木藤雄 2001「自壊する考古学・成長しない集落論」『土曜考古』25
佐々木　勝 1994「岩手県における縄文時代の掘立柱建物址について」『岩手県立博物館研究報告』12
佐藤　啓 1998「集落研究における複数住居跡群の検討」『しのぶ考古』11
縄文時代文化研究会 2001『列島における縄文時代集落の諸様相』
菅原哲文 2006「山形県における複式炉の様相」『山形県埋蔵文化財センター研究紀要』4
菅原哲文 2008「山形県における縄文時代中期後半の集落様相」『山形県埋蔵文化財センター研究紀要』5
鈴鹿良一 1986「複式炉と敷石住居」『福島の研究』1

鈴木克彦 2008「縄文時代の村落共同体に関する地域研究」『縄文時代』19
鈴木保彦 2006『縄文時代集落の研究』
須藤　隆 1985「北上川流域における先史集落の調査」『東北大学考古学研究報告』1
須藤　隆 1985「東北地方における縄文集落の研究」『東北大学考古学研究報告』1
須藤　隆 1998『東北日本先史時代文化変化・社会変動の研究』
須藤　隆 2003「東北日本における晩期縄文集落の研究」『東北大学文学研究科研究年報』52
須原　拓 2007「縄文時代前期の大形住居について」『岩手県埋蔵文化財センター紀要』26
関野　克 1938「埼玉県福岡村縄文前期住居址と竪穴住居の系統について」『人類学雑誌』53—8
谷口康浩 2005『環状集落と縄文社会構造』
田村正樹 2007「東北地方北部における中期縄文集落の様相」『宮城考古学』9
塚田　光 1966「縄文時代の共同体」『歴史教育』14—3
仲田茂司 1996「縄文中期社会の変容」『論集しのぶ考古』
中村哲也・坂本真弓 1998「青森県の縄文時代早期住居跡集成」『青森県埋蔵文化財調査センター研究紀要』3
永嶋　豊 2007「軒を連ねた縄文ムラ」『考古学談叢』
中村良幸 1982「「複式炉」について」『考古風土記』7
中村良幸 1982「大型住居」『縄文文化の研究』8
成田滋彦 2001「青森県における縄文時代集落の諸様相」『列島における縄文時代集落の諸様相』
丹羽　茂 1971a「縄文時代における中期社会の崩壊と後期社会の成立に関する試論」『福島大学考古学研究会研究紀要』1
丹羽　茂 1971b「福島県における縄文時代中期住居・集落跡研究の現状と問題点」『福島考古』15
丹羽佑一 1994「縄文集落の基礎単位の構成員」『文化財学論集』
能登谷宣泰 1996「縄文時代中期末葉の竪穴住居址にみられる特殊施設」『論集しのぶ考古』
芳賀英一 2001「福島県における縄文時代集落の諸様相」『列島における縄文時代集落の諸様相』
林　謙作 1965「縄文文化の発展と地域性―東北」『日本の考古学』Ⅱ
林　謙作 1979a「縄文期の集落と領域」『日本考古学を学ぶ』3

林　謙作 1979b「縄文期の"村落"をどうとらえるか」『考古学研究』25—4
林　謙作 1979c「縄文期の村落をどうとらえるか」『考古学研究』26—3
林　謙作 2004『縄文時代史Ⅰ』
林　謙作 2004『縄文時代史Ⅱ』
原田昌幸 1982「縄文時代前期の小型円形竪穴」『奈和』20
ふれいく同人会 1971「水野正好氏の縄文時代集落論批判」『ふれいく』創刊号
マードック 1978『社会構造』
三浦謙一・佐々木　勝 1985「縄文時代前・中期の住居址群の変遷」『岩手県埋蔵文化財センター紀要』5
水野正好 1968「環状組石墓群の意味するもの」『信濃』20—4
水野正好 1969「縄文時代集落復元への基礎的操作」『古代文化』21—3・4
水野正好 1970「なぜ集落論は必要なのか」『歴史教育』18—3
水野正好 1974「集落」『考古学ジャーナル』100
水野正好 1983「縄文社会の構造とその理念」『歴史公論』94
宮本長二郎 1996『日本原始古代の住居建築』
武藤康弘 1989「複合居住家屋の系譜」『考古学と民族誌』
武藤康弘 1997「縄文時代前・中期の長方形大型住居の研究」『住の考古学』
武藤康弘 1998「縄文時代の大型住居」『縄文式生活構造』
村越　潔 1968「大森勝山遺跡」『岩木山』
村武精一 1973『家族の社会人類学』
目黒吉明 1982「住居の炉」『縄文文化の研究』8
森　貢喜 1974「縄文時代における敷石遺構について」『福島考古』15
森　貢喜 1974「縄文時代中期から後期への移行期における社会の展開に関する一考察」『福島大学考古学研究会紀要』4
森　幸彦 1996「複式炉小考」『論集しのぶ考古』
八巻一夫 1973「東北地方南部における縄文時代中期末葉の集落構成」『福島考古』14
山本暉久 2002『敷石住居祉の研究』
レヴィー、ストロース 1972『構造人類学』
レヴィー、ストロース 1977『親族の基本構造』
和島誠一 1948「原始聚落の構成」『日本歴史学講座』1
渡辺　誠 1980「雪国の縄文家屋」『小田原考古学研究会々報』9

Ⅲ 関東・東海地方の縄文集落と縄文社会

鈴 木 保 彦

　関東地方では、全国に先立って昭和40年代から多摩ニュータウン、港北ニュータウンに代表される大規模開発がはじまり、縄文集落の全体を発掘調査するような事例が多くみられるようになった。その結果、縄文集落に関する情報量は飛躍的に増大し、多大な知見が得られた。その筆頭に挙げられるのは、前期以降の大規模な縄文集落の住居配置が環状ないし馬蹄形状を呈するということである。こうした環状集落の最初の検出は、大規模開発以前の1955年（昭和30）に和島誠一、岡本勇らによって調査された神奈川県横浜市南堀貝塚であった。この調査は、縄文集落を初めて全掘したものであり、前期の黒浜式・諸磯ａ式期の住居48軒が、中央の広場を囲むように環状に配置されていたのである（和島ほか1958）。また、これに類似する現象に貝塚の貝層の分布が環状を呈するということがあり、東関東における大規模貝塚で知られていたが、これも軌を一にする現象であることが次第に明らかになった。さらに環状集落からは、住居だけではなく各種の遺構が検出されたが、このことは、縄文集落が単に居住施設だけで成り立つものではなく、種々の性格を有する様々な施設の複合体であることを示すものであった（鈴木1985a・2006a）。これらの遺構群は、集落内に規則性をもって配置されているのである。縄文社会における共同体規制が反映された縄文集落の構造といえるものであり、そこに個人よりも集団の伝統や存続が優先される社会のすがたなど、様々な縄文文化の実像をみることができるのである。
　一方、環状集落とはならない小規模な集落も時期を越えてみられる。拠点的な大規模集落とは異なる分村的集落や各種の生業にともなう出作り的性格の集落であり、さらには季節的に短期間営まれたものと考えられるものもある。こうした集落にも縄文社会の一端が反映されていると考えられるのである。また、

中期終末から後期初頭などでは、それ以前の時期に多くみられた拠点的な大規模環状集落が没落・解体し、すべて小規模集落となって分散するということがある。同様のことは、前期末から中期初頭にもみられるのであり、一見同じようにみえる小規模集落でも大規模集落と併行して営まれる小規模集落とは別の要因からなるものであり、各個に小規模なものとなって自立せざるを得ない状況のなかで成立したものといえよう。またこのことは、縄文集落や縄文社会がゆるやかに発展したものでも、縄文時代を通して一定の繁栄がみられたものでもないことを如実に示すものといえる。縄文集落には、隆盛期もあれば衰退期もあったのである。このような縄文集落の変動は、気候変動にともなう自然環境の変化が主たる要因となっているものと考えられるのであるが、これを乗り越えることができず、その影響をまともに受けざるを得なかったところに縄文文化、縄文社会の本質と限界が感じられるのである。

　以下、こうした縄文集落の動静やその変遷について関東地方を中心に東海地方の資料にも触れながら論述し、あわせてそこからみえる縄文時代の社会にも触れることにしたい。

第1章　関東・東海地方における集落研究の課題

第1節　環状集落論と横切りの集落論

　関東地方における大規模集落は、環状を呈するということが明らかとなったが、以来その意味するところを探ろうとする活発な動きがみられるようになった。大規模集落が環状集落となることを積極的に評価し、その意義を見出そうとする環状集落論では、遺構群の構成と構造に注目する(鈴木1988b)。集落内の空間は、集落の存続期間ないし一定の期間を通して、居住域や墓域などの性格別に施設の構築すべき場所が決められていたと考える。すなわち縄文人の基本的な共通意識にこうした集落内の空間規制ともいうべきものがあり、それが集落の存続期間を通して遵守された結果、縄文時代の集落は共通する特徴的なかたちをもつことになったと評価するのである。縄文集落にみられるこうした縄文人の共通意識こそ、縄文社会の本質にせまりうるものとして重視する。環状集落の分布は、現在までのところ、中部・関東・東北南部が主な分布域となっ

ており、新潟県などには、一般住居と考えられる掘立柱建物が竪穴住居と同じように環状にめぐる事例もある（寺崎ほか 2001）。

　一方、一定の期間を経過した後の累積した縄文集落のかたちが環状を呈するということよりも、一時期、ワンモーメントにおける集落のかたちを重視するのが横切りの集落論である。継続している集落でも一時期ごとに切ってみると、おそらく数軒の住居が点々と建てられているだけであろうし、それだけでは必ずしも環状を呈しているわけではない。こうした一時期ごとの集落のすがたこそ、縄文集落の真のかたちであり、このような集落のすがたを基礎に縄文集落を考えていきたいとするものである（土井ほか 2001）。多数の住居が検出されている大規模集落も一時期ごとに考えていくと、小規模集落と本質的に変わるところがないとするのである。したがって、大規模な環状集落というのは、単に累積したものの結果を示す見かけだけのものと捉えるのである。

　両者の環状集落に関する評価はまったく異なったものであり、当然のことながら縄文社会の本質的理解も違ったものとならざるを得ないが、筆者は後者の横切りの集落論には大きな問題があると考えている。ひとつは、前述のように大規模な環状集落は、住居のほかに多様な性格をもつと考えられている掘立柱建物をはじめ、集団墓地である埋葬施設、さらには貯蔵施設、調理施設、祭祀施設、廃棄場・モノ送りの場などの各種の施設から構成されているものが多く、地域の拠点としての性格を有していた可能性がきわめて高いのである。一時期の住居数は、小規模集落とさほど変わらないとしても集落としての性格は、まったく異なっている。縄文集落の隆盛期には、拠点的集落が主要な領域ごとにあって、これが領域の中核となって様々な祭りや儀礼が行なわれ、後期には配石遺構に代表されるような大型の記念物が構築されたのである。こうした行為には、より広い地域の縄文人に共有された世界観・宗教観・価値観が反映されている。環状集落は、領域の縄文人が折に触れて結集し、共通のイデオロギーのもとに各種の祭祀を挙行し、仲間であることを確認して、一層の結束をはかる社会的にも重要な場であったのである。

第2節　定住論と移動論

　環状集落論、横切りの集落論の問題は、定住論、移動論の問題とも密接な関係をもつ。環状集落論では、長期にわたる定住の結果、建て替えなども含めて多くの住居が構築されたと考えるのであるが、横切りの集落論では、集団移動をともなう回帰的居住が繰り返された結果、多数の住居が残されることになったと考えるのである。

　関東地方における定住化は、早期の撚糸文土器群期の終わりの頃から行なわれるようになったと考えられている（原田 1983・1984、戸田 1983、谷口 1998）。縄文時代の集落や社会は、定住を基本とするという立場では、これ以降原則的に定住であったと考えている。季節的に短期に営まれる集落やキャンプ地のように使われるものもあったが、縄文社会は頻繁に移動を繰り返すような社会ではなく、定住を基本とするものと考えるのである。

　一方、移動論者は一ヵ所の集落に長く居住したとする定住を否定するのであるが、移動論にも二つの方向がある。ひとつは、住居の第一次埋没土や柱穴の覆土の埋没過程の検討から集団の移動や回帰的な現象があったとする主張である（末木 1975、石井 1977）。いまひとつの方向は、民族誌や生態学の成果を応用し、民族誌のモデルを取り入れるものである（羽生 1994）。つまり、移動論といっても遺跡での遺構のあり方から導き出されるものと、生態学や民族考古学の方法に依拠するものとがある。末木健は、住居の第一次堆積層が自然堆積であると認識し、その間、集落に人が住まない時期があったとする（末木 1975）。「横切りの集落論」者である土井義夫・黒尾和久も、拠点的にみえる大規模集落は、繰り返し反復的居住が多く行なわれた結果にすぎないとし、縄文人は頻繁に集団移動していたと主張する（土井ほか 2001）。しかし、縄文人が頻繁に集団移動をしていたとすると、環状集落にみられる集団墓地も成立し得ないであろうし、石材の運搬など構築に相当の日数を要する大型の配石遺構なども構築できないであろう。また黒曜石、塩、アスファルト、硬玉製品などの交易なども不可能となってしまう。相原淳一が主張するように交易は定住が前提になる。交換する相手が頻繁に移動しており、どこにいるのかわからないのでは交易は成立しないのである（鈴木 2002）。

縄文集落論では、このように様々な議論が展開されている。縄文社会を研究し、考察する際にどのような点を評価していくかという、基本的な考え方、視点の違いなどが意見の相違に反映されているといえる。ちなみに筆者は、環状集落論、定住論の立場にたち、拠点的集落の存在意義を評価するものである。

第2章　関東・東海地方の縄文集落の変遷と特徴

　筆者は、かつて関東・中部高地において住居が検出されている遺跡を抽出し、その住居数、集落数および集落規模などをもとに縄文集落の分析をしたことがある（鈴木ほか 1984、鈴木 1985a・1986b）。これによると、関東地方における縄文集落の変遷には各時期とも様々な変化があり、そこに縄文集落の生々しい動態がみられるのである。ここではその後行なわれた縄文時代文化研究会による全国規模の集落シンポジュウムの成果（鈴木 2002 ほか）なども含め、そうした集落の変遷と特徴について、それぞれの時期を代表するような集落を取り上げながら述べてみたい。

第1節　草創期～早期の集落

（1）　草創期の集落

　関東・東海地方における草創期の遺跡で集落といえるものは少なく、住居・住居状遺構が検出されているものも 13 遺跡 27 例を数える程度である。そうした中で静岡県芝川町大鹿窪遺跡（図1）では、3-1調査区から竪穴状遺構 11 基、土坑 10 基、ピット 2 基、焼土 2 基、配石遺構 5 基、集石遺構 11 基が検出されている（小金澤ほか 2003・2006）。その多くは押圧縄文土器期のものであるが、52号土坑は、より古い隆線文土器期のものとされ、内部から一括土器が出土したこととその形態から土壙墓と考えられている。さらに、このほかの草創期の遺構としては、南側の3-2A調査区から配石遺構 1 基と集石遺構 2 基が検出され、東側の3-3C調査区からは、微隆起線文土器期とされる竪穴状遺構 1 基と配石遺構 1 基が検出された。また、最も東側の3-3E調査区からも竪穴状遺構が 2 基検出され、さらに、北側の3-4調査区で配石遺構 1 基が検出されている。

　3-1調査区から検出された遺構群は、草創期の押圧縄文土器期を主体とする

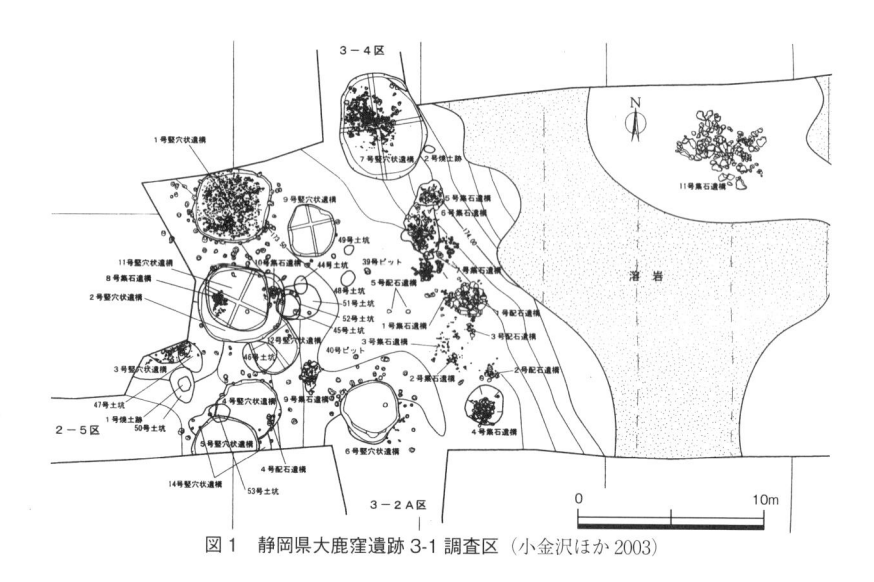

図1　静岡県大鹿窪遺跡3-1調査区（小金沢ほか2003）

集落と考えられるが、居住施設と考えられる11基の竪穴状遺構をはじめ、配石遺構、集石遺構、土坑などが、広場を囲むようにもみえる配置で分布していると指摘されている。居住施設に加えて調理施設、貯蔵施設、埋葬施設と考えられる遺構群が検出されたものであり、草創期の集落としては傑出したものといえよう。

　大鹿窪遺跡以外ものでは、1遺跡から2軒以上の住居が検出されているものが5遺跡あるが、時期差があることが認められているものもあり、住居の同時存在数としてはいずれも1軒か2軒とごく少数である。また、草創期の居住遺構が検出されている遺跡における住居・住居状遺構以外の遺構としては、東京都秋川市前田耕地遺跡の石器製作址6ヵ所、屋外炉1基（宮崎1983）、神奈川県相模原市勝坂遺跡の土坑1基、礫群1基（青木ほか1993）、横浜市花見山遺跡の配石3基（坂本1995）、藤沢市南鍛冶山遺跡の配石2基、炭化物集中2ヵ所（桜井ほか1994）、群馬県笠懸村西鹿田(さいしかだ)遺跡の土坑2基（若月ほか1999）、埼玉県花園町宮林遺跡の土坑1基（宮井1985）、静岡県島田市旗指(はたさし)遺跡の土坑10数基と焼土（渋谷1990）、同沼津市葛原沢Ⅳ遺跡の炉2基（池谷ほか1995）などがある（鈴木2001）。

　草創期の集落は、一般に小規模であり、長期的居住を想定させるものも少な

い。また、集落内の施設としては、居住施設以外に火焚場、調理にかかる施設のほか、石器製作などの生産にかかる施設、埋葬施設が認められる。土坑は性格不明のものが多いが、草創期の鹿児島県東黒土田遺跡では、コナラ属とされる堅果類の実が出土し、長野県お宮の森裏遺跡では、クリなどの炭化物が検出されている。こうした例から貯蔵にかかる施設であるものが相当数含まれているものと考えることができる。

（2）　早期の集落

　草創期の集落は、発見されている遺跡数もわずかで短期的な居住を予想させるものが多かったが、早期になると、まとまった軒数の住居からなる集落が出現する。

　静岡県富士宮市若宮遺跡（図2）は、草創期末葉の表裏縄文土器期から早期前葉の押型文土器群期の集落である（馬飼野ほか 1983）。集落を構成する遺構としては、住居28軒、炉穴60基、集石土坑13基、土坑12基などがあり、発掘した範囲での住居の分布は、半円形を呈する帯状の地域内にめぐっている。集落内の住居以外の遺構も、炉穴のすべてと集石土坑、集石、土坑のほとんどが、住居の展開する弧状の地域内に分布している。また、住居、炉穴などは、この範囲内で密集する地域が数箇所認められる。居住施設を始め調理施設など多数の遺構群が検出された東海地方の早期前葉の集落である。

　関東地方では、撚糸文土器群期に集落の画期がある。とりわけ後葉の稲荷台式期には住居軒数も著しく増加し集落は隆盛する。神奈川県横浜市大塚遺跡では、稲荷台式期の住居12軒が検出されているが、各住居が若干の時間差をもつもののほぼ環状に配置していると指摘されている（伊藤ほか 1990）。この時期の神奈川県の集落は37遺跡、住居は97軒をかぞえ（山本ほか 2001）、集落が増加する様相をよく示している。東京都でも小金井市はけうえ遺跡、町田市真光寺・広袴地区日影山遺跡、町田市多摩ニュータウン No.200遺跡、府中市武蔵台遺跡などでまとまった軒数の住居が検出され、埼玉県、北関東の群馬県、東関東の千葉県でもこの時期から集落の形成が認められている。これらの地域における最初の縄文集落の画期と捉えることができ、本格的な定住化を予想させるものである（原田 1983・1984、戸田 1983、谷口 1998）。

　その後、中葉の沈線文土器群期には、集落は一時衰退するが、後葉の条痕文

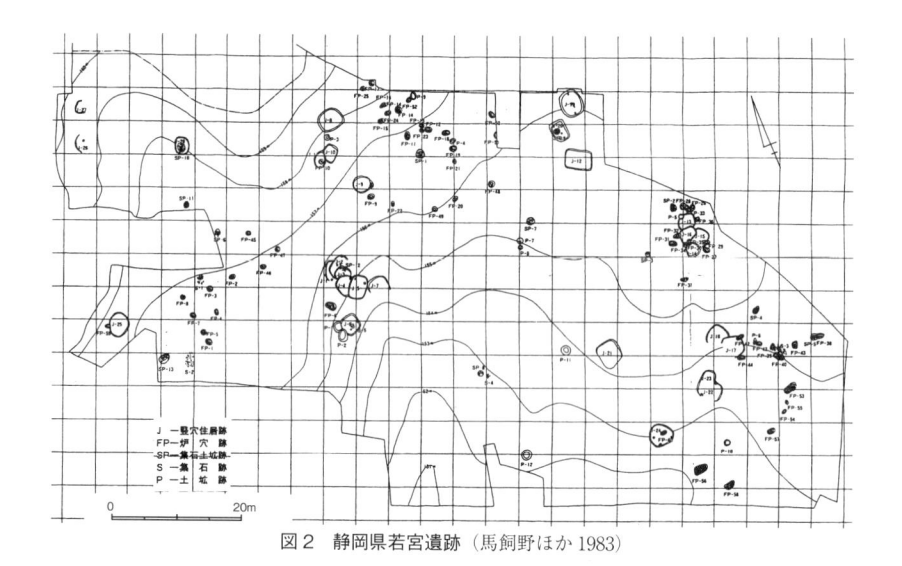

図2　静岡県若宮遺跡（馬飼野ほか1983）

土器群期に再び隆盛する。神奈川県では、30集落55軒をかぞえ、東京都や埼玉県でも同じように増加している。また、東関東の千葉県では、船橋市飛ノ台貝塚のように住居、人骨の遺存する土壙墓、炉穴、小竪穴、土坑、集石などがまとまって検出された貝塚をともなう集落が出現している。さらに、終末期の打越式期〜下吉井式期には、住居55軒が検出された埼玉県富士見市打越遺跡などのような大集落もみられる。東海地方でも静岡県沼津市・長泉町清水柳北遺跡東尾根B区で早期末から前期初頭の住居60軒が検出されているような集落が出現している。

　なお東海地方の早期の遺跡で注目すべきものとして、愛知県南知多町の先苅貝塚がある。高山寺式期の押型文土器の遺跡であり、名鉄知多線内海駅の基礎工事中に現地表下約15 m、海抜約−10 mから発見され、土器と伴出したハイガイの^{14}C年代は、8,330年前であった（山下ほか1980）。海水準は現在よりも約13 m低く、その3〜4 m上の平坦な場所に貝塚が形成されたのである。しかし、縄文海進で上昇してきた海水によって、約8,000年前頃には水没し、その上を海成沖積層が厚く覆っていたことが明らかとなった（松島2006）。住居は検出されていないが、おそらくムラ貝塚であり、集落が形成されていたものと考えられる。押型文土器の新しい段階の海水面の高さや、海面活動を確認できたので

あるが、この遺跡の調査によって、海浜部の早期前葉の遺跡の中には、現海水面下に埋没しているものが少なくないと考えさせるものとなった。

第2節　前期～中期の集落

(1) 前期の集落

　関東・東海地方における前期の集落は、前葉から中葉に定型的な集落が成立するなど新たな展開を迎えることになる。

　埼玉県では、早期末から継続する打越遺跡で花積下層式期の住居39軒、二ツ木・関山式期の住居53軒、黒浜式期の住居3軒が検出され、これに炉穴、土坑群、長方形柱穴列などがともなっている（麻生ほか1983）。同じ埼玉県寄居町の南大塚遺跡は黒浜式期の集落であるが、ここでは75軒の住居が検出されている（梅沢ほか1984）。

　北関東では、栃木県宇都宮市根古谷台遺跡（図3）で竪穴住居27軒、長方形大形建物15棟、方形建物10棟、掘立柱建物17棟、土壙墓320基が検出されている（簗木1988）。これらはすべて黒浜式期のものであり、一土器型式内の大規模集落である。しかも多様な平地式の建物が数多くみられ、中央部に墓域が形成されるなどその構成と構造には、縄文集落の一典型というべきものがある。縄文集落の変遷の中でも前期中葉の段階にこうしたものの出現をみるのである。

　同じ北関東の群馬県安中市中野谷松原遺跡（図4）も有尾・黒浜式期から諸磯b式期の大規模集落であり、住居239軒（建て替えなどを含む）、掘立柱建物36棟、土壙墓約200基、土坑約800基などが検出されている（大工原ほか1996）。集落は3期に分けられているが、第2期、第3期のものは、環状集落となる。群馬県では、関山式期になると遺跡数が激増し、県下全域で検出されるようになり、有尾・黒浜式期にはさらに増加すると指摘されており（石坂ほか2001）、拠点的集落の形成もこれと連動するものといえよう。また、こうした時期には、大規模集落の周囲に衛星的に存在する小規模集落もまた増加していることも明らかにされている（石坂ほか2001）。

　東関東では、千葉県成田市南羽鳥中岫第1遺跡E地点で、黒浜式期から浮島2式期を主体とする19軒の住居と約250基の土壙墓が検出されている（松田ほか1997）。また同一台地上の別地点（A地点、B地点）で同時期の住居10数軒が

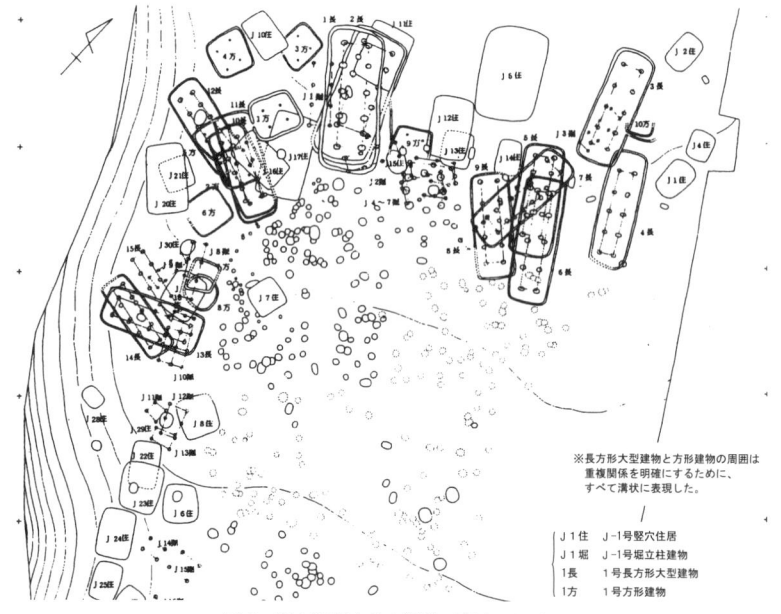

図3 栃木県根古谷台遺跡（梁木 1988）

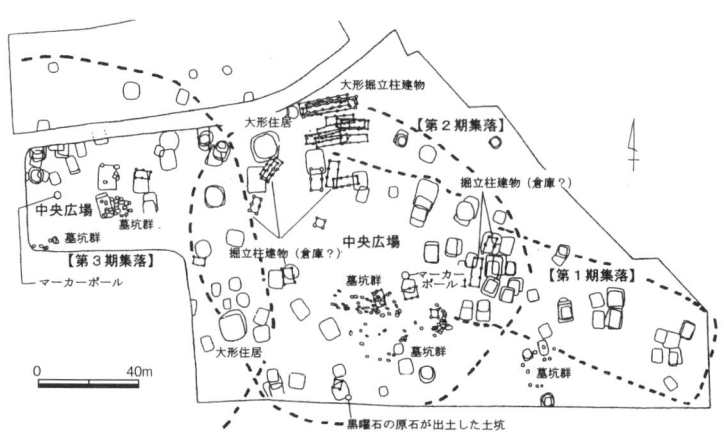

図4 群馬県中野谷松原遺跡（石坂ほか 2001）

検出されているが、これらの住居も同一集落のものと考えられている。住居群は、環状に分布しており、この内側からは、墓と推定される約250基の土壙墓群が密集して検出されている。集落の中心部に墓域が形成される環状集落であり、墓壙からは、土器類や石器類および装身具類が出土しているが、特に土器類が多く出土している。

同じ千葉県の四街道市木戸先遺跡では、黒浜式期から諸磯a・b式期の住居群が約200基の土壙墓を取り囲むようにして検出されている（林田ほか 1994）。地域の拠点的な環状集落と考えられており、土壙墓群からは浅鉢などの土器類が多く検出されている。またこの遺跡の周辺の小支谷に面した台地上には、広範囲に同時期の集落が展開していることが知られており、関東地方の他地域と同じようにこの時期に集落が大いに隆盛していたことを示している。

やはり千葉県の船橋市飯山満東遺跡では、黒浜式期の住居25軒、諸磯a式期の住居2軒、浮島式期の住居2軒、およそ200基余りの墓壙群などが検出されている（野村ほか 1975）。調査された範囲内でみると住居は調査区全体に散在しており、環状に分布することはない。また墓壙群には、東関東のこの時期の特徴である鉢形土器などの土器類が出土しているものが多数みられるが、その位置は集落西端の台地縁辺部となっている。同じ東関東の南羽鳥中岫第1遺跡、木戸先遺跡と同時期の大規模集落であるが、遺構群の分布状況などからみるとその構造は明らかに異なっている。

南関東西部の神奈川県では、鶴見川およびその支流域に前期中葉の貝塚をともなう集落が非常に多くみられる。横浜市の南堀貝塚、北川貝塚（坂本ほか 1984）、西ノ谷貝塚（坂本 2003）は、その代表的なものであり、いずれも集落内部に墓域が設定される馬蹄形集落ないし環状集落である。これらの集落が隆盛したのは、若干のずれがあるにしても黒浜式期から諸磯b式期までであり、鶴見川流域では気候が温暖で海進の進んだこの時期に集落は大いに隆盛し、定形的集落の成立をみたことになる。しかしこれ以後、集落は急激に衰退し、諸磯c式期の住居などは、神奈川県全域でもわずか1遺跡1軒の発見例があるにすぎない。こうした前期末葉の集落の凋落現象は、関東地方に共通する事象であり広くみられるものである。

東海地方の愛知県では、内陸部で黒浜式後半以降に、円形プランで床に炉の

ある垂直の壁と主柱穴を持ち、貯蔵穴のある住居を規格的に配置する集落が出現し、数型式の継続定住が始まるとされる。また、縄文集落の定型化は、前期中葉段階であるとするが、単独あるいは数軒の住居のみからなる小遺跡がむしろ多いようだと指摘されている（増子 2001）。

（2）　中期の集落

中期の集落は、初頭の五領ヶ台式期には前期末葉の諸磯 c 式期の極端な集落の衰退期から脱し、住居数、集落数などに回復する兆しがみえはじめる。そして次の勝坂式期には、縄文時代における最大の集落の隆盛期を迎え、これが加曽利 E 式期の後葉まで継続する。住居数でみると縄文時代全体の 7 割近くがこの時期のものとなっている。まさに縄文集落の全盛期であり、いずれの地域でも最大級の縄文集落が数多く検出されている。

神奈川県寒川町岡田遺跡は、勝坂 2 式期から加曽利 E 3 式期までの集落であり、住居は建て替え・拡張されたものを含め 511 軒検出されている（小林ほか 1993、鈴木 1994、鈴木ほか 1996）。これらは、勝坂式期には 3 ヵ所に環状集落が営まれて鼎立状環状集落を形成し、加曽利 E 式期には 2 ヵ所に環状集落が営まれる双環状集落となっている。しかし、いずれの環状集落も全域が調査されたものではなく、住居の分布状況から推定すると、調査できた範囲は全体の約三分の一程度であったと推定される。未調査の部分の一部については、遺跡の範囲確認のためのトレンチ調査が実施されているが、この調査だけでも 110 軒以上の住居が確認されている。したがって、三つの環状集落を合わせた全体の住居数は、優に 1,000 軒を越えるものと考えられ、国内でも有数の縄文集落ということができる。この時期の象徴的な大規模集落といえる。

神奈川県横浜市神隠丸山遺跡（図 5）も勝坂式期から加曽利 E 3 式期の環状集落である（石井 1989）。集落を構成する遺構群には、住居 95 軒、掘立柱建物 18 棟、墓壙 70 基、貯蔵穴 20 基などがある。遺構群の配置は、集落の中央部に墓壙群があり、この墓壙群を取り囲むように掘立柱建物がめぐっている。住居とこれに近接する貯蔵穴は、これらの外側に環状にめぐるが、古い時期の勝坂式期の住居群は外側にめぐり、新しい時期の加曽利 E 式期の住居群は内側にめぐっている。環状集落の中心部に墓域があって、掘立柱建物が居住域の内側に占地する典型例である。また、古い住居群から新しい住居群になるにしたがっ

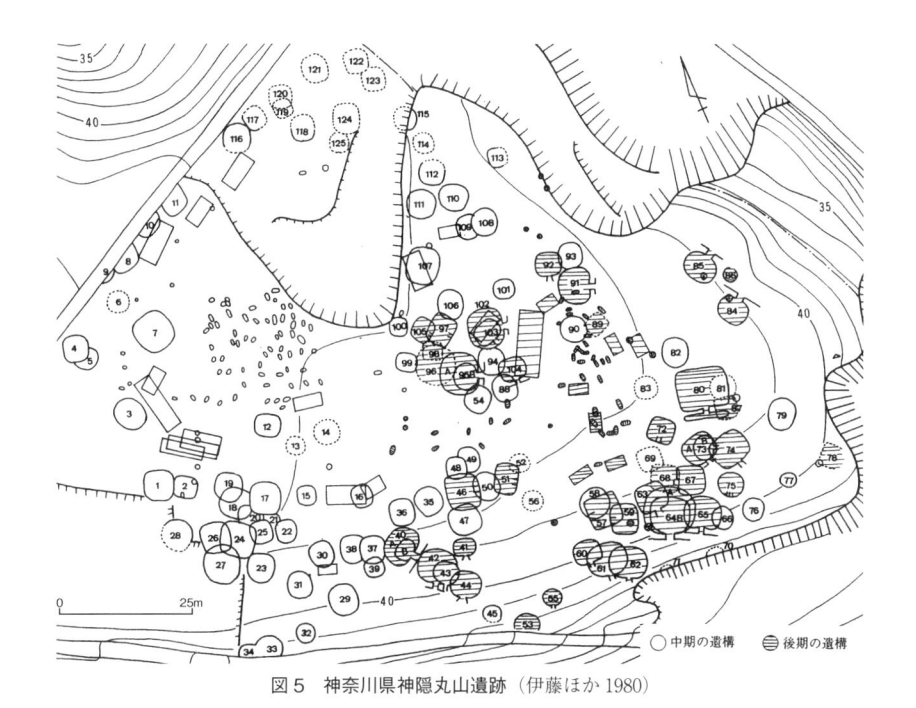

図5 神奈川県神隠丸山遺跡（伊藤ほか1980）

て、住居の配置が内側に寄り、次第に環状集落の輪郭が縮小化する傾向もこの地域の集落では広くみられるものである。

　南関東西部の神奈川県や東京都におけるこのような中期の大規模な環状集落には、東京都八王子市神谷原遺跡（新藤1981・新藤ほか1982）、立川市向郷遺跡（吉田ほか1992）、神奈川県川崎市宮添遺跡（玉口ほか1989）、横浜市前高山遺跡（岡本ほか1990）、同三ノ丸遺跡（伊藤ほか1985）、同大熊仲町遺跡（坂上ほか1984）、同二ノ丸遺跡（小宮ほか2003）、同月出松遺跡（坂上ほか2005）などがある。

　埼玉県では、本庄市内の近接する位置のある古井戸遺跡、将監塚遺跡、新宮遺跡の3集落が鼎立状環状集落をなしている。いずれも勝坂式末期段階から加曽利E式期にかけての中期後半のものである。古井戸遺跡では、住居154軒、土坑935基、集石土坑31基、屋外埋甕35基、屋外炉4基などが検出され（宮井ほか1989）、将監塚遺跡では、住居114軒、土坑711基、集石土坑22基、屋外埋甕48基、炉3基が検出されている（石塚ほか1986）。また、新宮遺跡は、古井

戸遺跡・将監塚遺跡のように広範囲にわたって発掘調査されたものではないが、4地点で部分的な発掘調査が実施されており、合わせて住居40軒、土坑250基以上が検出されている。これらの集落の形成は、勝坂式終末期に始まり、加曽利E2式、3式期には大規模な環状集落となってピークを迎えるが、加曽利E4式期になると衰退し廃絶してしまう。いずれも中期末には没落・解体し、その後は小規模集落となって分散していくのである。この分散した小規模集落は、本庄台地縁辺部の児玉町平塚遺跡・神田遺跡・中下田遺跡、あるいは低地内の自然堤防や微高地上に位置する本庄市西富田前田遺跡や児玉町石橋遺跡、さらには大久保山残丘下の台地上の本庄市飯玉東遺跡などと考えられている（恋河内1995）。

　北関東の群馬県では、渋川市三原田遺跡で直径約100mの環状の範囲に加曽利E式期を主体とする住居333軒が分布し、その内側のやや窪地となる部分から約2,000基の貯蔵穴、土壙墓が検出されている（赤山1980）。北関東の代表的な大規模環状集落であるが、群馬県では、勝坂3式期から加曽利E3式期の大規模環状集落が17遺跡で確認されている。また、それに付随する形でこれらの周辺には加曽利E3式期をピークとして一時期2〜3棟で構成される小規模集落が数多く認められることが指摘されている（石坂ほか2001）。

　東関東の千葉県では、千葉市の有吉北貝塚で大規模な環状集落が検出されており、南貝塚とともに双環状集落をなすものと考えられる（西野ほか1998）。北貝塚は、中期中葉から後葉の環状集落と大規模な斜面貝層であり、集落は外側に建て替えられたものを含めて168軒の住居群が環状にめぐり、やや内側に約580基の小竪穴群（貯蔵穴群）が同じく環状にめぐっている。中央部には遺構群は検出されておらず単なる広場となっている。住居は、阿玉台式期のものもみられるが、集落として繁栄したのは中峠式期から加曽利EⅡ式（3式）期である。有吉南貝塚は、北貝塚のすぐ南隣の台地上に位置する同時期の貝塚である（四柳2000）。調査範囲は、貝層外側縁辺部と一部貝塚内側の道路部分に限られているが、住居38軒、炉12基、小竪穴99基、土坑79基、溝状遺構1条などが検出されている。遺構群は、住居が貝層分布範囲の外縁からその外側の範囲にめぐり、小竪穴、土坑などは、住居地域およびその内側にめぐる。遺構の大半は、加曽利EⅠ式（1・2式）から加曽利EⅡ式（3式）期のものである。すなわち、

両貝塚とも加曽利EⅠ式（1・2式）から加曽利EⅡ式（3式）期までは、双環状集落をなし、大いに隆盛したのであるが、いずれも加曽利EⅢ式（4式前半）期以降は急激に衰退してしまうのである。中期におけるこのような集落の隆盛と衰退は、この地域（東京湾東岸）の中期拠点集落にほぼ共通していると指摘されているが（西野2000）、このことは、東関東のみならず関東・中部地方の広い地域に共通する現象である（鈴木1986b）。また周辺には、同時期の貝塚をともなう小規模集落である千葉市鎌取場台遺跡、南二重堀遺跡ある。有吉北・南貝塚の双環状集落がこの地域の拠点的集落とすると、この両集落は有吉北・南貝塚と強い関係をもつ派生的な集落と捉えることができよう。

　同じ千葉県の市原市草刈貝塚（図6）は、阿玉台Ⅰb式期から加曽利EⅢ式（4式前半）期の環状集落であり、住居約300軒、土坑群約1,000基検出され、廃屋墓21軒・土坑6基から合わせて46体の人骨が出土している（高田ほか 1986）。遺構群の配置は、中央部が広場となり、これを囲むように貯蔵穴と考えられている土坑群が分布し、さらにこの外側に住居群が分布している。東関東の典型的な環状集落であり、千葉県内最大の中期集落と評価されているものである。

　東関東におけるほかの大規模環状集落としては、千葉市加曽利北貝塚（杉原ほか1977）、南貝塚（杉原ほか1976）、流山市中野久木谷頭遺跡（高柳ほか1997）、松戸市子和清水貝塚（子和清水貝塚調査団1976・78・85）、船橋市海老ヶ作貝塚（八幡ほか1972）、船橋市高根木戸貝塚（八幡ほか1971）などがある。

　以上のように中期前葉から後葉の集落は、縄文時代を通して最も隆盛し、各地で最大級の環状集落が形成されるのであるが、中期末葉になると急激に衰退してしまう。神奈川県横浜市蛇山下遺跡（図7）は、こうした中期末葉の凋落した集落の典型例である（今井1978）。台地上に構築されているものは、柄鏡形を呈するJ1・J4の2軒の住居のみである。加曽利E3式期までの最盛期の集落とは激変し、加曽利E4式期にはこのような小規模集落となって分散するのである。このことは、神奈川県や埼玉県における集落数が如実に物語っている。つまり両地域では、全盛期である加曽利E3式期の住居数は、同4式期に比べて圧倒的に多いのであるが、集落数は逆に衰退期である加曽利E4式期の方が多くなるのである。ここに至って大規模集落が維持できなくなり、しかも全体的な住居数も大幅に減少し、集落が小形化して分散せざるを得なかった深刻な

事態に直面したものと考えられる。なお、こうしたデータからみると、当時の人口は3式期の方が圧倒的に多く、4式期に至って大幅に減少したことは疑いのないところであるが、もし縄文人口を推定する基礎資料として遺跡数を使用したら、神奈川県、埼玉県では逆の結果がでる可能性もある。遺跡数＝集落数とはならない別の問題もあろうが、遺跡数の増加、減少は必ずしも人口の増減を意味しないということは確実である。遺跡数を人口推定の基礎資料として使

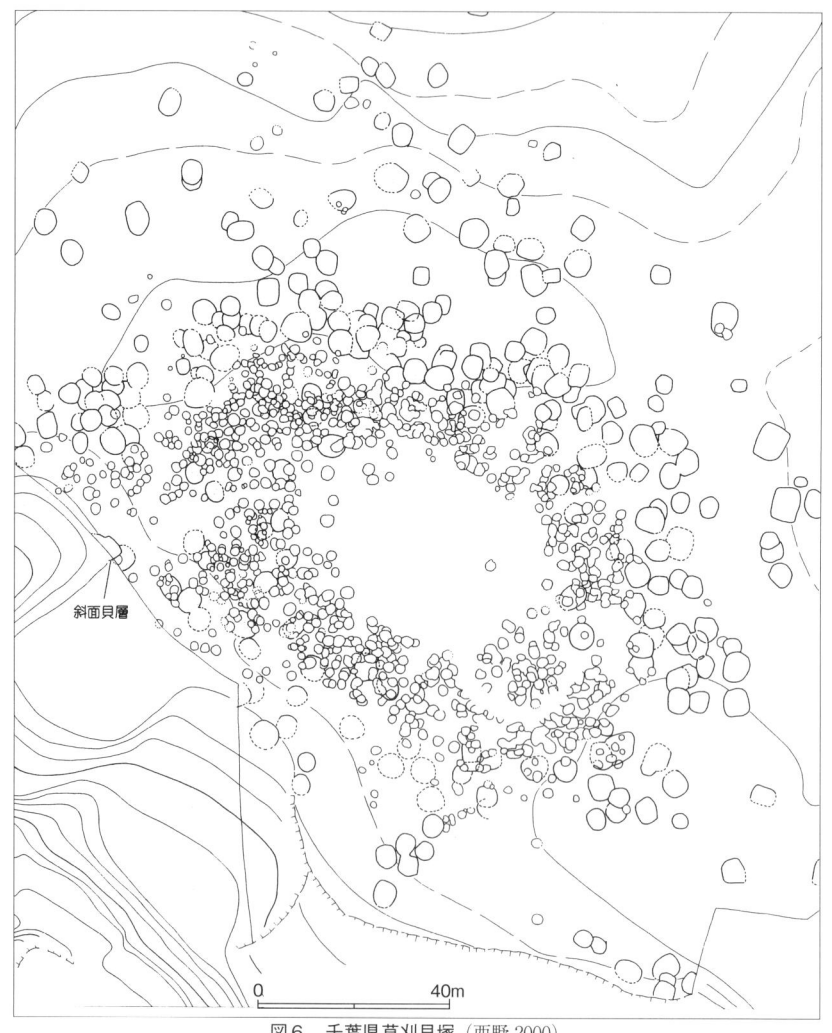

図6　千葉県草刈貝塚（西野 2000）

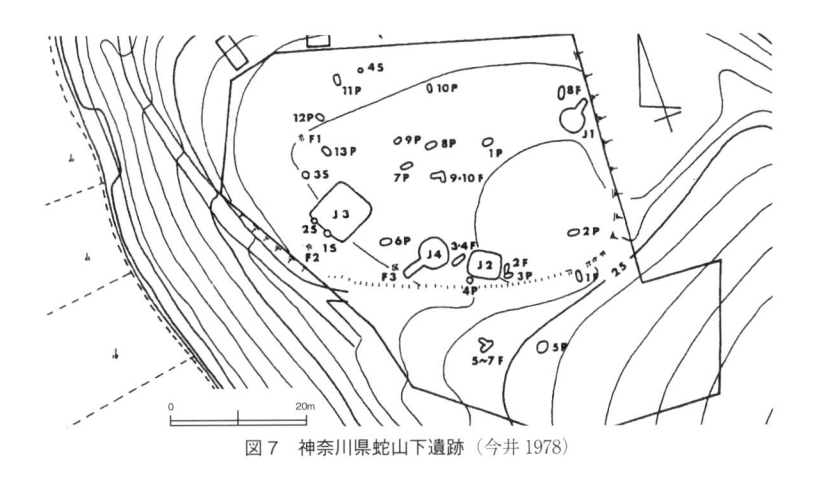

図7 神奈川県蛇山下遺跡 (今井1978)

用することの危険性についてはすでに指摘したとおりである (鈴木1988a)。

　東海地方では、静岡県東部地域における中期の大規模環状集落の調査例は皆無であるが、中・西部地域では、住居軒数の多い「大規模集落」と住居軒数の少ない「小規模集落」が存在し、大規模集落は台地の平坦な場所を占地し、地形により「環状」もしくは「馬蹄形」を形成すると指摘されている (池谷2001)。ただし、この地域で大規模とされているものは、検出されている住居軒数が20軒未満ものであり、関東地方のものと比較すると小型であり、集落規模には大きな差が認められる。

第3節　後期～晩期の集落

(1)　後期の集落

　関東地方の後期の集落は、初頭の称名寺式期では、中期末の衰退が依然として継続し全体的に低調である。しかし、後期前葉の堀之内1式期になると再び隆盛に転じる。しかしその隆盛は、南関東西部などでは加曽利B1式期までであり、北関東では堀之内式期までである。一方千葉県などの東関東では、後期後半以降も一定の集落が維持され、貝塚も形成されており地域的な特色となっている。

　横浜市三の丸遺跡における後期の集落は、称名寺式期から加曽利B1式期のものであり、遺構群は、住居45軒、掘立柱建物19棟、貯蔵穴約100基、墓壙

約250基などが検出されている（伊藤ほか1985）。住居の分布は、初頭の称名寺式期のものが中期末葉の加曽利E4式期のあり方に近似して台地上に散在し、それ以降のものは、中期の加曽利E3式期までのものと同じように南北に集落が営まれ双環状集落となる。遺構群の配置は、墓壙が両集落とも居住地域内側の中央部分に位置しており、貯蔵穴は住居周辺に集中する。また、掘立柱建物は北側集落には少なく、南集落の南側に集中する傾向がある。

同じ港北ニュータウンの横浜市小丸遺跡（池辺第14遺跡）の後期の集落は、堀之内1式期から加曽利B1式期のものを主体とする（石井1999）。集落を構成する遺構には、住居約40軒前後、掘立柱建物40棟、貯蔵穴30基、円形土坑24基、墓壙約100基、甕棺墓1基、単独埋甕1基などがある。遺構群の配置は、住居とそれに隣接する貯蔵穴がほぼ環状にめぐるが、墓壙群は中央部ではなく、ピット群とともに環状の範囲内にあって、住居群の分布の途切れる南西部分に位置している。また掘立柱建物は、環状の地域の北東側と北西側および墓壙、ピット群が分布する南西側の3ヵ所に分布している。集落における墓域の位置や3ヵ所に分かれて分布する掘立柱建物などは、この地域のものとしては特異な構造のものといえる。

神奈川県伊勢原市下北原遺跡（図8）は、加曽利E4式期後半から称名寺式期の中断を経て加曽利B1式期に至るまでの集落であるが、遺構群のほとんどが配石をもって構築されている特徴的な遺跡である。検出された遺構群には、敷石住居21軒、配石墓群2群、環礫方形配石遺構3基、環状組石遺構1基、配石群2群、組石遺構22基などがある。遺構群の配置は、住居である敷石住居が馬蹄形状に分布して居住地域を形成し、その中心部に2群の配石墓群からなる墓域がある。また住居分布の切れ目となる北西側には、非実用的な遺構と考えられる環状組石遺構、3基の環礫方形配石遺構、北側配石群などが分布し祭祀地域となっている。集落空間が遺構の性格ごとに分割されているものである（鈴木1978b）。

埼玉県桶川市高井東遺跡（図9）は、加曽利B1式期から晩期初頭の安行（あんぎょう）3a式期の集落である（市川ほか1974）。検出されている遺構は、住居35軒、相当数の墓壙が含まれていると考えられる土坑150基、焚火3ヵ所などであるが、土坑は大部分が加曽利B式期のものであった。遺構群の配置は、中央部の窪地を

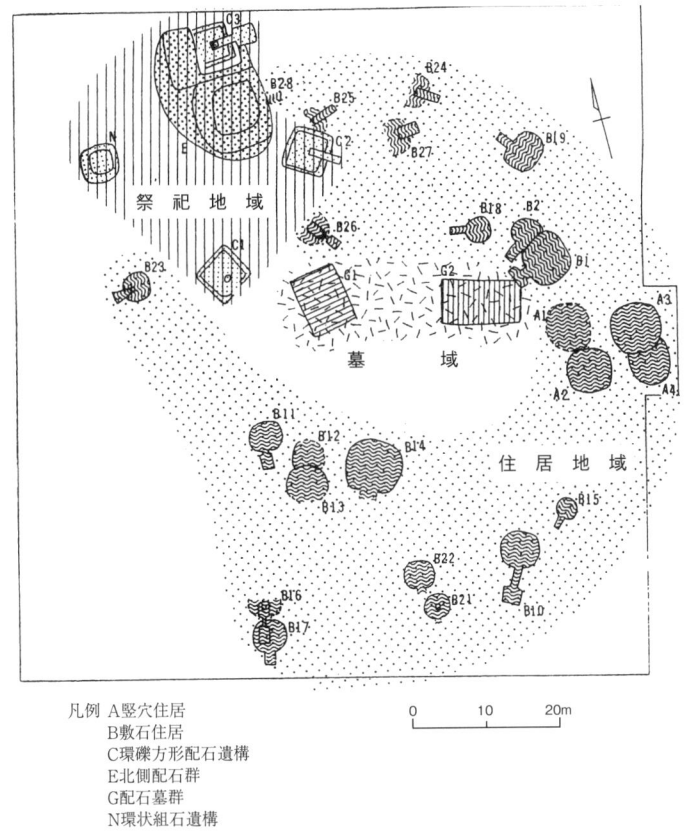

凡例　A竪穴住居
　　　B敷石住居
　　　C環礫方形配石遺構
　　　E北側配石群
　　　G配石墓群
　　　N環状組石遺構
図8　神奈川県下北原遺跡（鈴木1980）

囲むように住居群と土坑群が馬蹄形状に分布している。さらに住居群と多くの墓壙が含まれると考えられる土坑群の位置的な関係は、5群の住居群と6群の土坑群とが交互に配置されるかたちとなっている。

東関東の千葉県では、市原市武士（たけし）遺跡で中期後半の加曽利EⅡ式（3式）期から後期中葉の加曽利B2式期の大集落が検出されている（半田1976）。住居423軒、土坑879基、掘立柱建物3棟、埋甕・屋外埋設土器77基、廃屋墓などが検出され、土坑や埋甕から人骨・小児骨が出土したものもある。特に後期のものでは、堀之内1式期の住居が多数検出されている。

千葉市加曽利貝塚も大規模な環状集落である。調査されている部分は限られ

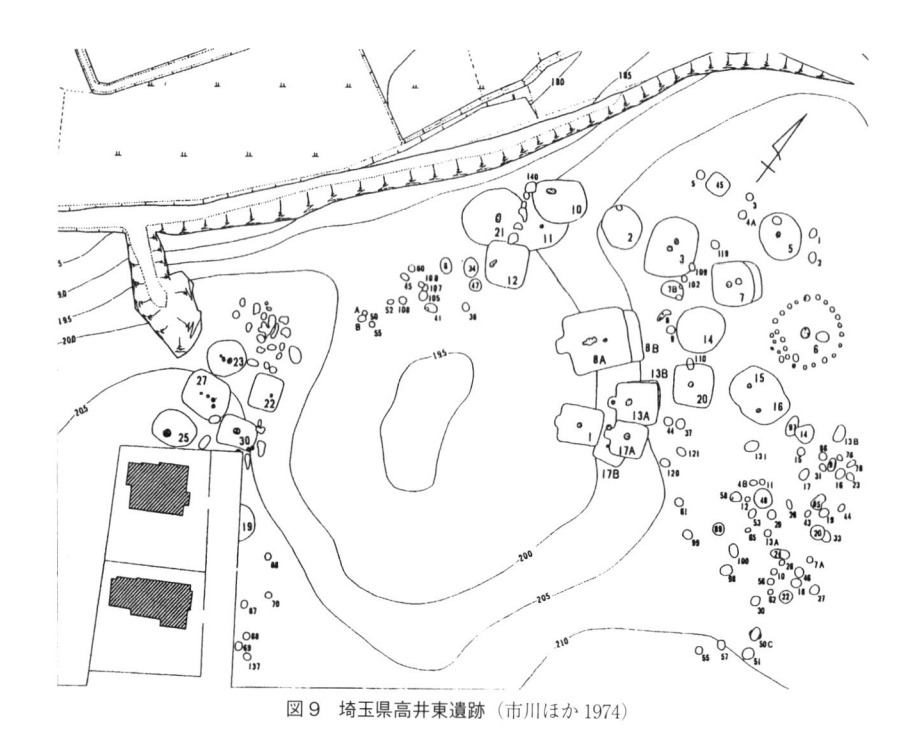

図9　埼玉県高井東遺跡（市川ほか1974）

ているが、これまで南北両貝塚合わせて中期から晩期の住居が120軒以上検出されている（青沼2000）。後期以降のものでは、北貝塚が加曽利B式期までのものであり、南貝塚は安行3b式期までの住居が検出されている。すなわち、北貝塚の集落は、南関東西部の多くの集落と同じように後期前葉で衰退しているが、南貝塚の集落は後期後葉まで隆盛し、さらに晩期前葉まで維持されたと考えられる。

　千葉市内野第1遺跡は、中期後半から晩期の集落であり、住居163軒、土坑約700基、人骨13体などが検出されている（田中2000）。遺構群の配置は時期によって異なっており、集落の衰退期に相当する中期末葉の加曽利EⅢ式期から後期初頭の称名寺式期の遺構は台地上に点在している。しかし、後期前葉の堀之内式期になると遺構群は台地縁辺部に環状に展開し、東側の低湿地には屋外埋設土器による墓域が形成される。また、後期中葉以降の加曽利B式期から安行2式期の住居は、台地縁辺部から低湿地に集中している。東関東における

後期中葉以降も継続して営まれる集落例である。
　東関東におけるほかの後期の集落では、市川市権現原遺跡（堀越 2000）、船橋市宮本台貝塚（八幡ほか 1974）、千葉市小金沢貝塚（郷田ほか 1982）などが前葉の堀之内式期までの集落である。また、茂原市下太田貝塚では中期後葉、後期前葉、後期中葉の墓域が層位的に検出され、合わせて 200 体を越える人骨が検出されている（菅谷ほか 2003）。これも大規模な集落であろう。さらに、四街道市千代田遺跡群第Ⅳ区では、中期末から晩期初頭の遺構群が検出されているが、この中に後期初頭の住居 2 軒と後期後半の住居 3 軒が含まれている（小川 2000）。

（2）後期～晩期の集落

　南関東西部では、後期後半以降遺跡数が激減し、集落は壊滅状態となるが、後期後半から晩期前半の集落がごく少数ではあるが検出されている。
　神奈川県横浜市華蔵台遺跡（図 10）は、後期の称名寺式期から晩期の安行 3 c 式期まで継続的に営まれた集落である（岡本ほか 1990、石井 2008）。とりわけ晩期の集落は、数多くの縄文集落が検出された横浜市の港北ニュータウンの地域内でもこの 1 例に限られる。検出された遺構は、後期の称名寺式期から安行 2 式期までの住居 42 軒、晩期の安行 3 a 式期から安行 3 c 式期の住居 6 軒、後期の掘立柱建物 12 棟、後・晩期の墓壙 65 基以上、同じく後・晩期の貯蔵穴 14 基、後期の土器棄場 3 ヵ所である。遺構群の配置は、南側の環状を呈するものと北側にかたまる少数のものに分離される。環状を呈するものは、住居群が直径 80m～70m の環状の

図 10　埼玉県華蔵台遺跡（岡本ほか 1990）

範囲にめぐり、墓壙群は集落中央部とその南側の住居域の途切れる環状の範囲の中の2群が検出されている。貯蔵穴は、居住地域内に検出され、土器棄場は居住地域東側の斜面にみられる。また掘立柱建物は、環状を呈する居住地域の北側と反対側の南側の墓域に近い部分との2ヵ所に分布している。縄文時代後期中葉から晩期中葉の集落構造と住居の変遷が明らかにされたものと評価されている遺跡である。

東京都と神奈川県にまたがるなすな原遺跡も後期の堀之内1式期から晩期の安行3b式期の集落である。遺構群は、後期の堀之内1式期から曽谷式期までの住居28軒、堀之内1式期の敷石住居4軒、加曽利B1式期の環礫方形配石遺構1基、晩期の安行3a式、3b式期の住居33軒、後・晩期の墓壙125基などが検出されている（江坂ほか1984）。遺構群の配置をみると、後期前葉の住居群は台地上に広く散在するが、後期中葉以降晩期までのものは環状、ないしは弧状に分布する。墓壙群は、後期中葉以降の住居群にかこまれた集落の中央部にあって、中心部に密集するものと、これを取り囲むように分布するものがある。墓域は集落の中央部に二重に設定されており、住居群はこの周囲に環状に展開しているのである。これも後期から晩期の数少ない集落の例である。

北関東では、栃木県小山市乙女不動原北浦遺跡で後期末葉の安行1式期から晩期中葉の安行3d式期の集落が検出されている。この時期の遺構群は、住居8軒、方形掘立柱建物6棟、土壙墓27基、包含層（土器捨て場・廃棄場）3ヵ所となっている（三沢ほか1983）。遺構群の配置は、中央部に広場があり、これを囲む集落の内側に土壙墓群が集中する墓域とこれにかかわると考えられる掘立柱建物があり、さらにこれを囲む集落の外側に住居が分布して居住地域が形成されている。集落空間が、三重の同心円状を呈する構造となっているが、3ヵ所ある包含層（土器捨て場・廃棄場）は、住居群、方形掘立柱建物群および土壙墓群にそれぞれ隣接する場所に設定されている。

東関東の千葉県の集落では、鎌ヶ谷市中沢貝塚で後期初頭から晩期の住居31軒、貯蔵穴・土壙墓・ピット状などの土坑数百基などが検出されている（犬塚2000）。住居は、称名寺式期から堀之内式期のものが22軒と最も多いが、加曽利B式期のもの1軒、後期後半のもの2軒、および晩期前半のもの6軒がある。同じように市原市根田祇園原遺跡（忍澤1999）、四街道市千代田遺跡群第Ⅴ区で

も後期から晩期の集落が検出されている（小川 2000）。また成田市八代花内遺跡では、安行3a式期の住居2軒を含む晩期の住居6軒が検出されている（西山 2000）。このほか千葉市築地台貝塚、野田市東金野井貝塚、流山市上新宿貝塚などでも晩期の住居が検出されているが、軒数は少ないと指摘されている（西山 2000）。東関東では、後期後半以降も集落が営まれていたのであるが、晩期になると全体的に衰退してしまうのである。

　東海地方の後期の集落は、静岡県では東部地域、中・西部地域とも著しく少なくなるが、西側の愛知県では、後葉から渥美半島の吉胡貝塚、伊川津貝塚、保美貝塚や尾張平野の馬見塚遺跡などが形成されはじめる。さらに晩期前半には、縄文全期間を通して沿岸部の遺跡は最大化し、渥美半島、西三河、知多半島、尾張東部丘陵沿岸には大貝塚が形成される。これには当然、集落の隆盛がともなうものと考えられるが、その全容が明らかにされたものはない。また晩期後半には、縄文時代を通して集落は最大化するとも云われているが、その遺構の構造と配置はまったく不明で今後の課題とされている（増子 2001）。東海地方の縄文集落は全面的に調査されたものが少なく、その特徴や変遷にも不明な点が数多く残されているのである。

　一方関東地方における縄文集落は、大規模開発にともなって完掘され、その全容が明らかにされたものが少なくない。そうしたものから関東地方の縄文集落の盛衰を概観すると、それぞれ規模の大小はみられるものの早期前半、前期前葉から中葉、中期前葉から後葉、および後期前葉に隆盛期があり、さらに早期後半にも一部隆盛期がみられる。これに対し、それらの直後である早期中葉、前期後葉から末葉、中期末葉、後期後半は衰退期となっている。さらに、散発的に小規模集落が現われる時期や広い地域の中でも2、3軒の住居しか検出されてない時期、あるいはごく限られた1、2ヵ所にやや規模の大きい集落が現われる時期などがみられるなど一様ではない。特に、前期後葉から末葉と中期末葉の凋落には特筆すべきものがあり、こうした現象を引き起こす要因となり得たものが、縄文社会に与えた影響は決して少なくなかったはずである。縄文時代の集落の変遷には大きなうねりが認められるのであり、徐々に発展したものでも平坦であったものでもないのである。

第3章　縄文集落の実像と縄文社会

第1節　縄文集落の画期と諸様相

（1）草創期における住居、住居状遺構と初期定住

　縄文草創期の住居、住居状遺構は、旧石器時代の短期的居住にともなう仮設的住居と縄文早期初頭の竪穴式住居の確立する時期との過渡期に営まれたものである。視点をかえれば遊動的生活から定住生活への転換期の居住遺構ということができる。

　関東・東海地方における草創期の住居、住居状遺構の発見例は、①隆起線文土器群期以前、②隆起線文土器群期、③爪形文土器期から多縄文土器群期の3期に分けることができる（鈴木2001）。

　最古の隆起線文土器期以前のものは、神奈川県勝坂遺跡（第45次調査A地点）で検出された硬化した床面と柱穴列、および東京都前田耕地遺跡の配石をもつ住居1軒と竪穴式の住居1軒がある。いずれも旧石器時代の遺跡立地とは異なり、低位段丘上に立地している。

　隆起線文土器群期のものは、神奈川県花見山遺跡で検出された竪穴とこれにともなう柱穴と考えられる浅いピット4本、神奈川県南鍛冶山遺跡の住居状を呈するもの2基、神奈川県慶応義塾大学藤沢校地キャンパス内遺跡で検出された床面と考えられる硬化面とこの周囲にめぐる9本のピット群、群馬県徳丸仲田遺跡の住居および静岡県大鹿窪遺跡の10号竪穴状遺構の5遺跡6例がある。

　爪形文土器期から多縄文土器群期のものは、群馬県西鹿田中島遺跡の住居2軒、群馬県赤堀町五目牛新田遺跡の住居2軒、埼玉県宮林遺跡で検出されている住居状遺構1基、静岡県旗指遺跡で検出されている長方形を呈する住居であったと推定される柱穴状のピット列および静岡県葛原沢第Ⅳ遺跡の住居1軒、静岡県大鹿窪遺跡3-1調査区から検出された竪穴状遺構11基とそのほかの調査区から検出された竪穴状遺構3基の計6遺跡21例がある。

　これら草創期の住居・住居状遺構の形態は、ほぼ円形ないし楕円形を呈するものと方形ないし長方形を呈するものに二分できるが、数量的には前者の方が多い。また、これらの住居、住居状遺構は、炉、床面、壁、柱穴のすべてが完備されているものはない。炉が検出されているものも4例程度で少ないが、対

照的に屋外に炉、焼土、炭化物集中地点、礫群・集礫などが検出されている例がある。屋内よりも屋外で火を使うことが多かったことを示しているといえよう。また、床面についてみると、硬化していると指摘され、一定期間の居住によって床が踏みしめられたと考えてよいものがある反面、硬化面を確認されず、住居としての使用は短期間であったと考えられるものもある。住居の壁についても竪穴式となる壁が検出されておらず、地表面を床とする平地式住居であった可能性が強いものがある。柱穴も住居内や住居の周囲に認められるものもあるが、検出されていないものもある。

こうしたことから草創期の住居は、いずれも屋根を地表面に伏せた伏屋式の住居と考えられるが、地表面を床とする平地式と地表面を掘り込んだ竪穴式があり、さらにそれぞれ柱穴をもつものともたないものがあることになる。

草創期における初期定住や集落の形成は、縄文時代から盛んになる堅果類をはじめとする植物食の利用と深い関係があるものと考えることができる。雨宮瑞生も「定住性判定チェック項目の組合せ」として、堅果類調理に使用される石皿、磨石、敲石の存在に注目するところである（雨宮 2000）。植物食を裏付ける製粉具として使用された石器の出土状況をみると、前田耕地遺跡で磨石、南鍛冶山遺跡で磨石、敲石、慶応義塾大学藤沢校地キャンパス内遺跡で磨石、宮林遺跡で敲石、磨石、石皿、旗指遺跡で磨石、葛原沢第Ⅳ遺跡で磨石、石皿、大鹿窪遺跡で敲・磨石、敲・凹石・磨石、石皿が出土している。中でも葛原沢第Ⅳ遺跡の磨石と石皿は床面出土のものであった。これらの石器は、尖頭器、石鏃などの狩猟にかかる石器とは異なり重量があって移動には不都合なものである。また動物が常に動き回っているのに対し、植物は一定の地域に周年的に恵みをもたらすものである。旧石器時代のように大形動物を狩猟の対象とし、これを求めて移動をくり返す生活とは大きく変化し、有利な自然環境を選択し、このもとで一定の地域に留まる生活がはじまったのであろう。しかし、柱穴などのあり方から想定される住居構造は、堅牢なものであったとはいえず、いずれも簡単なものと考えられるから、長期に及んだものとは思えない。この点は、旧石器時代の住居に一部共通するものがある。縄文草創期における初期定住は、早期初頭からみられる本格的定住とは異なるものといえる。やはり、その過渡期であったことをよく示しているといえよう。

(2) 前期における定型的集落の成立と墓域の確立

　縄文集落は、大小様々な規模のものがありその性格も一様ではない。また、集落内に構築される施設にも居住施設、貯蔵施設、調理施設、埋葬施設、祭祀施設、廃棄場・モノ送りの場など種々のものがみられる。このうち、各種の施設をある程度備え、一定のかたちをもつ縄文集落を定型的集落と認識することができる。さらにこれら諸施設が整った大規模なものを、領域の拠点的集落と捉えることができるのであるが、関東地方における定型的集落の成立やそれにともなう墓域の形成は、前期前葉から中葉にかけての段階に認められるものである。

　定型的集落が出現する前期前葉から中葉にかけての時期は、気温が上昇し、海進が進んだ時期に相当するが、この時期はまた住居数などが急激に増加し、集落が著しく隆盛した時期でもある。特に神奈川県、千葉県などの当時海岸部をもっていた地域は、海進の影響を強く受け自然環境も大きく変化したものと推定される。実際にこうした地域の多くの集落には、貝塚が残されており、漁撈活動などが盛んに行なわれていたことを示している。集落内の一定の地域に墓域が形成され、集団墓地が営まれることもこうした自然環境の変化や集落の隆盛と連動していることは明らかである。このことを示すように、横浜市の鶴見川流域の黒浜式期から諸磯式期の主要な貝塚では、集落内部に墓域が設定される馬蹄形集落ないし環状集落がみられる。

　西ノ谷貝塚では、黒浜式期の馬蹄形集落と諸磯a式期の環状集落が地点を別にして展開しているが、前者では数は少ないが集落の中央部に墓壙と考えられる土壙が認められ、後者でも中央部に土壙墓群があって墓域が形成されている。南堀貝塚でも港北ニュータウン埋蔵文化財調査団によって行なわれた再調査によって、集落の中央部から土壙墓約320基が検出されている。

　北関東の宇都宮市根古谷台遺跡（図3）では、前述のように住居、長方形大形建物、方形建物、掘立柱建物、土壙墓などの遺構群が検出されている。これらはすべて黒浜式期のものであるが、遺構群の配置は集落の中央部に墓域が形成され、これを取り囲むように住居と長方形大型建物をはじめとする平地式の掘立柱建物群が帯状にめぐっている。さらに帯状を呈する居住域の中の遺構群の配置をみると、住居群と平地式の掘立柱建物群が交互に配されるという構造になっている。また、3種の平地式の掘立柱建物は、あたかも構築される場所が

限定されていたことを示すように、それぞれがほとんど同じ場所で数度の切り合いがあり、建て替えられている。墓域のみならず各種遺構の構築される位置については、厳密に区分されていたと考えることができる。集落内の平面的規制がみごとに厳守されている事例である。

このような集落の中央部に墓域が設定される前期の集落は、関東地方に広くみられ、北関東の群馬県安中市中野谷松原遺跡における諸磯a式から諸磯b式期の第2期の集落、諸磯b式期の第3期の集落、同渋川市三原田城遺跡（谷藤ほか1987）、同みなかみ町善上遺跡（中村ほか1986）、同昭和村糸井宮前遺跡（関根ほか1986）などがある。また、埼玉県上福岡市鷺森遺跡の墓壙と考えられる土壙は、いずれも住居群に囲まれた集落の中央部から検出され、墓域の形成が認められるが、墓壙群は一ヵ所にまとまるのではなく、10ヵ所近くに分かれて群在している。このことについて、報告書の著者は、『土坑群が個別住居の各々の墓域を意味している、と一つの仮定を想定することができる。』と述べているが（笹森ほか1987）、そうしたことを含めて集落における単位集団ごとに墓壙群が構築された可能性を考えることができる事例である。

東関東の千葉県では、成田市南羽鳥中岫第1遺跡や四街道市木戸先遺跡で、同じように集落の中心部に墓域の形成される環状集落が検出されているが、木戸先遺跡の墓域は、4つの墓壙群からなっている。やはり集落の構成員を分割するような社会的関係が反映されたものであろう。

一方、一定程度の規模をもつ前期集落であっても、これらとは異なる構造の集落もある。千葉県船橋市飯山満東遺跡（図11）では、住居が集落内に広く散在し、環状の分布とはなっていない。また、墓壙群は密集し墓域が形成されているが、その場所は台地縁辺部の集落の一隅となっている。群馬県昭和村中棚遺跡では、住居群が馬蹄形状に分布しているが、墓壙群もこの範囲内にあって、住居群の途切れる北東側に密集して検出されている（富沢ほか1985）。これらの集落では、集落内の一部に墓域が形成されているが、中央部ではなく、集落の一隅であったり、居住域に接する部分となっているのである。

以上のように、一定程度の規模をもつ縄文時代前期の集落の構造は種々のものがあるが多くみられるのは、住居の分布が環状ないしは馬蹄形状を呈し、その中央部や一部分に墓域が設定される定型的集落である。特に中央部に墓域が

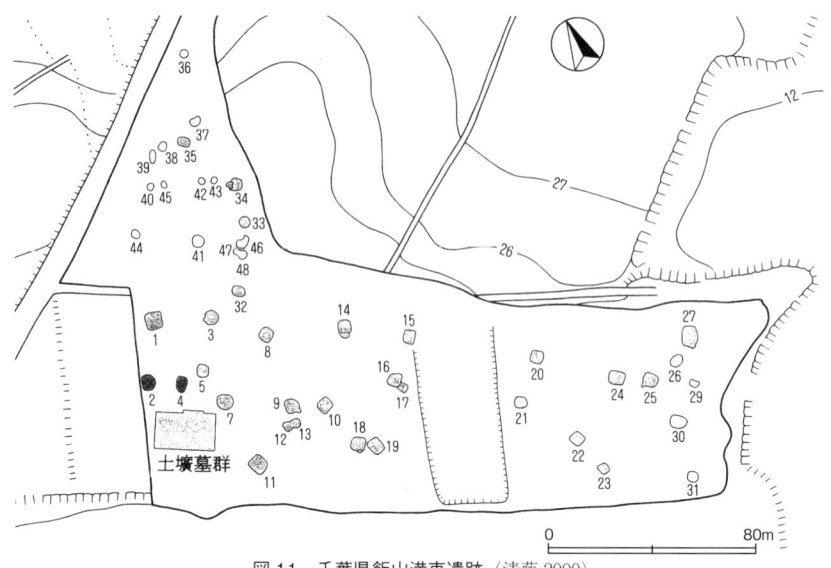

図11 千葉県飯山満東遺跡（清藤 2000）

設定されるものは、中期、後期の拠点的集落にも一貫してみられるものであり、縄文集落の基本的構造のひとつということができる。さらに、これら中期、後期の集落から検出される掘立柱建物もこれに近似するものが、根古谷台遺跡や中野谷松原遺跡の集落構成の中に認められるのである。これらのことは、そうした縄文集落の根幹をなす最も基本的なものが、前期前半から中葉に出現しているということであり、縄文集落の画期と評価することができるものである。

（3） 中期における最盛期の集落と双環状集落・鼎立状環状集落

　関東地方における縄文集落の最盛期は中期前葉から後葉にみられるが、この時期の集落の特徴のひとつは、集落数はさほど増えず一集落における住居数が増加することである。中期の大規模集落成立の大きな要因となるものであるが、同一地区に同時期の大規模な環状集落が2ヵ所、3ヵ所と営まれる双環状集落や鼎立状環状集落は、まさにその隆盛を象徴するようにこの時期に出現する（鈴木 2006b）。

　関東地方における双環状集落は、神奈川県岡田遺跡、三の丸遺跡、月出松遺跡、川和向原遺跡・原出口遺跡、千葉県有吉北・南貝塚、加曽利貝塚などにみられ、さらにこれと類似するものが、神奈川県華蔵台遺跡で検出されている。ま

た鼎立状環状集落は、神奈川県岡田遺跡、埼玉県古井戸遺跡・将監塚遺跡・新宮遺跡にみられる。

　これらのうち、最も古い段階のものは、岡田遺跡の鼎立状環状集落である。平坦な台地上に位置するa・b・cの3つの環状集落は、いずれも勝坂2式期から同3式期のものであり、同時期に3つの環状集落が営まれているのである。次の加曽利E1式期から加曽利E3式期になるとa環状集落が廃絶し、b・cの2つの環状集落が営まれ双環状集落となる。同一遺跡で2時期にわたり鼎立状環状集落と双環状集落が営まれた例である。

　横浜市月出松遺跡は、勝坂式期から加曽利E式Ⅳ式（4式後半）期にかけてのものであるが、台地北側には馬蹄形を呈する集落があり、その南側の細長い平坦面には、住居などがかたまって一群をなす集落があり双環状集落となる。ただし、多数の住居が営まれるのは、加曽利EⅡ式（3式）期までであり、加曽利EⅢ・Ⅳ式（4式）期の中期末には住居は減少している。同じ港北ニュータウンの三の丸遺跡でも、勝坂式期から加曽利E式Ⅱ式（3式）期にかけて、台地北半部に馬蹄形を呈する集落と南半部にU字状を呈する集落が形成され双環状集落となる。その後三の丸遺跡では、この地域に広くみられる現象であるが、中期終末から後期初頭にかけて集落はいちじるしく衰退する。住居分布もそれまでのものと異なり、台地上に散在することになる。そして、後期前葉の堀之内式期から加曽利B1式期にかけて再び隆盛し、中期の双環状集落のような住居分布となる。しかしその規模は、中期の全盛期のものと比較するとかなり小形となっている。やはり、港北ニュータウンの川和向原遺跡と原出口遺跡は、後期の堀之内1式期から堀之内2式期までの集落であるが、台地のやや下部側となる北東部に川和向原遺跡があり、すぐ隣接した上部側の南西部には原出口遺跡がある（図16）。両遺跡とも同時期に営まれたものであり、双環状集落となるが後期前葉のものであり、中期のものと比べると小規模なものとなっている。住居数は、前者が20軒、後者が19軒とほぼ同数であるが、掘立柱建物は、前者が19棟、後者が4棟と大きな開きがある。集落としての性格の違いを反映したものなのか、両集落が補完関係にあったものか興味あるところである。

　東関東の千葉市加曽利貝塚は、貝塚の形成時期などから北貝塚は中期、南貝塚は後期を主体とし、晩期初頭まで形成が続くとされている（青沼2000）。しか

し、これまでの調査によって検出された住居をみると、勝坂・阿玉台式期から加曽利B式期までは、南北の両貝塚が双環状集落を成していたものと考えることができる。ただし、中期終末期から後期初頭の称名寺期までの間は、住居分布が異なる様相もみられ、神奈川県などの南関東西部と同じように集落は衰退し、住居も散在していたものと思われる。そうした観点にたてば、加曽利貝塚における双環状集落の形成は、中期の勝坂・阿玉台式期から加曽利EⅡ式（3式）期までと後期の堀之内式期から加曽利B式期となる。同じ千葉県の有吉北・南貝塚は、細い尾根でつながった台地の南北に営まれた集落である。北貝塚は、環状集落と点列環状貝塚であり、南貝塚は環状集落と馬蹄形貝塚であるが、両貝塚が集落として隆盛したのは、加曽利EⅠ式～Ⅱ式（1式～3式）期であり、この時期に双環状集落が営まれていたのである。

　北関東に近い本庄市古井戸遺跡、将監塚遺跡、新宮遺跡も、同一台地上に立地する環状集落である。地理的にみると古井戸遺跡と将監塚遺跡は近接しているが、新宮遺跡は古井戸遺跡から約600メートルの位置にある。これまで述べてきた双環状集落や鼎立状環状集落は、いずれもごく近接した場所に位置する同時期の集落であったが、新宮遺跡の例はやや離れている。しかし、縄文時代の社会にあって同一台地上の600メートルという距離は、同じ領域のものと認識せざるを得ないものであり、3つの環状集落を鼎立状環状集落と解釈した。時期的には、加曽利EⅠ式（1・2式）期から加曽利EⅢ式（4式前半）期のものである。

　横浜市華蔵台遺跡は、後期から晩期前葉の集落であるが、南側には環状集落があり、その北側には少数の住居がかたまる集落が形成されている。したがって、同規模の環状集落が営まれる典型的な双環状集落ではないが、同一台地上の近接する位置に同時期の2つの集落が営まれているところから、類双環状集落とした。南関東西部の縄文集落では数少ない後・晩期のものであり、双環状集落に類似する構造をもつ集落である。

　以上のように、双環状集落、鼎立状環状集落は、縄文時代最大の集落隆盛期の開始期にあたる勝坂2式期から出現し、以後中期では加曽利E3式期まで継続する。しかし、加曽利E4式期から称名寺式期の中期終末から後期初頭にかけては、縄文集落は急激に衰退してしまう。こうした時期には当然のことなが

ら双環状集落、鼎立状環状集落は成立し得ず断絶する。後期の堀之内1式期から加曽利B1式期までの後期前葉になると南関東西部では、縄文集落最後の隆盛期を迎えることとなるが、これと歩調を合わせるように神奈川県三の丸遺跡、川和向原遺跡・原出口遺跡で双環状集落が出現している。しかしこの時期の集落の隆盛は、中期の全盛期のものには遠く及ばないものであり、双環状集落も中期のものより小規模なものとなっている。そして、加曽利B2式以降になるとこの地域の集落は壊滅状態となり、ごく少数となってしまうのである。神奈川県華蔵台遺跡の類双環状集落は、そうした時期の希少な集落である。一方、東関東の貝塚地帯では、後期中葉以降も集落が営まれ、貝塚が形成されているのであり、東京湾を挟んだ西側とは明らかに異なった状況にある。このことを象徴するように加曽利貝塚の北貝塚・南貝塚では中期中葉の加曽利B式期まで双環状集落の形成が認められる。

　双環状集落、鼎立状環状集落は、関東地方の南側の地域で検出されているものであり、縄文集落隆盛期のすがたをよく示すものといえる。

（4）　中期末葉における縄文集落の衰退と配石遺構の出現

　関東地方において、縄文集落の中に配石遺構が構築されるようになるのは、中期後葉以降である。縄文集落の変遷からみれば、縄文時代最大の隆盛期である中期前葉から後葉以後の衰退期に相当している。これ以降、後期前半までの集落で居住施設、墓、祭祀施設などに石を使用する配石遺構が目立って多くなるのである。すなわち、縄文集落における配石遺構はその隆盛にともなって出現したのではなく、大型集落が没落・解体し2～3軒の小型集落に分散せざるを得なかった、縄文社会の危機的状況の中から生まれたものなのである。

　配石遺構の中でも初源期のものは、中期後半以降に現われる住居内の小規模な配石による祭祀遺構である。石柱・石棒が立てられたり、石壇が設けられたりするものであり、室内の儀礼施設ともいうべきものである。中部地方を中心に関東地方にもみられる。

　次に出現する集落内の配石遺構は、住居の床の全面ないしは炉から張出し部にかけて石敷きが施される敷石住居である。平面形が柄鏡形を呈することも特徴的なことであり、中部山地や北関東、南関東西部でも山地寄りの地域に多く分布している（山本 2002）。その出現をみると多くの地域では、集落の凋落期

に相当する加曽利Ｅ４式後半（Ⅳ式）期となっている。敷石住居は、石棒など特殊な遺物が出土する例や、炉中に焼土の堆積が認められないものがあったことなどから、一般的な住居と区別して特殊な施設と考えられることがあったが、山本暉久らが主張しているように、一般住居であることはまちがいないだろう。住居に石敷きが施されているから特殊な施設であるのではなく、日常生活の根幹をなす居住施設にまで、敷石を施した時代的、地域的な特徴や変化に注目する必要がある。敷石住居は中期に引き続き、後期初頭の称名寺式期をへて、加曽利Ｂ１式期まで盛んに構築される。

　中期末から後期初頭の集落の衰退期には、居住施設につづいて墓にも配石が施され配石墓の成立をみる。これには、上部に墓標のごとき配石があり、下部に石棺状の組石をもつ土坑や、単なる土坑を有するもの、あるいは上部に配石をもたなくとも土坑内に立石などの配石施設を有するものなどがあり、多種多様なものが検出されている（鈴木 1980・1986a・2006a）。配石墓は、一定の地域からまとまって検出され、墓域を形成しており、墓壙内から副葬品・着葬品と思われるものが出土する例があるなど、その基本的性格は、土壙墓と何ら変わることのないものと考えることができる。したがって配石墓の成立は、居住施設である住居の床に石を敷いて敷石住居が成立したのと同じように、生活に密着した施設である墓にも石を使用することになり成立したものと考えることができる。配石墓の分布は、東日本に広くみられ、時期的にも晩期まで及んでいるが、関東地方では前述の敷石住居の分布とよく重なり、時期的にも同時期のものが多い。やはり、その出現・展開の要因は共通するものがあると考えることができる。

　さらに関東地方の配石遺構には、特殊な祭祀施設と考えられる環礫方形配石遺構がある（鈴木 1976）。時期的には、敷石住居よりもやや後出となる堀之内１式期から加曽利Ｂ２式期までのものである。また環礫方形配石遺構には、遺構を取り囲むように河原石による配石群がめぐるいわゆる「周堤礫」をもつものがある。この遺構の特殊な性格の一端をあらわしているといえるが、特別な施設を区画し差異化するためのものが木柱列や柵列などではなく、多数の石を並べて取り囲む配石群によって構成されているのである。このことも多くの施設の構築に石が使用され、各種の配石遺構が多数みられるこの時期の特徴といえ

るだろう。

　以上のように、南関東西部および中部地方においては、中期後半以降、後期前半にかけて居住施設・墓・祭祀施設などの構築に際して石を使用する配石遺構が目立って多くなる。類例は少ないが、これまで述べたもののほかにも、河原石を環状にめぐらす環状組石遺構や、墓域との境界部分などに河原石を直線状に配置した列石遺構、あるいは数個の河原石を小規模に組み合わせた組石遺構などもある。前述のように、縄文集落における配石遺構は、集落の最盛期に陰りがみえはじめる中期後半以降に出現し、縄文集落が壊滅状態となる直前の後期前半に集中している。これも縄文集落の盛衰と深くかかわっているのである。

第2節　縄文集落の構成と構造

(1)　縄文集落の構成

　これまで述べたように、縄文集落は居住施設である住居を中心とするものであるが、住居や敷石住居などの居住施設以外にも、様々な性格の遺構群から構成されている。すなわち、貯蔵穴、小竪穴などは貯蔵施設であり、土壙墓、配石墓、甕棺などは埋葬施設である。また、炉穴、集石土坑・集石などの多くは調理施設と考えられるものである。立石・列石、環礫方形配石遺構、環状組石遺構などは、直接居住、生産などにかかわる遺構とは考えにくい非日常的施設と思われるものであり、祭祀施設というべきものであろう。屋外の埋設土器は、甕棺ないしは室内埋甕と同様の小児埋葬などの用途が考えられる。掘立柱建物は、小丸遺跡（池辺第14遺跡）や三の丸遺跡では、少数ながら炉をもつものがあり、その集落内での構築される位置も後述するように居住域と墓域の中間帯にあるものや居住域に隣接するもの、あるいは墓域中にあるものなど様々であり多様な用途が推定される。石井寛は、この種の遺構を意欲的に集成し、形態分類を行ない時期別、地域別に検討を加えているが、貯蔵、居住、公共性、そして墓制とのかかわりなど様々な機能を予想している（石井 1989・1998）。

　また、縄文集落には一定の地域から破損した土器がまとまって検出される例があり、土器捨場などと呼称されている。しかし、貝塚などの事例を勘案すると単に破損した土器だけを廃棄したのではなく、堅果類の殻、動物の骨など、各種生活にかかる不用物の廃棄場でもあり、万物に霊魂が宿るというアニミズム

の観念からすると、それらの霊を彼の世に送るモノ送りの場でもあった可能性が強い。

　縄文集落は、時期や地域によって様々な規模のものがみられ、さらにはキャンプサイト的な利用、あるいは出作り的な短期間の使用など背景となる生活形態によっても異なるから、すべての縄文集落に上記の施設が備わっているわけではない。しかし定型的集落とりわけ拠点的大規模集落は、これら多様な性格の遺構から構成され、地域の中核的存在となっている。これを機能別にみると、およそ居住施設、貯蔵施設、調理施設、埋葬施設、祭祀施設および廃棄場・モノ送りの場に大別することができる。縄文集落は、基本的にこうした施設の複合体として理解されるのである。

（2）　縄文集落の構造

　縄文集落の実態は、決して一様ではないが、一定程度の規模をもつものの諸施設の配置を検討すると、その形成当初より一貫して空間規制というべきものが守られているものが多く、その結果、縄文時代の集落は特徴的な一定のかたちをもっている。いわば縄文集落の構造ともいうべきものである。その基本的なものは、居住施設、貯蔵施設、調理施設が馬蹄形ないしは環状の範囲内に展開する、いわゆる馬蹄形集落、環状集落である。いずれも縄文集落の基本的な形態と理解されているが、埋葬施設などの設定や配置については、必ずしも統一的なものではなく、墓壙・墓域、掘立柱建物などの占める位置などから類型化することが可能である。

集落における墓壙・墓域

　①　集落の中央部に墓域が設定されるもの

　馬蹄形集落や環状集落において、土壙墓などの埋葬施設が集落の中央部に群をなして多数設置されているものがある。これらは集落中央部が集団墓地となっており、墓域が形成されていたものと理解することができる。このかたちの集落は、関東地方において拠点的集落と捉えられているような、比較的大規模な集落に多くみられ、定型的集落というべき縄文集落の典型例といえる。縄文集落の系譜の中では前期に出現し、以後晩期まで継続する。

　前期の遺跡は、前述したように関東地方の広い地域にみられ、中期では特に南関東西部の大規模集落には典型的なものが多く検出されている。五領ヶ台式

期から勝坂2式（藤内1、2式）期の八王子市神谷原遺跡、勝坂3式期から加曽利E4式期の立川市向郷遺跡、五領ヶ台式期から勝坂式期の横浜市前高山遺跡、勝坂式期後半から加曽利E式期後半の川崎市宮添遺跡、勝坂式期から加曽利EⅡ式（3式）期の双環状集落である横浜市三の丸遺跡、やはり勝坂式期から加曽利EⅣ式（4式後半）期の双環状集落である横浜市月出松遺跡、勝坂式期から加曽利EⅡ式（3式）期の横浜市神隠丸山遺跡、勝坂式期から加曽利EⅣ式（4式後半）期の横浜市大熊仲町遺跡、中期の五領ヶ台式期から後期の称名寺式期の横浜市二ノ丸遺跡、勝坂2式期から加曽利E3式期の神奈川県寒川町岡田遺跡などである。

　集落の中央部に墓域が設定される環状集落の中でも神谷原遺跡（図12）では、中央部分の墓域の周囲にピット群が検出されている。墓域と居住域とを区画するものと考えられるものであり、掘立柱建物や住居群からなる住居地域は、この外側に環状にめぐるという構造になっている。同じように、向郷遺跡でも集落中央部から293基の土壙墓が環状にめぐるものが発見され、住居群はこの墓壙群の外側に分布しているが、土壙墓群と住居群との中間帯には、ピット2,525本が検出されている。やはり、墓域と住居域を画するものと考えられている。また、環状に分布する墓壙群の内側にもピットが複数重複し、中には砂利が充

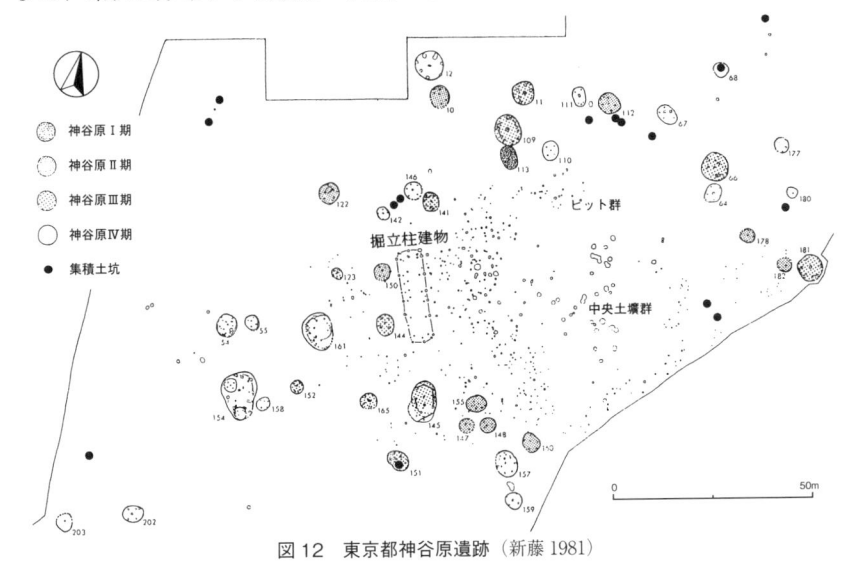

図12　東京都神谷原遺跡（新藤1981）

墳されたものがあったという。まさに集落の真中という位置になるが、これらは、墓域として表徴されるトーテムポール状の木柱や木柵などにかかる遺構と考えられている。この集落を全体的に展望すると外側から住居が分布する居住域、居住域と墓域を画するピット群（含掘立柱建物？）、環状に分布する土壙墓群からなる墓域、そして墓域の中心に葬送儀礼や墓の表徴にかかる遺構群が配置される環状集落ということになる。

　前期、中期につづいて、後期にも集落の中央部に墓域が形成されるものが認められるが、中期末から後期初頭は衰退期となる。こうした時期には、墓域の形成もあいまいになり、集落構造も捉えがたいが堀之内１式期以降、加曽利Ｂ式期まではかつての集落構造をとりもどし、再び定型的集落が形成される。堀之内１式期後半から堀之内２式期前半の双環状集落である横浜市川和向原遺跡・原出口遺跡（石井 1995）、称名寺式期から加曽利Ｂ１式期の双環状集落である横浜市三の丸遺跡、堀之内１式から安行１式期の横浜市神隠丸山遺跡、加曽利Ｅ４式期から加曽利Ｂ１式期の神奈川県伊勢原市下北原遺跡などがこれに該当する遺跡である。

　後期後半以降になると、関東地方では遺跡数が激減し集落は壊滅状態となるが、後期後半から晩期前半の集落がごく少数ではあるが検出されている。横浜市華蔵台遺跡は、後期の称名寺式期から安行３ｃ式期までの類双環状集落であるが、南側の環状集落の墓壙群は、集落の中央部分とその南側の住居分布の途切れる環状の範囲の中の２ヵ所から検出されている。

　②　集落内の特定箇所に墓域が形成されるもの

　この形態の集落も前期に出現している。前述した千葉県飯山満東遺跡や群馬県中棚遺跡の例である。中期のものでは埼玉県所沢市高峰遺跡の集落がある。住居群の配列がほぼ馬蹄形状を呈するものであるが、主体となる勝坂１式から加曽利ＥⅠ式（１、２式）期のものでは、墓壙と甕棺墓が居住地域北側の外縁部から群をなして検出されている（並木ほか 1984）。

　後期では、堀之内１式期から加曽利Ｂ１式期の横浜市小丸遺跡（図13）の集落がある。住居とそれに隣接する貯蔵穴はほぼ環状にめぐっているが、墓壙群は中央部ではなく、ピット群とともに環状の範囲内にあって、住居分布の途切れる南西部分に位置している。

図13　神奈川県小丸遺跡（石井1999）

　晩期初頭から中葉の集落である栃木県乙女不動原北浦遺跡の集落は、前述のように遺構群の配置が三重の同心円状を呈する構造となっているが、27基の土壙墓群からなる墓域は、中間帯の中央広場の外側、居住地域の内側に位置している。
　以上のように集落内に墓域が形成されているが、中央部分に設定されていないものは、集落内の一定の範囲に墓壙群が密集するものの、その位置は様々であり統一性はみられない。これまでのところその位置についての規則性は捉えがたいが、こうした集落例が増加すれば、いくつかの類型に細分できる可能性がある。
　③　一集落内に住居群と墓壙群がセットとなるものが、複数認められるもの
　縄文集落の中には、住居が分布する居住地域の中に墓域が複数分散するものが認められる。こうした例では、特定の住居群に隣接して墓域が設定されたものらしく、両者がセットとして把握されるものが多い。現在までのところ、後

期以降の集落にみられる。

　加曽利B1式期から安行3a式期の埼玉県高井東遺跡（図9）の集落は、土坑も含めた遺構群全体が馬蹄形状に分布しているが、住居群と多くの墓壙が含まれると考えられる土坑群の位置的な関係をみると、5群の住居と6群の土坑群とが交互に配置されている。高井東遺跡では、住居が小単位の群をなし、それに付随してやはり小単位の墓域が設定された結果、全体的には住居群と墓壙群が交互に配置されることになったようである。同様の例は、中部高地の後期の遺跡などにみられるが、これらは、複数の住居群に隣接してそれぞれ墓域が設定されているものであり、集落内における特定の住居と墓との関係がよくみえているものである。

　④　集落内に墓壙が散在しており、墓域の形成が認められないもの

　墓域が未形成と思われる集落もある。こうした集落では、一定程度の住居と墓壙が検出されているが、墓壙が密集することがなく、集落内に散在する傾向がある。

　前期の埼玉県小川町平松台遺跡は、関山式期から黒浜式期の集落であるが、住居や墓壙の配置をみると、住居は斜面にそって帯状に分布しており、弧状や環状の配列とはなっていない（金井塚ほか1969）。また墓壙は、住居地域の北西側にあたる斜面上部に集中する傾向があるものの、住居地域にも認められ、同じ前期の住居と切り合い関係にあるものもある。したがって、平松台遺跡では、墓域と居住域が明確に分離していたとは言いがたく、集落内における遺構群の性格別空間分割は未分化の状態にあるものといえる。同じように諸磯a式期から諸磯b式期の集落である埼玉県寄居町塚屋遺跡（市川1983）や関山式期から諸磯a式期の集落である群馬県渋川市分郷八崎遺跡の墓壙も全体的に広く散在するというあり方を示している（柿沼ほか1986）。やはり集落内のスペースデザインは曖昧である。

　中期の古井戸遺跡は、前述のように将監塚遺跡、新宮遺跡とともに鼎立状環状集落を形成するものであるが、遺構群の分布をみると住居、墓壙を含む土坑、集石土坑、屋外埋甕などが外径約150m、内径約60mの環状の範囲に一律に分布している。すなわち、大規模な環状集落であるが、墓壙・甕棺などの埋葬施設が一定の範囲にまとまるというような傾向は認められず、住居が分布する居

住地域に広く散在しているのである。

　東関東の中期の草刈貝塚は、前述のように集落中央の広場を囲むように貯蔵穴である土坑群が分布し、さらにこの外側に住居群がめぐるものであるが、竪穴住居21軒、土坑6基から合わせて46体の埋葬人骨が発見されている。人骨が検出された住居は、環状にめぐる住居群の外側に位置しており、時期的には古いもので埋葬時には廃屋となっていたものと考えられるが、その分布をみると北西部から北側、東側を経由して東南部までの広い範囲にわたっている。人骨が検出された土坑も貯蔵穴が転用されたものと考えられるものであるが、位置的にまとまることはなくばらついている。いずれもその時々の窪地となっていた場所が埋葬場所として選ばれたと感じさせるような状況である。集落内の一定箇所に集団墓地・墓域が設定されるものとはまったく異なるものといえる。

　中期後半から後期前葉の千葉県松戸市貝の花貝塚は、住居群が中央部の広場の周囲に馬蹄形状に分布するものであるが、埋葬人骨は中期のものに廃屋墓がみられるものの、多くは屋外埋甕とともに住居分布域に散在して検出されている（八幡ほか1973）。同時期の同様の例は、長野県北村遺跡などでも認められるが、集落内に墓地が散在している例では、墓は住居と同じ分布域内に営まれているのである。これも集落内に墓域が形成されている例とは大きく異なる集落構造といえる。

　集落における掘立柱建物　掘立柱建物は、かつて長方形柱穴列、方形柱穴列などといわれたが、前期から出現するものであり、集落内の占地には多くの変化がある。

　北関東の黒浜式期の集落である根古谷台遺跡では、前述のように3種類の掘立柱建物がある。いずれも住居が環状に分布する居住地域内にあるが、図3にみられるように同じ場所で同じ種類のものが切り合っている。それぞれ構築されるべき位置が限定されていたことを示すものであろう。同じ北関東である中野谷松原遺跡（図4）の諸磯a式期から諸磯b式期の第2期の集落でも4形態（20m級、10～15m級、8m級、4m級）の掘立柱建物群が検出されている。遺構群は、中央部の土壙墓群を囲むように環状に分布しているが、大形掘立柱建物群はその北側に切り合ってかたまり、中形のものは北西側と東側にそれぞれまとまっている。また小形のものは、土壙墓群が分布する墓域中と南側に位置

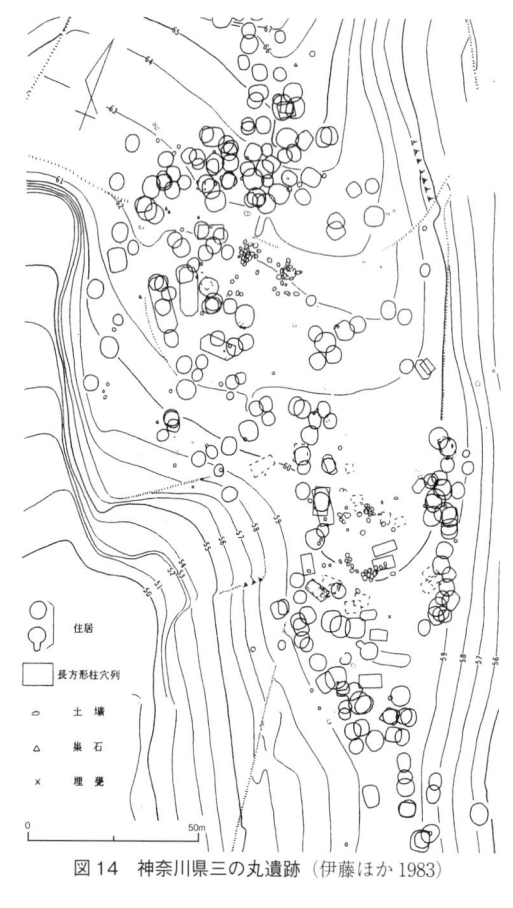

している。それぞれ集会所、倉庫、祭祀施設などに機能分化していたとみられている（石坂ほか2001）。

関東地方の環状集落のなかでも中央部に墓域の設定されているものは、集落内の空間規制がより厳密であったと考えられるが、南関東西部のそうした集落における掘立柱建物の位置は、環状を呈する居住地域の内側で、しかも中心部にある墓域との中間帯にあるものが最も多い。中期の大規模な環状集落である二ノ丸遺跡、神隠丸山遺跡、前高山遺跡、後期前葉の川和向原遺跡、神隠丸山遺跡などが典型的な例である。しかし、集落内での位置がこれらとまったく異なるものも少なくない。同じ横浜市の三の丸遺跡（図14）の中期

図14　神奈川県三の丸遺跡（伊藤ほか1983）

の集落は双環状集落であり、いずれの集落も中央部に墓域が形成されて、掘立柱建物はそれぞれ住居、貯蔵穴などとともに居住地域内に展開しているが、南半部のＵ字状を呈する集落では、中央部の墓域中にも2棟の掘立柱建物が検出されている。同一の集落における掘立柱建物であっても、居住域に構築されるものと墓域に構築されているものでは、建物としての性格が異なるといえよう。後期中葉から晩期中葉の類環状集落である華蔵台遺跡も同様の集落構造となっている。華蔵台遺跡の南側の環状集落は、中央部とその南側の2ヵ所に墓域が設定されるものであるが、掘立柱建物は、住居が分布する居住地域内の北側と反対側の南側の墓域に近い部分との2ヵ所に構築されている。

また、後期の小丸遺跡の集落では、前述のように住居群が環状の範囲の中で3ヵ所に分かれて分布しており、墓壙群は同じ環状の範囲内にあって住居群の分布の途切れる南西部分とその北側に集中しているが、掘立柱建物は、環状の範囲に広く分布するとともに墓壙群が位置する南西側にもみられる。やはり、掘立柱建物の性格・機能が、集落内に占める位置によって異なっていたと考えられるものである。さらに、中期の環状集落である大熊仲町遺跡では、勝坂式期の掘立柱建物が、住居地域とその外縁に接する位置とにある。これも建物の性格が反映されたそれぞれの配置とみることができる。

　このように、南関東西部における大規模な環状集落には掘立柱建物がみられ、さらに集落における位置にはバラエティがみられ、そこから建物としての様々な性格が類推されるのであるが、大規模な環状集落でも掘立柱建物がまったく検出されないものもある。横浜市の月出松遺跡は中期の双環状集落であり、北側の馬蹄形集落と南側の集落が同時期に並立し、それぞれ墓域も形成されているのであるが、いずれも掘立柱建物は検出されていない。掘立柱建物は、この地域の大規模な環状集落の重要な構成要素のひとつと考えられるのであるが、なぜかこれらの集落では構築されていない。この地域の集落は、一集落で完結するものではなく、同時期のほかの集落と補完関係にあったことを示すものであろうか。

　集落内における住居と掘立柱建物の比率も気になるところである。これまで述べてきた集落は、いずれも多数の住居に少数の掘立柱建物という構成であったが、これがまったく異なるものもある。

　神奈川県藤沢市のナデッ原遺跡（図15）は、勝坂1式（新道式）期の集落であり、墓壙・墓域は検出されていないが、住居21軒と掘立柱建物10棟が検出されている（戸田1989）。住居の約半数の掘立柱建物があり、しかもこれには、長軸20m前後を測る大形のもの5棟が含まれているほか、1棟をのぞく9棟はいずれも柱穴が二重にめぐるものであった。遺構群の配置は全体的に環状を呈しており、住居群が外側をめぐり、掘立柱建物がその内側をめぐっている。掘立柱建物は、数が多いだけではなく大型であり、建物としての構造も特異なものであることが特徴的である。

横浜市前高山遺跡は、中央部に墓域の形成される環状集落であり、一部南側に飛び出す小形の掘立柱建物がみられるが、住居群は墓域の外側、掘立柱建物はこの内側に分布している。このうち、勝坂式期のものは住居9軒と掘立柱建物18棟が検出されているが、掘立柱建物は、ナデッ原遺跡のものに近似し、柱穴が二重にめぐる大形のものが10棟含まれている。掘立柱建物の数量が住居の軒数より多く、さらに大形で建物構造も異なるものも多い点が注目される。

これらは、中期の勝坂式期のものであったが、後期にもこうしたものがみられる。川和向原遺跡（図16）は、後期前葉の環状集落であり、中央部に墓域が設定され、この外側に住居群、内側に掘立柱建物群がめぐるものであるが、掘立柱建物は住居と同数の19棟が検出されている。しかし同数とはいえ、両者の配置状態からみると各住居に付随して掘立柱建物が構築されていたとは考えにくい状況である。

図15　神奈川県ナデッ原遺跡（戸田1989）

以上のように掘立柱建物は、構築される集落内での位置、あるいは住居との数量的比率、さらには柱穴が二重にめぐる大形のものもあるなど複雑な様相を示している。そこには、居住施設、貯蔵施設、あるいは葬墓制にかかわるなど様々な性格や用途が反映されていると考えることができる。数量的に多く検出され、形態的にも柱穴が二重にめぐるなど大規模となるものは、勝坂式期の集落にみられるものであり、時期的な特色ということもできる。また、大規模なものについては、集落の共同施設としての作業場や倉庫、さらには集落全体で執り行なわれる祭祀や葬儀などの集会場など、様々な機能が考えられる。集落全体で維持・管理されるこうした施設の存在は、共同体としての強固な結束や

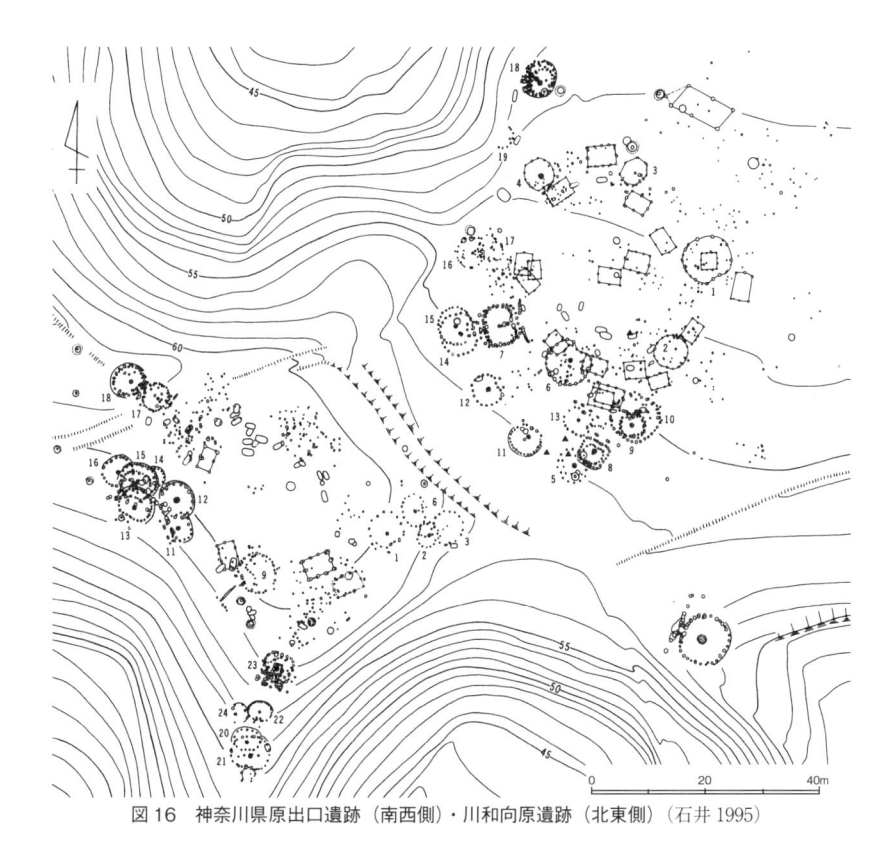

図16 神奈川県原出口遺跡（南西側）・川和向原遺跡（北東側）（石井 1995）

規制を反映したものと考えられよう。

集落におけるそのほかの遺構　縄文集落から検出される遺構には、貯蔵穴、集石などもある。縄文集落にみられる普遍的なものであり、数が多いので例示は省略するが、これらの施設は住居が分布する居住域から検出されることが多い。しかし、東関東である千葉県の中期の大規模集落では、貯蔵穴（土坑・小竪穴）が環状に分布する住居群の内側から密集して検出されており、地域的な特色となっている。

　また、配石遺構などに代表される祭祀施設などは、集落内の特定の位置に構築されている。中期末から後期前半の下北原遺跡では、集落の中心部に墓域が設定され、これを取り囲むように敷石住居群が馬蹄形状に分布する居住地域があり、その住居地域の切れ目の部分に環状組石遺構、環礫方形配石遺構、北側

配石群があって祭祀地域となっている。遺構の性格ごとに集落空間が分割されている典型例である。

　縄文集落には、廃棄場・モノ送り場などもあるが、後期末から晩期中葉の集落である乙女不動原北浦遺跡では、集落北側の住居群の北西側と墓域のすぐ西側、および掘立柱建物群のすぐ南東側の3ヵ所から検出されている。これも住居群、墓域、掘立柱建物群とそれぞれ性格の異なる遺構群に隣接しており、廃棄されるもの、送られるものもこれに合わせて行なわれていた可能性がある。

　これまで述べてきたように、一定程度の規模をもつ縄文集落は各種施設の複合体と理解できるのであり、関東地方における一定程度の縄文集落においては、各施設の性格ごとに集落内の占める位置が限定され、規則性が看取される。縄文集落における居住施設やこれにともなう貯蔵施設などは、環状ないしは馬蹄形状の分布を基本としているが、埋葬施設などの分布をみると一様ではなく、これに掘立柱建物の分布状況を加味すればさらに多彩なあり方となる。縄文集落における空間規制といえる現象であり、縄文社会の共同体規制ともいえるものである。

　縄文集落の構造は、こうした様相から類型化することができるのであるが、これには地域的な特徴が反映されている可能性が考えられる。集落の中央部に墓域が設定されるものは、東京都、神奈川県、山梨県、群馬県、長野県の広い範囲にみられるのに対し、今のところ埼玉県、千葉県には少ない。逆に埼玉県の集落にみられる居住地域に墓壙が散在しており、墓域の形成が認められないものなどは、神奈川県からは検出されていない。また、北関東の群馬県では、中期の大規模環状集落が17遺跡で確認されているが、掘立柱建物が検出されたものは皆無であると指摘されている（石坂ほか2001）。東関東の千葉県でも掘立柱建物の出土例は少なく、中期の集落などでは中心部が単なる広場となり、これを囲むように貯蔵穴群がめぐり、この外側に住居群が環状に分布するものが多く検出されている。南関東西部の掘立柱建物の中の一部のものと東関東の貯蔵穴とは対応関係にあるとみることもできる状況である。すなわち、前者の掘立柱建物は集落の中心部にある墓域と外側に環状にめぐる住居群の中間帯に位置するものが多いのであり、この中には貯蔵施設としての機能を有するものが含まれていると考えることができるのである。この考えに誤りがなければ、両地

域の貯蔵施設は環状に分布する住居群の内側に設けられていることになる。同じ関東地方といえどもそこには、地域的な特徴が認められるのであるが、いずれにしても縄文集落や縄文社会の実態に迫るためには、縄文集落の構成や構造をもとに類型化し、分析することが不可欠である。

第3節　縄文集落と縄文社会

　これまで述べてきたように、縄文集落は様々な様相を呈しているが、これには縄文時代の社会や文化が反映されていると考えることができる。前述のように埼玉県の後期の集落である高井東遺跡（図9）の集落構造は、複数の住居群に隣接してそれぞれ小規模な墓域が設定されているものであった。同一の集落内において、把握することが可能な小単位の住居群と墓壙群を営む集団は、より緊密な関係によって結ばれていたことが想定され、そこに縄文社会の分節構造あるいは単位集団ともいうべき存在が浮かびあがるのである。こうした集落の類例は山梨県北杜市の青木遺跡、金生遺跡、石堂遺跡などにもみられる。青木遺跡は、加曽利B式期の集落であるが、やはり4群の住居群と4群の配石・配石墓群が交互に配置されている。こうした構造の集落は、いまのところ後期、晩期の集落に限られておりその類例は多いとはいえないが、同一集落内で分割されるより密接な社会関係を示しているものといえるだろう。

　同様に、集落における墓壙・墓域の位置や配置状況にも縄文社会の一端が反映されているとみることができる。南関東の前期以降の集落では、墓域の形成が集落の中央部をはじめとして集落内の特定の1ヵ所に認められるのであるが、こうしたものでは、家屋内埋葬が考えられる小児以外の遺体は集落の結節点でもある集団墓地へ埋葬され、これにともなう葬送儀礼や没後の葬祭儀礼さらには墓地の経営も集落をあげて営まれたものと考えることができる。しかし、後期前半の集落である神奈川県の下北原遺跡（図8）では、集落中央部の墓域が2群の配石墓群によって形成されている。これは集落が二分されているような社会的関係を反映したものといえよう。それは林謙作が埋葬遺体の頭位方向から推定した「ムラの生え抜きの人々」と「そうでない人々（嫁、婿、養子、移住者）」の区別（林 1977・1998）、あるいは春成秀爾が抜歯の型式から推定した「血縁関係にあるその土地の出身者」と「婚入者」の区別（春成 1977・1995）のよ

うな区分かも知れないし、集落の構成員が血縁関係をもとに大きく二分されていた可能性もある。いずれも仮説の域をでないが、集落の様相から縄文社会に迫りうるものといえよう。同じように前期の千葉県木戸先遺跡の墓壙群は、集落の中央部から検出されているが４群の墓壙群からなっており、集落の構成員を４分するような単位集団の存在が考えられる事例となっている。また、埼玉県鷲森遺跡の前期の集落の墓壙群も集落の中央部から検出されているが、10ヵ所近くに分かれて群在している。個別住居の各々の墓域を意味しているという解釈もなされており、集落における様々な社会関係が反映されているとみることができる。さらに同じ埼玉県の前期や中期の集落のように、個々の住居に近接して営まれたと考えられる家族墓的な墓地の場合もある。

　縄文集落の変遷には、隆盛期と衰退期が繰り返しみられたことは第２章で述べたところであるが、最盛期といえる中期前葉から後葉には同一地点に同時期の環状集落が２ヵ所、３ヵ所と営まれる双環状集落、鼎立状環状集落が出現している。こうした時期には、より多くの縄文人が同一集落に集い、集落が大型化していったのである。環境とのかかわりから生態学的にみると、縄文時代のような採集・狩猟・漁撈を主たる生業とする場合、一ヵ所に多くの人々が集まり、多人数で集団生活を営むということは有利とはいえない。むしろ集団が適当に散らばって、それぞれがなるべく広い領域を占有することが望ましい。一方、様々な人間関係や社会組織などを考える社会学的観点からすると、少人数の集団より多人数で生活する方が良いことになる。共同作業、社会的行事、働けなくなった場合などの安全性、あるいは大勢での生活は楽しいことが多い・祭りも盛り上がるなどの理由である。つまり、状況が許せば多人数で集落を営みたいというのが縄文人の心情であり、縄文社会の実態であった。これを逆にみれば、双環状集落、鼎立状環状集落が成立した中期や後期前半の集落の隆盛期は、当然これだけの人員を養いうる食料資源が確保できる豊かな自然環境に恵まれていた時代なのであった。ところが中期末では状況は急変するのである。双環状集落、鼎立状環状集落どころか環状集落さえも維持できなくなってしまうのである。集落は、小規模なものとなって分散することを余儀なくされてしまうのであるが、この時代は食料資源の確保が困難であり、一ヵ所に多人数の縄文人が生活することができず、広く分散せざるを得なかった厳しい時代であった。

住居の総数も激減しているから人口も大幅に減少していることは明らかである。減温期となり自然環境が大きく変動したことが主たる要因であろう。縄文社会は、自然環境の変化に大きな影響を受けざるを得なかったのであり、縄文文化の本質の一端もそこに現われている。

　こうした厳しい時代に登場するのが配石遺構である。前途のように集落内に構築される配石遺構で嚆矢となるものは、中期後半以降に現われる屋内の小規模な祭祀施設である。これが出現する時代は、気候の寒冷化にともなう環境の変化によって大型集落を維持することが困難な時期に相当している。やがて大型集落は、没落・解体に向かうのであるが、そうした危機感あるいは焦燥感がこうした儀礼施設を生み出す契機となったのであろう。これが直接的な動機になって、中期末以降日常生活に密着した施設である住居や墓にも石を使用するようになり、敷石住居や配石墓が成立するのである。また一方では、減温期に向かって気温が下がり、さらに降水量が増加するなど、悪化する一方の環境変化に対する不安感や緊張感を、縄文人は環礫方形配石遺構や環状組石遺構など、祭祀にかかる配石遺構を構築し、種々の儀礼を積極的に挙行することで解消させようとしたのである。後期前葉にみられる祭祀的な配石遺構の多くは、こうした状況の中で構築されたものといえよう。しかし減温期の影響は、縄文人にとって取り返しのつかない大きなダメージとなり、関東西部の縄文集落は、後期中葉をもって滅亡に近い状態になってしまうのである。

　「定型的集落の出現」「双環状集落、鼎立状環状集落の出現」「大規模集落の没落、解体」などに代表されるような、縄文社会を考える上で欠くことのできない様々な様相は、隆盛にしろ、衰退にしろ、かつまた停滞するにしろ、こうした時代変動の象徴ともいうべき集落の動態と深くかかわり、連動していることが看取されるのである。このような縄文集落の変動は、縄文社会の変革とも連動するのであるが、環境の変化と対比すれば気温が上昇した海進期の前期前葉ないし中葉における集落の隆盛、気温の下降した海退期の前期末から中期初頭における集落の凋落、高温期に相当する中期中葉から後葉における集落の全盛、減温期に相当する後期後半以降の集落の衰退など、縄文集落の主要な変動は気候変動にともなう自然環境の変化が強くかかわっていると考えることができる。このように縄文社会は環境に影響されるところが大きく、気候の変動と

いう外的矛盾を解決することができなかったのである。農耕などの食料生産を主たる生業としない狩猟、採集、漁撈民の限界といえるだろう。

引用・参考文献

雨宮瑞生 1993「温帯森林の初期定住」『古文化談叢』30

雨宮瑞生 2000「定住性判定チェック項目の組合せ」『大河』7

池谷信之 2001「静岡県における縄文時代集落の諸様相」『列島における縄文時代集落の諸様相』

石井　寛 1982「集落の継続と移動」『縄文文化の研究 8　社会・文化』

石井　寛 1977「縄文時代における集団移動と地域組織」『調査研究集録』2

石井　寛 1989「縄文集落と掘立柱建物跡」『調査研究集録』5

石井　寛 1998「縄文集落からみた掘立柱建物跡」『先史日本の住居とその周辺』

石坂　茂ほか 2001「群馬県における縄文時代集落の諸様相」『列島における縄文時代集落の諸様相』

鈴木保彦 1976「環礫方形配石遺構の研究」『考古学雑誌』62—1

鈴木保彦 1978a「伊勢原市下北原遺跡におけるセトルメント・パターン」『日本大学史学科五十周年記念歴史学論文集』

鈴木保彦 1980「関東・中部地方を中心とする配石墓の研究」『神奈川考古』9

鈴木保彦・山本暉久・戸田哲也 1984「神奈川県における縄文集落の変遷」『日本考古学協会昭和59年度大会発表要旨』

鈴木保彦 1985a「集落の構成」『季刊考古学』7

鈴木保彦 1985b「縄文集落の衰退と配石遺構の出現」『八幡一郎先生頌寿記念論文集—日本史の黎明—』

鈴木保彦 1986a「続・配石墓の研究」『神奈川考古同人会10周年記念論集（神奈川考古第22号）』

鈴木保彦 1986b「中部・南関東地域における縄文集落の変遷」『考古学雑誌』71—4

鈴木保彦 1988a「縄文集落の盛衰」『考古学ジャーナル』293

鈴木保彦 1988b「定形的集落の成立と墓域の確立」『長野県考古学会誌』57

鈴木保彦 1991「関東・中部地方における縄文時代の集落」『よねしろ考古』7

鈴木保彦 2001「縄文時代草創期の住居と住居状遺構」『縄文時代』12

鈴木保彦 2002「シンポジュウム「縄文時代集落研究の現段階」総合討論をまとめる」

『縄文時代』13

鈴木保彦 2006a『縄文時代集落の研究』

鈴木保彦 2006b「縄文集落の隆盛と双環状集落・鼎立状環状集落の出現」『長野県考古学会誌』118

末木 健 1975「移動としての吹上パターン」『山梨県中央道埋蔵文化財包蔵地発掘調査報告書―北巨摩郡長坂・明野・韮崎地内―』

谷口康浩 1998「縄文時代早期撚糸文期における集落の類型と安定性」『考古学ジャーナル』429

寺崎裕助ほか 2001「新潟県における縄文時代集落の諸様相」『列島における縄文時代集落の諸様相』

土井義夫ほか 2001「東京都における縄文時代集落の諸様相」『列島における縄文時代集落の諸様相』

戸田哲也 1983「縄文時代草創期後半の竪穴住居について」『大和市史研究』9

羽生淳子 1994「狩猟・採集民の生業・集落と民族誌―生態学的アプローチに基づいた民族誌モデルを中心として―」『考古学研究』41―1

原田昌幸 1983「撚糸文期の竪穴住居跡―資料集成とその解題的研究―」『土曜考古』7

原田昌幸 1984「続撚糸文期の竪穴住居跡」『土曜考古』8

原田昌幸 1991『撚糸文系土器様式』ニューサイエンス社

春成秀爾 1977「縄文・弥生時代の親族組織を探る」『日本の古代文化』11

春成秀爾 1995「葬制と親族組織」『展望 考古学』

林 謙作 1977「縄文期の葬制 第Ⅱ部 遺体の配列、特に頭位方向」『考古学雑誌』63―3

林 謙作 1998「縄文社会は階層社会か」『古代史の論点』

増子康眞 2001「愛知県における縄文時代集落の諸様相」『列島における縄文時代集落の諸様相』

松島義章 2006『貝が語る縄文海進』

山本暉久ほか 2001「神奈川県における縄文時代集落の諸様相」『列島における縄文時代集落の諸様相』

山本暉久 2002『敷石住居の研究』

和島誠一・岡本 勇 1958「南堀貝塚と原始集落」『横浜市史1』

Ⅳ 北陸・中部地方の縄文集落と世界観

櫛 原 功 一

第1章 北陸・中部地方の集落研究の現状と課題

　北陸・中部地方（新潟・富山・石川・福井・長野・山梨県）での縄文時代集落研究の幕開けは、集落の全貌把握に挑んだ宮坂英弌の尖石遺跡の報告（1957）であり、それを受けて提起された水野正好の論考（1969）に加え、藤森栄一らの井戸尻編年（1965）が与えた影響力は極めて大であった。1980年代以降、開発に伴う緊急発掘により新たな遺跡が次々と明らかになるなかで、長野県阿久遺跡、北村遺跡、山梨県釈迦堂遺跡群、金生遺跡、新潟県青田遺跡、籠峰遺跡、富山県不動堂遺跡、桜町遺跡、福井県鳥浜貝塚、石川県真脇遺跡など、画期となる調査成果が蓄積されてきた。1984年には日本考古学協会山梨大会でシンポジウム『縄文集落の変遷』が開催され、2001年のシンポジウム『列島における縄文時代集落の諸様相』では、全国規模で縄文集落に関する研究成果が集約された。各地の研究動向としては『新潟県の縄文集落』（新潟県考古学会 2003）、『縄文集落研究の新地平3―勝坂から曽利へ―』（縄文集落研究グループ・セツルメント研究会 2004）、『縄文集落を分析する』（山梨県考古学協会 2006）などが特筆される。
　ここでは本地域の縄文集落研究に関する課題、近年の研究動向を整理する。
（1）洞窟・岩陰遺跡の調査
　草創期では、食糧獲得活動に直結した移動性の高い居住形態としてよく知られるのが、洞窟・岩陰遺跡である。新潟県では、1960年代前半までの中村孝三郎による阿賀町室谷・小瀬ヵ沢洞窟の調査や近年の入広瀬村黒姫洞窟での継続的な調査があり、長野県では須坂市石小屋洞穴のほか北相木村栃原岩陰、

長野市荷取洞穴、高山村湯倉洞窟などで調査が行なわれてきた。遺物の出土量や石器組成の分析によって洞窟利用のしかたの違い、滞在期間の長さが推定されていて、加工具や調理具、石器製作時の剥片類が多い「洞内活動型（加工調理）」、剥片類が少なく狩猟関係の石器類が多い「洞外活動型（狩猟）」に区別されるという。また、洞窟利用のピークとして新潟県では撚糸文期、長野県では押型文期、埼玉県では条痕文期と、洞窟利用が時期の経緯とともに南下する傾向が指摘されている点は興味深い（川中 2004）。

（2） 出現期の環状集落

　草創期末から早期初頭では、長野県上松町お宮の森裏遺跡（表裏縄文期）、新潟県中里村干溝遺跡（撚糸文期）に弧状集落、長野県飯田市美女遺跡（押型文期）に初期環状集落が出現する。お宮の森裏（図5）・干溝遺跡（図6）は炉のない住居が弧状に配置し、前者は弧状の内側に2基程度の土坑が存在する。美女遺跡（馬場ほか 1998、図1）は環状居住域の内側にフラスコ状土坑を含む土坑群が分布し、居住域には炉穴、集石が存在する。住居群は3期区分が可能で、数世代にわたる継続的な利用が推測され、居住域内には墓壙の可能性のある通常の土坑も多数存在する。このように美女遺跡では縄文集落の構成要素がほぼ出揃った姿をみせ、内帯（貯蔵穴群あるいは墓域）と外帯（居住域・調理施設）からなる同心円構造をもつ初期環状集落の一例といえる。

　早期末〜前期初頭になると全国的に集落規模の拡大傾向があり、より広い台地面に環状配置を示す集落例が出現する。中でも前期初頭の長野県塩尻市矢口遺跡（図2）は、住居群内部に土坑域をもつ点で出現段階の環状集落として知られる。143基の土坑は長楕円形を主とし、主軸方向に方向性はなく

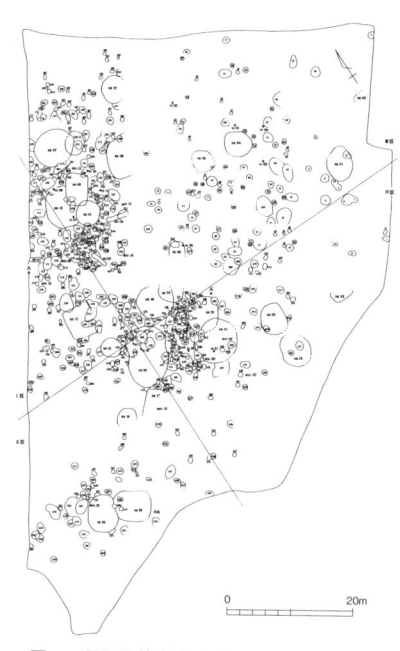

図1　長野県美女遺跡（馬場ほか 1998）

副葬品もないが、形態から土壙墓群とみられる。その後、山梨県北杜市天神遺跡（諸磯a～b式期）など、環状集落の内側に土坑群をもつ拠点的な集落が前期には点滅的に散見される。

（3）前期前葉の方形柱穴列

縄文前期前葉、中越式期に伴って方形柱穴列が出現し、今日までに長野県原村阿久、同阿久尻、富士見町坂平、茅野市高風呂、諏訪市十二ノ后遺跡などで確認されている。阿久尻遺跡での方形柱穴列の特徴をあげるならば、短辺1～4本柱、長辺3～5本柱、一辺2～6mの方形側柱配置の掘立

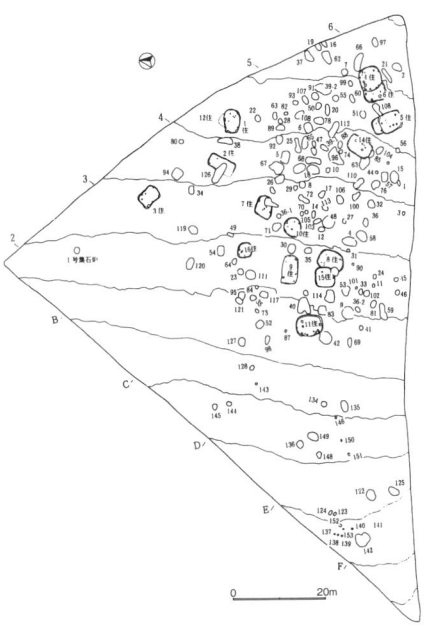

図2　長野県矢口遺跡（小林・小松1994）

柱建物構造で、柱穴間が狭く、炉はない。住居に囲まれた広場内に存在し、方形の空間内には土坑などの重複はない。食料貯蔵用の高床式倉庫説が有力だが、中越式期の集落に土壙墓群がほとんど確認されていないことから葬送関連施設とする説もあり、住居とのセット関係、2棟1単位の可能性など興味深い議論が交わされている（長野県考古学会1992）。中越式期に限定的に出現する方形柱穴列に関しては、機能論とともに系譜について考えていく必要がある。

（4）中期の集落と住居型式・分節構造

住居型式については、富山県内の住居の型式学的研究を行なった橋本正（1976）の業績を嚆矢とし、長野県内では神村透の唐草文期の住居に関する論考、長谷川豊の伊那谷における中期後半での「辻沢南型住居址」（長谷川1994）などの研究があり、建築単位とプランニングに重点を置く研究が進められてきた。一方、櫛原（2006）は集落構造解明を目的に集落内での住居型式分布を分析し、住居型式の地域性、土器型式圏との関連性について言及した。集落の分節構造、2大別構造に関しては谷口康浩（2005）が整理し、とくに環状集落の2大別構

造について長野県富士見町居平遺跡（中期後半）の中央土坑群が東側に偏在する不均衡例、長野県原村大石遺跡での西北群と東南群の住居型式の違いなど各地の事例を指摘する。また、小林達雄（1993）は富山県朝日町不動堂遺跡の大形住居内の4つの石囲炉が東側2基（方形）、西側2基（円形）の2つの異なる形態である点に着目し、周辺の住居の炉形態にも長方形と円形の区別があることから2集団共存を推定した。また、炉型式に関しては三上徹也（1993）の論考があり、炉型式のセット関係から2軒1単位の住居の住み分け論を展開している。

　新潟県南魚沼市の五丁歩遺跡、魚沼市清水上遺跡の長方形建物の環状配置を型式的に分析した高橋保（2003）は、形態別に長方形建物が分節的に存在し、それらが対峙性を示すように中央広場をはさんで対称的に配置する現象を指摘した。これは長野県駒ヶ根市辻沢南遺跡（櫛原1991）での住居型式の環状配置と同じ現象と言え、掘立柱建物群についても分節構造が存在することを明らかにした。

（5）　中期末の集落立地の変化と敷石住居

　山梨・長野県の八ヶ岳山麓周辺の中期末～後期の集落立地は、台地縁辺、沢に面した傾斜面に帯（列）状集落を形成する例が目立つ。住居形態は敷石住居主体となり、斜面下方、等高線に直交する方向に主軸を向けるようになる。中期後半の住居では主軸上の埋甕埋設の場が出入り口と推測されるが、とくに柄鏡形敷石住居では柱穴配置、敷石敷設状況から出入り口構造がいっそう明確となり、掘り込みの浅い床面構造の変化、平地式への移行に伴い斜面下方に出入り口を向けるようになったと考えられ、集落構造にも変化が生じたことが推測できる。なお、敷石住居の出現に関しては諸研究があるが、長野・群馬・山梨・神奈川県など中部山岳地域周辺で発生したものと考えられ、関東方面で出現する柄鏡形住居との合体により柄鏡形敷石住居が成立する一方、山梨県～諏訪地方には独自の柄のない小形円形敷石住居が分布する。

　敷石住居の普及と関連するのが、多量の礫を用いた環状列石、屋外配石などのモニュメントで、例えば山梨県都留市牛石遺跡では台地面に中期末の環状列石が構築されている。後期堀之内式～加曽利B式期の斜面に形成された帯状集落では、壁面や周堤に膨大な量の礫を積み上げ、出入り口からハの字状の

配石がのびた敷石住居があり、特定の家屋への労働力の集中投下が見られることから、階層化社会の出現が指摘されている。

（6）後・晩期集落と配石遺構

後期中葉、加曽利B式期以降のさらなる展開として、山梨・長野県では伸展葬とみられる石棺墓の波及と石棺墓をベースとした屋外配石の形成がある。これは敷石住居と交替するかのように出現する配石遺構群で、山梨県北杜市石堂遺跡では、南北に主軸をもつ石棺墓群が東西方向に列状配置し、数枚の石蓋をかぶせ、礫を積み重ねて配石帯を形成する。そのほか、主軸が異なる2群の石棺墓群をもつ北杜市青木遺跡、後期後半から晩期にかけて各種配石遺構が複合した北杜市金生遺跡などがある。石棺墓群は大きさから判断すると成人層の墓域と推測でき、同時に祖先崇拝の場と考えられるが、金生遺跡、石堂遺跡では八ヶ岳側に頭位を向けた南北軸の石棺墓であることから、山への意識、他界観を示すといえるかもしれない。そのほか後・晩期の配石遺構には、妙高山麓の新潟県上越市籠峰遺跡の石棺状配石墓、新潟県糸魚川市寺地遺跡の石敷面に木柱列を複合した祭祀遺構などがある。

（7）青田遺跡と集落の継続期間

新潟県新発田市青田遺跡は沖積地埋没型集落で、掘立柱建物57棟からなる晩期終末の帯状集落（図3）から建物の柱根が計458本検出された。掘立柱建物については、宮本長二郎によって6本柱の亀甲形母屋に張り出し柱（下屋）が付くA・B型、母屋のみのC型、4本柱のD型に分類され、縄文中期以降の伝統を引くC型に張り出し柱が付加することでA型が出現したことが推測されている。この調査では柱に用いられた材（クリ材・コナラ属材）の年輪解析が実施され、いくつかの建物では柱材の最終年輪が一致し、同一建物の柱材

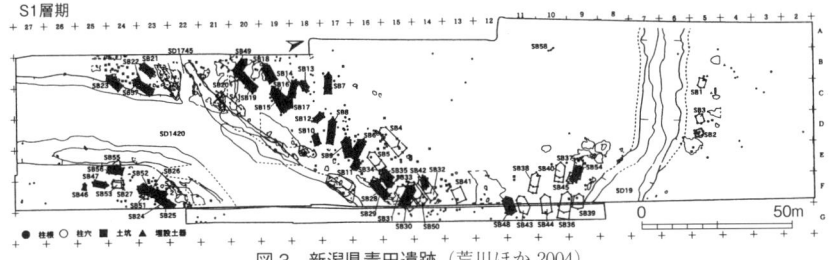

図3 新潟県青田遺跡（荒川ほか 2004）

が同一年に伐採、年を経ずして建築されたことが判明し、その中には２年後に柱の一部交換が行なわれた事例もみられた。また、掘立柱建物群は年輪パターンから大きく２グループに分かれ、グループ１（Ｓ３層期、紀元前６世紀代）では毎年１・２棟ずつ５年以内に８棟が作られ、グループ２（Ｓ１層期、紀元前５～４世紀初）でも９棟が５年以内に建築されたことが判明し、材確保の背景に建築資源としての森林の利用（伐採）サイクル、管理のあり方を推測するデータを得られる可能性が示唆された。このように建築、建て替え年代、同時存在した建物の特定、建築順の解明が可能となるなど極めて重要な調査成果を得、「集落論研究長年の関心を満たすもの」（山田 2004）と評されている。

第２章　北陸・中部地方の縄文集落の変遷と特徴

第１節　草創期～早期の集落（図４）

　草創期の隆起線文期から早期の居住施設の一形態として、長野・新潟県域の山間地域には洞窟・岩陰遺跡が分布する。関東甲信越地方の洞窟遺跡約 270 ヵ所のうち、新潟県では 32 ヵ所が存在するなど両県には濃密で、新潟県室谷洞窟、小瀬ヶ沢洞窟、黒姫洞窟、長野県石小屋洞穴、栃原岩陰、荷取洞穴、湯倉洞窟などがある。これらの洞窟遺跡では内部に掘り込みをもつ炉を設ける点が特徴的で、地床炉、石組炉があり、後者には縁石を円形に巡らすもの、底面に礫を配したものがあり、同時期の炉のない住居とは対照的である。

　草創期後半、爪形文～表裏縄文期には長野・山梨県で竪穴住居が出現し、初期集落が登場する。野尻湖岸に近い丘陵上に立地する長野県信濃町仲町遺跡（爪形文期）の住居状遺構は、径

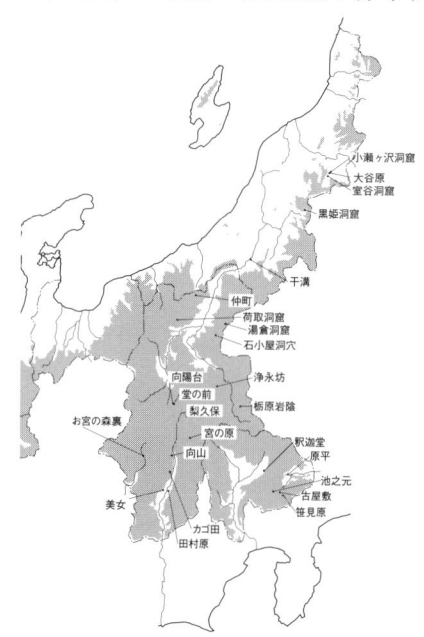

図４　草創期～早期の集落

約3mである。長野県お宮の森裏遺跡（図5）は木曽川沿いの山裾の平坦面にあり、湿地帯に面して立地し、爪形文～絡条体圧痕文期の住居3軒、表裏縄文期古段階6軒、新段階3軒があり、いずれも炉をもたない。集落は弧状に配置し、一時期2軒前後からなる集落と考えられ、周辺に土坑が数基分布する。山梨県富士吉田市池之元遺跡では表裏縄文期の楕円形プランの住居（径3.9m）があり、地床炉をもつ。

早期前半、撚糸文期および押型文期には、各地で遺跡数、住居数が増加する。長野県域では早期519遺跡（1988年集計）中490遺跡が押型文期の遺跡で、山間地ばかりではなく山麓台地面や河岸段丘に広く進出し、住居数が増加する。住居のほか屋外炉、土坑からなる遺構群構成となり、画期と考えられている。

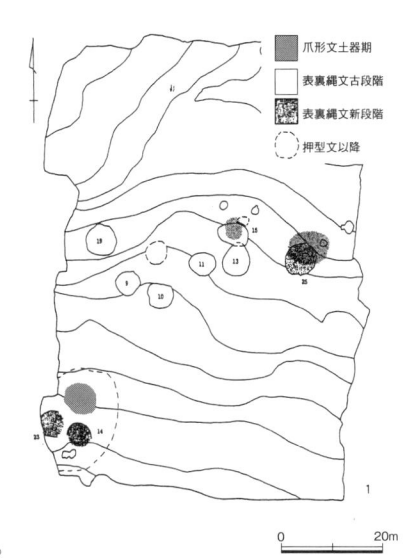

図5　長野県お宮の森裏遺跡（新谷1995）

長野県美女遺跡（図1）は段丘崖部に近い浸食谷に面し、立野式期（稲荷台並行期）の住居11軒、炉穴、集石、貯蔵穴が直径約40mの範囲に環状的に集中する。住居は重複し、3期区分すると1期1軒、2期5軒、3期2軒の変遷が考えられている。炉穴は住居域と重複するように環状に配置し、フラスコ状土坑を伴う貯蔵穴群は集落中央、住居域内に収まるように分布し、環状集落の祖形的なあり方を示す事例といえる。住居は円～楕円形、規模は3.6～7mで、やや大形の事例では、地床炉をもつ事例が目立つ。塩尻市向陽台遺跡では開けた台地先端に、4軒の押型文期（樋沢I式期、沢式期）の炉がない円形プランの住居がまとまる。住居周囲に30基近い土坑群があり、台地下に集石炉4基が群在し、長軸長9mの大形住居を伴う点が注目される。山梨県では忍野村笹見原遺跡に撚糸文末期、押型文期の住居2軒がある。低湿地に面した山裾の平地に立地し、住居は径4mほどの隅丸方形で、壁柱穴が巡り、地床炉をもつもの、ないものがある。新潟県では中里村干溝遺跡（図6）で撚糸文期に住

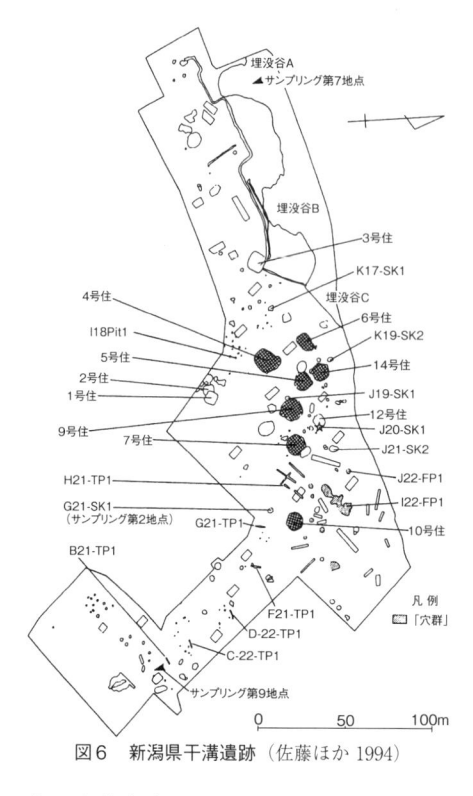

居7軒の集落があり、弧状配置を示す。住居群は信濃川河岸段丘の崖線近くの平坦地に立地し、当時は周辺に湖沼あるいは低湿地が広がっていたらしい。住居はいずれも皿状の掘り方をもち、径4.5〜6.3mで楕円形〜円形で、炉、柱穴はなく、住居はほぼ同時期と考えられている。

早期後半では遺跡数、住居軒数ともにやや少ないが、塩尻市堂の前遺跡(茅山式期)では8軒が存在し、方形プラン1軒のほかは円形、楕円形プランで炉はない。大きさは3m以下3軒、4〜5m 2軒に加え、13mの長楕円形プラン1軒がある。4期区分すると一時期1〜2軒の小規模集落となり、大形

図6　新潟県干溝遺跡 (佐藤ほか 1994)

住居を伴う点が注目される。山梨県富士吉田市古屋敷(ふるやしき)遺跡は堰止湖に面した立地とみられ、野島式期の住居5軒が重複する。新潟県阿賀町大谷原遺跡では沈線文期の住居12軒が弧状配置し、貯蔵穴と考えられる土坑群を集落内に抱え、墓坑と推定される配石土坑が住居域に分布する。

早期末から前期初頭、神ノ木台式期〜下吉井式期にかけて、山梨・長野県域では集落規模は大きくなり、定住性が促進したと考えられている。集落拡大に伴い、扇状地、河岸段丘上などの開けた台地上を占地する。山梨県笛吹市釈迦堂遺跡群塚越北A地区 (図7) では、神ノ木台式期を中心に27軒、同三口神平地区では下吉井式期10軒、大月市原平遺跡では下吉井式期を中心に56軒の住居がある。住居規模は長さ4〜5m程度の楕円形で、地床炉をもち、柱穴は6本程度である。長野県では早期末〜前期初頭に、伊那谷から諏訪盆地に東海系土器を伴う住居が安定的に存在する。豊丘村田村原遺跡では3〜5m

の小判形〜隅丸方形、4本柱で炉をもつ住居5軒、飯島町カゴ田遺跡では早期末の地床炉をもつ住居3軒、土坑343基、高風呂遺跡では早期末の住居3軒、前期初頭の住居14軒、集石4基があるほか、高遠町宮の原遺跡、岡谷市梨久保遺跡、茅野市芥沢遺跡など八ヶ岳西南麓方面への浸透がみられる。

北陸地方では早期まで集落跡の調査例は少なく、富山県福光町神明原A遺跡に早期末の住居1軒がある。石川県では早期末〜前期初頭、能登の七尾市三引遺跡に貝塚が出現し、小松市六橋遺跡では早期末の住居状遺構8基のうち2基は住居と考えられるなど、早期末に至ってようやく住居が確認される。

図7　山梨県釈迦堂遺跡群塚越北A地区
（櫛原2001）

第2節　前期〜中期の集落（図8）

長野県では花積下層式併行の中道・塚田式期に東部町禰津遺跡・中道遺跡（各4軒）がある。中道式期の矢口遺跡（図2）は16軒からなる径約30mの環状集落で、中央部分に土坑143基が集中する。住居は長軸長5mを越すものを主体とし、方形・長方形プランで地床炉をもつものが多く、土坑域の周囲を住居域が囲む環状集落パターンの初現例である。八ヶ岳西南麓から上伊那地域では、早期末〜前期初頭に引き続きいくつかの大規模集落が目立ち、関山期にかけて宮田村中越遺跡、諏訪市千鹿頭社遺跡・十二ノ后遺跡、阿久遺跡、阿久尻遺跡、坂平遺跡など、大規模で継続性の高い集落がある。また上屋構造、性格は不明ながら方形柱穴列と呼ばれる掘立柱建物を中心部にもつ集落が、中越式土器文化に伴って分布する。前期後半、諸磯a・b式期になると配石、集石を環状に巡らす阿久遺跡、環状列石（環状石籠）をもつ大町市上原遺跡のような祭祀性の強い拠点集落、尾根斜面に住居27軒が帯状に配置する富士見町机原遺跡などがある。諸磯c〜十三菩提式期では小集落に分散する。

中越遺跡は 200×300m の大規模集落で、住居 105 軒、方形柱穴列 2 基を伴い、径 100m を越す環状集落の可能性が指摘されている。十二ノ后遺跡では花積下層式期 2 軒、中越・関山式期 20 数軒、黒浜・有尾式期 20 軒、諸磯 a 式期 20 軒、諸磯 b 式期 10 軒など計 140 軒からなる。阿久遺跡は前期初頭～諸磯 b 式期にわたる大集落で、住居 64 軒、方形柱穴列 16 基、環状集石群、立石などが検出され、なかでも前期前半、中越・関山式期（阿久Ⅱ－b 期）には住居 30 軒以上、方形柱穴列 7 基で径約 120m の集落となる。続く黒浜～諸磯 a 式期（阿久Ⅳ－a 期、図 9）には、住居 12 軒前後で 150m×100m の環状集石群を伴い、広場中央の立石を核として土坑群（内帯Ⅰ）、環状集石群（内帯Ⅱ）、住居跡群（外帯）が 3 重に囲む構造を呈す。住居形態は中越式期以降方形を主とし、黒浜式期に長方形化、関山式期以降円形・楕円形・隅丸方形が主流で、大きさは 4～5m が多く、6～7m のやや大形例を伴う。周溝をもち、柱穴は規則的となる。中央の広い空間には土坑群 773 基、集石 250 基があり、屋外立石には周辺で産出しない花崗閃緑岩を用い、石の運搬には周辺集落を含めた大規模な共同作業が想定されている。阿久遺跡に近い阿久尻遺跡では中越式期の 2 地点の調査が行なわれ、A 地点では方形柱穴列 1 棟の周囲に住居 15 軒が集中し、B・C 地区では住居 16 軒の内側に方形柱穴列 19 棟が収まり、大小 2 つの集落が同一尾根上に近接する（図 28）。坂平遺跡は下吉井式期～関山式期の集落で、住居 60 軒以上からなり、未調査部分を含めると全体では推定 100 軒以上が想定されるという。4 本柱の方形、隅丸（長）方形プランで、中央に地床炉をもつ定型化した住居型式で統一され、集落中央には 4 棟の方形柱穴列が存在する。

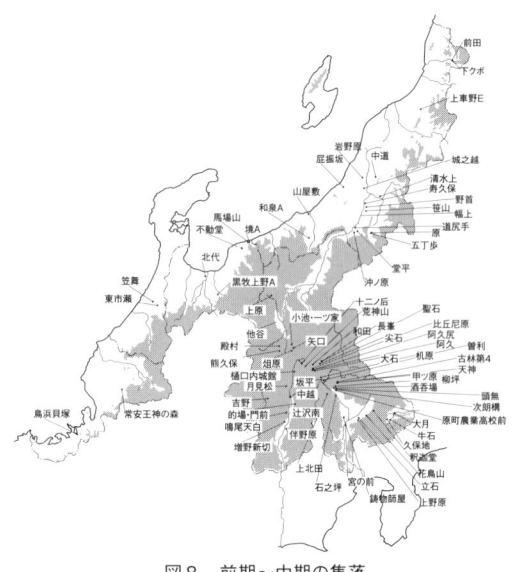

図 8　前期～中期の集落

山梨県では前期前半の遺跡は少なく、北杜市原の前遺跡（花積下層式期6軒）、甲府市立石遺跡（木島式期7軒）がある。北杜市上北田遺跡では中越式〜関山式期の住居24軒があり、中越式期に隅丸方形、4本柱の住居14軒が台地上に120mにわたり分散し、神ノ木式期では4〜5本主柱の住居6軒が群在する。また、釈迦堂遺跡群塚越北A地区（図7）では黒浜並行期16軒、諸磯b式期4軒があり、黒浜式期には径60mの弧状あるいは環状集落が推定されている。北杜市天神遺跡（図10）は諸磯b式期42軒、同c式期7軒、五領ヶ台式期7軒からなる環状集落とされる。推

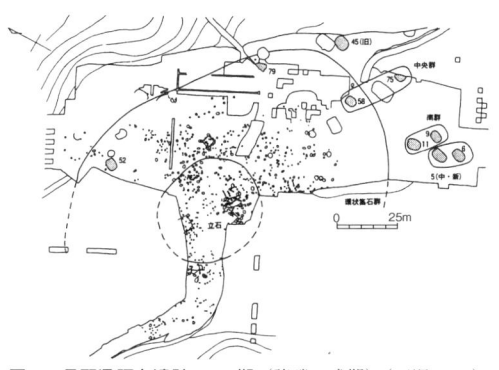

図9　長野県阿久遺跡Ⅳ-a期（諸磯a式期）（戸沢 1988）

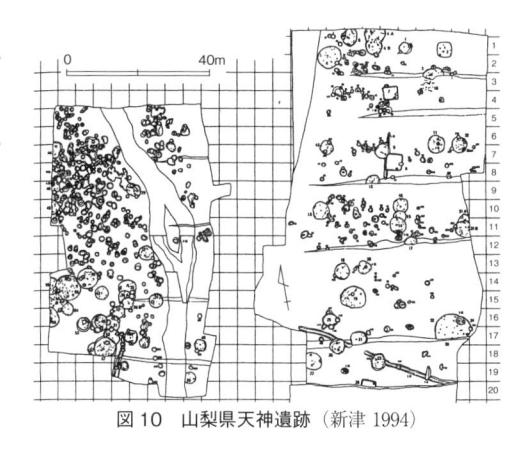

図10　山梨県天神遺跡（新津 1994）

定径150mで西寄りを中心に土坑480基が集中し、土坑からは諸磯c式期の最古のヒスイ製大珠が出土している。
　新潟県では、前期前半（関山Ⅱ〜有尾式期）の堀之内町清水上遺跡に住居1軒、掘立柱建物3棟があり、掘立柱建物の最古例とされる。前期後半、諸磯式期には阿賀町北野遺跡、柏崎市大宮遺跡などで馬蹄形集落が出現し、小集落として吉川町古町B遺跡（5軒）、十日町市赤羽根遺跡（7軒）などがある。前期後葉〜末葉の調査事例は少ないが、柏崎市屁振坂遺跡などでは掘り込みの浅い主柱5本形式の平地式建物があり、夏季の住居の可能性が指摘されている（品田 2003）。
　富山県では、射水市南太閤山Ⅰ遺跡（前期初頭）のほか、前期後葉の富山県

立山町吉峰遺跡では、細長い独立丘陵上に前期中葉～中期初頭の住居24軒以上があり、中央広場を中心とした環状集落が出現する。諸磯ｂ式期～前期末には1時期3～4軒で大形の住居を伴い、各住居には貯蔵穴とみられる小土坑が付属する。

　石川県では、上市町極楽寺遺跡の住居状遺構、穴水町甲(かぶと)・小寺(こでら)遺跡の平地式かと考えられる住居（佐波・極楽寺式）、七尾市吉田野寺遺跡の炉4基、同市大津遺跡の住居状遺構（朝日Ｃ式期）、能登町真脇遺跡の住居（前期中葉）があるほか、七尾市通ジゾハナ遺跡は前期前葉の住居15軒からなり、住居プランは隅丸四角形と楕円形に大別でき、主柱、炉のない小型住居が中心となる。輪島市三井新保遺跡には前期後葉の楕円形プランの住居状遺構、前期末（朝日下層式）では能美市宮竹うっしょやまＡ遺跡に住居1軒があるほか、土坑数基のみの遺跡がある。

　福井県金津町桑野遺跡では、早期末から前期初頭の75点以上の石製装身具を伴う土坑24基が群集するが、土坑域に対応する居住域は未発見で、簡素な建築物、あるいは掘立柱建物の存在が想定されている。

　中期では、中期後半をピークに集落が隆盛、中期末に衰退するパターンが一般的で、長野・山梨県では中期末で遺跡数が減少するとともに後期への継続性が途切れる場合が多いが、新潟・富山県では中期後半から後期前半にかけて継続する集落が目立つ。また、中期後半では広い台地面を占地した大規模な環状集落が各地に出現するが、石川・福井県での環状集落の出現は、中期後半串田新式期と出遅れる。

　長野県では、中期後半の曽利Ⅱ～Ⅲ式期（併行期）に遺跡数、住居数のピークを迎え、環状集落はこの頃に多く、曽利Ⅳ～Ⅴ式期になると遺跡数、住居数ともに減少する。環状集落例に原村大石遺跡、茅野市棚畑・尖石・和田・聖石・長峯遺跡、諏訪市荒神山遺跡、辰野町樋口内城館址遺跡、富士見町曽利遺跡、駒ケ根市辻沢南遺跡などがあって、2大別構造、数軒単位での分節構造を示す例、帯状配置例がある。住居は五領ヶ台～狢沢式期が円～楕円形の4本柱、狢沢～曽利Ⅰ式期が6～7本柱を主とする楕円形、曽利Ⅱ～Ⅴ式期が4～5本柱の円形～隅丸方形となる。炉は石囲炉、埋甕炉で、Ⅲ～Ⅴ式期には方形石囲炉となり、曽利Ⅱ式期以降大形化する。

大石遺跡は、直径70mの環状集落で前・中期の住居53軒、土坑1313基からなる。中期では五領ヶ台Ⅰ式期7軒、Ⅱ式期7軒、狢沢式期17軒、新道式期13軒で、中期前半を通して継続する集落である。俎原遺跡（図11）は住居147軒、土坑169基で、約40〜100mの円形広場をもつ。中期初頭

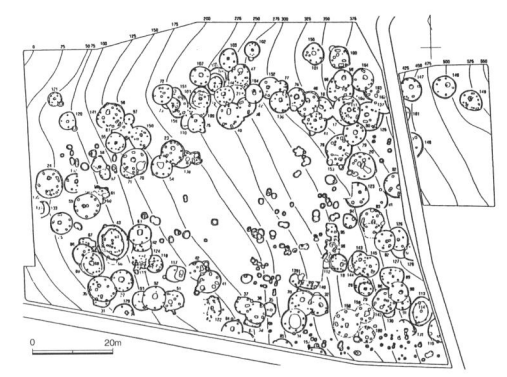

図11　長野県俎原遺跡（小林1986）

から終末まで継続する集落で、五領ヶ台式期6軒、狢沢式期4軒、新道式期12軒、藤内Ⅰ式期11軒、藤内Ⅱ式期7軒、井戸尻Ⅰ式期4軒、井戸尻Ⅲ式期4軒、曽利Ⅰ式期14軒、曽利Ⅱ式期23軒、曽利Ⅲ式期27軒、曽利Ⅳ式期6軒、曽利Ⅴ式期2軒と、曽利Ⅲ式期をピークに盛衰し、各時期には複数の群構成が認められる。棚畑遺跡は、146軒からなる南北2つの双環状集落で、中葉には南環に28軒5群、北環に26軒5群、後葉には南環に65軒11群、北環に20軒5群で、分節構造をもつ。和田遺跡は、約100m隔てた東西台地上に環状集落が存在する双環状集落で、井戸尻式期に東9軒、曽利Ⅰ式期に西22軒、曽利Ⅱ・Ⅲ式期に東16軒と、隣接集落間での集落移動がみられる。辻沢南遺跡は段丘上の環状集落で、中期後半、唐草文期の100軒以上からなる中期後半の集落である。3期に大別すると1期（唐草文2古）、2期（唐草文2新）に環状集落となり、住居型式別に分類すると分節ごとに住居型式が異なる配置がみられ、集落を2大別する分割軸を中心に対称的な住居型式群の配置を示す。

　山梨県でも中期集落は広い台地面、扇状地、山麓斜面、段丘面に分布し、中期を通して継続する集落に、笛吹市・甲州市釈迦堂遺跡群、北杜市甲ツ原遺跡・酒呑場遺跡、甲府市上野原遺跡、韮崎市石之坪遺跡、山梨市高畑遺跡などの拠点集落がある。中期前半の集落に北杜市古林第4遺跡、南アルプス市鋳物師屋遺跡、中期後半の集落に北杜市次郎構・頭無・柳坪・原町農業高校前遺跡（図12）、都留市久保地遺跡、市川三郷町宮の前遺跡などがある。

　酒呑場遺跡は、前期から後期初頭の150軒以上の集落で、狢沢〜井戸尻式

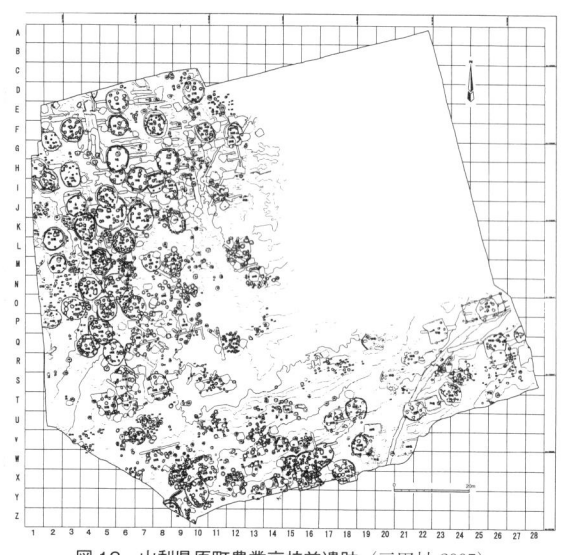

図12 山梨県原町農業高校前遺跡（三田村 2005）

期では径70～100mの環状集落を呈し、中期後半では双環状集落となり相互補完的に環状集落が維持されていく。古林第4遺跡は藤内～井戸尻式期の住居20軒からなる馬蹄形集落で、中央やや東寄りに約50基からなる土坑群が分布する（第3章参照）。鋳物師屋遺跡は、五領ヶ台～井戸尻式期の住居32軒が径40mの中央広場をはさんで東西2群に分かれる。釈迦堂遺跡群塚越北A地区（図7）は藤内式期の7軒が径50mで弧状配置し、2棟1単位の構成をうかがわせ、中央には土坑域をもつ。次郎構遺跡は、曽利Ⅲ～Ⅴ式期の住居13軒が径70mの環状をなし、土坑域は集落の北西部にある。

　中期後半では、河岸段丘低位面など氾濫原に進出、中期末になると小河川に面した台地縁辺や山麓斜面に移り、こうした様相は、そのまま後期へ引き継がれていく。敷石住居は曽利Ⅳ式新段階からⅤ式期に出現する新たな住居形態で、桂川流域には関東地方の柄鏡形住居の影響を受けた全面敷石の柄鏡形敷石住居が分布し、山梨県の御坂山地周辺以西、諏訪湖盆地には柄のない小形円形敷石住居が点在する。桂川流域の大月市大月遺跡は、中期末の柄鏡形敷石住居6軒からなり、3軒は主軸方向を集落中央に向ける。また、桂川流域の牛石遺跡では河岸段丘面に直径50mの環状列石を形成し、南側に加曽利E4式期の住居2軒がある。掘立柱建物は中期末にようやく出現し、甲ツ原遺跡には曽利Ⅳ・Ⅴ式の長方形、亀甲形プランの事例6棟がある。

　新潟県では、中期初頭～前葉の代表例に中郷村和泉A遺跡（図13）がある。直径約100mの環状集落で、内縁に掘立柱建物41棟、外縁に環状廃棄遺構、

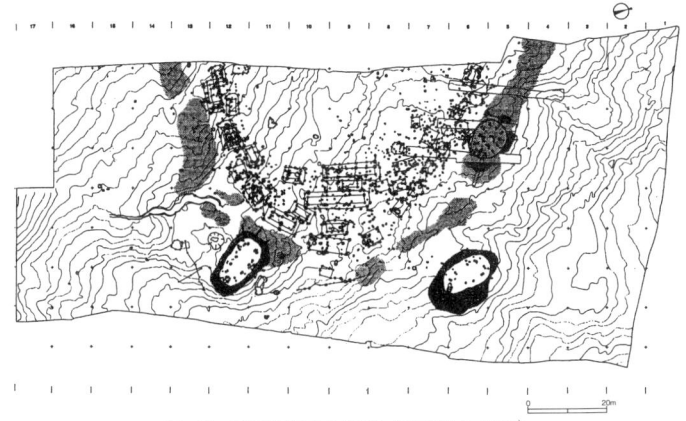

図13 新潟県和泉A遺跡（加藤ほか1999）

周堤を伴う大型住居3軒がある。中期前葉〜中葉の塩沢町五丁歩遺跡は丘陵先端に立地し、円形住居20軒、長方形住居（掘立柱建物）39軒が環状に配置し、中央広場の住居域寄りにフラスコ状土坑が群在する。長方形建物は石囲炉、地床炉をもち、主軸方向を集落中央に向けて環状配置し、建物配置は対峙性を示す（高橋2003、図14）。堀之内町清水上遺跡は河岸段丘面に立地し、円形住居54軒、長方形住居（建物）49軒がある。環状の円形住居帯に内接するように長方形住居帯が配置し、主軸方向を集落中心に向け、中央広場をはさんで同じ建物型式が向き合う対峙性を示す（高橋2003、図15）。

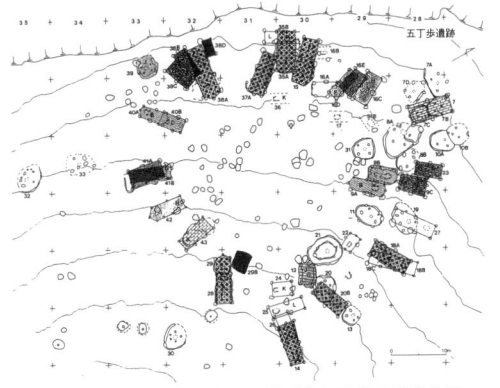

図14 新潟県五丁歩遺跡 対峙性を示す同形態住居
（高橋2003）

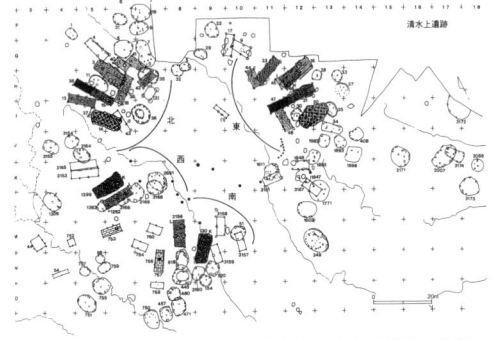

図15 新潟県清水上遺跡 対峙性を示す同形態の建物
（高橋2003）

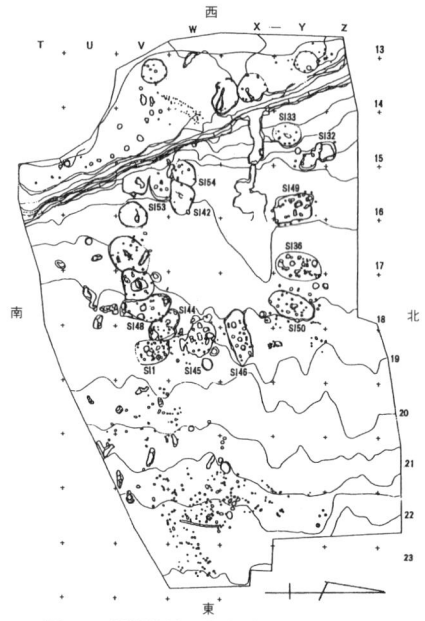

図16　新潟県前田遺跡（川村ほか1993）

図17　新潟県アチヤ平遺跡　上段　遺構配置模式図
　　　（富樫ほか2002）

ほかに村上市前田遺跡（図16）、十日町市幅上遺跡、上越市山屋敷Ⅰ遺跡、新発田市上車野Ｅ遺跡などがある。中期後葉の集落には津南町堂平・道尻手・沖ノ原遺跡、長岡市岩野原・中道遺跡、塩沢町原遺跡、十日町市野首・笹山遺跡、糸魚川市長者ヶ平遺跡、村上市下クボ遺跡などがあり、後葉から後期前葉の集落に小千谷市城之越遺跡、十日町市寿久保遺跡、中期末から後期前葉の集落に村上市アチヤ平遺跡（図17）があり、中期から後期へと継続する事例が多い。中期集落の特徴としてフラスコ状土坑の多出があり、雪国の越冬貯蔵のあり方を示すものとされている。中期末の敷石住居は、沖ノ原、宮下原、川久保、湯の沢Ａ遺跡など長野、群馬県境に近い地域に分布する。環状列石は、中期末あるいは後期の事例に道尻手、堂平遺跡があり、推定径30mを越える。清水上遺跡例は、中期前葉に遡る可能性がある環状列石で、中央広場の外縁を巡る。

富山県では、中期初頭から前葉に遺跡数が爆

発的に増加し、数軒の小集落や短期集落が丘陵上に占地する例が知られ、1～3軒程度で構成された朝日町馬場遺跡群などがある。中期前葉から中葉の事例では朝日町不動堂遺跡があり、大形住居を含む20軒以上の拠点集落とみられている。中葉から後葉の東黒牧上野A遺跡（図18）は平坦な台地上に立地し、住居29軒が環状に配置する。1号住は直系8.2mの大形住居で、10本の柱穴すべてに長さ45～75cmの棒状自然礫（立石）が2本ずつ伴う特異例であるが、直坂遺跡の4軒には2本単位の配石があるほか、金沢市笠舞遺跡にも類例がある。境A遺跡は、中期中葉から末葉の住居30軒が狭い丘陵斜面

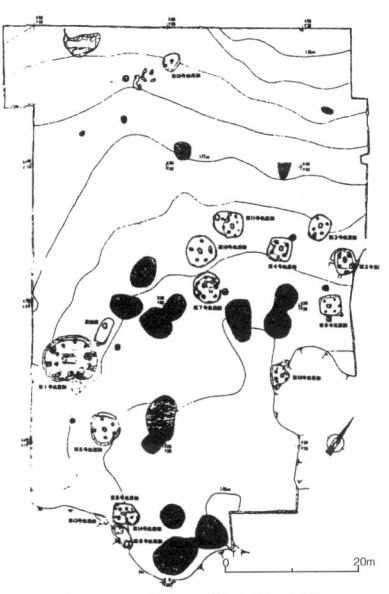

図18　富山県東黒牧上野A遺跡
（大山町 1990）

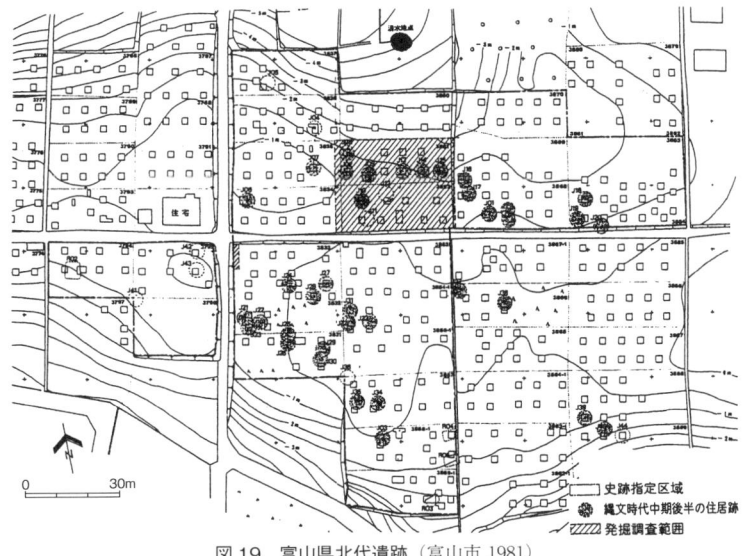

図19　富山県北代遺跡（富山市 1981）

に集中し、玉作り、蛇紋岩製磨斧製作を行なった生産遺跡である。北代遺跡(図19)は、中期中葉から末葉の200軒以上と推定される大集落で、広場をはさんで向き合う2群構造からなる環状集落と考えられ、掘立柱建物、粘土採掘坑を伴う。浦山寺蔵遺跡も磨製石斧の製作遺跡で住居19軒が確認され、環状配置が推定される。掘立柱建物は、中期前葉の富山市北代加茂下Ⅲ遺跡を最古例とし、中期後半の北代遺跡、小矢部市桜町遺跡などにある。また、桜町遺跡では中期末の水さらし場の木組み遺構が数ヵ所見つかっている。

　石川県では、新保～上山田式期(中期前半～中葉)に数～10数軒の小～中規模集落が多く、一時期1・2軒で環状集落とはいえない事例が主となる。宮竹庄が屋敷C遺跡(図20)は例外的に住居数53軒と多く、狭い尾根上に住居が列状に展開する。この時期の住居は、長楕円形プランで主軸線上に炉と屋内土坑が位置する。上山田式期(中葉)になると、隅丸方形で4本主柱の住居も現われ、後半へと継続するほか、宮竹うっしょやまB遺跡では方形、五角形の柱穴配置があり、掘立柱建物と考えられている。

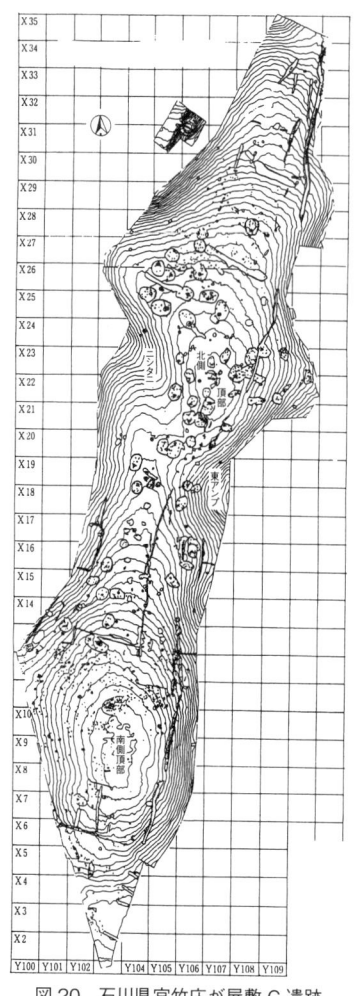

図20　石川県宮竹庄が屋敷C遺跡
(石川県 1999)

古府式、古串田新式期(中期後半前葉)では、集落規模がより小さくなる。宮竹あつ坂遺跡は住居14軒からなるが、明確な環状集落ではなく、土坑群の形成もない。金沢市北塚・笠舞・東市瀬遺跡はこの時期に始まり、後期初頭まで継続する集落である。古府式、古串田新式期になると、長円形プランでやや大形の住居と、4本主柱小形住居の2種があり、住居の掘り込みは深く、石囲炉

が出現する。東市瀬遺跡（図21）では串田新式から後期前葉前田式にかけて環状集落を形成し、中央に土坑をある程度もつ。この時期の住居は、円形ないし隅丸方形で4本主柱が多く、炉はほとんどが石囲炉となり、北塚遺跡では掘立柱建物2棟を伴う。

　福井県の中期住居の調査例としては、炉のみを確認した事例などが大半を占め、平面プランの全掘例はわずか数棟にすぎない。中期前半から中葉では勝山市古宮遺跡、武生市愛宕山遺跡群、中期後半前葉では福井市天神遺跡、和泉村後野遺跡などがあり、環状集落が明確化するのは石川県同様に串田新式期である。串田新式、大杉谷式期の遺跡には大野市右近次郎遺跡、勝山市三室遺跡、和泉村角野前坂遺跡・小谷堂遺跡、池田町常安王神の森遺跡などがあり、常安王神の森遺跡では時期不明ながら柄鏡状配石（敷石住居）を検出している。柄鏡形敷石住居は、北陸ではほかに富山県の2遺跡にあるのみで、石川県では未確認である。

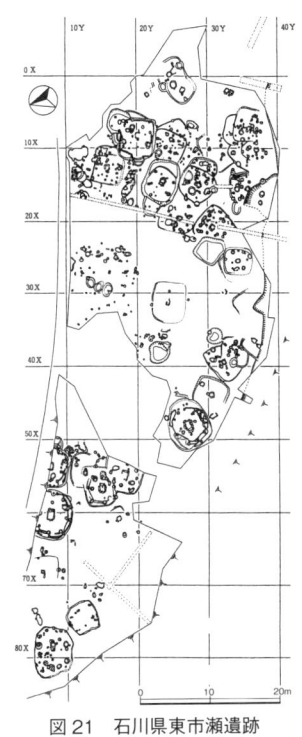

図21　石川県東市瀬遺跡
（金沢市 1985）

第3節　後期～晩期の集落（図22）

　長野・山梨県での敷石住居の系譜は、後期前半をピークとして後期中葉まで続くが、それ以降は平地式住居が主となる。後期後半以降は遺跡数が減少する一方、後期後半から晩期を中心に、石棺墓や配石遺構などの大規模配石を備えた祭祀性の色濃い拠点集落が点在する。新潟県では敷石住居の影響はやや弱く、掘立柱建物を中心とした居住形態が晩期終末まで継続し、亀甲形プランの掘立柱建物を主体とした環状集落、河岸集落が分布する。富山・石川・福井県では、敷石住居の影響は弱く、後期になると住居自体が不明で、柱穴配置や炉の存在から住居を推定する状況にあるなかで、晩期中葉（中屋式期）にクリの

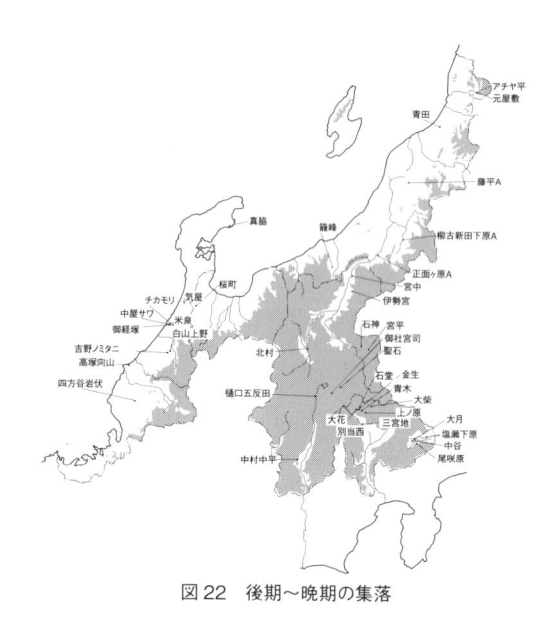

半截木を並べた環状木柱列が各地で発見されている。それらは、上屋・壁の有無、機能など未解明ではあるが、集落の中心的な施設として祭祀的な性格が推測されている。集落の立地は晩期にかけて河川依存型となり、土器棺や配石墓からなる墓域が居住域とは別に形成される。

長野県では、中期末以降の敷石住居の波及により、東信から諏訪地方を中心に柄鏡形敷石住居が分布する。東信地域の御代田町宮平遺跡では中期末～後期前半の26軒中7軒が敷石住居であり、山ノ内町伊勢宮遺跡は、後期前半の敷石住居2軒、配石、列石、配石土坑などからなる。小諸市岩下遺跡では後期前半15軒があり、堀之内Ⅰ式期には5軒で径25mほどの環状集落を形成し、堀之内Ⅱ式期では大形住居を中心に環状配石をもつ。松本平の明科町北村遺跡（図23）は住居58軒、土壙墓469基、配石26基などからなり、土壙墓中には屈葬された約300体分の埋葬人骨が良好に残る。中期末、加曽利E3～4式期は住居10軒、土壙墓27基、後期称名寺式～堀之内Ⅰ式期は22軒、52基、堀之内Ⅱ～加曽利B1式期は14軒、70基と推移する。八ヶ岳西南麓でも後期集落が次々と明らかになっていて、聖石遺跡では尾根状台地縁辺に周堤礫を巡らした大形住居を中心に住居18軒が帯状に並ぶ。称名寺式期～加曽利B式期の集落で、堀之内Ⅱ～加曽利B1式期には大形の敷石住居2軒が存在し、繰り返し建て替えが行なわれた痕跡をもつ。周堤礫を何重にも巡らし、出入り口部に直線的な配石をもつなど、配石構築に投入された労働力は相当なものであったと考えられる。晩期では前半期、富士見町大花遺跡には方形住居、茅野市御社宮司遺跡には配石、飯山市宮中遺跡、辰野町樋口五反田遺跡に晩期の石棺墓、配石・集石がある。飯田市中村中

図22　後期〜晩期の集落

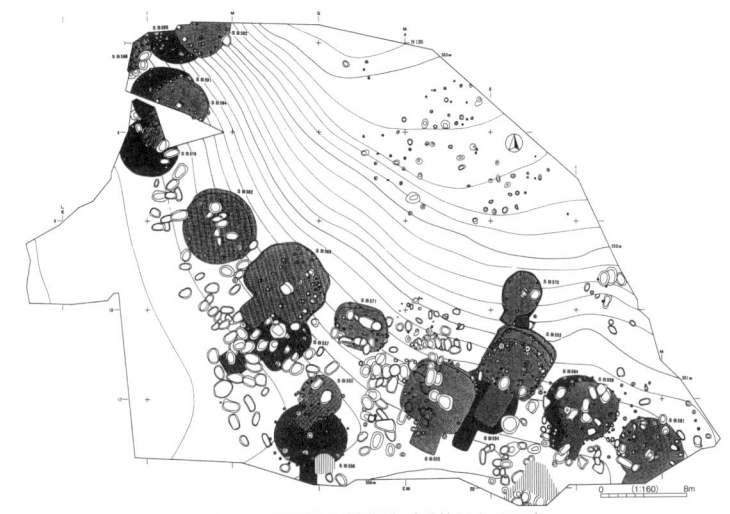

図23　長野県北村遺跡（平林ほか 1993）

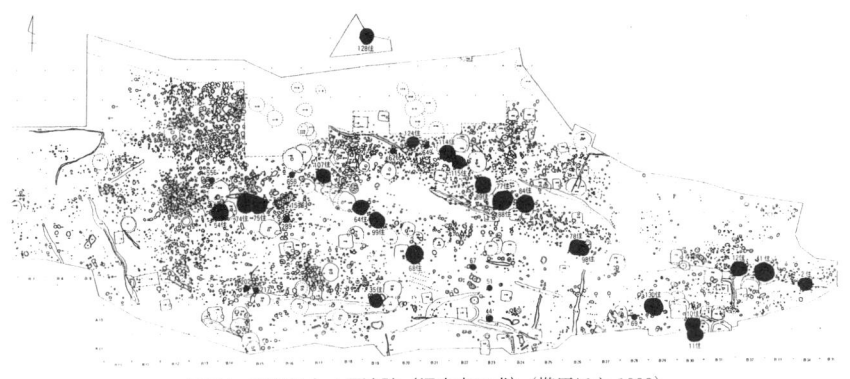

図24　山梨県上ノ原遺跡（堀之内Ⅱ式）（櫛原ほか 1999）

平遺跡では後期後半2軒、晩期前半2軒、後期後半〜晩期前半の住居の可能性のある配石があり、配石に隣接して焼人骨を伴う土壙墓群と列状の配石墓群がある。配石墓には焼骨を伴わないことから一次葬の場と推測されている。

　山梨県では、後期前半の柄鏡形敷石住居が東部を中心に分布し、都留市中谷遺跡・大月遺跡などのほか、上野原市塩瀬下原遺跡の十字形の敷石住居例がある。北杜市上ノ原遺跡では、中期末〜称名寺・堀之内式期の約140軒の大集落が、標高780mの山地斜面で見つかった。5〜7本柱穴を配置した敷石住居が

等高線に沿って帯状に存在し、棟持ち柱をもつ掘立柱建物14棟を伴う（図24）。従来、調査が及ぶことの少なかった標高の高い山間地で発見されたことで、中期末から後期にかけて気候の寒冷化により集落が衰退する、という後期集落観の見直しが迫られることとなった。

　後期後半以降は、住居がいっそう不明確で、住居形態は方形で周囲に礫を巡らした平地式の方形周石住居となる。後期から晩期に継続する集落としては北杜市金生・石堂B遺跡、都留市尾咲原遺跡などがあり、大規模な屋外配石を形成する点を特徴とする。青木遺跡は後期全般におよぶ集落で、下部に石棺墓群をもつ配石が2ヵ所あり、石棺墓の主軸方向は東西、南北で異なっている。住居は配石で囲まれた内側に15軒が散在し、多くは後期後半の方形周石住居である。金生遺跡には、南北主軸の石棺墓が東西に並んだ墓域北側に晩期の住居が環状に並び、さらにその北側や集落内にも配石が分布する。石堂B遺跡では、主に南北主軸の石棺墓24基が東西に3列にわたって群在する配石群南側に中期末以降の住居13軒が分布し、さらにその南側には方形の大形配石遺構が存在する。これらの大形配石は加曽利B式期の石棺墓群出現を期に発生したものと考えられる。晩期後半以降の集落立地としては、山間地とともに低位段丘面への進出が目立ち、宮ノ前遺跡では土器棺墓のほか、旧河道に面して弥生前期の可能性のある水田跡が検出されている。

　新潟県では、後期以降に掘立柱建物主体の集落が多く、晩期にはそうした傾向が一層強まり、掘立柱建物の平地式住居が一般的であったと考えられている。また、後期以降の特徴としてフラスコ状土坑の小形化および減少、敷石住居・配石遺構の増加、集団墓域の成立、低湿地遺跡の増加が指摘されている。後

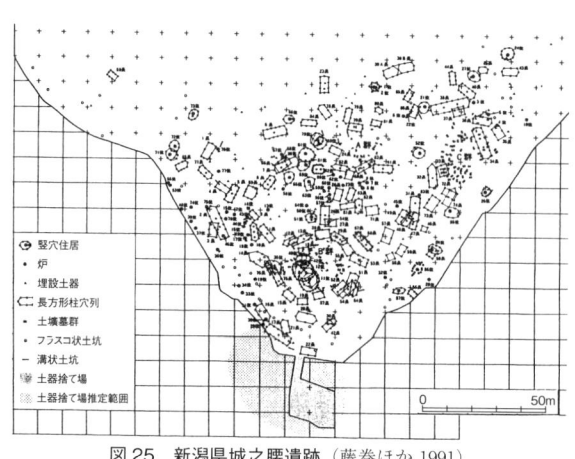

図25　新潟県城之腰遺跡（藤巻ほか1991）

期前葉の長岡市岩野原遺跡は弧状集落、城之腰遺跡（図25）は土坑群を取り巻くように掘立柱建物と住居が配置し、南魚沼市柳古新田下原A遺跡では住居と大形長方形柱穴列が配石土壙墓群を環状に囲んでいる。後期後葉から晩期後葉の朝日村元屋敷遺跡（図26）は、広場を囲んで24棟の掘立柱建物が弧状に配

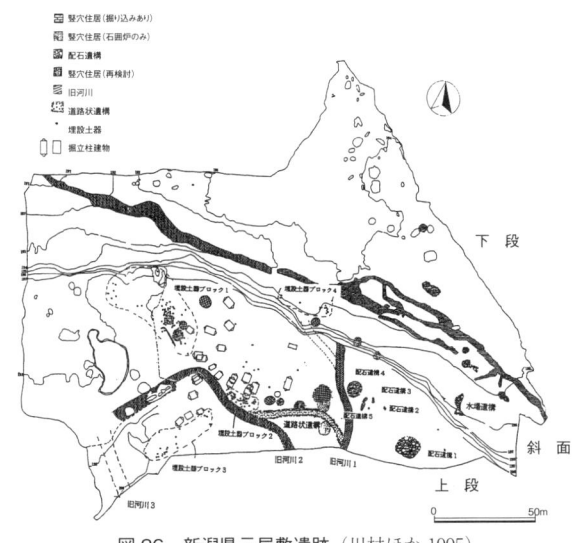

図26　新潟県元屋敷遺跡（川村ほか1995）

置し、うち22棟は亀甲形プランで主軸方向を集落中心に向ける。建物は長さ約2.5～10mで、4～6mのものが多い。集落の北・西・南に埋甕群があり、東側には40基の石棺墓群がある。上越市籠峰遺跡は後期後半から晩期中葉の集落で、掘立柱建物35棟、住居9軒がある。掘立柱建物35棟のうち30棟は6本柱からなる亀甲形プランで、主軸方向を集落中央に向けて同心円状に配置し、石棺状配石、石棺墓が居住域に混在する。晩期前半、津南町正面ヶ原A遺跡では、中心部から外側へ向かって広場、掘立柱建物、墓域という構造を示し、墓域は2群に分かれる。晩期中葉～後半の長岡市藤橋遺跡も掘立柱建物7棟からなる楕円形集落で、建物の主軸方向は集落中心を向き、住居、墓域はない。晩期終末には、沖積平野に居住域を設けた例として新潟平野北部の新発田市青田遺跡がある（図3）。川の両岸に立地する50棟を越える掘立柱建物からなる河岸集落である。建物の平面形は6本柱の亀甲形を基本形とし、2～3本の張り出し柱（下屋）が付く。4m未満の小形、4～7mの中形、7m以上の大形に分類され、年輪年代分析によって集落研究に関わる重要なデータが得られている。また、下田村藤平A遺跡では、掘立柱建物19棟のうち15棟が亀甲形で、4m未満の小形、4～7mの中形、7m以上の大形があり、青田遺跡同様に

張り出し柱をもつ。

富山県では、後期以降の住居の完掘例が少なく、柱穴のみが見つかる事例がほとんどで、代表的な事例に南砺市井口遺跡（図27）がある。後期後葉から末葉の住居が南北2群に分かれ、中央に広場をもつ環状配置である。晩期中葉（中屋式期）には、朝日町境A遺跡、射水市椎土遺跡、井口遺跡、小矢部市桜町遺跡、北野遺跡に環状木柱列があり、北野遺跡では環状木柱列に伴って4本柱の掘立柱建物がある。

石川県では、後期前葉の前田式期、気屋式期にかほく市気屋遺跡、白山市吉野ノミタニ遺跡、白山上野遺跡で住居の一部が見つかっているが、集落形態は不明で、加曽利B式期も遺構は希薄である。続く酒見式期の金沢市米泉遺跡では、住居7軒、石囲炉11基のほか配石遺構、土坑などがあり、住居は4m前後の楕円形プランが平均的で、居住域とは分離した東側に土坑群、配石群がある。野々市町御経塚遺跡では、後期後葉から晩期前半の住居6軒、炉22基、配石遺構3基、200基近い土坑がある。住居は円形ないし隅丸方形プランで、中央広場を囲み、南東に開く環状ないし馬蹄形集落をなす。ダイラクボウ遺跡では、ドングリ類を主体とする21基の貯蔵穴がある。晩期の米泉遺跡では、住居群に囲まれるように環状木柱列跡が8基あり、入口を河道のある北東方向に向け、河底近くに土坑7基、トチ塚が構築され、河川依存型集落と考えられている。また、金沢市チカモリ遺跡の環状木柱列はクリの半截材を真円に配置し、ハの字状の出入り口部をもつ。真脇遺跡、金沢市中屋サワ遺跡、御経塚遺跡、鶴来町白山遺跡、六橋遺跡にも環状柱穴列があり、晩期中頃の中屋式期に特徴的な遺構と考えられている。そのほか、中屋式期には土器棺が多く、白山市御所の館縄文遺跡では横位合口式土器棺が正位単棺と混在し、配石墓

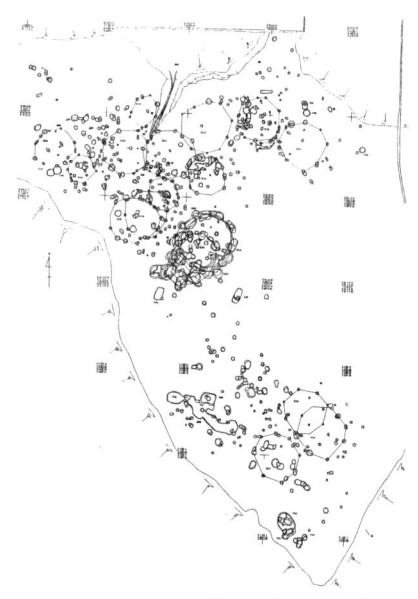

図27　富山県井口遺跡（井口村 1980）

も存在する。晩期後半では、同市乾遺跡に配石群、能美市莇生遺跡で蓋をもつ横位の土器棺がある。

　福井県では、後期前葉の前田式、気屋式期に勝山市三室遺跡、あわら市高塚向山遺跡、高浜町立石遺跡、小浜市阿納塩浜遺跡、三方町藤井遺跡があり、鯖江市四方谷岩伏遺跡では堅果類が詰まった約40基の貯蔵穴およびトチノミ処理施設と考えられる木枠状施設がある。坂井西鯉地区遺跡群には、半截材木柱が配石墓近くから検出され、あわら市吉崎音部遺跡の大形ピットもその可能性がある。福井市上河北遺跡では、後期後葉から晩期前半の埋設土器10基、埋設土器を伴う土坑4基が群在し、晩期後半では木原町遺跡で住居5軒とともに石組墓、配石遺構、土坑、土器棺などがあり、あわら市㭴山崎(ぐみやまざき)遺跡では合口土器棺2基があるなど、墓域が顕在化する。

第3章　縄文時代の環状集落構造と世界観

　本章では中部高地の縄文集落のなかで、比較的集団単位の判別が可能と思われる4遺跡—阿久尻遺跡（前期）、比丘尼原遺跡（中期前半）、古林第3遺跡（中期中葉）、辻沢南遺跡（中期後半）を取り上げる。前期から中期にかけての炉形態・住居型式の検討、集落構造の分析を行ない、住居の平面形や炉、柱配置および集落形態から世界観を読み取ることが可能かどうか考えてみたい。

（1）　長野県茅野市阿久尻遺跡（図28）

　前期の大集落として知られる阿久遺跡の東300mにあり、幅50m、長さ300mの東西にのびた細長い尾根に立地する。4本主柱の住居と方形柱穴列と呼ばれる掘立柱建物からなる中越式期の代表的な集落で、遺構空白地帯をはさんで東西2集落に分けられる。報告書では土器の提示がなく、時期細別については検討できないが、おおむね同一時期とされる。

　住居は、いずれも4本主柱で平面形、柱穴配置から次の3類に分類できる。
　Ⅰ類－円形、楕円形で周溝をもつ住居。
　Ⅱ類－隅丸方形もしくは方形で周溝をもつ住居。
　Ⅲ類－Ⅱ類と同様で、周溝中の四隅および中間に支柱穴をもつ住居。
　東集落は、住居15軒が径40～50mの範囲内に重複なく集中し、中央に掘

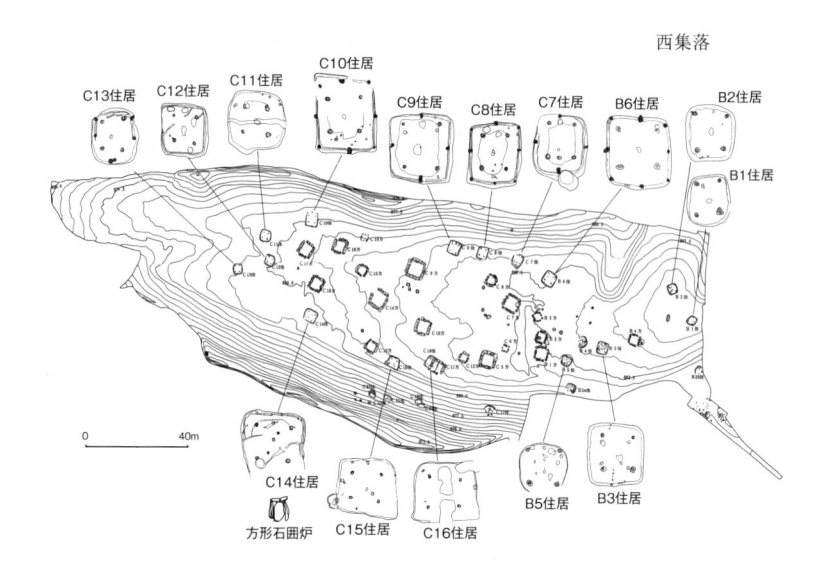

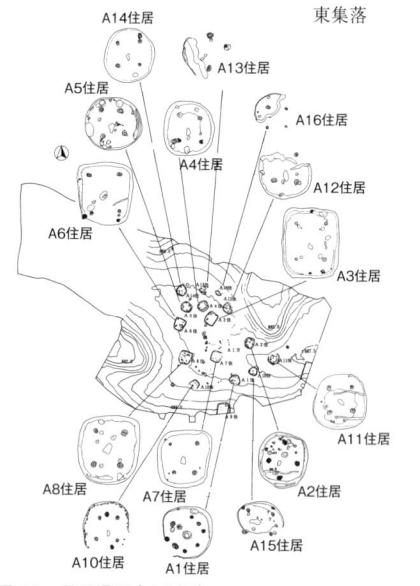

170　Ⅳ　北陸・中部地方の縄文集落と世界観

図28　長野県阿久尻遺跡（上：西集落　下：東集落）　　図29　堀立柱建物の分類

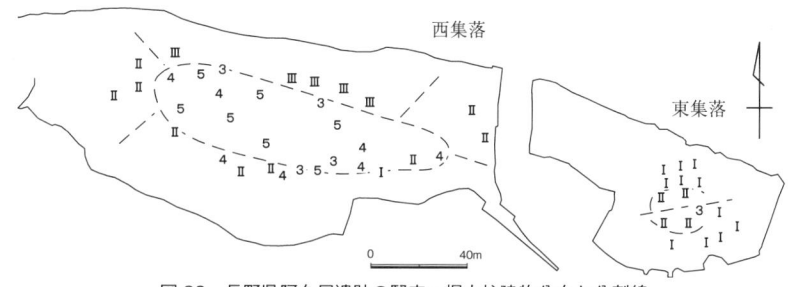

図30 長野県阿久尻遺跡の竪穴・掘立柱建物分布と分割線

立柱建物1棟が存在する。住居を分類別にみると、集落の中心、掘立柱建物の周囲にⅡ類4軒があり、その北側にⅠ類5軒、南側にⅠ類5軒が配置され、東西軸を境とする南北2大群の構成とみなされる（図30）。また、Ⅰ類住居の周溝の有無に着目すると、周溝のない住居は周溝のある住居の外側に配置する傾向があり、やや小さい。

西集落は、長さ180m、幅50mと東西に細長い集落で、掘立柱建物と住居がほぼ同数存在する。住居群は尾根上の平坦地縁辺部に長楕円形に並び、その内側に掘立柱建物群がやはり長楕円形に分布する。住居を分類別にみると、北側に直線的に住居Ⅲ類5軒が並び、東西から南側に住居Ⅱ類が分布するが、そのうち南側の3軒は周溝がなく平面形態が類似するなど、住居群は東西南北4群に型式別に大別できる。掘立柱建物は住居と主軸方向がほぼ同じで、長辺3本－短辺1・2本を小形、4本－2・3本を中形、5本－3・4本を大形とすると（図29）、最も大形のC9号建物をはじめとする大形掘立柱建物群が中心に、周囲に小・中形掘立柱建物が分布する傾向を示す（図30）。

対照的にみえる東西ふたつの集落であるが、基本的な集落構造としては中央に掘立柱建物群、その周縁に住居群を配する点で共通する。住居・掘立柱建物の平面形には方形プラン志向がみられ、とくに住居は規模の大小に関わりなく4本主柱を採用している。住居内の炉は地床炉が一般的ななかで、C14住にはいち早く方形石囲炉を設置しており、炉の形態と柱穴配置、住居の平面プランに共通した方形への意識を見出すことができる。さらに、西集落では集落構成全体として4方位への意識がみられ、炉、柱穴、住居の形、集落形態に方形への意識をうかがうことができる。

(2) 長野県原村比丘尼原遺跡（図31）

　東西方向にのびる細長い尾根上（幅40m、長さ110m）に形成された中期前半（五領ヶ台式～新道式期）の集落。五領ヶ台Ⅱ式期～狢沢式新段階の住居は円形で、4本柱穴で炉体土器をもつものを主とする。続く新道式には径40×70mの環状（馬蹄形）集落となり、土坑群を住居群が囲む。新道式古段階の住居は円形、小形方形石囲炉で柱穴は方形配置された4本に加え、楕円形で入口側に1～2本加えた柱穴配置が出現する。このなかで3号住の炉は五角形石囲炉、柱穴配置は7本柱穴で、炉の平面形と柱穴配置の平面形に類似性が見られる。新道式新段階の住居は楕円形プランで5～8本柱穴を特徴とし、炉形態には方形と五角形の2者があり、炉の平面形と柱穴配置の平面形にやはり類似性を指摘することができる。新道式期では柱穴が直径70～100cmと太くなり、周溝、柱間溝をもつものがあるなど構造的な強化が図られている。

　要点をまとめると住居形態は五領ヶ台～狢沢式期では円形、4本柱、炉体土器で、柱穴は細く、集落形態は散漫であるが、新道式になると環状集落となり、住居は円形、4～7本柱、方形石囲炉で柱穴は太く、周溝が出現、一部

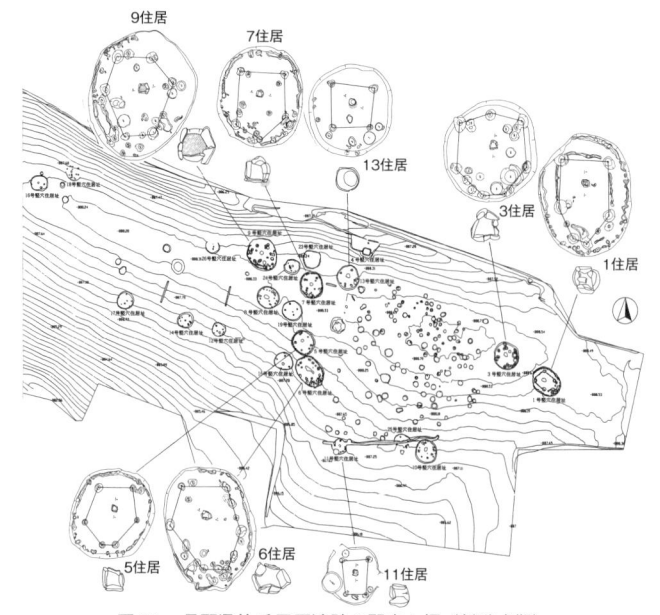

図31　長野県比丘尼原遺跡の竪穴と炉（新道式期）

柱穴配置および炉形態に新型式（五角形石囲炉）が出現する。住居群は4群構成で、各群1軒程度、1時期4軒程度からなる小規模な集落といえる（図32）。炉形態と柱穴配置、住居プランには関連性が認められ、狢沢式期以前の円形プランの住居では炉も円形の炉体土器を採用する。新道式期の主軸方向に長い楕円形プランの住居には五角形石囲炉が採用されている（図31）。このように、ここでも炉、柱穴配置、住居プランに類似性を確認でき、穿った見方ではあるが、相似形的拡大が図られた可能性を指摘したい。

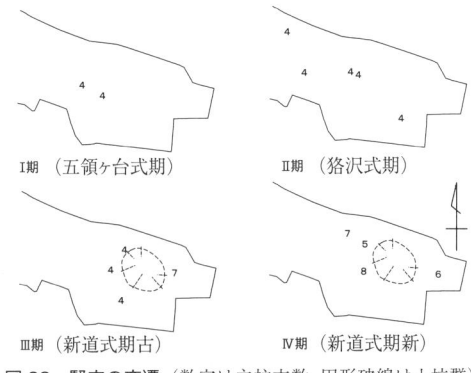

図32　竪穴の変遷（数字は主柱本数、円形破線は土坑群）

（3）　山梨県北杜市古林第4遺跡（図33）

住居19軒からなる直径70mの井戸尻式期の環状集落。住居は以下の3時期に分けられる。

Ⅰ期（藤内Ⅰ～Ⅱ式期）－ 12住（1軒）

Ⅱ期（藤内Ⅱ～Ⅲ式期）－ 5・8・15・16号住（4軒）

Ⅲ期（藤内Ⅳ～井戸尻1式期）－ 1～4・6・7・9～11・13・14・17・18・20号住（14軒）

集落はいわゆる環状集落で、中央東寄りに径20mの円形の範囲に土坑群がある。時期別に集落の変遷をみると、Ⅰ期は南側に1軒のみで、Ⅱ期に径20mの範囲に4軒からなる住居群が成立し、柱穴数7本の大形楕円形住居を中心に5～6本柱穴の小～中形円形住居3軒がまとまる。Ⅲ期には北側に新たな住居群が出現し、南北2群からなる環状集落となる。北群は7本柱穴と考えられるやや大形の2軒を中心に4～5本柱穴の3軒があり、南群ではやや大形で7本柱穴の2～3軒を中心に5～6本柱穴の4軒が存在する。2大群6小群構成の集落である。

炉はほとんどが石囲炉で、五角形、方形、方形平置きに分類でき、五角形から方形平置き石囲炉へと変遷する。炉形態と住居プラン、柱穴配置との関連に

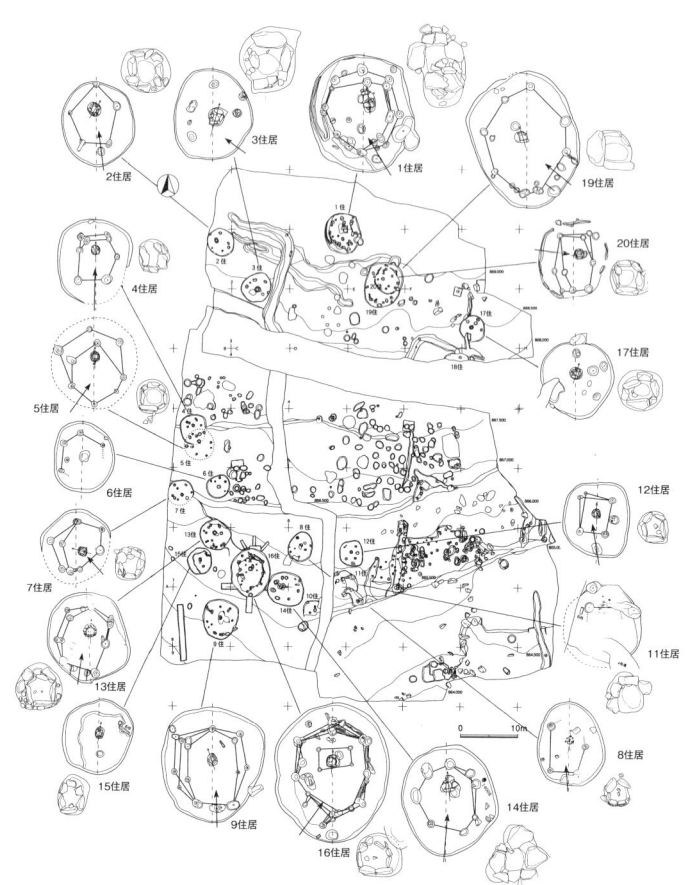

174　Ⅳ　北陸・中部地方の縄文集落と世界観

図33　山梨県古林第4遺跡の竪穴と炉（矢印は推定出入り口）

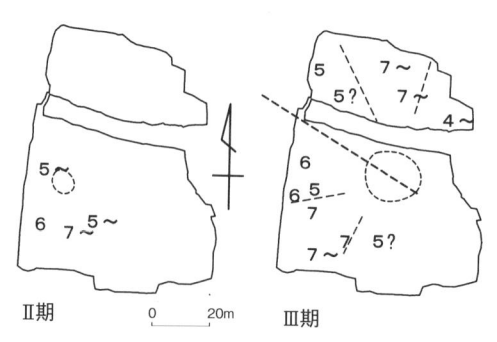

図34　古林第4遺跡の竪穴の変遷（円形破線は土坑群）

ついては明確ではないが、4本柱穴では方形石囲炉、炉の奥壁側に柱穴をもつ5・7本柱穴では五角形石囲炉を採用する傾向がある。

　このように、やや大形の住居周辺に小形住居が群在し、1単位1〜3軒の小群3群が2群ずつ南北対に配置した集落で（図34）、方形あるいは五角形石囲炉と住居の柱穴配置に平面プランの関連性がみられるとともに、円形プランの住居、円形の土坑群、住居の環状配置に環（円）の意識をうかがうことができる。

（4）　長野県駒ヶ根市辻沢南遺跡（図35）

　中期後半、唐草文2〜4期の大形集落で、計107軒の住居が環状あるいは双環状に分布する。時期別に分類すると唐草文2期44軒、3期36軒、4期8軒で、集落出現期にあたる唐草文2期には中央に径40mの広場をもつ径90mの環状集落が成立し、東側調査区外にかけて別の環状集落が8の字状に存在するらしい。3期では環状集落が崩れて径70m程度に小形化し、東側の推定環状集落が隆盛する。4期では住居数が激減し、住居は帯状に散在する。

　住居を柱穴本数で型式分類すると次のようになる（図36）。

　4Ⅰ類—4本の主柱穴をもち、平面形は円〜隅丸方形。

　4Ⅱ類—AⅠ類の特徴に加えて出入り口部に2本の対ピットをもつ。

　5Ⅰ類—主軸線上、出入り口側に柱穴1本をもつ5本柱穴。

　5Ⅱ類—主軸線上、奥壁側に柱穴1本をもつ5本柱穴。

図35　長野県辻沢南遺跡（気賀沢1988）

図36 竪穴の諸例

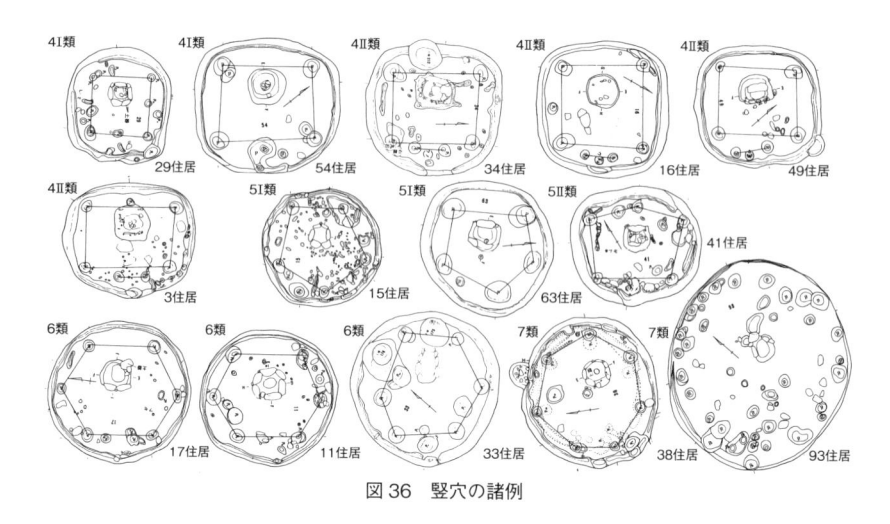

　6類—6本主柱で、主軸線上に柱穴が位置しない。
　7類—7本以上の柱穴をもつ住居を一括する。
　住居型式は唐草文2期に4Ⅰ・5Ⅰ・5Ⅱ・6類が存在し、3期になると5Ⅰ・5Ⅱ類が消滅、4Ⅱ類が登場し、6類は減少する。集落構成を住居型式の視点からみると、唐草文2期では広場をはさんで東西に6類、南北に4Ⅰ類が分布し、その間に割り込むように5類が分布する分節構造が比較的明瞭である。同一型式が広場をはさんで向かい合う対峙性を示し、新潟県五丁歩遺跡の長方形建物の分布のあり方と共通した特徴を表わすものとして評価できる。集落南西側、4Ⅰ群と6群の間に集落の開口部があり、あまり明瞭ではないものの環状集落を2大群に分ける分割線が北東側から南西側に想定でき、全体では2大群7小群構成となる（図37）。炉形態は方形石囲炉で焚口側（出入り口側）を2枚の平置きとし、角に礫を添えるタイプが最も多く、2期の4Ⅰ類、3期の4Ⅱ類に伴い、2期に出現、3期まで継続する炉形態である。柱穴配置の長方形と合致するように炉も方形を呈し、プランの共通性がある。5類ではA類に伴う方形石囲炉が目立つなかで五角形を意識したような炉がある（14・15・43号住）。6類は2期に多い型式であるが、炉は6角形の柱穴配置を意識したかのような6角形の事例（11号住）、礫を多数用いた楕円形（33号住）、円形に近い多角形（38号住）がある。炉形態が柱穴配置と共通性をもつというあり方は、

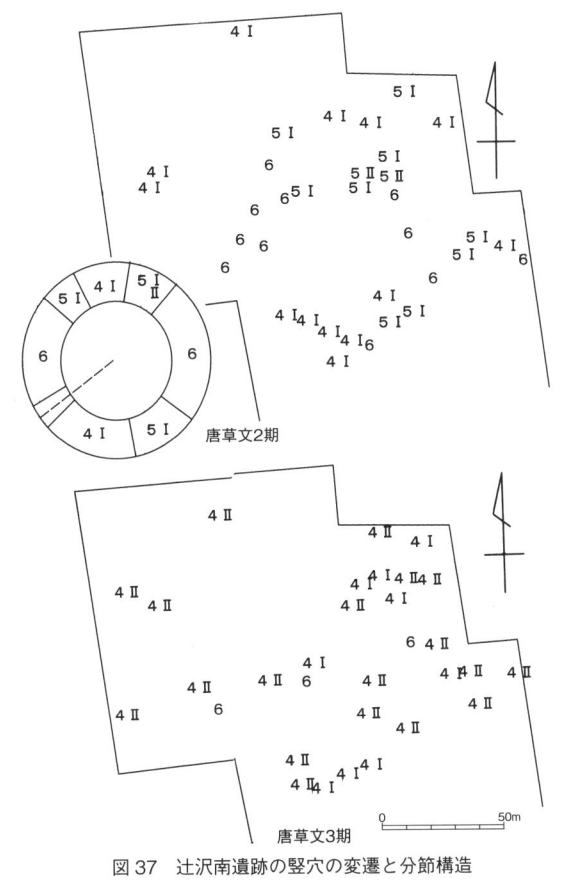

図37　辻沢南遺跡の竪穴の変遷と分節構造

例外的な事例も存在するものの、中期後半になっていっそう明確化する現象といえる。

（5）住居と環状集落にみるミクロコスモス

前期から中期の4遺跡の分析によれば、炉の平面形と柱穴配置、住居の平面形の間には類似性が存在し、それらは集落を形成した縄文人の何らかの意識の反映と考えられる。さらに、この意識は集落形態にも及ぶと考えられ、環状集落は炉、柱穴配置、住居平面形の拡大形を意味するものと推定しておく。

住居の炉について、明り取り、暖房用、調理用といった現実的日常効果とは別の役割、つまり住まいの中心としての象徴性、聖性を積極的に評価すべき

と主張したのは小林達雄で、炉とその火が存在してはじめて住居は縄文人を包み込むイエとなったと評価した。これまでの物質的研究中心の考古学に対し心性（精神面）の側面からの取り組みの必要性を指摘するものといえるが、このような考古学で見出しにくい部分に関しては、世界各地の民族誌の調査事例がおおいに参考になる（原 1998、藤井 2000 ほか）。

　各地の民族誌は家屋を身体としてとらえる事例を指摘する。住居を生きているもの（living house）とみなし（ウォータソン 1997）、各部位を人体の名称になぞらえて命名することが多い。例えば「住居には背骨、眼、足、体、肛門、顔、頭、骨、そして子宮や膣がある」といい（チモール・テトゥム族など）、炉は住居の中心で、「心臓」あるいは「臍」とされる。建築にあたっては手・肘などの人体尺（人体寸法）を用いることが多いが、その基準とされるのは家の所有者となる主人（バリ島など）、あるいは妻の身体であって、そうすることで住居は居住者とつながりを強め、建物の命と居住者の命が結びつきを強めるとされる。アイヌでも屋根をチセ・タパ（家の頭）、側壁をチセ・ヅマム（家の胴）、屋内をチセ・ウプソル（家のふところ）と呼び、家の各部を鼻、まつ毛、脳に例えるなど人体隠喩が行なわれ、新しい家で初めて火を焚くことを「家に魂をもたせる」という例が紹介されている（田中 2006a）。生命力をもつ家屋は、やがて「病気」や「死」に至ることがあるが、居住者のいない家や人が絶えて朽ちかけた家が、生命力を失った印象を与えるのは現代日本でも同じである。

　さらには、村落自体が「頭」「足」「臍」といった人体の隠喩表現で呼称される例、村の背後の山、手前の谷を含めた村を取り巻く地形を人体とみなし、人体方位をもとに集落形成を説明するタイ・ヤオ族の例（常見 1978）、耕作地や河川、島そのものに対しても人体的イメージを与えた例があり、身体的分割が住居、集落、都市、景観、世界、さらには宇宙といったあらゆる空間を分割する原理となっていることが、すでに指摘されている（ウォータソン 1997、市川 1982）。

　東南アジアでは死後の世界もまた一般集落と同様な構成をもつとされ、例えばマダガスカル・メリナ族では集落内に家を模した墓が作られる。また、村の広場に並べられた墓石は「腐らない住まい、壊れない床」、あるいは「煙のたたない起源の家、火が灯されることのない村落」、「冷たい家」と呼ばれ

る事例をウォータソン（1997）は紹介する。そうした観点にたつならば、縄文集落の広場に集中的に形成された土壙墓群も「死者の家」が集まる「死者の村」と表現でき、死者の家、死者の集落という視点で集落内土坑群を再確認する必要がある。例えば、群馬県安中市中野谷松原遺跡（諸磯ｂ式期）の楕円形に広場を囲む柱穴列、長野県富見町居平遺跡（図38）の土坑域を囲む環状の柱穴列は、実際に柱が直立していたならば、穿った見方かもしれないが死者が住む世界（空間）を支える象徴的な柱であったと考えられる。

図38　長野県居平遺跡（谷口 2005）

さらに居平遺跡で注目したいのは、土坑群の中央に環状構成をなす集落配置と同様な広場的空間地があって、土坑群自体が環状を呈す点である。

中央広場の環状土坑群がその中心に空間地をもつ点について、谷口康浩（2005）は東京都多摩ニュータウンNo.107遺跡、岩手県紫波町西田遺跡、東京都立川市向郷遺跡などの事例をあげ、住居群同様の分節構造をもつ点を指摘する。それらの中には住居小群と土坑群が対応関係をもつ事例がみられ、住居群の分節構造と土坑群の分節構造との関連性、穿った見方をすれば住居群の縮小形態としての土坑群のあり方を示す例がある。さらに、環状土坑群の中心には少数の土坑群が存在する例があって、谷口は「特定の死者への特別な取り扱いを示すもの」という考えを示しているが、これは環状集落の中央に墓域をもつ構成を縮小した形とみなすことができるだろう。このような環状土坑群は「死者の村」とよぶにふさわしく、生者の村を模した死者の村のレイアウトと理解すると、生者の村の中に死者の村をもつ姿と表現でき、中央に土坑群が形成された環状集落とはふたつの集落（生者の村と死者の村）の入れ子構造であることがわかる。本論では詳しく取り上げなかったが、長野県茅野市聖石遺跡（図39、中期後半）では四方位を意識するかのように集落形全体が方形となり、4群大別が可能で、土坑群も住居域の内側に4群の方形に群在し、集落全体で

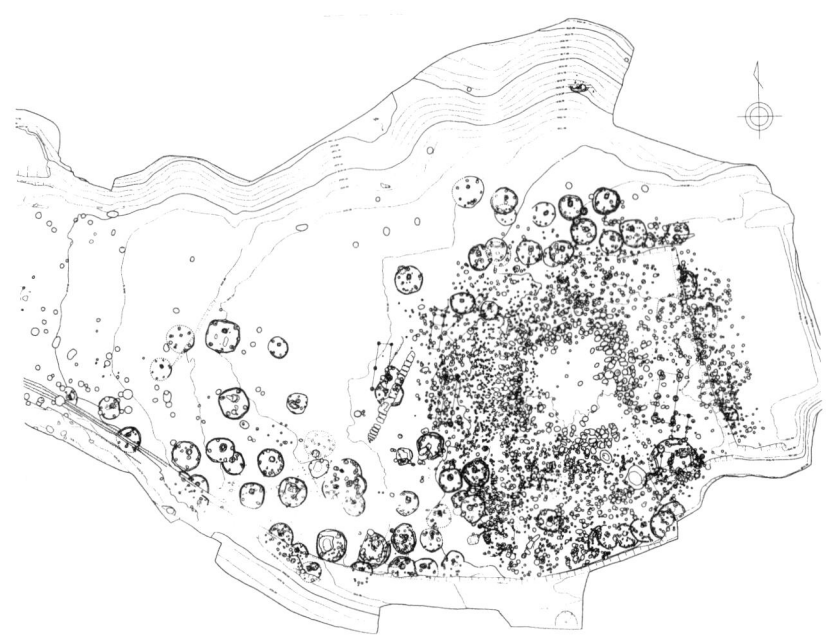

図 39　長野県聖石遺跡（寺内ほか 2005）

は 2 重の方形をなすように見える。聖石遺跡の主体をなす中期後半の住居が方形石囲炉、4 本柱穴の隅丸方形に近い平面プランをもつことから、炉形態、住居プランと集落形態、土坑群の形態を貫徹する規画性がうかがえ、居住域と墓域形態の入れ子構造、相似形意識を表わすと思われる。

　居平遺跡のように土坑群を囲む柱穴列に関連して想起されるのが、中期末から後期に東日本各地で出現する環状列石である。環状列石内での土壙墓群形成は明らかではないが（石坂 2004）、例えば、群馬県安中市野村遺跡の環状列石は、環状というより隅丸方形で、集落を構成する敷石住居の主体部プランはやはり隅丸方形を呈し、住居と環状列石は相似的である。また、堀之内 2 式から加曽利 B 1 式期頃に列状の集石とそれに沿って敷石住居が並ぶ事例が目立つが、敷石住居形態の方形化、方形を強く意識した方位観との関連性がうかがえる。

　水平方向の世界観とともに指摘されるのは垂直方向の世界観で、とくに東南アジアの高床式建物に居住する人々は、床面と床下、床上（天井）の空間区

分から地下、地上、天上の上下の世界観を強く意識する。また移動式の天幕（ユルト、パオ）では円形の屋根は天空であり、天井の穴は太陽、あるいは北極星とみなされ、アルタイ語族では天上・地上・地下世界の3つの領域を支える中央軸が穴から通ると解釈されている（トゥアン1992）。縄文時代の垂直方向の世界観は集落遺構からは見出し難しいが、それを縄文土器の文様から読み取ろうとする研究がある[1]（武藤1978、田中2006b、石井2009）。

中期の土器には口縁部に2単位の向き合った突起や4～7単位程度の小波状があり、胴部文様帯は大きく2単位で構成されることが多い。その文様分割や単位には集落が2大別構成をなし、複数の小単位に分割されるという集落構造のイメージが重なる[2]。竪穴住居には家屋の中心としての炉の中に土器が置かれ、その周りには家屋空間を支える柱が立ち並んで住居というミクロコスモスが形成されている。その外には集落があり、さらに外側には自然景観、宇宙が広がるという同心円的な世界観が取り巻いている。それを暗示するのが土器の文様構成、炉石の形、住居の柱穴配置、住居の平面プラン、土坑群、集落構造の間にみられる類似的、同心円的な入れ子構造と考えられるのである。

住居群の中に墓域を内包する縄文時代の環状集落は、生者の村の内側に死者の村を抱いた入れ子構造をなし、住居はミクロコスモスとしての世界観を表現する。世界観は水平方向、垂直方向の二つの方向性をもち、水平方向には炉、住居、集落、景観、宇宙という同心円的な広がり、垂直方向には天上、地上、地下という構造を推測できる。炉に置かれる土器は、そうした二つの世界観を凝縮した文様と文様構成を表わしたものといえよう。このように縄文時代の世界観探究については、考古学的には住居研究、集落研究、土器研究の3方向からのアプローチが必要で、建築人類学や民族誌もおおいに参考すべきであろう。

注

(1) 土器文様から世界観を読み取ろうとする武藤雄六（1978）、田中基（2006b）は、抽象文土器と呼ばれる一対の山椒魚文を胴部にもつ藤内式土器を例にあげ、文様帯で区切られた土器の垂直面に天上・地上・地下（水）界の円筒宇宙を表出したものと考える。そこでは各地の神話にしばしば見られるように2匹の水棲動物（巨魚）が地下で世界（宇宙）を支えるモチーフと解釈し、口縁部文様帯

の円文を太陽とみなしている。
(2) この点については、石井匠（2009）が土器空間とムラ空間に類似した分節構造が存在することを指摘し、筆者とほぼ同じ見解を示している。

引用・参考文献

イーフー・トゥアン　小野有五・阿部　一訳 1992『トポフィリア　人間と環境』

山本　浩訳 1993『空間の経験　身体から都市へ』

石井　匠 2009『縄文土器の文様構造―縄文人の神話的思考の解明に向けて―』未完成考古学叢書 7

石原正敏 2003「新潟県における縄文中期前・中葉集落―研究史と概要―」『新潟県の縄文集落―中期前葉から中葉を中心に―』

石坂　茂 2004「関東・中部地方の環状列石―中期から後期への変容と地域的様相を探る―」『群馬県埋蔵文化財調査事業団研究紀要』22

市川　浩 1982「身体・家・都市・宇宙」『叢書　文化の現在 2　身体の宇宙性』

木下哲夫・布尾和史 2001「石川県・福井県における縄文時代集落の諸相」『列島における縄文時代集落の諸様相』

櫛原功一 1989「縄文時代の住居形態と集落」『山梨考古学論集Ⅱ』

櫛原功一 1991「住居型式の変遷」『山梨県考古学協会誌』4

櫛原功一 1994「縄文中期の環状集落と住居形態」『山梨考古学論集Ⅲ』

櫛原功一 1999「縄文時代の住居と集落」『山梨県史　資料編 2』山梨県

櫛原功一 2001「山梨県における縄文時代集落の諸様相」『列島における縄文時代集落の諸様相』

櫛原功一 2006「住居型式研究の課題」『2006 年度研究集会資料集　縄文集落を分析する』

小林達雄 1993「縄文集落における二者の対立と合一性」『論苑考古学』

小林達雄 2008「住居空間の聖性」『縄文の思考』ちくま書房

品田高志 2003「柏崎平野の縄文集落―柏崎平野南部 64km²の動態―」『新潟県の縄文集落―中期前葉から中葉を中心に―』新潟県考古学会

縄文集落研究グループ・セツルメント研究会 2004『縄文集落の新地平 3―勝坂から曽利へ』

末木　健 1984「山梨県下の縄文時代遺跡」『日本考古学協会昭和 59 年度大会シンポ

ジウム　縄文集落の変遷』
大工原豊 1998『中野谷松原遺跡』安中市教育委員会
高橋　保 2003「五丁歩遺跡と清水上遺跡の比較検討」『新潟県の縄文集落』
田中　基 2006a「呼吸する縄文家屋―母胎としての家―」『縄文のメドゥーサ―土器図像と神話文脈―』(1984『ライフサイエンス』11―9が初出)
田中　基 2006b「クラゲなす大地と世界魚―ミヅチ文深鉢と天地創造神話―」『縄文のメドゥーサ―土器図像と神話文脈―』現代書館(1984『縄文図像学Ⅰ』が初出)
常見純一 1978「ヤオ族の住居と附属小屋」『東南アジア山地民族誌　ヤオ族とその隣接諸種族』
谷口康浩 2005「分節構造と出自集団」『環状集落と縄文社会構造』(2002「環状集落と部族社会―前・中期の列島中央部―」『縄文社会論(上)』が初出)
寺崎裕助・佐藤雅一・石原正敏・阿部昭典・越川欣和「新潟県における縄文時代集落の諸様相」『列島における縄文時代集落の諸様相』
トーボー・フェーガー　磯野義人訳 1986『天幕―遊牧民と狩猟民のすまい―』泰流社
戸沢充則 1988「縄文時代の住居と集落」『長野県史　考古資料編　全一巻(四)遺構・遺物』
長崎元広・宮下健司 1984「長野県における縄文集落の変遷」『日本考古学協会昭和59年度大会シンポジウム　縄文集落の変遷』
長野県考古学会諏訪地区会 1992「学習会記録　中越文化の集落と住居と建物―阿久尻遺跡をめぐって―」『長野県考古学会誌』67
新潟県考古学会 2003『新潟県の集落』
新津　健 1984「縄文時代前・後・晩期の集落」『日本考古学協会昭和59年度大会シンポジウム　縄文集落の変遷』
新津　健 2000「鋳物師屋遺跡の縄文中期集落―住居構造と集落の変遷」『山梨県考古学協会誌』11
橋本　正 1976「住居住居の分類と系譜」『考古学研究』23―3
長谷川豊 1994「唐草文土器分布圏における住居住居址の一類型」『地域と考古学』
原　広司 1998『集落の教え100』
林　謙作 2004『縄紋時代史Ⅱ』
藤井　明 2000『集落探訪』
藤森栄一編 1965『井戸尻』

布野修司編 2005『世界住居誌』
三上徹也 1993「縄文時代居住システムの一様相―中部・関東地方の中期を中心として―」『駿台史学』88
宮坂英弌 1957『尖石』
水野正好 1969「縄文時代集落研究への基礎的操作」『古代文化』21―3・4
武藤雄六 1978「文様の解読」『曽利』富士見町教育委員会
山田昌久 2004「青田遺跡の木質遺物から議論できること」『青田遺跡』新潟県教育委員会・㈶新潟県埋蔵文化財調査事業団
山本正敏 2001「富山県における縄文時代集落の諸様相」『列島における縄文時代集落の諸様相』
山梨県考古学協会 2006『2006年度研究集会資料集 縄文集落を分析する』
ロクサーナ・ウォータソン 布野修司訳 1997『生きている住まい 東南アジア建築人類学』
若林弘子 1986『高床式建物の源流』弘文堂

V　関西地方の縄文集落と縄文社会

瀬 口 眞 司

第1章　関西地方の集落研究の現状と課題

　東日本の縄文集落研究では、規則的な空間構造を持つ大規模環状集落やそれを含む遺跡群を素材として、集落や集団の構造・歴史を問う研究が盛んに行なわれてきた（和島 1948、水野 1969、小林 1973 ほか）。しかし、本論で扱う関西地方の場合、発見される集落は小規模なものが多く、規則的な構造も明確でない。この制約のため、集落や集団の構造や歴史を問うような研究は低調だった。

　それに代わって、集落論として蓄積されてきたのは、遺跡動態論的な検討である。この検討の特色は、対象範囲内の遺跡から出土する土器型式に注目し、その分析から各遺跡の継続性と遺跡間の補完関係を整理する点にあり、その作業をもとに集落の領域やその構造、集落の動態やその背景を問うてきた。

　関西地方におけるこのような検討の嚆矢は、泉拓良の分析である（泉 1985ab）。泉は比叡山西南麓の遺跡群を分析し、①遺跡群の範囲が直径約 6 km に収まることから、これが「集落の領域」・「集落の範囲」であること、②この領域はシカやイノシシなどの狩猟に伴う移動の範囲であり、居住地を移動する範囲でもあること、③居住地の移動は「集落の領域」の中心部に限られ、この地点が基本的な居住範囲であって、ほかの地点は、出土遺物量が少なく住居も見られないので、作業場か短期の生活跡であること、④ただし、遺跡が増加する縄文時代中期末には、「集落の領域」の中心部以外の地点でも住居が確認できるので、人口増加に対しては、居住範囲の拡大ではなく、近接した他地点への分村という形で応じていたことなどを指摘した。同様な論点と手法は、その後、後続する研究者にも継承され、成果が蓄積されてきたところである（千葉 1993、高松・

矢野 1997、大野 1997)。

　近年は、議論のいっそうの展開のために、論点と手法の変換が提言され、その実践も始まりつつある。本論の対象地域に隣接する中国地方では、集落研究史を振り返った山田康弘が、住居、土坑、柵列などといった遺構の相互関係から具体的な集落構造とその変遷を探求する必要性を提言した（山田 2001）。冨井眞は、居住域と埋葬域の関係に注目しながら京都府下の資料を分析し、後期初頭まで両域は近接する傾向にあるが、後期前葉になると居住地とは別に葬送用地が選ばれ始める傾向を指摘した（冨井 2000）。また、岡田憲一や筆者は、居住域・埋葬域・貯蔵域の関係を分析し、その結果を起点にして社会組織のあり方と変化を問い始めている（岡田 2005、瀬口 2005a）。このうち岡田は、後期中葉以降の人口増加を契機として、狩猟のキャッチメント・エリアの保持が難しくなり、それが社会組織の再編成を引き起こした可能性を考えている。そして、その再編成は居住域から埋葬施設群を独立させるとともに祭祀施設を付加させる動きを促し、小集団の統合を強化するための葬祭空間を生み出したこと、その結果として、埋葬遺構群のみの、ないしはそれに祭祀遺構・遺物群が加わった大規模遺跡が増えたことを想定している。

　また、全国的視野から見た関西地方における課題も指摘され始めている。その代表は鈴木保彦の問題提起であり、以下のような２つの課題を示している（鈴木 2003・2006）。

　鈴木が提示した第１の課題として、大規模環状集落が関西地方で成立しなかった理由の検討とその考察の深化がある。まず東日本の様相を示し、中期末に「大規模集落が没落・解体し、零細な小規模集落」となったこと、その要因として「気候の冷涼化が及ぼす自然環境の変化」が指摘されることを示した。そして、このような推移と比べ、関西地方の場合は小規模な集落しか見られない時期が長期にわたることを指摘した。鈴木が重視したのは、この小規模性が長期にわたるという点である。この点を踏まえるならば、関西地方の小規模性の要因は「単純なものではなく、多様な要因」が考えられると指摘し、この要因の検討の必要性を訴えた。

　第２の課題は、集落の規模・機能、遺跡間の機能的関係の整理・検討である。鈴木は再び関東地方の様相を示し、「ひとつのエリアの中に墓域や祭祀施設など

の各種の施設が備わった中心的な大規模集落があり、その周辺に派生的な小規模集落がみられる」という特徴を改めて指摘した。そして、このような特徴に対し、関西地方の場合は中核となる大規模集落が存在せず、個々の小規模集落は「各個に自立的存在であった」と想定した上で、「これらが同属的意識のもとに共同で構築、経営した集団墓地や祭祀施設が存在した可能性」を考慮していく必要があることを指摘した。

　鈴木の問題提起や岡田らが着手した問題の検討は、関西地方の縄文集落論や縄文社会論を深める可能性がある。そこで本論では、その可能性の実現に向け、①資料の状況の整理と確認を行ない、②集落の機能や遺跡間の機能的関係の推移に関する基礎的検討と、③大規模環状集落が成立しなかった理由の模索を試みる。

第2章　関西地方の縄文集落の変遷と特徴

第1節　草創期～早期の集落

　本論では、関西地方の縄文時代の集落と集落関係遺跡を主たる検討対象とする。ここでいう関西地方とは、福井・京都・兵庫・三重・滋賀・奈良・大阪・和歌山の2府6県を指す。また、集落とは住居を検出した遺跡を指し、集落関係遺跡とは住居は未検出だが、貯蔵穴や埋葬遺構といった施設を検出した遺跡を指すことにする。検討に際して用いる時期区分は表1のとおりとする。

　検討の手始めとして、ま

表1　時期区分

大別	細分	土器形式
早期	前葉	ネガティブ押型文土器群
	中葉	ポジティブ押型文土器群
	後葉	条痕文系土器群
前期	前葉	羽島下層Ⅰ式・清水ノ上Ⅰ式
	中葉	羽島下層Ⅱ式～北白川下層Ⅱa式
	後葉	北白川下層Ⅱb式～大歳山式
中期	前葉	船元Ⅰ式
	中葉	船元Ⅱ～Ⅳ式
	後葉	里木Ⅱ式～北白川C式
後期	前葉	中津式～北白川上層式Ⅱ期
	中葉	北白川上層式Ⅲ期～元住吉山Ⅰ式
	後葉	元住吉山Ⅱ式～宮滝式
晩期	前半	滋賀里Ⅰ～Ⅲa式
	後半	篠原式～長原式

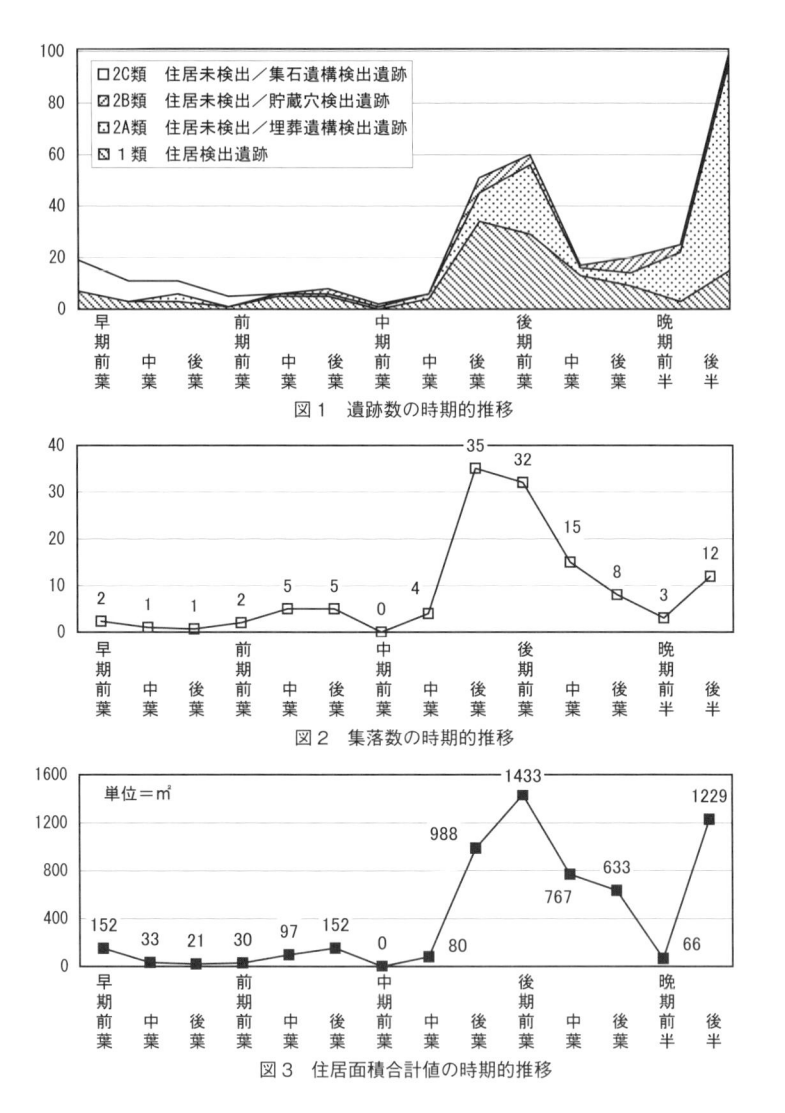

図1　遺跡数の時期的推移

凡例：
- 2C類　住居未検出／集石遺構検出遺跡
- 2B類　住居未検出／貯蔵穴検出遺跡
- 2A類　住居未検出／埋葬遺構検出遺跡
- 1類　　住居検出遺跡

図2　集落数の時期的推移

数値：早期前葉2、中葉1、後葉1、前期前葉2、中葉5、後葉5、中期前葉0、中葉4、後期前葉35、中葉32、後葉15、晩期前半8、前半3、後半12

図3　住居面積合計値の時期的推移（単位＝㎡）

数値：早期前葉152、中葉33、後葉21、前期前葉30、中葉97、後葉152、中期前葉0、中葉80、後期前葉988、中葉1433、後葉767、晩期前半633、前半66、後半1229

ず集落や集落関係遺跡の数量的変化に目を配りたい。関西縄文文化研究会の資料集成（関西縄文文化研究会 1999 ～ 2001）に基づくと、住居・貯蔵穴・埋葬遺構ならびに集石遺構が検出された遺跡数の時期的推移は図1のとおりとなる。また、住居が検出された集落数と住居面積合計値の時期的推移は、図2・3のとおりとなる。

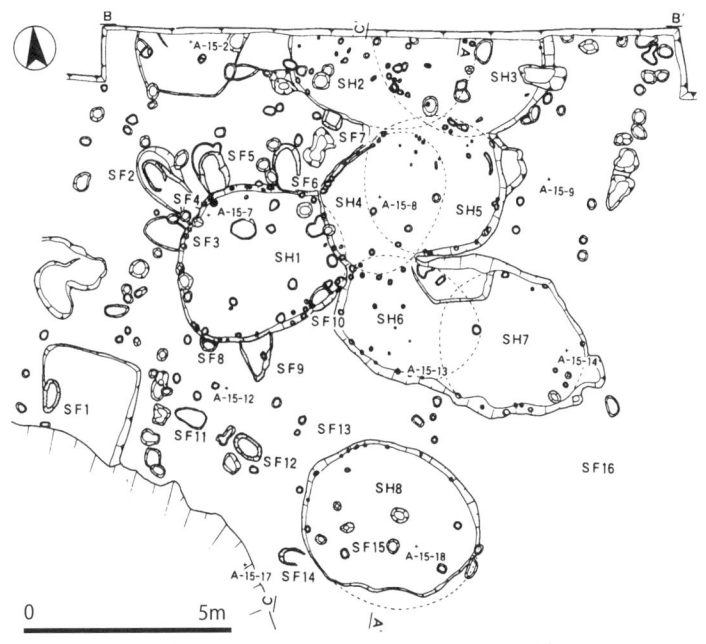

図4　三重県大鼻遺跡（早期前葉、三重県 1994a）

　これらのデータが示すとおり、早期の遺跡数・集落数は少なく、住居面積合計値も小さい。それ以前の草創期には明確な集落はほとんどなく、ほぼ唯一の事例として、三重県松阪市飯南町粥見井尻遺跡の事例が知られている。この遺跡は櫛田川の中位段丘緩斜面に位置する。4軒の住居が検出されており、いずれも略円形もしくは楕円形を呈していた。このうち2軒が直径6m前後のもの、残りの2軒が直径4m前後のものである（関西縄文文化研究会 1999）。この遺跡のほかにも、奈良県山添村桐山和田遺跡（山添村 1989）、同村北野ウチカタビロ遺跡（奈良県立橿原考古学研究所 1991）などで、隆起線文土器とそれに伴う石器群、遺構群が検出されているが、明確な住居は検出されていない。
　早期になると、関西地方の各府県で遺構が検出され始める。早期前葉には三重県亀山市大鼻遺跡、同県松坂市鴻ノ木遺跡、奈良県山添村大川遺跡で、明確な住居の確認例も見られるようになる。大鼻遺跡では住居8軒が検出され、このうち7軒分が重複して検出された（図4）。また同時期の焼土坑16基も検出されている（三重県 1994a）。鴻ノ木遺跡では、早期前葉の住居17軒、煙道付き

炉穴 19 基が検出されている（三重県 1994b ほか）。面的な調査ではないが、大川遺跡では 2 軒の住居が検出され、これに集石遺構や焼土坑が伴うことが判明している（山添村 1989）。

早期中葉の住居検出例としては、京都市北白川廃寺遺跡の 1 軒（㈶ 京都市 1994）や、神戸市西岡本遺跡の 2 軒がある（六甲山麓遺跡調査会 1989）。このうち、北白川廃寺例は、集石土坑 8 基を伴う可能性が指摘されている。

第 2 節　前期〜中期の集落

前期の様相　前期前葉の明確な集落の事例は、図 1 〜 3 が示すように皆無である。遺跡数も少ない。このような状況ではあるが、福井県鳥浜貝塚では、前期になると食料残滓としての貝類などの堆積が始まった。周知のとおり、この貝塚では、前期後葉にかけて貝層が形成され続け、膨大な量の土器・石器・骨角製品、漆塗り製品を含む大量の木製品が出土している。また、貝層堆積物の分析結果からは、旬を違える多様な食料の利用痕跡が確認でき、この点を根拠として定住集落が営まれた可能性も指摘されている（西田 1980）。

対象地域において、遺跡数・集落数が増加するのは前期中葉・後葉である。滋賀県域では、栗東市下鈎遺跡や安土町上出 A 遺跡で、この時期の明確な集落が検出されている。

下鈎遺跡では、約 300 ㎡の調査地内から、住居 2 軒のほか、「竪穴状建物遺構」 1 例や多数のピット群が検出されている（図 5）。また、土坑も 20 基以上検出され、このうち 7 基は貯蔵穴の可能性がある袋状土坑である。これらの遺構は前期中葉・後葉の土器を伴っており、住居から出土した土器の時期の中心は、北白川下層ⅡC 式期（前期後葉）にある（㈶栗東町 1993）。

上出 A 遺跡は約 1,000 ㎡（44m × 24m）の範囲で、住居 6 軒のほか約 80 基の土坑を検出した。住居出土土器の時期の中心は、北白川下層ⅡC 式期（前期後葉）にある。土坑も同様の時期の可能性が高いが、中期後葉や晩期後半のものも混在している可能性がある（滋賀県ほか 1999）。

そのほか、京都府舞鶴市志高遺跡では、隅丸方形と楕円形の住居が 1 軒ずつ確認され、隣接して土壙墓と考えられる遺構が 1 基検出されている（㈶京都府 1989）。また、大阪府藤井寺市国府遺跡では、前期中葉の土壙墓 48 基が検出さ

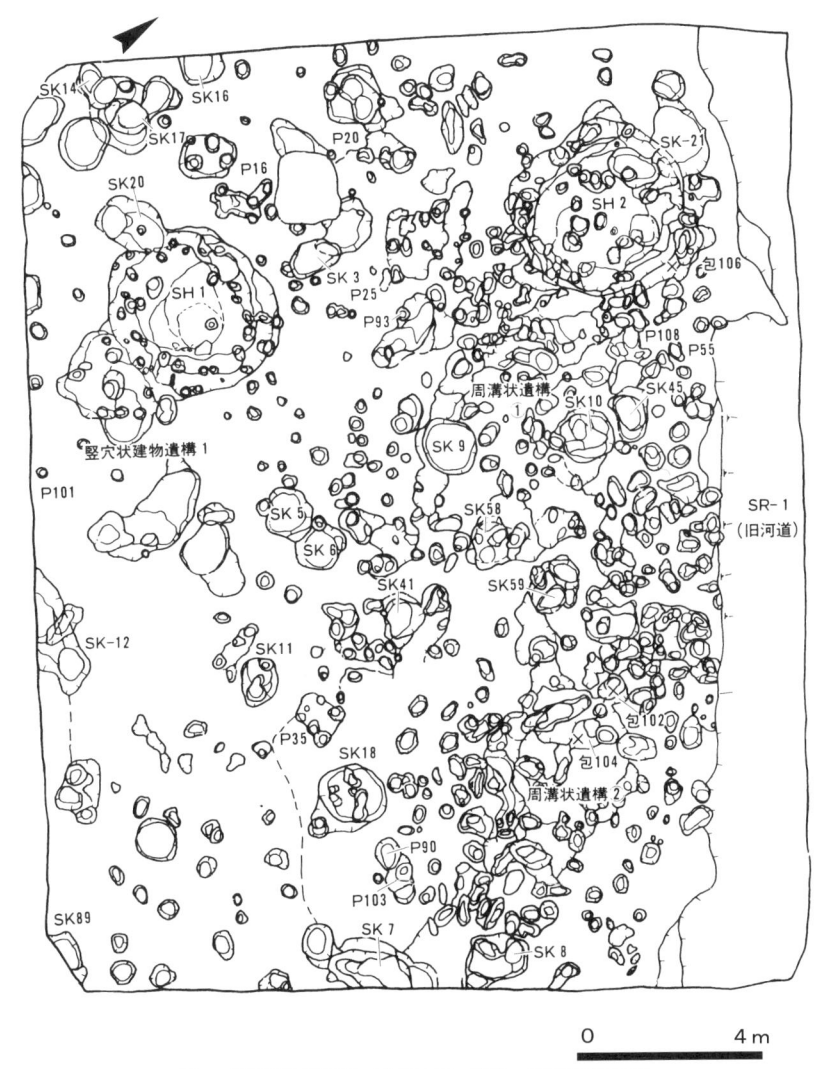

図5　滋賀県下鈎遺跡（前期中葉〜後葉、㈶栗東町 1993）

れている（藤井寺市 1998 ほか）。これに先行して居住域が存在したことも想定されているが、明確な住居は検出されていない。

中期の様相　前葉・中葉と後葉で大きく傾向が異なる。前期中葉に増加し始めた遺跡数・集落数・住居面積合計値は、中期前葉・中葉になると一旦大きく

減少するが、中期後葉になると各府県域で遺跡数、集落数、住居検出例が再び増える（図1〜3）。それと軌を一にして、貯蔵・埋葬・祭祀に関連する遺構も目立ち始め、居住域にこれらが付随する例も顕在化する。

　京都市日野谷寺町遺跡は、居住域に埋葬遺構が伴う例の1つで、中期後葉〜後期初頭の住居類似遺構3軒とともに、埋葬遺構の可能性もある配石土坑約20基が検出された（(財)京都市 1987）。奈良県天理市布留遺跡堂垣内地区では、中期末〜後期中葉の住居、貯蔵穴3基、埋葬遺構が検出された（埋蔵文化財天理教調査団 1984・1991）。大阪府和泉市仏並遺跡でも、中期後葉の住居3軒に伴い、屋外埋設土器2基が見つかっている（(財)大阪府埋蔵文化財協会 1986）。これらの事例から、貯蔵遺構や埋葬遺構を伴う集落の出現が指摘できる。

　第1章で述べたとおり、京都市北白川扇状地を分析した泉拓良は、この中期後葉に遺跡数が大きく増加する傾向を「分村化」として評価した（泉 1985ab）。大阪府域の遺跡動態を分析した大野薫も、遺跡数が2倍以上に増加する中期末葉〜後期前葉には、集落が分岐した可能性を想定している（大野 1997）。同様な評価は、京都盆地の遺跡動態を分析した千葉豊によってもなされている。千葉によれば、中期後葉に遺跡分布が盆地全体へ拡がり、同一土器型式の土器が出土する遺跡が複数存在することから、この時期に分村化が進んだ可能性があるという（千葉 1993）。

第3節　後期〜晩期の集落

　後期〜晩期は、配石土坑群、埋設土器群などが顕在化する時期でもある。これらの遺構群は居住域と近接して設けられる例のほか、兵庫県川西市加茂遺跡などのように、周辺に居住域が確認されず、埋葬遺構だけが検出される事例も目立つ（川西市 1996）。

　これらの時期は、大きく見て、後期前葉と後期中葉以降で傾向が異なる。後期前葉は、中期後葉に引き続いて遺跡数、集落数、住居面積合計値が多いが、後期中葉以降は減少傾向に転じる（図1〜3）。以下、2つに区分しながら傾向を整理してみたい。

　後期前葉の様相　この時期を代表する遺跡の1つは、滋賀県東近江市正楽寺遺跡である。この遺跡は後期前葉（北白川上層式Ⅰ・Ⅱ期）の集落で、流路沿い

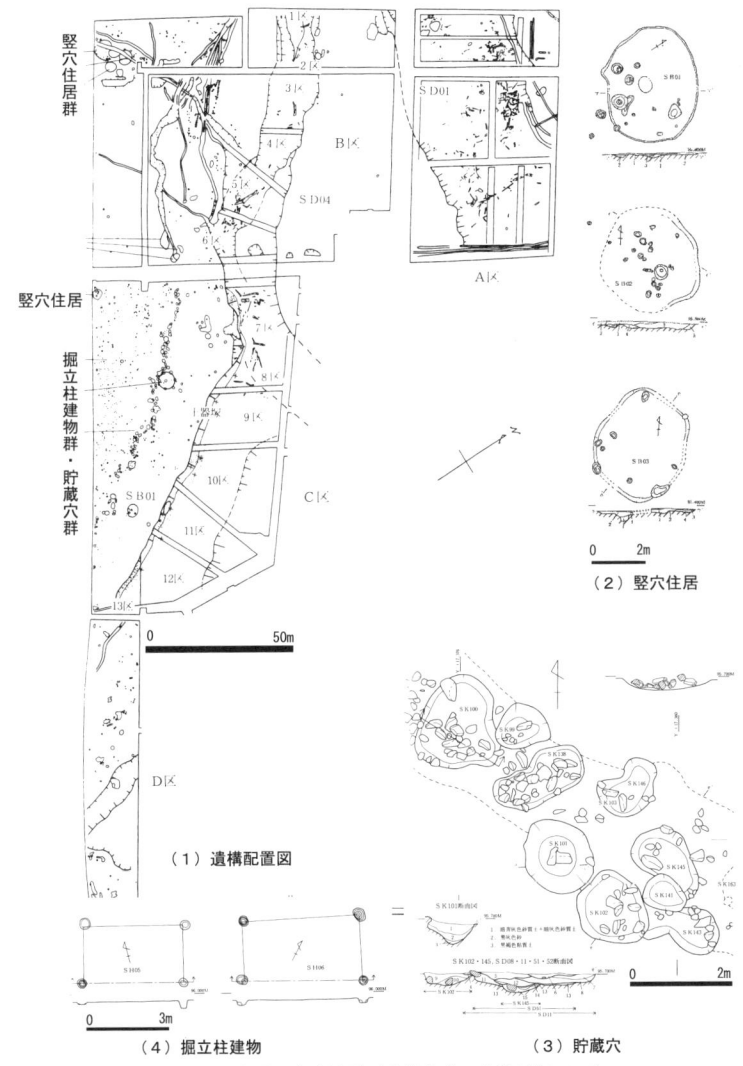

図6 滋賀県正楽寺遺跡（後期前葉、能登川町 1996）

に貯蔵穴群、掘立柱建物群、環状木柱列が設けられ、やや離れて住居5軒が検出されている（図6、能登川町 1996）。土壙墓は確認されていないものの、流路内の土器溜まりの最下層から人骨が検出されていることから、遺体を基点として儀礼な廃棄行為が執り行なわれていた可能性が指摘されている（岡田 2005）。

この時期には、埋設土器も顕在化する。京都市京都大学植物園遺跡では、配石土坑5基以上とともに、屋外埋設土器7基が検出された（京都大学文化財資料室1974、泉1977）。特に京大植物園遺跡では、周辺に居住域が確認されていないので、居住域から分離して設営された埋葬域だと認識されている。その一方で、異なる位置づけをされている集落も存在する。それは大阪府の仏並遺跡である。ここでは、中期末葉から北白川上層式Ⅱ期にいたるまでの住居が5軒検出されている（㈶大阪府埋蔵文化財協会1986）。住居内にいわゆる「埋甕」があるほか、周辺の土坑が墓である可能性も考えられ、居住施設と埋葬施設が近接して存在していたと指摘されている（岡田2005ほか）。対象地域における屋内埋設土器の評価はまだ定まっていないが、類例は京都府網野町浜詰遺跡など各地で確認されている（網野町ほか1958）。

　そのほかの事例としては、和歌山県海南市溝ノ口遺跡などがある。ここでは後期前葉の住居2軒に伴い、土壙墓3基、配石土坑2基、屋外埋設土器2基が検出されている（海南市ほか1987）。

　住居の群構造として注目されたのは東大阪市縄手遺跡である。ここでは後期前葉の住居群が検出された（縄手遺跡調査会ほか1971・1976）。直径30m前後の空白地の周辺に、住居群が巡ることから環状構造を呈する可能性も指摘された（泉1985a）が、調査区の面積が小さいので全体像が把握できず、断定はされていない。また、京都府舞鶴市桑飼下遺跡では、後期前葉～中葉の炉48基が確認されている（舞鶴市1975）。これらは24m×12mの空白地を取り巻くように分布するので、環状構造を示すともいわれる（泉1985a）が、調査担当者である渡辺誠は、住居が検出できなかったことなどを理由に認めていない。

　後期中葉～晩期の様相　図1～3で明らかなように、後期中葉になると、遺跡数・集落数・住居面積合計値は減少傾向に転じる。この減少傾向は、晩期前半に底を打ち、晩期後半になると遺跡数が再び増加する。ただし、その遺跡の多くは、居住域を伴わない土器棺墓の検出例や貯蔵穴群が大半であって、集落数はほとんど増加しないようである。

　滋賀県大津市穴太遺跡は、そのような動向の中で形成された事例の1つである。この遺跡では、後期中葉（元住吉山Ⅰ式・Ⅱ式）の住居6軒、配石遺構3基のほかに、流路に面して貯蔵穴が2基検出されており（滋賀県ほか1997）、各施

兵庫県東浦町佃(つくだ)遺跡(図7)も同様なケースで、4つの遺構面のうち第3文化層とされた後期中葉の遺構面からは、平地式の可能性がある住居4軒のほか、約30m離れた地点から貯蔵穴群が検出された(兵庫県 1998)。さらに、この佃遺跡では、晩期中葉になると、掘立柱建物を伴う住居群、貯蔵穴群、土器棺墓5基、配石土坑3基などが検出されている。また、神戸市篠原(しのはら)B遺跡では、晩期中葉頃の住居に伴い、土器棺墓が10基以上検出されている(多渕 1992)。

　以上のうち、佃遺跡の晩期中葉の例などは、住居群と埋葬遺構群の間に若干の距離があるので住・墓「分離型」の可能性も指摘されている(大下 2000)が、次のような事例と比べるならば、非「分離型」の範疇に含むべきかもしれない。

　奈良県大宇陀町本郷大田下(ほんごうおおたした)遺跡では、後期後葉から晩期前半にかけて、居住域を伴わない大規模な貯蔵穴群(42基)が形成されていた(図8、奈良県立橿原考古学研究所 2000)。担当者によれば、周辺の試掘調査では、いっさい、住居や生活の痕跡は検出されず貯蔵穴だけが群集していたと評価されている。同様な貯蔵穴群は、天理市布留遺跡三島地区(埋蔵文化財天理教調査団 1989)や、奈良市平城京左京三条五坊三坪下層遺跡(奈良県立橿原考古学研究所 1996)などでも検出されている。これらは後期後葉〜晩期前半の遺構で、個々の貯蔵穴の直径は2m前後をはかる大型のものだが、いずれも周辺で居住域が確認されていない。

　以上のような事例に加え、大規模埋葬遺構群が居住域を伴わない形で検出される例も目立つようになる。大阪府阪南市向出(むかいで)遺跡や三重県松坂市天白(てんぱく)遺跡がその代表例になるだろう。このうち、向出遺跡では、後期中葉から晩期後半までの埋葬遺構159基(長形土坑75基、大型正方形土坑84基)、晩期中葉篠原式期の埋設土器3基のほか、配石遺構などが検出されているが、住居は検出されていない((財)大阪府文化財調査研究センター 2000)。天白遺跡では、後期中葉〜晩期前半の配石遺構や埋設土器26基、埋葬遺構と考えられる土坑が認められ、石棒、石剣・石刀類のほか大量の土偶が出土している(三重県 1995、岡田 2005)。

　このような埋葬や祭祀に偏った機能を持つ遺跡は、晩期になるといっそう目立つようになる。滋賀県大津市滋賀里(しがさと)遺跡(図9)では、晩期前半・後半の埋葬人骨の検出された土壙墓44基と土壙墓の可能性があるもの37基、埋設土器

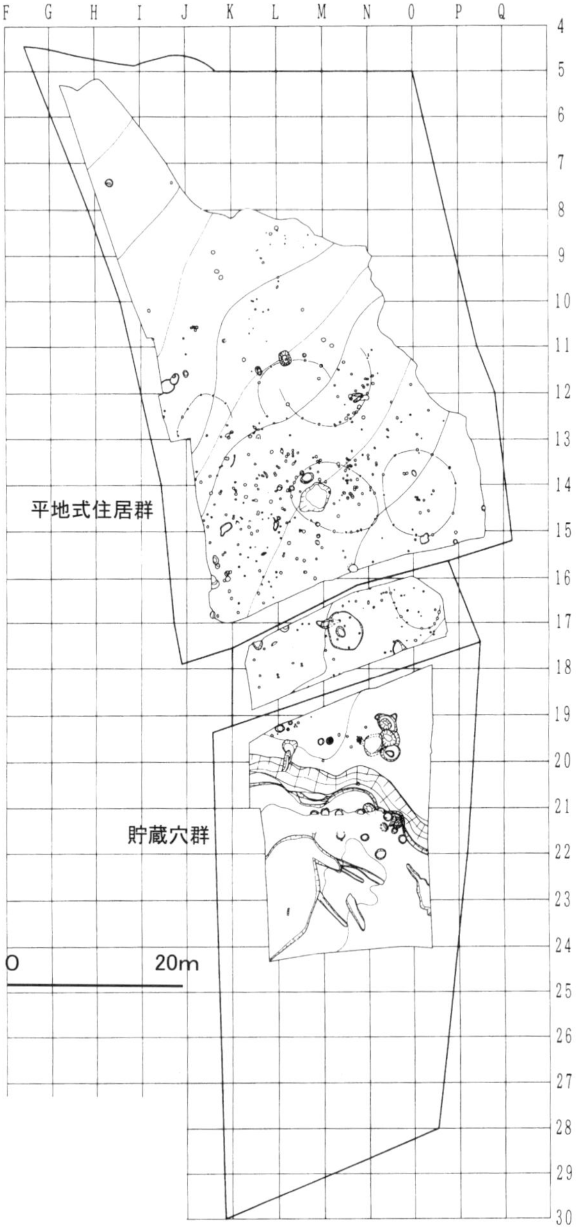

図7 兵庫県佃遺跡 第3文化層（後期中葉〜後葉、兵庫県1998）

図8　奈良県本郷大田下遺跡（後期中葉〜晩期前半、奈良県立橿原考古学研究所 2000）

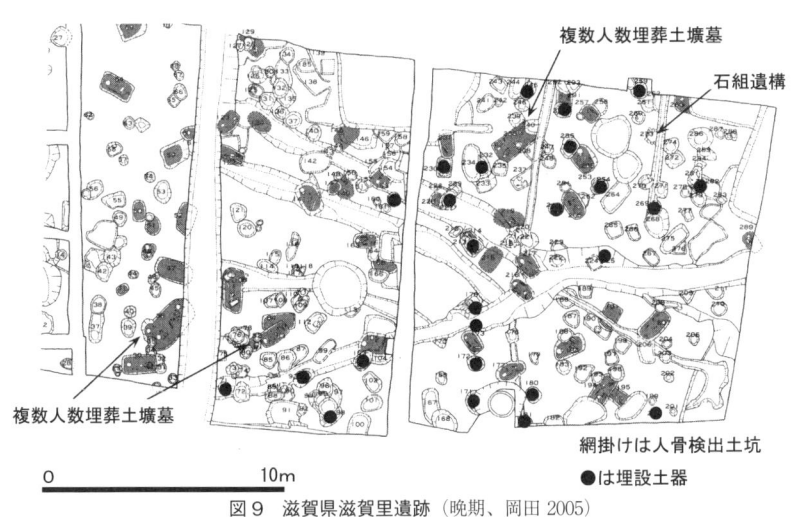

図9　滋賀県滋賀里遺跡（晩期、岡田 2005）

25基が検出され（滋賀県 1973）、高島市北仰西海道(きたげにしかいどう)遺跡では、明確な住居は確認されずに後期後葉・晩期前半から晩期後半にかけての土壙墓とされるものが100基以上、土器棺墓90基が検出されている（今津町 1987）。

　同様な例は、滋賀県域以外でも指摘できる。奈良市大柳生(おおやぎゅう)ツクダ遺跡では、長期にわたる多数の埋葬遺構を検出した（奈良県立橿原考古学研究所附属博物館 1999）。集落との関係は不明だが、複数の集落の共同墓地である可能性も指摘さ

れている（石井 2000）。さらに、奈良県橿原市橿原遺跡は、後期後葉末から晩期後半までの遺跡で、墓の存在を示唆する人骨が5体以上に加え、大量の土偶、多種多様な土製品・石製品が出土し、炉、柱穴、屈葬人骨、日常的に用いられたであろう土器・石器のほかに、石刀・石剣・骨角製装身具、動物形土製品も出土している。また、シカ・イノシシのほかに、タイ・クジラといった海産性の魚類やほ乳類の遺存体も存在していることから、盛んに祭祀を行ない、日常的に確保できる範囲を越えた食料・物資を交易によって得ていたことも想定されている（奈良県 1961）。少なくとも、遺跡開始期には居住域として機能していた可能性が推察されているものの、明確な住居は晩期後半まで検出されていない。

　また、この段階になると、いくつかの埋葬遺跡で、環状もしくは弧状の構造が指摘されている。最も確実な例は東大阪市に位置する日下遺跡である。これは第11・13次調査で検出された晩期前半の墓地で、7体の人骨が直径6.2mの円に沿って埋葬されていた（東大阪市 1985・1986）。なお、居住域との関係は不明である。同様の事例は奈良県大淀町越部ハサマ遺跡でも指摘され、埋葬遺構群の中央に空閑地が想定でき、主軸や頭位の方向などに規則性が見られることから、環状構造を呈する墓地の可能性が指摘されている（大淀町 1994）。

　以上、集落や集落関係遺跡の数量的変化や、関西地方を代表するいくつかの遺跡の様相を手がかりに、各時期の傾向とその推移について概観してみた。

　その結果、推定人口を示唆するような集落や集落関係遺跡の数は、特に中期後葉を境に増加することが見出せた。ただし、それは直線的な変化ではなく、増減の波動を描くものである。小さな増加期を含めるならば、前期中葉・後葉、中期後葉、晩期後半には増加するが、中期前葉・中葉、後期中葉〜晩期前半には減少傾向にも転じる。このことは、関西地方における重要な傾向として重視すべきだろう。

　また、関西地方を代表するいくつかの遺跡の様相を手がかりにするならば、集落の規模や構成にも時期的推移がありそうである。次章では、以上の成果を踏まえながら検討を深めてみたい。

第3章　集落から見た関西地方の社会の特質

第1節　集落規模の推移

（1）　作業方針

　本章では、まず、集落の規模や構成に関する数量的分析から集落の機能や遺跡間の機能的関係を検討する。そして、その検討結果に経済人類学的示唆に基づく考察を加え、関西地方における縄文社会の特質について見通す。

　本章第1の作業は、集落規模の数量的分析である。ここでは、集落ないし集落関係遺跡の規模を3つの項目の値から分析する。3つの項目とは、①住居面積合計値、②貯蔵穴容量合計値、③埋葬遺構数である。当然のことながら、これらの規模の大小は、形成時間の長短によっても左右されてしまう。そこで、ここでは表1の区分にしたがって、時期ごとの値を用いることにし、複数の時期区分にまたがってしまう場合は、便宜上の処置として、該当する時期区分の数で除して各時期に配分する。例えば、ある遺跡で後期前葉～後葉の3時期区分にまたがる貯蔵穴が検出され、その容量合計値が30㎥だった場合、前葉・中葉・後葉に10㎥ずつ割り振って取り扱うことにしたい。

（2）　住居面積合計値の分布とその推移

　対象とするのは住居を検出した遺跡である。この対象遺跡における各時期の住居面積合計値を算出し、その値が示す傾向をもとに分析を進める。

　ところで、住居から集落規模を把握するには住居数を用いる場合が一般的かもしれない。しかし、ここで問題としたい規模とは、おおよその居住者数である。個々の住居の規模はまちまちなので、居住者数を算出するには、数よりも面積やその合計値を用いるほうが合理的だろう。そこで、本論では各遺跡の住居面積合計値を用いて検討を進めたい。

　なお、ここで住居として取り扱うのは、いわゆる竪穴式住居・平地式住居・掘立柱建物である。対象遺跡の住居面積合計値は、関西縄文文化研究会の資料集成結果（関西縄文文化研究会 1999）をもとに算出する。各軒の面積は概算値とし、方形・長方形の住居の面積は長軸×短軸、円形の住居は$\pi \times 半径 \times 半径$で算出し、楕円形・長円形の住居は、$\pi \times （長径 \div 2） \times （短径 \div 2）$で近似値を求めた。

以上の方針に基づいて、対象遺跡の住居面積合計値（単位時間当たり）を算出し、度数分布図でその結果を示すと、図10のとおりとなる。この図からは、概ね2つの分布群が読み取れるだろう。1群は120㎡以下のグループである。対象遺跡の大半（約96％）がこのグループに属することから、この規模の集落が関西地方における標準的・一般的存在だったといえそうである。対して、2群は181㎡以上のグループである。1群の最大値120㎡に比べて、1.5倍以上の規模をもっていることから、関西地方では卓越した規模の集落だったと位置づけられる。

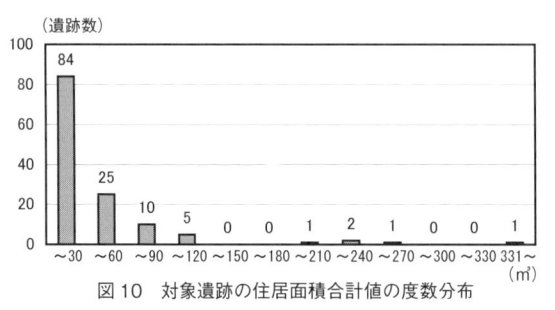

図10　対象遺跡の住居面積合計値の度数分布

　では、1群と2群のあり方は、それぞれどのような時期的推移を示すだろうか。この点を問うために、対象遺跡の住居面積合計値（単位時間当たり）の分布を細別時期区分ごとに整理したい。

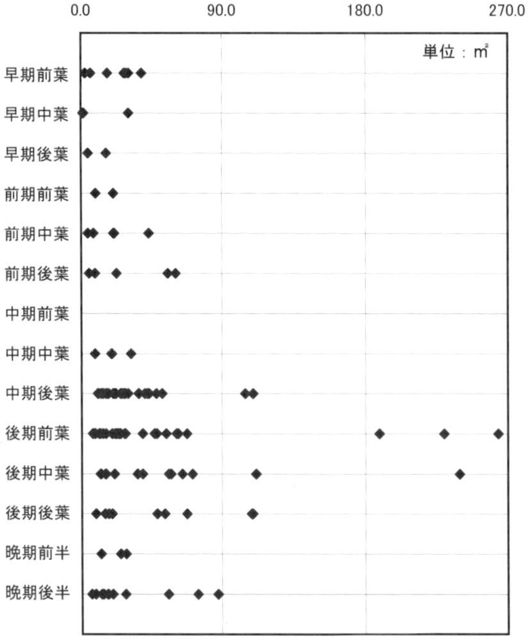

　その結果は、図11のとおりとなる。これを見ると、①1群はどの時期でも普遍的に存在していたこと、②中期後葉～後期後葉には、1群の中でもやや大きいクラス（61～120㎡）の遺跡が目立つようになること[1]、③2群の遺跡が確認できるのは後期前葉～後期中葉にほぼ限られることが見出せる[2]。

図11　対象遺跡の住居面積合計値の時期別散布図

（3）貯蔵穴容量合計値の分布とその推移

次に、貯蔵穴を検出した遺跡を対象遺跡として、前の項と同様な手続きを踏まえ、貯蔵穴容量合計値を算出しながら分析を進めたい。貯蔵穴として取り扱う遺構とその容量は、関西縄文文化研究会の資料集成結果（関西縄文文化研究会 2001）をもとに集計・算出する。容量の値は概算値とし、上面の面積×深さで求めた。貯蔵穴の数ではなく、その容量合計値から分析する理由は、前項と同様である。

以上の方針に基づき、対象遺跡の貯蔵穴容量合計値（単位時間当たり）を算出し、度数分布図でその結果を示すと、図12のようになる。この図からは、概ね2つの分布群が読み取れるだろう。1群は5㎥未満のグループで、全体の過半数以上（約61％）の対象遺跡が当てはまる。このことから、貯蔵穴容量から見た場合、このグループが対象地域の標準的・一般的存在だったと位置づけられよう。対して、2群は10㎥以上のグループである。1群の最大値5㎥に比べ、2倍以上の規模を持つグループで、関西地方では卓越した存在だったと位置づけておきたい。

では、1群と2群のあり方は時期的にどう推移するだろうか。この点を問うために、対象遺跡の貯蔵穴容量（単位時間当たり）の分布を細別時期ごとに示すと、図13のとおりとなる。これを見ると、①欠落時期があるものの、早期後葉以降、1群は普遍的に存在すること、②2群が確認できるのは中期後

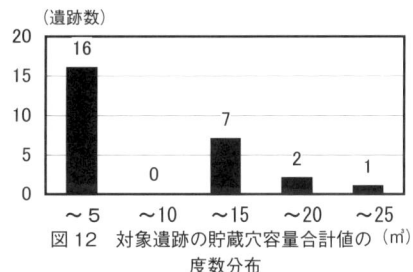

図12 対象遺跡の貯蔵穴容量合計値の（㎥）度数分布

図13 対象遺跡の貯蔵穴容量合計値の時期別散布図

葉以降であり、貯蔵穴から見た集落規模の拡大傾向はこれ以降に顕在化したことが見出せる[3]。

（4） 埋葬遺構数の分布とその推移

埋葬遺構を検出した遺跡を対象として、前の項と同様な手続きを踏まえ、埋葬遺構数を算出しながら分析を進めたい。対象遺構は、関西縄文文化研究会の資料集成（関西縄文文化研究会 2000）などをもとに集計する[4]。

図14 対象遺跡の埋葬遺構数の度数分布

その結果を度数分布で示すと図14のようになる。この図からは、概ね2つの分布群が読み取れるだろう。1群は25基以下のグループで、大半（約96%）の対象遺跡が属している。このことから、1群が対象地域における標準的・一般的存在だったということができよう。一方の2群は、50基を越えるグループで、1群の最大値25基に比べて、2倍以上の格差があり、関西地方では卓越した存在だったと位置づけられる。

では、1群と2群のあり方は時期的にどう推移するのか。この点を問うために、対象遺跡の埋葬遺構数（単位時間当たり）の分布を細別時期ごとに整理したい。

その結果は図15のとおりとなる。これを見ると、①早期後葉以降、1群は普遍的に存在すること、②2群が確認できるのは後期後葉以降にほぼ限られ[5]、埋葬遺構から見た集落規模の拡大傾向はこれ以降に顕在化したことが見出せる。

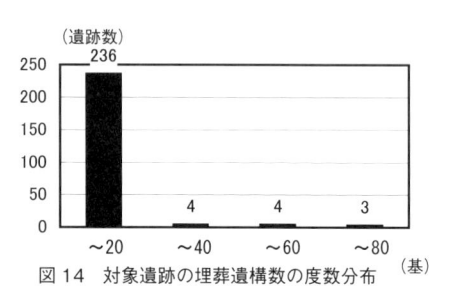

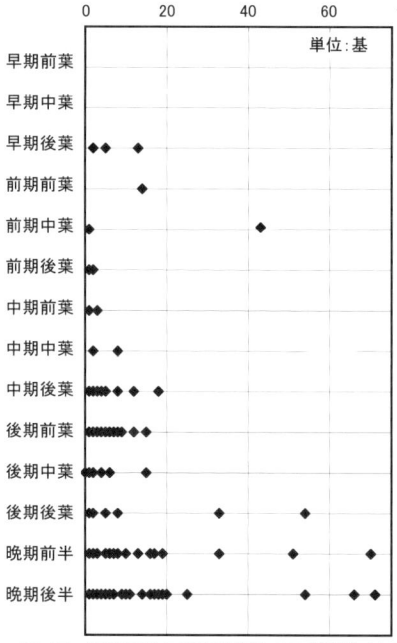

図15 対象遺跡の埋葬遺構数の時期別散布図

なお、このような埋葬遺構のあり方と同様な傾向は、石製祭祀具・土製祭祀具においても指摘できる（瀬口 2004a）。この２つの傾向を勘案するならば、対象地域では、埋葬と祭祀を大規模に執り行なった遺跡が後期後葉以降に顕在化するといえそうである。

（５）　本節のまとめ

以上、集落および集落関係遺跡の規模とその推移を、住居面積合計値、貯蔵穴容量合計値、埋葬遺構数から整理し、関西地方としては卓越した規模の２群と、より小規模な１群を抽出した上で、分析を進めてきた。結果、普遍的・標準的なのは１群で、２群はごく少数であること、２群が顕在化するのは主として中期後葉以降であることなどが見て取れた。

このうち、特に２群に注目して、該当する遺跡の出現時期をより丁寧に整理すると表２のとおりとなる。この表からは、中期後葉以降の変化が鮮やかに読み取れるが、そこで改めて気付かされる傾向が２つある。第１は、中期後葉以降に顕在化した２群の遺跡にもいくつかの類型が見出せそうなこと、第２は、その各類型の消長には時間的な推移がありそうなことである。中期後葉〜後期前葉は、住居を伴う類型が２群の主体を占める。しかし、後期中葉頃になると、住居を伴わずに貯蔵機能に特化した２群遺跡が目立ち始め、晩期前半になると、埋葬機能に特化した２群遺跡が目立つように見える。関西地方の集落については、規模の推移のみならず、その構成にも論じるべき傾向がありそうである。次節では、この点に注目した分析を試みたい。

表２　２群の出現時期とその推移

		住居面積合計値	貯蔵穴容量合計値	埋葬遺構数	石製祭祀具数※	土製祭祀具数※
早期	前葉	＋				＋
	中葉	＋				
	後葉	＋	＋	＋		
前期	前葉	＋		＋		
	中葉	＋		＋		
	後葉	＋	＋	＋		
中期	前葉		＋	＋		＋
	中葉	＋		＋		＋
	後葉	＋	●	＋	＋	＋
後期	前葉	●	●	＋	＋	＋
	中葉	●	●	＋	●	●
	後葉	＋	●	＋	●	●
晩期	前半	＋	●	●	●	●
	後半	＋	●	●	●	●

●は２群の存在を示し、＋は１群のみを示す。
※は瀬口 2004a

第2節　集落構成の変化

（1）　構成の類型

　本節では、集落類型を設け、その時期的推移を分析してみたい。集落類型は、①規模の大小と、②該当遺構（住居・貯蔵施設・埋葬施設）の構成を組み合わせて設ける。その組み合わせは表3のとおりで、①の規模の大小については、前節で設定した1群と2群の類別を踏襲し、前者を小規模、後者を大規模と便宜的に呼称したい。また、②の構成については、多機能型、単機能型A、単機能型Bの3機能型に類別する。このうち、多機能型とは住居に加えて貯蔵や埋葬の機能が複合していた例を指し、単機能型Aとは住居だけが検出された例、単機能型Bとは住居は検出されずに貯蔵や埋葬機能だけが検出された例を指す。以上の組み合わせの結果、設定できる集落・集落関係遺跡の類型は、表3のとおり2群×3機能型＝6類型となる。

　これらの類型の事例数の時期的推移は、図16のとおりである。これらのうち、最も数量的に多い類型は小規模単機能型Aで249例を数える。この類型は、数軒の住居だけで構成され、埋葬や貯蔵施設が検出されない集落である。最も多く、なおかつ中期以前の時期でもある程度普遍的に見られることから見て、関西地方ではこの集落類型が最も一般的な存在だったと考えられる。その一方で、時期的な傾向の推移も見られそうである。以下、図16に基づきながらその推移

表3　集落構成の類型

集落類型		類型の内容	
		規模の大小	該当遺構の構成
小規模	多機能型	2群規模の遺構（施設）群を含まない。	住居＋貯蔵・埋葬施設。
	単機能型A	〃	住居あり。貯蔵・埋葬施設は未検出。
	単機能型B	〃	貯蔵・埋葬施設あり。住居は未検出。
大規模	多機能型	2群規模の遺構（施設）群を含む。	住居＋貯蔵・埋葬施設。
	単機能型A	〃	住居あり。貯蔵・埋葬施設は未検出。
	単機能型B	〃	貯蔵・埋葬施設あり。住居は未検出。

について分析を進めたい（図17）。

（2） 集落構成の変化

早期前葉・中葉 対象遺跡はすべて小規模単機能型Aで、大規模型や多機能型の事例は見あたらない。集落は数軒の住居で構成され、貯蔵や埋葬の機能を複合する例はない。また、貯蔵施設や埋葬施設のみの検出事例も確認されていない。

早期後葉～中期中葉 現状では関西地方北部に限られるが、小規模多機能型が出現し、数軒の住居に若干の貯蔵穴や埋葬遺構を伴う例が見られるようになる（兵庫県香美町上ノ山遺跡、美方町1989・京都府志高遺跡、㈶京都府1989など）。また前期中葉には、埋葬遺構だけで構成される大規模単機能型Bが現われる（大阪府国府遺跡、藤井寺市1998）。ただし、これらは散発的な存在に留まっており、最も普遍的なのは前段階と同様に小規模単機能型Aである。

中期後葉～後期前葉・中葉 数軒の住居だけで構成される小規模単機能型Aが引き続き多い。その一方で、新たな2つの傾向が看取できる。

その1つは、小規模多機能型がやや増加したことである。この類型は、住居群に貯蔵施設や埋葬施設を伴うもので、この類型の出現は、複合的な機能をもつ集落の顕在化を指し示す。典型例としては、大阪府仏並遺跡（㈶大阪府埋蔵文化財協会 1986）、滋賀県穴太遺跡（滋賀県ほか 1997）などがある。

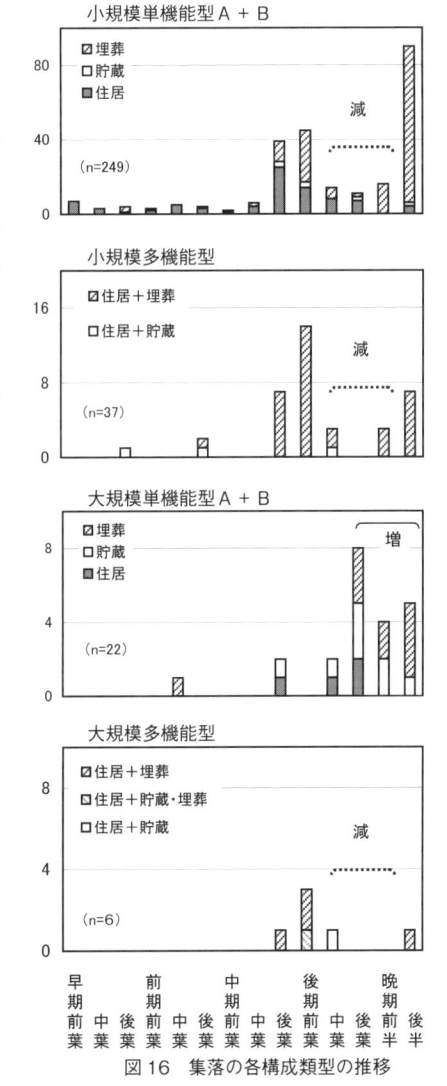

図16　集落の各構成類型の推移

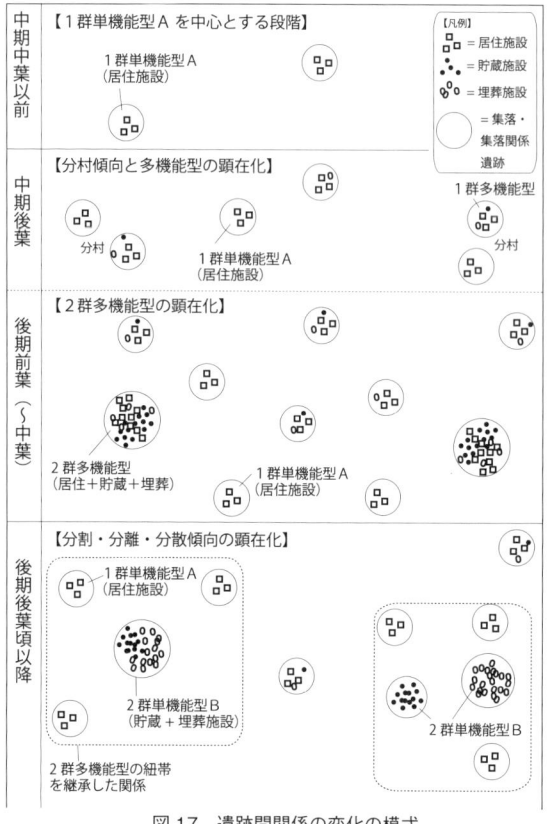

図17 遺跡間関係の変化の模式

もう1つは、大規模多機能型の顕在化である。典型例は、滋賀県正楽寺遺跡などである（能登川町1996ほか）。このような遺跡の出現は、大勢でともに住み、日常的な共同生活を日夜送りながら、諸施設をフルタイムで共用するあり方の顕在化を示すといってよい。この点は、前段階までとは異なる社会編成上の特徴として位置づけられるだろう。

後期中葉・後葉～晩期後半　前段階に顕在化した大規模多機能型の遺跡は、ほぼ見られなくなる。かわって住居を伴わず、貯蔵や埋葬の機能に特化した大規模単機能型Bの遺跡が目立つようになる。典型例は奈良県本郷大田下遺跡（奈良県立橿原考古学研究所 2000）、大阪府向出遺跡（㈶大阪府文化財調査研究センター 2000）などである。

この時期の様相は、2つの傾向から読み解けるだろう。第1の傾向は、「分割・分離傾向」である。前段階の後期前葉に顕在化した大規模多機能型集落は分割され、居住域とそのほかの機能群が分離して別地点（別遺跡）に設けられるようになる。その結果として、住居を伴わない大規模単機能型Bの遺跡が目立つようになったのである。

第2の傾向は、「分散傾向」である。居住域は、大規模単機能型Bから分割・分離されただけでなく、小規模な居住集団へと分散した。その結果として、小

規模単機能型の遺跡が再び目立つようになったのである。

　この２つの傾向から読み取れるのは、集団の連携の仕方・紐帯の形といった社会編成の再編である。前段階の後期前葉に、対象地域の一部で顕在化したスタイルは、大規模多機能型集落の存在が示すように、居住集団の分散を控え、フルタイムでともに暮らしながら埋葬や貯蔵の施設も共有・共用する形である。しかし、そのフルタイムな連携は、当段階に至ってパートタイムな連携へと変容した可能性が高い。後期中葉ないし後葉以降の資料が示す「分割・分離傾向」と「分散傾向」は、大勢で何もかもともに過ごすあり方ではなく、日常的な居住は分散させて個別化し、貯蔵や埋葬の時だけ必要に応じて連携するスタイルの採用である。つまり、社会編成はフルタイムなものからパートタイムなものへと再編されたのである。この後・晩期の様相については、次節で考察を深めてみたい。

第３節　時期的変化と地域的特色に関する考察

（１）　後・晩期集落の変化に関する考察

　本論第１章で示したように、鈴木保彦は関西地方の縄文集落論に２つの課題を提起した。①大規模環状集落が成立しなかった理由の解明と、②集落の機能や遺跡間の機能的関係の検討である。本節では、前節までの作業を踏まえながら２つの小項を設け、本項で②の克服に向けた糸口を模索し、次項で①に関する見通しを述べたい。

　前節で見てきたとおり、後期のある時点から、貯蔵遺構群や埋葬遺構群が居住施設から離れて発見される例が増える。関西地方におけるこのような変化は、多くの先学によりすでに指摘され（冨井2000、石井2000、岡田2005、瀬口2005aほか）、また東日本でも早くから同様な傾向の存在が指摘されてきたといってよいだろう。このような先行研究を踏まえると、上記の変化は、少なくとも関西地方から東日本にかけて広く見られた現象だったのかもしれないが、ここでは上記の②の検討に絡めながら、特に関西地方における傾向の変化について考察を深めたい。

　関西地方において、この後・晩期における集落の変容を最も深く考察したひとりは岡田憲一（2005）だろう。岡田は、後期後葉に最大の画期を設けながら、

表4 諸現象の変化

時期		居住地の数 (図2)	推定人口 (図3)	居住集団の規模 (図11)	トピックス
早期	前葉	低水準	低水準	1群のみ	小規模単機能型を主とする階段
	中葉				(小規模多機能型の部分的出現)
	後葉				
前期	前葉				
	中葉	微増	微増		(大規模単機能型Bの部分的出現)
	後葉				
中期	前葉	低水準	低水準		
	中葉				
				やや大きい1群の出現	小規模多機能型の顕在化
後期	前葉	増大	増大	2群の顕在化	大規模多機能型の顕在化
	中葉	減少	減少		大規模多機能型の消失と
	後葉				分割・分離・分散傾向に伴う
晩期	前半	低水準	低水準	2群の消失	大規模単機能型Bの顕在化
	後半	増大	増大		

(a) 後期後葉より以前の関西地方の縄文社会は、泉拓良（1985a）が予察したように、生態系に依存した小集団を基礎的単位として緩やかな集団間関係を営むものだったと位置づけられること、(b) 徐々に顕わになる人口増加を契機として、狩猟のキャッチメント・エリアの保持が難しくなった結果、後期中葉に社会組織が再編成されたこと、(c) この社会組織の再編に伴い、居住域から埋葬施設群が独立し、これに祭祀施設が付加されて、小集団間の統合を強化するための「葬祭空間」が出現したと考えた。

つまり、岡田は人口の増加が狩猟のキャッチメント・エリアの保持に関して問題を引き起こし、それが社会組織の再編成を促し、集落の構成にも影響を及ぼしたと考えたのである。特に岡田が重視するのは、上記の「葬祭空間」の出現である。氏は、これを「演劇的集約装置」と捉え、社会組織の編成の鍵としているが、この点は極めて示唆に富んでおり、筆者も同意権である（瀬口1998・1999・2000）。本論で言うところの大規模単機能型Bの遺跡は、そのような性格をおそらく色濃く持つものだろう。

しかし、変化の契機に限っては、首肯し難い点が残る。というのも、後期中葉以降の「社会組織の再編成」を引き起こした要因が、人口増加や狩猟のキャッチメント・エリアの問題とは考えにくいからだ。

この議論を深める上で重要になるのは、図1～3で示した遺跡数や集落数、住居面積合計値などから読み取れる社会規模・推定人口の推移である。もし、

岡田がいうように、人口増加が狩猟のキャッチメント・エリアの保持に関する問題を引き起こし、社会組織の再編成と集落構成の変容を導いたのであるならば、推定人口や集落数が大きく増加し、その値が最も大きい中期後葉から後期前葉にかけて、岡田が指摘するような変化—居住域からの埋葬施設群の独立と祭祀施設の付加、小集団間の統合を強化するための「葬祭空間」の出現—があるはずだが、事実はそうでない。図１〜３で明らかなように、岡田が指摘した変化や筆者がここで注目する変化は、むしろ集落数や遺跡数などの値が減少した後期中葉になって顕在化している。つまり、人口が減少した段階に、いわゆる「葬祭空間」は顕在化していると見るべきである。したがって、「社会組織の再編成」の契機と内容に関する岡田の主張には、重要な指摘が多数あるけれども、首肯し難い点も残るように思える。

　対案として、筆者が主張したいのは図16および表４で示した以下のような考えである。まず、これまでの各章・各節の作業から見出した諸現象とその変化を整理すると、関西地方において、集落数や人口の増加、居住集団の規模拡大が顕著になるのは中期後葉〜後期前葉だとほぼ断定できるだろう（図１・２・11）。この点を踏まえるならば、「人口増加」に伴う集団間の統合強化という社会的組織の再編がもしあったとするならば、それは岡田がいうような後期中葉ではなく、中期後葉〜後期前葉に位置づけるべきだろう。その再編の結果として出現したのは、後期前葉に顕在化した大規模多機能型集落であり、その典型例は滋賀県正楽寺遺跡（図６）である。中期後葉までの関西地方の縄文社会ならば、先学が指摘してきたように、いくつかの集落へ「分村」しがちなところだが、集団間の統合が強化されたがゆえに、「分村」ではなく集住する形で人口増加に対応するスタイルが顕在化したと考えられるのである。それゆえにこの大規模多機能型集落は出現したのであり、この集落類型こそが「人口増加」に伴う集団間の「統合」強化という社会的組織の再編の象徴だと捉えられるのではなかろうか。

　ただ、表３でも明らかなように、そのような集団間の統合強化の流れにのらない集落も多数併存し、むしろそのほうが多数派だったというべきだろう。

　この傾向は、大規模多機能型集落の出現と同様に、あるいはそれ以上に重要である。というのも、大規模多機能型の集落がほかの大多数とは異なる例外的

な変異形だったことを示すとともに、統合強化への移行が必ずしも斉一的に起きた現象ではなく、そのあり方は多様だったということを強く示してくれるからである。

　このような後期社会のあり方を理解していく上で、西田正規やM.サーリンズは重要な示唆を与えてくれるだろう。例えば、サーリンズによれば、定住生活の採用は石器時代の集落規模拡大の重大な契機になるという（サーリンズ1984）。その一方で、西田は、定住生活の採用は暮らしの上で生じる様々な不都合―居住集団内の軋轢や不和など―をより複雑なものにするという。というのも、移動性を伴う居住様式では、居住にまつわる諸々の不都合の大半を「移動」と「分散」によって解消すればよいのに対し、移動性の低い定住生活を採用してしまうと、その解消が難しくなるからである（西田1980）。

　筆者の分析によれば、関西地方では、中期後葉を境として、通年定住はより普遍化したと考えられる（瀬口2003）。サーリンズが示唆するように、関西地方における大規模集落の出現は、この中期後葉の変化が契機となったと考えてよいだろう。しかし、このような定住度の高まりと居住集団の拡大傾向は、西田が示唆するように、集落の形成・維持に伴う軋轢や不和といった問題をより複雑化させる。このような状況に対応するために、関西地方の縄文社会は、「自律的で緩やかな集団関係」を併せもち、問題解決の有効手段として「分散」を選択し続けていた可能性がある。つまり、分散を繰り返すことで問題に対応するスタイルを彼らは保持し続けたのではないだろうか。それがゆえに、大規模多機能型集落は後期前葉ないし中葉をもって比較的短期間で収束し、居住域と貯蔵・埋葬遺構群は分割・分離され、居住域はほかの大多数の集落と同様に小規模なものに戻ったことが考えられる。軋轢や不和に対する有効な手段として、関西地方の縄文社会では「統合」よりも「分散」という方法が根強く重視されていた。これが大規模多機能型集落の稀少性の背景、ならびに厳しい秩序に基づく環状構造の集落をなかなか生み出さなかった背景になっていたと筆者は考える。

　ただし、後期中葉ないし後葉以降の社会に「統合」が全く継承されなかったわけではない。岡田のいう「大規模葬祭空間」や貯蔵に特化した「布留型」遺跡類型[6]、あるいは本論でいう大規模単機能型遺跡は、再び分散して居住し始

めた小集団が埋葬や貯蔵といった行為を契機として集い、ともに行動したことを示唆する[7]。パートタイムではあるけれども、ともに行動することで、秋の稔りをより効率的に確保することができただろう。また、共同墓地を設けてともに祭祀を執り行なうことで、紐帯関係やその大義・由来の確認、テリトリーやキャッチメント・エリアの確認をより円滑に進めることができただろう。つまり、大規模単機能型遺跡とは、分散居住した集団間の紐帯を確認するための場としてやはり機能していたのであって、岡田のいう「小集団間の統合を強化するような社会組織的再編成」の実態とは、このようなものとして補足・訂正できると筆者は考える。

なお、以上の考えの蓋然性を問う上で、矢野健一の指摘（矢野2006）は極めて示唆的だと考える。矢野は、奈良県本郷大田下遺跡の貯蔵穴群（後期中葉〜晩期前半）や兵庫県佃遺跡（後期中葉〜後期後葉）の貯蔵穴群を、容量とそこから想定されるカロリー換算値を用いて分析し、本郷大田下遺跡の貯蔵量は6〜12軒分、佃遺跡のそれは10〜20軒分であると推定した。この推定規模は、その直前まで設けられていた大規模多機能型集落の居住規模とほぼ対応する。つまり、本郷大田下遺跡や佃遺跡といった大規模単機能型遺跡は、大規模多機能型集落が分割・分離・分散した後の状況を如実に示す遺跡として位置づけられるのである。

（2）関西地方の地域的特色に関する考察

本項では、鈴木保彦が示した①の課題—大規模環状集落が成立しなかった理由の解明—について見通しを模索する。

周知のとおり、東日本では、前期中葉〜後葉、中期中葉〜後葉、後期前葉といった時期に大規模環状集落を形成する潮流が生まれ、求心的な構造を持つ複合度の高い大規模な集落が形成されている。

本論での作業が示すように、関西地方でも、早期後葉以降には多機能的な集落が現われ、規模拡大の傾向も芽生えていた。中期後葉以降にはそれらの傾向はより高まって、後期前葉〜中葉には複合的で規模の大きな集落が出現し、後期後葉以降には貯蔵や埋葬の機態に特化した遺跡が目立つようになる。

しかし、東日本の大規模環状集落の時代に比べれば、①人口密度は明らかに低い。また、②集落形成における「規制」も強めておらず、求心的な規制や秩

序に基づく集落構造はほとんど現われない。さらに、③同じ集落に大勢で代々執着することは稀で、集落の規模はほぼ一貫して小さく、④居住地に諸施設を設けて、集落の機能を充実させる傾向も限定的だったことが確認できる。つまり、関西地方の地域的特色とは、東日本でしばしば巻き起こった大規模化や集落機能の複合化、求心的な環状構造の出現といった潮流にほぼ一貫して乗じなかった点にあり、乗じかけた時期があっても、それは限定的だった。この点が集落から見た東日本と関西地方との間にある地域的差異の核心といえるだろう。

では、上記①〜④のような特色を生み出した関西地方の縄文社会の「背景・原理」は何だろうか。

まず考えられるのは環境的要因＝食料資源量の差異である。これはサケ・マス論に代表されるように、かなり以前から指摘されてきた考え方で、その底辺には豊かな東日本と貧しい西日本という図式が存在する。しかし、西田正規によれば、資源量の統計結果からみる限り、資源の内容に東西差はあるものの、量的差異は認め難いという（西田 1985）。

また、経済人類学的にみた場合でも、サケ・マス論的な解釈は必ずしも蓋然性が高いとは言えないかもしれない。というのも、中緯度温帯の狩猟採集民の資源利用状況を調査すると、周辺環境のもつ資源量の最大値よりかなり低いレベルでしか利用していない傾向がうかがえるからである。この点を重視したサーリンズは、人口密度を規定するのは食料資源量ではなく、むしろ文化的要素だと結論づけている。つまり、西田の意見を否定し、西日本の食料資源量が東日本より仮に少ないという従来どおりの立場をもし採ったとしても、資源量の差異だけが人口や集落形成の相違を規定していたとは限らないのである。そこで本論では、従来とは異なる方向から考察を試みてみたい。

その際に有効な示唆となり得るのは、先にも紹介したサーリンズの意見である。サーリンズは、経済人類学者として世界の民族誌を渉猟し、石器時代の社会に２つの形態を読み取った。第１の形態は、少なく欲求して暮らしを満喫する形であり、第２の形態は、多く生産して豊かさを享受する形である。

第１の社会形態の特性は、欲張らないところにある。欲張らないがゆえに、ごく低い生産水準で物質的潤沢さを享受する。そのため、労働時間はごく短く、土地や社会のもつ経済能力（資源・技術）の大部分を消費しない。資源量から経

済人類学的に試算されるレベルより、その人口密度はしばしば遙かに下回るが、それは労働時間が短いことが示すように、高めようとしないからであって、資源が乏しいからではない。

　世帯と集団の関係を加え、さらに精査すると第1の社会形態には次のような傾向が見て取れる。世帯は自律的に機能し、労働の単位は世帯を基本とする。資源環境の開発には消極的で、集団の生産量拡大には無頓着なため、世帯間の関係を強固にする必要性は生じない。したがって、世帯の自律性が優先され続け、規制の少ない緩やかな集団関係が保たれる。世帯の離脱・分散を引き留める必要性がないので、社会的な求心力を生み出すような儀式や制度は成長しない。それゆえ、不都合が生じるたびに居住集団は分裂し、集落規模は大きくならない。

　一方、第2の社会形態の特性は、豊かさのために生産を強化する点にある。集落規模を維持・拡大し、その労働力を集約して、テリトリーの占有と資源の開発を促進し、豊かさの享受を目指す。「世帯の自律性」は労働力の集約や生産強化の障害となるので、儀式や親族制の導入による求心力によって対抗し、世帯の離脱・分散を防ぐ。つまり、この社会は世帯の自律性よりも集団の求心力を優先させ、集約した労働力をもって集団の生産量を上げ、その生産物によって集団を維持し、豊かさを享受する。組み込まれた世帯は離脱しにくくなって、集落の規模は自然と大きくなるのである。

　先にも示したように、西田正規によれば、集落の維持には、諸々の不都合—軋轢や不和、食料資源の不足—が諸問題として伴う。この点を踏まえるならば、第2の社会形態は、親族性や諸機構・諸制度といった「規制」や「秩序」によって諸問題とそれに伴う「分散・離脱」を押さえ込み、集団の規模と生産力を維持・拡大しようとする拡大型社会であり、第1の社会形態とは、「規制」や「秩序」よりもあくまで世帯の自律性を優先させ、「分散・離脱」によって諸問題を解消する縮小型社会だといえる。

　このようなサーリンズの示唆をもとに本論で見出した結果を顧みると、次のような理解も可能になる。まず、人口密度が低く、集落規模は小さく、より限られた施設・設備で生活していることから見て、前期前葉以前の縄文社会は東西いずれも上記第1の社会形態を採用していた可能性が高い。

ところが、前期中葉に東西日本の縄文社会はそれぞれ岐路に立ち、東日本の縄文社会は上記第2の社会形態に転じた可能性が高い。自律性を優先する世帯よりも集落全体の「公」の意志を優先させた結果、広場という公的な核に規制された環状構造が維持され、世帯の乖離が抑制されて集落規模が拡大し、テリトリーの占有が進められたために、集落内の重層的累積や生活設備の充実も促された。その結果として、東日本では大規模環状集落が出現したのであろう。そして、この大規模環状集落をもつ段階が点滅的に出現・消滅するのは、そもそも分裂によって不都合を解消したがる世帯の分散・離脱をしばしば押さえ難い状況に至り、上記第1の社会形態に度々引き戻されたからだと理解することもできよう。

　では、なぜ、東日本は第2の社会形態へしばしば移行したのに、西日本は移行しなかったのだろうか。その理解の起点の1つとなり得るのは、労働編成に注目する考え方である。

　先行研究として参照できるのは、泉拓良と林謙作の予察的な言説だろう。それは、日本列島の東西では食料資源が利用可能となる期間の長さが異なり、それが労働編成と居住集団の規模の相違を生み出していたとする考え方である（泉1985ab、林1997）。この考えによれば、東日本は、単相林を形成しがちな落葉樹林に覆われるために生息樹種が相対的に偏り、堅果類の収穫期がより短い期間に集中するので、集約的な労働編成が生まれやすいのに対し、西日本は、生息樹種がより多様な照葉樹林に覆われるので、堅果類の収穫期が比較的分散するために集約的な労働編成が発生しにくいという[8]。

　以上のような泉らの意見によるならば、収穫期がたてこむ東日本は労働力を必然的に集約させる傾向にあり、その必要性から自律しようとする世帯よりも集落全体の意志を優先させる第2の社会形態にしばしば移行したと考えられる。その一方で、西日本は収穫期がばらつく傾向にあるため、上記第1の社会形態から第2の社会形態へ脱却し、労働力を集約させる必要性はほぼ一貫して低かった。それゆえ、集団の求心力を強く維持する必要性は生まれず、「公」の概念も熟成しないために広場という「公」を核とする環状集落もほとんど現われなかった。また、自律しようとする世帯を留める理由も少ないために、世帯間は分裂しがちなままなので集落規模も大きくならなかった。だから大規模多機能

型集落の時代は短く、すぐに小規模単機能型Aとパートタイムな紐帯関係に基づく大規模単機能型遺跡の時代へと移行したと思われるのである。

　打製石斧や磨製石斧、貯蔵穴に関する数量的傾向は、上記の理解を裏付ける可能性がある。関西地方におけるこれらの道具・施設の数量は、中期後葉ないし後期以降に増加するが、推定人口当たりの打製石斧・磨製石斧数は、隣接する北陸・東海地方西部に比べると、かなり少なく、およそ1／2〜1／5以下にも満たない（瀬口 2004b・2005b・2007）。また、貯蔵穴の容量も東日本に比べてかなり少ない（坂口 2003）。

　必ずしもすべての打製石斧・磨製石斧が該当するわけではないが、これらの道具は自然に手を加え、その資源を開発するための道具であり、貯蔵穴もまた環境の持つ資源を量的・時間的に拡大させるための施設である。これらの推定人口当たりの値を東日本なみにまで高めようとしていないことに注目するならば、関西地方の縄文社会はほぼ一貫して第2の社会形態を目指していなかったのではないかと推察できるだろう。

第4節　おわりに

　20世紀後葉以降、縄文集落論に関して重篤な閉塞感がしばしば指摘されている（鈴木 2003、谷口 2005 ほか）。閉塞を打ち破るためには、これまでとは異なる視座から仮説を設け、再攻略の糸口を見つけることも必要な作業だと考え、関西地方の集落の数量的分析を試みた上で、経済人類学的示唆を踏まえながら思索を試みた。

　今後の課題は、集落そのものに対する緻密な分析である。大規模環状集落に比べ、小規模集落の分析は全国的に低調だが、近年、鈴木克彦（2008）は東北地方の後期の小規模集落と集落群に対する緻密な分析を推進している。その方法と成果は、関西地方の集落論が進むべき道を明るく照らす示唆になるだろう。本論ではその試行が叶わなかったが、今後の課題として別稿を期したい。

注

(1)　中期後葉：三重県大垣内（おおがいと）遺跡（104.7㎡）・福井県右近二郎（うこんじろう）遺跡（109.4㎡）、後期中葉：兵庫県佃（つくだ）遺跡（111.5㎡）、後期後葉：三重県森添（もりぞえ）遺跡（108.8㎡）・

滋賀県穴太遺跡（109.4㎡）。
(2) 後期前葉：福井県右近二郎遺跡（188.6㎡）・滋賀県正楽寺遺跡（229.4㎡）・同県小川原遺跡（263.9㎡）、後期中葉：京都府森山遺跡（239.3㎡）。図示していないが、晩期後半になると、700㎡を越える遺跡（三重県宮山遺跡）が現われるが明らかにイレギュラーなので、今回は捨象しておく。
(3) 中期後葉：大阪府讃良川遺跡（11.71㎡）、後期前葉：滋賀県正楽寺遺跡（20.04㎡）、後期中葉：兵庫県佃遺跡（11.00㎡）・奈良県本郷大田下遺跡（11.92㎡）、後期後葉：三重県追上遺跡（13.98㎡）・前掲佃遺跡（11.00㎡）・前掲本郷大田下遺跡（11.92㎡）、晩期前半：三重県森脇遺跡（16.69㎡）・前掲本郷大田下遺跡（11.92㎡）晩期前半：前掲森脇遺跡（16.69㎡）
(4) 大阪府向出遺跡の値は㈶大阪府文化財調査研究センター（2000）をもとに補正し、滋賀県滋賀里遺跡および北仰西海道遺跡の値は、小島孝修の集計（小島1999・2001）をもとにした。
(5) 後期後葉：三重県天白遺跡（54基）・滋賀県北仰西海道遺跡（97基）・大阪府向出遺跡（156基）、晩期前半：滋賀県滋賀里遺跡（70基）・前掲北仰西海道遺跡（178基）、晩期後半：滋賀県弘部野遺跡（54基）・福井県金剛丸遺跡（60基）・前掲滋賀里遺跡（71基）・前掲北仰西海道遺跡（178基）。ほか、前期中葉にも大規模遺跡（大阪府国府遺跡）が確認できるが、イレギュラーな存在なので、今回の評価からは捨象しておく。
(6) 岡田の言う布留型遺跡とは貯蔵穴だけで構成される遺跡を指す。
(7) 関東地方で環状集落が成立・展開した前期中葉にも、関西地方では大規模事例（大阪府国府遺跡）が現われるものの、稀である。
(8) 西日本の内陸部における主要な獲得対象魚種であるコイ・フナの漁獲シーズンは春〜夏で、堅果類の収穫期とは重ならないのに対し、東日本縄文文化の隆盛を支えたとしばしば指摘されるサケの漁期は秋で、堅果類の収穫期に重なる。魚類相から見ても労働力集約の必要性には東西差が存在すると考える。

引用・参考文献

石井香代子 2000「奈良県の縄文墓制概要」『関西の縄文墓地』
泉　拓良 1985a「Ⅱ．縄文時代」『図説発掘が語る日本史4　近畿編』
泉　拓良 1985b「縄文集落の地域的特質―近畿地方の事例研究―」『講座考古地理学

4』

大下　明 2000 「兵庫県の縄文墓制概観」『関西の縄文墓地　発表要旨・資料集』

大野　薫 1997「生駒山西麓域の縄紋集落」『河内古文化研究論集』

岡田憲一 2005「大規模葬祭空間の形成—近畿地方における縄文時代後晩期集落のあり方—」『関西地方における石器・集落の諸様相』

関西縄文文化研究会 1999『関西の縄文住居』

関西縄文文化研究会 2000『関西の縄文墓地』

関西縄文文化研究会 2001『関西縄文時代の生業関係遺構』

小島孝修 1999「近江における縄文社会の展開過程に関する覚え書き　地域の検討4」『紀要』12、㈶滋賀県文化財保護協会

小島孝修 2001「近江における縄文社会の展開過程に関する覚え書き　地域の検討6」『紀要』14、㈶滋賀県文化財保護協会

小林達雄 1973「多摩ニュータウンの先住者達—主として縄文時代のセトルメントシステムについて—」『月刊文化財』112

サーリンズ，M. 1984『石器時代の経済学』（山内昶訳）

坂口　隆 2003『縄文時代貯蔵穴の研究』

鈴木保彦 2003「縄文集落研究の課題」『関西縄文時代の集落・墓地と生業』

鈴木保彦 2006『縄文時代集落の研究』

鈴木克彦 2008「縄文時代の村落共同体に関する地域研究」『縄文時代』19

瀬口眞司 1998「近江における縄文社会の展開過程に関する覚え書き　地域の検討1」『紀要』11、㈶滋賀県文化財保護協会

瀬口眞司 1999「近江における縄文社会の展開過程に関する覚え書き　地域の検討3」『紀要』12、㈶滋賀県文化財保護協会

瀬口眞司 2000「近江における縄文社会の展開過程に関する覚え書き　地域の検討5」『紀要』13、㈶滋賀県文化財保護協会

瀬口眞司 2003「関西縄文社会とその生業—生業＝居住戦略の推移とそれに伴う諸変化—」『考古学研究』198

瀬口眞司 2004a「縄文遺跡の規模の格差とその推移—住居・貯蔵穴・埋葬遺構・祭祀具の数量から見た関西地方における検討—」『紀要』17、㈶滋賀県文化財保護協会

瀬口眞司 2004b「関西地方における縄文後晩期の打製石斧—諸傾向の地域的差異と時間的推移—」『縄文時代の石器　Ⅲ』

瀬口眞司 2005a「関西地方の縄文集落の規模と構成―その小規模性の理解―」『第1回西日本縄文文化研究会　西日本縄文文化の特徴　予稿集』
瀬口眞司 2005b「植物質食料の利用強化と地域的差異」『関西縄文時代における石器・集落の諸様相』
瀬口眞司 2007「石器構成中における磨製石斧の比率の推移と差異―縄文時代の関西地方と周辺の傾向」『考古学論究』（小笠原好彦先生退官記念論集刊行会）
高松龍暉・矢野健一 1997「縄文集落の定住性と定着性」『考古学研究』175
谷口康浩 2005『環状集落と縄文社会構造』
千葉　豊 1993「京都盆地の縄文時代遺跡」『京都大学構内遺跡調査研究年報』1989～1991年度
冨井　眞 2000「京都府下の墓地事例の概要」『関西の縄文墓地　発表要旨・資料集』
西田正規 1980「縄文時代の食料資源と生業活動―鳥浜遺跡の自然遺物を中心として－」『季刊人類学』11―3
西田正規 1985「縄文時代の環境」『岩波講座日本考古学2　人間と環境』
林　謙作 1997「縄紋社会の資源利用・土地利用」『考古学研究』44―3
水野正好 1969「縄文時代集落研究への基礎的操作」『古代文化』21―3・4
矢野健一 2006「貯蔵量から見た貯蔵穴」『関西縄文人の生業と環境』
山田康弘 2001「中国地方における縄文時代集落の諸様相」『列島における縄文時代集落の諸様相』
和島誠一 1948「原始聚落の構成」『日本考古学の発達と科学的精神』

Ⅵ 中国・四国地方の縄文集落と縄文社会

丹 羽 佑 一

第1章 中国・四国地方の研究の歴史
第1節 研究の展開と課題

　集落の研究が、居住の様式を復元しそこに社会生活の実態を求めるということであれば、中国・四国地方の今日までの集落研究の方向を決定したのは、『日本の考古学2　縄文時代』に示された当該地域の研究であろう。
　山陰・中国山地の一節「8　山陰・中国山地」（潮見・間壁 1965）では、中国山地の一般的な数片の縄文式土器や石鏃・石斧が出土する遺跡を、長期にわたらない狩猟・採集の場とする近藤義郎の見解を紹介し、一方で早期から晩期におよぶ帝釈峡遺跡群に長期にわたる定着した生活の可能性を見るとともに、後期の山間部の遺跡の増加を沿岸部社会の人口増と人口拡散に求めて説明している。また、山陰沿岸部、中国山間部、隠岐を中心とする島々の3地域の繋がりを、隠岐産黒曜石の流通から、土器型式より狭い範囲に推測している。
　瀬戸内の一節「9　瀬戸内」（鎌木・高橋 1965）では、早期押型文式期の多くの遺跡が前期に継続しないこと、前期以降、晩期まで継続する遺跡が出現することから、早期の不安定な定住性と前期以降の海浜集落の漁労・狩猟活動の発展による定住の確立と、小規模の遺跡の長期の継続性に生産力の限界を見ている。また、岡山県下の中部瀬戸内縄文遺跡の分布密集度から遺跡群を抽出し、群内の隣接する長期継続遺跡間における断絶期の相互的補完関係に、集団の遺跡群内の移住を推測している。高橋護はこれに加えて、遺跡群に集団領域─生業圏を設定し、そこでの高い定住性を主張した（高橋 1965）。これが、集団領域論、方法としての遺跡動態論のはじまりである。

この遺跡動態論をさらに進めたのが、平井勝の研究である（平井 1985）。平井は縄文時代前期から晩期の遺跡の分布状況から、岡山県下中部瀬戸内に 10km から 10 数 km の広さの 18 の地域を設定し、各地域において大規模で中核的な集落が前期から晩期まで営まれるか、あるいはいくつかの中核的集落が相互に補完し合いながら前期から晩期まで続く場合と、小規模な遺跡あるいは大規模な遺跡でも短期間しか集落が営まれなかった場合の二つがあることを分析した。前者に定着性の高さを、後者に低さをみることになる。そして、その差を生態に求め、前者の定着性の高さは、漁労と狩猟・植物採集の複合的生産活動を要因とする食料獲得の安定性に基づくものとした。

　ところが、縄文遺跡の発掘調査の蓄積は、次第に中国・四国地方の居住に関連する遺構を明らかにするに至り、1990 年代以降、集団領域論から集落そのものの研究が始まる。森下哲哉は、1 遺跡に住居が 2 軒までとする（森下 1996）。山田康弘は、2 軒程度の住居に土坑群と屋外炉の単一時期の利用を示す集落の姿を描く（山田 2002）。山本悦代は、岡山県岡山市津島岡大遺跡から沖積低地の集落モデルを復元する（山本 2004）。集落は 2 軒から 1 軒の住居、貯蔵穴群、火処などから構成され、居住区は 60 〜 70m の範囲、集落全体は隣接する朝寝鼻貝塚を含む東西 1.2km、南北 0.7km の広範囲に及ぶとされる。稲田陽介は、多様な居住施設の設定と石器製作技術の展開から後・晩期の居住形態をあとづける（稲田 2008）。各氏の集落観は、住居が少ないこと（小規模性）、遺跡の集落を構成する諸設備の利用回数がすくないことなど、累積度が低いこと（継続性・回帰性―定着性の低さ）が東日本の集落との大きな差であることを示し、中国・四国地方の集落の特徴であることを明らかにするものでもあった。

　また、同時期の島根県の中国山地の遺跡群の発掘調査（志津見ダム建設に伴う発掘調査、尾原ダム建設に伴う発掘調査は、遺跡群が居住地、墓地、祭場、猟場（落とし穴群）など、機能的に分かれる遺跡から構成されていることを明らかにした。これに関連して、山本の集落モデルでは従来内容の異なる複数の沖積低地の遺跡が 1 つの集落遺跡に包括されることを示した。これらは諸遺跡を同じ内容のものとして、点として扱う集団領域論、その社会を復元する方法としての遺跡動態論に修正を加えることになった。遺跡群を構成する諸遺跡の位置や時期だけではない「内容」についての関係を明らかにしなければ、遺跡群を明

らかにすることも、集団領域の社会を明らかにすることもできない。これが集団領域論、方法としての遺跡動態論の2000年代に入っての課題である。

　この課題に対応して、山崎伸治（山崎 2005）、山口雄治（山口 2008）らの研究がある。山崎は、遺跡群の中核的遺跡の出土遺物を取り上げ、その時期間における比較から、中部瀬戸内の縄文時代前期から後期の遺跡群の内実を小地域集団としてとらえ、その文化的社会的役割を検討している。山口は、西日本における縄文時代後期の遺跡の増加と集落遺跡や遺跡全般の様相との関連のなかで、中国地方の当該期の居住形態をその特質を規定する回帰性、定着性、定住性において検討している。遺跡の増加に遺跡動態論の成果を、集落の様相に集落論の成果を取り入れ、その総合を方法論的特徴とする。

　しかし、これらの研究は集落論を目的としたものではなく、集団領域論に集落を用いたものである。山口は、居住形態の歴史的意義について、「居住形態と道具、生業、儀礼、交換などの他のシステムとの有機的影響関係を問うことがひとつの時代史、『生活』を描く上で重要な課題になってくる」とし、論を終えている。この『生活』、とくに社会的生活の具体像を描くのが集落論である。

　本稿では、この点に留意して中国・四国地方の縄文集落を検討する。

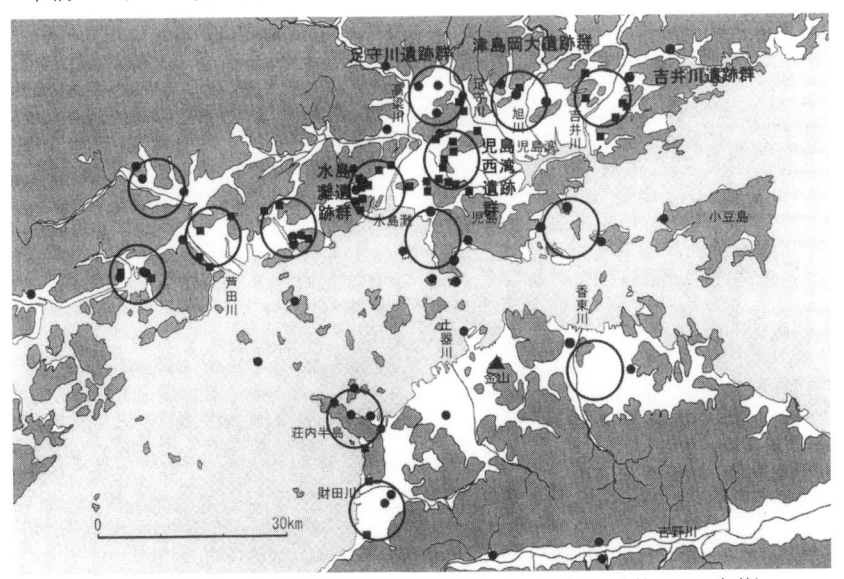

図1　中部瀬戸内　縄文時代遺跡の分布　（■貝塚　●一般遺跡　山崎 2005 に加筆）

第2節　検討の対象と方法

（1）対　象

　集落活動の中心は居住である。中国・四国地方の縄文時代の居住施設は地域によってはなお明らかではないが（丹羽 2005）、後・晩期は遺跡数も多く、ほかの時代より居住施設が資料として整いつつある。このようなことから縄文時代の中国・四国地方の集落の特徴を求めるには後・晩期集落が適切であるが、晩期は弥生文化への移行期で、文化の大きな変革期にあたり、集落も変革の過程にあることを考慮しなければならない。したがって、ここでは縄文文化固有の集落として主に後期集落を対象とする。

　また、集落は地域の歴史主体であり、集落の理解は地域社会に根拠をもつものでなくてはならない。したがって検討対象は一つ一つの集落ではなく、特定の地域の集落の展開となる。

（2）方　法

　中国・四国地方の縄文集落の特徴は、小規模性にあるといわれる。集落遺跡と認知される遺跡では、一般的に少し小さめの住居が1軒から2軒、時に3軒が検出される。集落を集団が集住する場とし、1住居構成員を集団の1単位とすると、中国・四国地方の一般的な、それゆえ特徴的な集落遺跡は集落とは認定しにくいのである。中国・四国地方の縄文集落はどのようにすれば捉えることができるのであろうか。

　ところが、すでにこの問題の解答を示唆した研究に中越利夫の帝釈峡（たいしゃくきょう）遺跡群の研究がある（中越 2004）。次のような指摘である。「帝釈峡遺跡群は、洞窟や岩陰を住居として長期間利用していたという特異性はあるが、それは石灰岩地域の特性を活かしていたにすぎない。また、遺跡は1km前後の間隔をあけて存在している場合が多いが、数百mの距離のところに洞窟・岩陰遺跡や開地遺跡が存在する例がみられる。帝釈峡遺跡群では、開地遺跡の実態が明瞭とはいえないが、遺跡の分布状況などから、小さな谷に洞窟・岩陰遺跡と開地遺跡の数遺跡が点在するような集落を形成する、散村的な集落景観のようではなかったかと考えている。それは、現在の山間地域にある集落の原型、原風景といえるのではないだろうか。」

中国・四国地方の縄文集落は遺跡群として捉えられる。それはまた、集落を地域社会から理解する方法でもある。

なお、筆者は第1回西日本縄文研究会で帝釈峡遺跡群、多摩ニュータウン中期遺跡群、千葉県市川市中期遺跡群の分布範囲（遺跡群両端の遺跡間の間隔）が、一様に10kmであることを明らかにした。そして、その範囲を決定したのは縄文人の1日の行動範囲であることを指摘し、遺跡間に住民の日常的なフェイス・ツー・フェイスの関係を想定することによって、遺跡群の範囲が地域社会の輪郭になることを示した（丹羽 2005）。また『第19回中四国縄文研究会 中四国における縄文時代後期の地域社会の展開』（2008）でも中国・四国地方各地の縄文時代後期の遺跡群が検討され、遺跡群の範囲が多くの地域で10km内外であること、徳島県では2倍にちかい約20kmであること、山口県では遺跡群をさらにいくつか包摂する、より大きな遺跡群の抽出されることが指摘された（幸泉 2008、湯浅 2008）。

しかし、縄文時代の地域社会の痕跡としての遺跡群は、またその輪郭は、地域社会の所在を示すものであっても、地域社会の内容とそれに即応する集落の内容を明らかにするものではない。集落が遺跡群として示されるのであるならば、その内容を知るためには、遺跡間の「関係」を明らかにする必要がある。そして、地域社会の内容は、その「関係」を「結合」の関係に翻訳することによって明らかにすることができるのである。

第2章　中国・四国地方の後期縄文集落と地域社会

第1節　瀬戸内山陽側の事例―岡山県岡山市津島岡大遺跡群

（岡山大学 1992・1994・1995・1998・2004・2005、加計学園 1998、岡山県 1993・1996・1999、山本 2008）

旭川河口の沖積地に立地する津島岡大遺跡を中心として、半径5kmの範囲にはいる後期の遺跡は、津島岡大、朝寝鼻貝塚、田益田中国立病院、田益田中笹ヶ瀬池、北方中溝、北方藪ノ内、津島遺跡南池調査区、百間川沢田、百間川原尾島、北方地蔵、津島東の11遺跡を数える（図2、表1）。津島岡大、朝寝鼻貝塚、百間川沢田、百間川原尾島遺跡以外は、土器の出土が知られるだけで

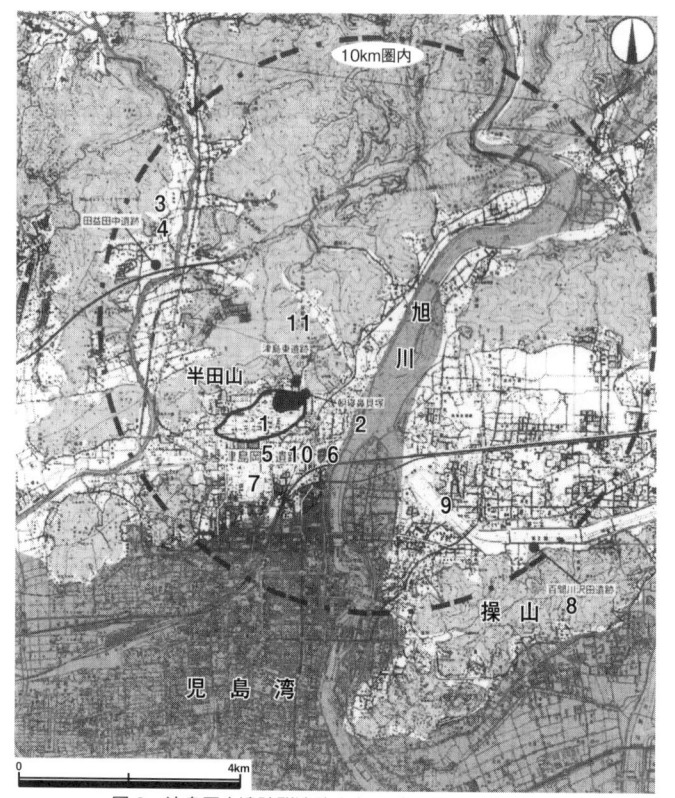

図2 津島岡大遺跡群遺跡分布図 (山本 2008 に加筆)

表1 津島岡大遺跡群変遷表 (山口 2008 改変)

NO	遺跡	前葉		中葉			後葉	
		土器型式						
		中津	福田KⅡ	大浦浜下層	津雲A	彦崎KⅠ	彦崎KⅡ	福田KⅢ
1	津島岡大	○	○	○	○	○	○	
2	朝寝鼻貝塚	○	○			○	○	
3	田益田中国立病院	○		○	○	○	○	
4	田益田中笹ヶ瀬池	○		?	○	○	○	
5	北方中溝		○					
6	北方藪ノ内	○						
7	津島遺跡南池調査区					○	○	
8	百間川沢田					○	○	
9	百間川原尾島							○
10	北方地蔵				○			
11	津島東	○	○					

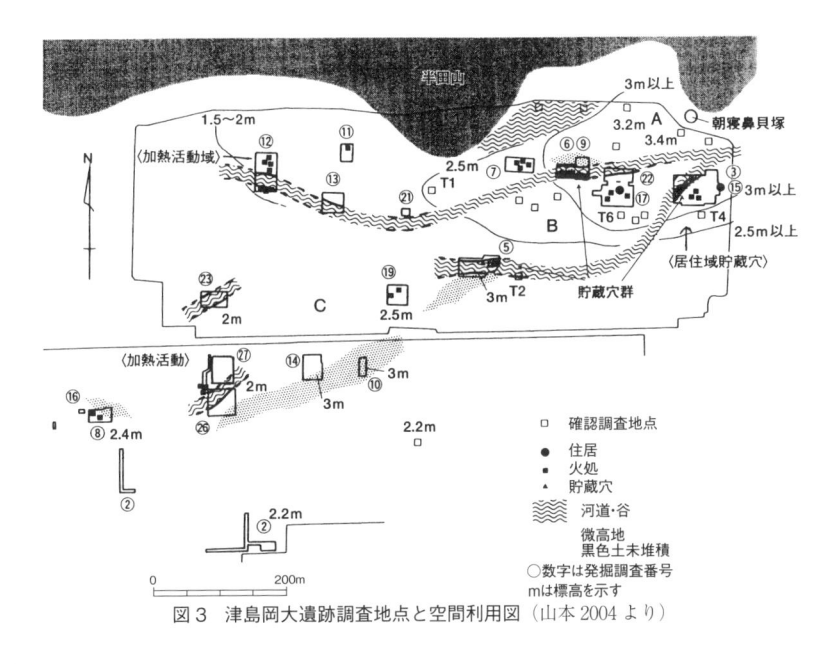

図3 津島岡大遺跡調査地点と空間利用図（山本 2004 より）

ある。

　津島岡大遺跡では、中・後期の土器の出土とともに、丘陵の前面にひろがる狭小な微高地の2ヵ所に住居と屋外炉、土坑、ピット、サヌカイト集積遺構、その近傍の河道に接した3ヵ所に貯蔵穴群、これらから相当離れた地点に2ヵ所の火処が検出されている（図3）。その分布は東西1,300m、南北650mの調査対象範囲のなかで、東西1,000m、南北500mの広範囲に及んでいる。

　これらの遺構群は後期前葉から中葉に営まれたものであるが、100mの間隔をとって配置された2軒と1軒の住居には、2軒とそれに1軒が加わった2期が想定されている。貯蔵穴に関しても、2軒の住居に近接する23基は前葉から中葉、1軒の住居に近接した17基は前葉、いずれの住居からも離れた7基は中葉と存続時期に差が認められている。17基のグループと23基のグループが併存する時期、23基のグループの単独の時期、7基単独の時期と推移したことが想定されている。これに住居の変遷を重ね合わせると、23基と7基のグループは明らかに住居が廃絶された後にも使用されたことが推察される。

　朝寝鼻貝塚では、前期初頭と後期前葉のヤマトシジミの貝塚が検出されてい

る。津島岡大遺跡の調査区の東北角に接してあり、住居群の北100mに位置し、津島岡大遺跡の一部に加えられる。

百間川沢田遺跡は、津島岡大遺跡から約2.2km、旭川を挟んで対岸に位置する。丘陵下端にヤマトシジミを主体とする貝塚、貯蔵穴3基、土坑4基、屋外炉8基が検出されている。調査面積は4,635㎡強である。中葉（彦崎KⅠ・Ⅱ式期）に属し、津島岡大遺跡群中、津島岡大遺跡の次の時期の集落とされている。

百間川原尾島遺跡は、後期後葉に属する炉が検出されている。

以上の各遺跡の内容から、津島岡大遺跡から百間川沢田遺跡そして百間川原尾島遺跡への居住地の移動が想定されている。加えて、津島岡大遺跡の貯蔵穴の展開は、居住地を移動しても集団が故地を利用することを明らかにしている。そして、このことによって分布上抽出された津島岡大遺跡群にも群としての実質が保証されるのである。これらの遺跡群には1つの集落が求められる。津島岡大遺跡を居住地のモデルとすると、次のような集落形態が想定できるのである。

津島岡大遺跡の範囲は、おおよそ50,000㎡を占める。ここに地形にしたがって、住居、貯蔵穴などの生業関連施設、作業場が配置される。同時期に居住地が想定される遺跡として田益田中遺跡が挙げられる。遺跡群の中では、百間川沢田遺跡、百間川原尾島遺跡について、土坑の検出、長期間にわたる活動を示す出土土器の型式と量から、津島岡大遺跡に近い遺跡である。しかし、発掘調査面積が約30,000㎡と全容検出に十分な広さであるが、出土の土器量、遺構の種類と数量から居住地としては住居1軒ほどの規模しか想定できないのである。

以上から、後期前葉の津島岡大遺跡群では、1.6kmの直線距離をおく最少2ヵ所の居住地の展開する範囲に1集落を求めることになる。その広さは日本最大で、人口規模は最少のクラスに入る。その理由は地域集団の規模が小さいことと生業の場に住居を設ける住まい方にある。1住居構成員が生業の労働編成の単位であり、通常唯一の労働組織であること、食料生産も含めて、その労働が住居を中心にして展開するからである。加えて居住地に沖積低地が選ばれたことも大きく関与する。沖積地は地勢が複雑で、食糧資源庫として優れているからである。

第2節　中国山地山陽側の事例—広島県庄原市帝釈峡遺跡群
（帝釈峡遺跡群調査団 1976、中越 2004、竹広 2008）

　帝釈峡遺跡群は、岡山県倉敷市で瀬戸内海に注ぎ出る高梁川の最上流部、帝釈川、東城川に開口する石灰岩の岩陰・洞窟遺跡と周辺の開地遺跡の総称である。旧石器時代から近世までの人々の活動の跡が知られる。ここでは縄文時代後期の遺跡群の展開から、帝釈峡縄文人の集落を検討する。

　帝釈峡の縄文時代遺跡は、20km四方の範囲に所在するが、水系および地勢から上帝釈遺跡群、下帝釈遺跡群、東城川(とうじょうがわ)遺跡群、豊松堂面(とよまつどうめん)遺跡群の4遺跡群に分かれる（図4、表2）。この中で、豊松堂面遺跡群は遺跡数が1から2と少ないことから、地域社会に即応する遺跡群としては留保される。残りの遺跡群は、両端の遺跡の間隔をおおよそ10kmにして、遺跡群の通例にしたがっている。このような遺跡の展開は縄文時代早期後半から始まり、時に遺跡群数を減じ、遺跡数の増減を繰り返しながら、晩期まで継続される。

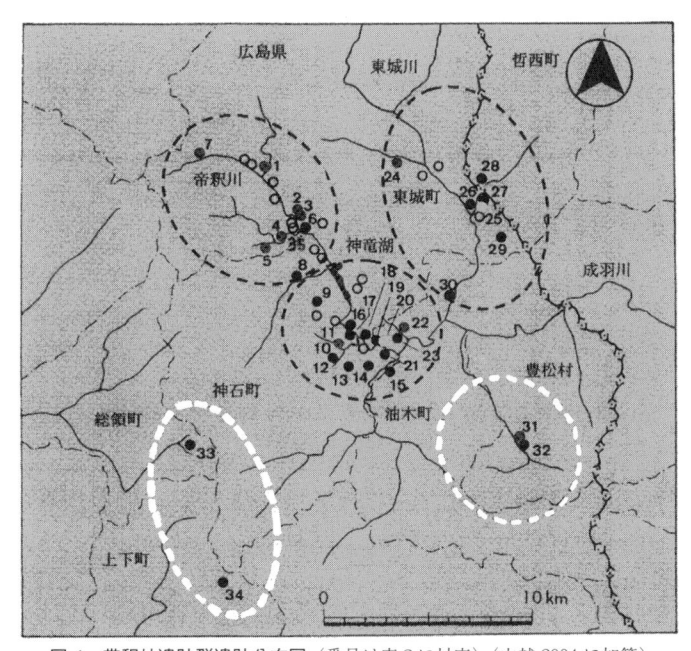

図4　帝釈峡遺跡群遺跡分布図（番号は表2に対応）（中越2004に加筆）

後期の各土器型式期では、確実なところ上帝釈遺跡群に5～2遺跡、下帝釈遺跡群に2つの開地遺跡を加えて6～2遺跡、東城川遺跡群に2～3遺跡、豊松堂面遺跡群に1つの開地遺跡を加えて2遺跡を数える。中越利夫にしたがって、1遺跡に住居1軒を設定すると、上帝釈跡群に5～2軒、下帝釈遺跡群に6～2軒、東城川遺跡群に2～3軒の集落と、豊松堂面遺跡群に2軒の住居を想定することができる。さきの津島岡大遺跡群より大きな3つの集落が想定されることになるのである。
　しかし、これは各遺跡に等しく居住という機能を設定した結果である。寄倉、猿神遺跡などでは二次葬が検出され、遺跡によっては居住機能より祭祀機能を想定した方が適切な場合がある。また、石丸恵利子は遺跡出土の動物依存体の

表2　縄文時代後期の帯釈峡遺跡群遺跡表（竹広2008に加筆）

遺跡群	NO	遺跡	間口×奥行き(m)	中津式	福田KⅡ式	津雲A式	彦崎KⅠ式	彦崎KⅡ式	福田KⅢ式	埋葬	備考
上帝釈	2	寄倉岩陰	20×6	○	○	○	○	○	○	2次葬成人22子1・成人3～4子多数	
	3	猿神岩陰	12×2.5					○	○	2次葬男1女1子2	貯蔵穴
	4	名越岩陰	7×5	○	○	○	○	○	○	1次葬女1	貯蔵穴仕切柱
	5	猿穴岩陰	7×4	○		○		○	○		遺物少量
	7	白石洞窟	13×10	○		○		○	○	人骨？	
	8	五丈敷岩陰									試掘後晩期
	35	白雲洞窟				○					後期
	6	思案洞岩陰									
下帝釈	10	観音堂洞窟	10×7	○	○	○	○	○	○	1次葬男1	貯蔵穴
	11	大風呂洞窟	11×4	○		○					遺物少量
	20	引法滝洞窟	11×6	○		○					
	23	穴神岩陰	7×3.3			○					
	15	こうもり岩陰	7×3.7	○		○				1次葬	
	18	須床洞窟									後期
	19	日比須岩陰						○			
	21	和宗洞窟									後期
	14	江草			○						開地
	9	金山		○	○		○	○			開地
東城川	30	新免手入岩陰	7×4	○	○						貝輪
	24	戸宇牛川岩陰	5.5×1	○			○		○	人骨片	
	25	久代東山岩陰	14×1	○							焼土2ヵ所
豊松堂面	31	豊松堂面洞窟	7×3（上洞部）	○		○				1次葬成人1子2・男2子1・子3	
	32	豊松堂面		○		○		○			開地

分析から (石丸 2008)、遺跡にはニホンジカ・イノシシの大型の獣骨を出土し、主要な部位を中心とした欠落の少ない骨の構成を示すグループと、ネズミなどの小型の獣骨を出土し、特定の部位に偏る構成を示すグループがあることを指摘し、前者に拠点的な居住機能を、後者にフィールドキャンプ（狩猟キャンプ）の機能を想定している。遺跡の機能に関連して、潮見浩はすでに遺跡立地と猟場の関係に言及していた（潮見 1999）。

　遺跡の機能についてあらためて検討すると、上帝釈遺跡群に二次葬が集中していることに気付かされる（図5）。寄倉遺跡は間口20m、奥行き6mの大型で浅い岩陰であるが、その南端部が調査され、1mの間隔をもって2群の集積人骨が検出されている。1号人骨群は総数22、骨格の揃った一体の小児骨・一体の成人骨と、頭骨とそのほかの骨が分離された多数の成人骨の構成が知られる。2号人骨群の人骨は解体の後まとめられており、3から4体の成人骨に多数の小児骨の構成である。総数20を数えるが、未完掘である。性・世代の構成に関しては、全体で男性15名、女性13名、小児12名の報告がある。以上の寄倉遺跡の二次葬の構成は、上帝釈遺跡群猿神遺跡の二次葬、豊松堂面洞窟遺跡の一次葬を総合したものである。猿神、豊松堂面洞窟両遺跡の埋葬人骨は、ともに1住居の居住者＝家族のものである。したがって、寄倉遺跡の埋葬人骨群は大家族（家族群）といえる。帝釈峡遺跡群において、二次葬が上帝釈遺跡群にだけみられることから、寄倉遺跡の二次葬には、ほかの下帝釈遺跡群、東城川遺跡群、豊松堂面遺跡群が関与したと考えることができる。つまり、上帝釈遺跡群以下3遺跡群はひとつの「家族」ということになるのである。寄倉遺跡の二次葬は帝釈峡4遺跡群の関係を「家族」として表象するものであり、それが遠い死者の記憶を通してということであるならば、寄倉遺跡に地域集団の来歴を語る祖霊祭の場が認知されるのである。

　また、同じ上帝釈遺跡群の名越(なごえ)遺跡では、埋葬女性が貯蔵穴群の傍らから出土している。石丸の分析（石丸 2008）はイノシシ、シカは解体されずに持ち込まれることを推測させる。この組み合わせから、埋葬女性を祖霊と、獣を供物とした収穫―貯蔵の祭が執り行なわれたことが推察される。貯蔵穴群に特別（1体）の埋葬を組み合わせる遺跡が遺跡群に1つであるところから、名越遺跡も寄倉遺跡と同じように、同じ地域集団の祭場であったことが想定できる。

230　Ⅵ　中国・四国地方の縄文集落と縄文社会

寄倉遺跡

猿神遺跡
（アミは人骨出土位置）

猿神遺跡の埋葬人骨出土状態
（A:成人頭骨、B:小人頭骨、C:成人下顎骨、X:貝輪出土地点）

豊松堂面洞窟遺跡

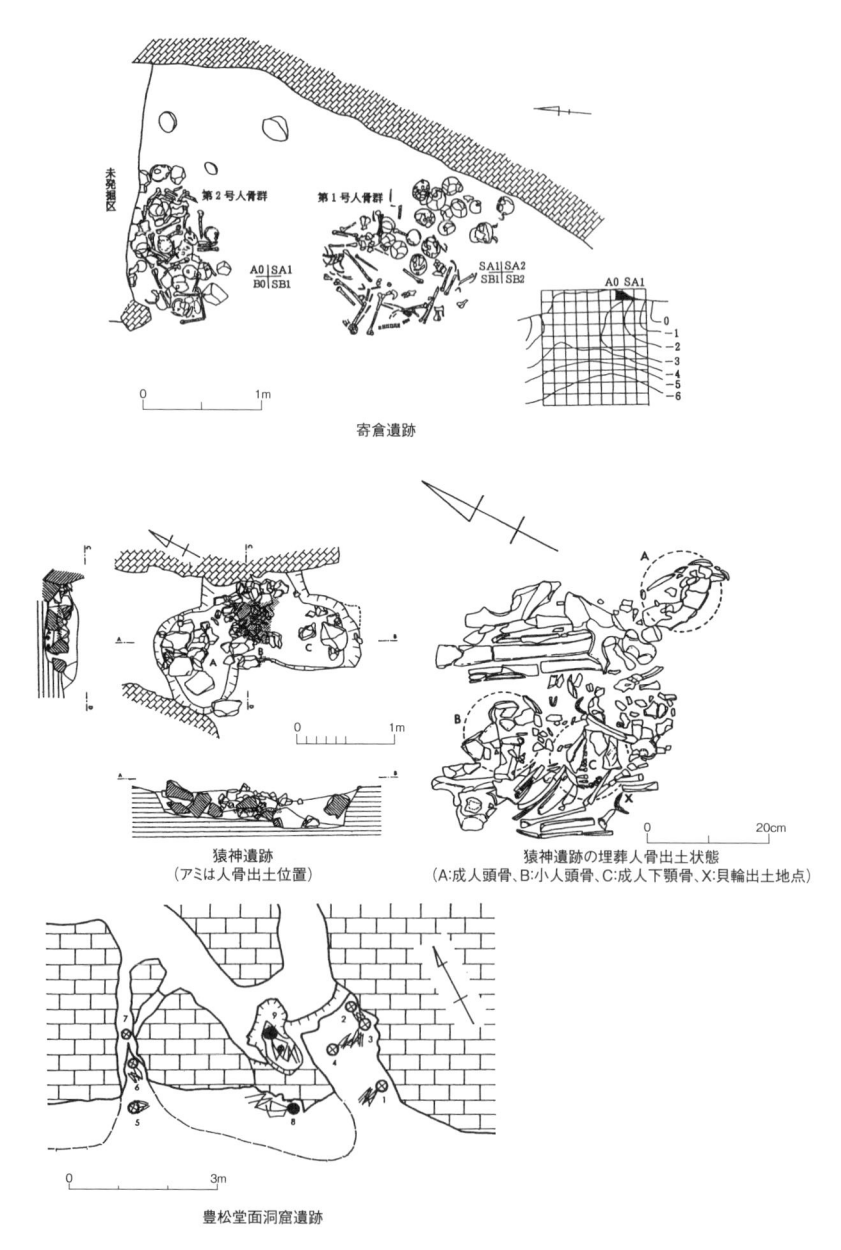

図5　帯釈峡遺跡群の埋葬人骨（中越 2004）

なお、一次埋葬は各遺跡群で見られる。埋葬や祭場の遺跡には、狩猟キャンプの機能を想定することは不適当であろう。

このように各遺跡の機能を設定すると、上帝釈遺跡群の白石遺跡、下帝釈遺跡群の観音堂・こうもり遺跡、東城川遺跡群のすべての遺跡、豊松堂面遺跡群の豊松堂面洞窟遺跡に居住機能が求められるのである。各遺跡の考古学的データには調査の進行にしたがって精粗の差が存在するから、現状では、各遺跡群に1軒から3軒の住居を想定することになる。上帝釈遺跡群に1住居と3祭祀場、1つの狩猟キャンプを配置する集落が求められる。この集落の祭祀場は、下帝釈遺跡群集落、東城川遺跡群集落、豊松堂面住居群の合同祭祀場であった。このことから、3集落と1住居が併存すること、そしてひとつにまとまることを知るのである。帝釈峡遺跡群は中国・四国地方の「遺跡群（集落）」の内容を明らかにするだけではなく、隣接する「遺跡群」を包摂するより大きな遺跡群の存在を示す貴重な事例である。しかし、それ以上に重要なことは、「遺跡群」を結びつけるネットワークを明らかにする点である。それは「大家族」と呼びうるものであった。家族を構成する男女を結びつけるものは婚姻である。帝釈峡遺跡群の3「遺跡群」と1住居群を結びつけるネットワークは、婚姻ということになるのである。

第3節　中国山地山陰側の事例

発掘調査のすすんでいる島根県飯南町の志津見地区、奥出雲町・雲南市の尾原地区の縄文時代後期の遺跡群を取り上げ、集落を検討する。

（1）島根県飯南町志津見地区遺跡群

（頓原町 1991・1992、島根県 1994・1998・2000・2002abc・2003a）

神戸川の上流域、主に同河川の開いた河岸段丘上に、遺跡が展開し、9遺跡が、河川延長おおよそ10kmの間に分布する（図6）。中国・四国地方の他地域に従うと、この9遺跡に1つの遺跡群としてのまとまりを認め、そこに1つの集落を求めることができるのである。

遺跡は、柳浦俊一によって、Ⅰ住居＋土坑、Ⅱ住居、Ⅲ土坑＋その他の遺構、Ⅳ土坑、Ⅴその他の遺構、Ⅵ包含層の6つに類型化されている（柳浦 2008）。この組み合わせによって集落の内容と形が決定される。ところが、後期全体とい

う長期にわたることになれば各遺跡の類型は変化する。そこで、前葉、中葉、後葉と3時期区分して集落の展開を示せば表3のようになる。

遺跡 最も充実した中葉で集落遺跡の内容を検討すると、類型Ⅰに五明田(ごみょうだ)遺跡・貝谷(かいたに)遺跡・神原(かんばら)Ⅱ遺跡、類型Ⅲに板屋(いたや)Ⅲ・小丸(こまる)遺跡、類型Ⅴに下山(しもやま)遺跡、類型Ⅵに神原Ⅰ遺跡が知られる。

林原式期と連続する崎ヶ鼻1式期に住居各2軒が検出された五明田遺跡には多数の土坑が伴う。土坑は平面円形が多数を占めるということであれば、貯蔵穴群であろう。

貝谷遺跡は、中津式1軒(前葉)と崎ヶ鼻式1

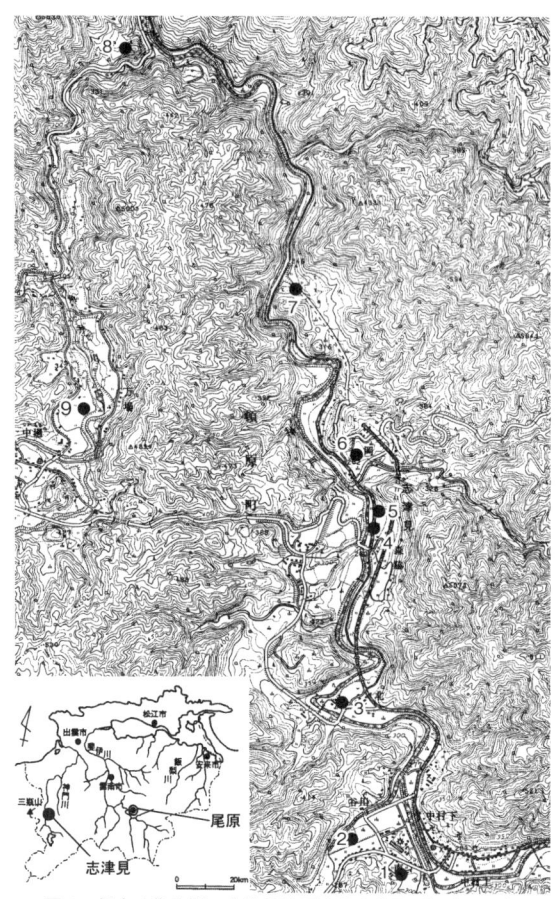

図6 縄文時代後期の志津見地区遺跡分布図(柳浦 2008)
1 五明田　2 森　3 小丸　4 神原Ⅰ　5 神原Ⅱ　6 板屋Ⅲ
7 貝谷　8 下山　9 万場Ⅱ

式期(中葉)の1軒から2軒の住居に土坑、焼土、集石が伴う(図7)。住居はともに2度の建て直しが認められ、2号は壁に内周した石列をもつ特別な型式である(図16)。土坑は大型と小型に分けられるが、ともに土壙墓と推測される。大型のものは、2軒の住居の間で長方形の四隅にあたる位置に設けられている。対角線の交点には、土壙墓と思われる集石土坑が設けられている。小型の土壙墓は、直線状に配置されるが、その南端は2軒の住居のうち3号に重複する。この遺跡は、住居が長期(数型式)にわたって建て直しにより断続的に

表3　縄文時代後期の鳥取県志津見地区・尾原地区遺跡群の展開（柳浦 2008）

遺跡群	時期 型式 類型	前葉 中津・五明田・暮地	中葉 林原・崎ヶ鼻1・崎ヶ鼻2・沖丈・権現山古	後葉 権現山新・元住吉山Ⅱ・宮滝・後期末
志津見地区	Ⅰ	貝谷（竪穴住居）	貝谷（竪穴住居） 五明田（竪穴住居） 神原Ⅱ（平地住居）	万場（竪穴住居）
	Ⅱ			
	Ⅲ	五明田	板屋Ⅲ 小丸	板屋Ⅲ
	Ⅳ	下山（土壙墓群）		下山（土壙墓群）
	Ⅴ		下山（焼土群）	
	Ⅵ		神原Ⅰ・森	森
尾原地区	Ⅰ		林原（竪穴住居） 家後Ⅱ（竪穴住居）	北原本郷（平地住居）
	Ⅲ			原田（土壙墓群・焼土群）
	Ⅳ		平田	
	Ⅴ	北原本郷（土器溜まり） 暮地（土器溜まり） 平田（土器溜まり） 槙ヶ峠（落とし穴）	北原本郷（土器溜まり） 林原（土器溜まり） 川平1（土器溜まり） 槙ヶ峠	
	Ⅵ	前田・垣ノ内	家後Ⅰ・垣ノ内	寺宇根・垣ノ内

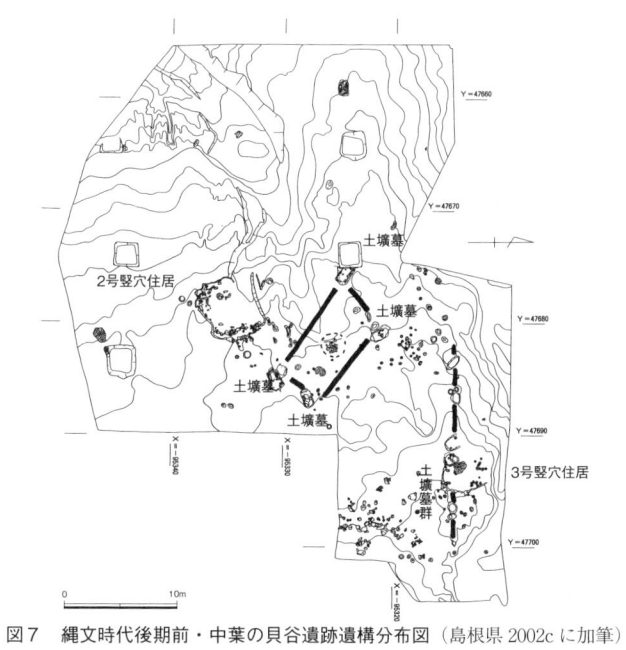

図7　縄文時代後期前・中葉の貝谷遺跡遺構分布図（島根県 2002c に加筆）

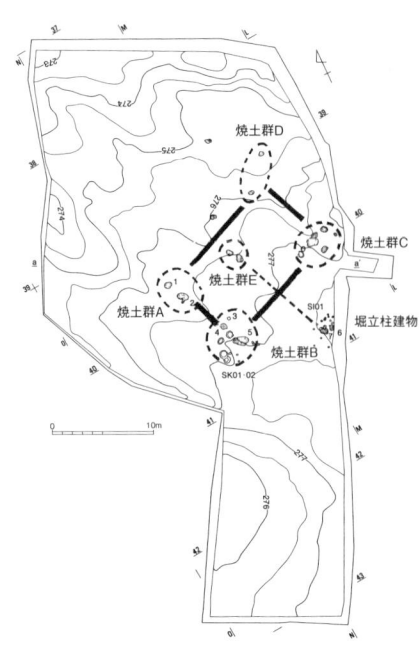

図8 縄文時代後期中葉の神原Ⅱ遺跡遺構分布図
（島根県2002・2003aに加筆）

使用されること、墓に大小の区分とそれに対応した配置上の区分があること、大型土壙墓の配置では2基が集石土坑（土壙墓）を挟んで対になっていることが、注目される。

神原Ⅱ遺跡では、2基の焼土を持つ方形の掘立柱建物（平地住居）の前面に、長方形の四隅に当たる位置に焼土群A～Dが設けられている（図8）。また、この対角線の交点上、掘立柱建物に対面する位置にも焼土群Eが設けられ、これらを結ぶ線を軸線にして四隅の焼土群が対となっている。もっとも、一隅の焼土群Dはこの関係を乱す配置を見せている。焼土群は2基を1単位としている。焼土群の性格は明らかではないが、2基を単位とすることに掘立柱建物の2基の焼土との繋がりを求めると、各焼土群は掘立柱建物1棟に対応する。このことは、多量の土器片、石器の分布が焼土の配置にしたがっていることにも示される。この焼土群の配置は、貝谷遺跡の大型土壙墓と集石土坑（土壙墓）の配置と相似になっている。なお、出土した打製石斧、磨製石斧の使用痕跡は顕著であるとともに、破損品も混じる。石核・剥片は出土しない。この遺跡では、石器の製作は行なわれず、使用済みの土器・石器が廃棄されたものと思われる。

下山遺跡では、前葉は土坑群、中葉は焼土群、後葉は再び土坑群が形成される（図9・10・11）。前葉の土坑群はA～G群の7小群に分かれ、かつA群とF群、B群とE群、C群とD群が東西に対の分布を示すことから、土坑群は南と北に大きく2大群にまとまることが知られる。G群は対となる群をもたない。B小群には大中小の土坑の盛んな重複が認められるが、復元される形成過程から大小、中小2系列の群が抽出される。これを参考にすると、ほかの小群にも同じ

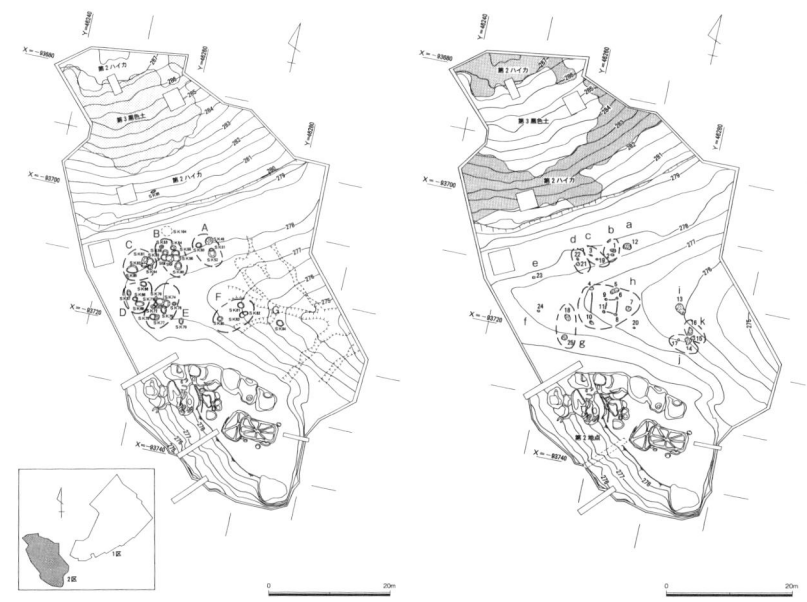

図9　縄文時代後期前葉の下山遺跡
土坑群分布図（島根県 2002a に加筆）

図10　縄文時代後期中葉の下山遺跡
焼土群分布図（島根県 2002a に加筆）

系列が想定できる。土坑を土壙墓とし、大中小を男、女、子供の区分に対応させると、2つの系列は男の系列と女の系列に同定される。したがって、小群に1軒の住居を想定することができる。下山遺跡は志津見地区遺跡群後期前葉では唯一の類型Ⅳの遺跡であり、地域社会の集団墓地に認定されるのである。

中葉における遺跡空間の活動は一変する。土坑は姿を消し、焼土群が形成される。しかし、焼土群の空間配置が土坑群のそれを踏襲することから、中葉の地域社会を形成した集団は前葉の集団の系譜を引く人々であったことが知られるのである。加えて、焼土群として遺された活動が集団墓地に関わるものであったことも推察される。

焼土群も南北に大きく分かれる。それは大きな焼土群aとiの相対的分布に示される。焼土群と土坑群の対応関係を検討すると、分布と構成からb－A、c－B、d－C、g－D・E、j－F、k－Gとなる。D、Eが1つのまとまりに変化したことが知られるが、もっと大きな変化も認められる。hの形成である。前葉の土坑群とは独立して土坑のない中央部に分布する。この焼土の配置は先に見

た神原Ⅱ遺跡の長方形の住居・焼土分布、貝谷遺跡の土壙墓分布と形状は異なるものの、焼土や土壙墓の2群が相対するという点で同じ構成である。焼土群hは形態を変えて前葉土坑の南北2大群構成を継承するものだろう。分布上、あらたに付加されたことの意味は、土坑D、Eが焼土群gにまとめられ、それによって、焼土群の東西2大群配置が非均整になったことに関与するものだろう。なお、土器・石器が焼土群に伴出するが、石核や多量の剥片の出土は、焼土に関わって石器製作も行なわれたことを示している。

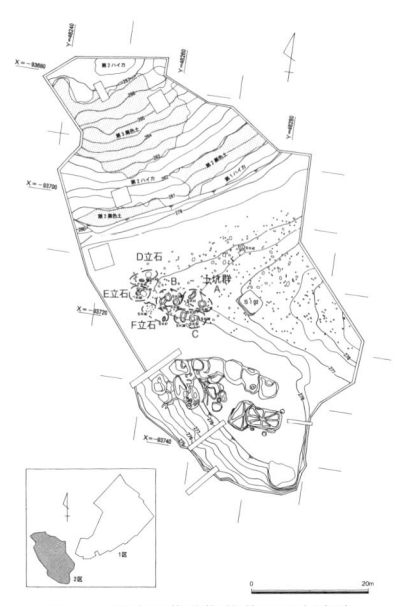

図11　縄文時代後期後葉の下山遺跡
　　　遺構分布図（島根県2002aに加筆）

　　後葉は再び土坑群が形成される。その分布は南にまとまり、前葉の南北2大群配置とは大きく異なる。したがって中葉の焼土群の分布を継承するものではない。しかし、A～C土坑群がそれぞれ2基の構成である点は、前葉と同じである。2基の間に規模の差も認められるが、総じて大型化している。当該期の特徴はこれにD～Fの立石土坑群が伴う点である。立石土坑群はその分布形が貝谷遺跡大型土壙墓群に近似し、そのことによって中葉の中央焼土群hに繋がる。しかし、中葉焼土群hの様にその位置と構成が焼土群全体の縮小相似したものとなっていない。中葉と後葉の全体構成の差異は後葉の土坑群が南の1大群の構成である点に求められる。後葉の土坑群が前葉と同じ地域の集団墓であるとすると、後葉に至って、地域集団の構成に大きな変化が起きたことも考えられる。

　遺跡の展開　志津見地区遺跡群では後期中葉において、8遺跡が神戸川流域のほぼ10kmの間に分布し、1つの集落を形成した。集落を俯瞰すると、流域の北端河岸段丘上に祭祀場―焼土群（下山遺跡―前葉・共同墓地）、南端河岸段丘上に居住地―2軒の住居・貯蔵穴・（土壙墓群？五明田遺跡）と近隣河岸段丘

上に貯蔵場―貯蔵穴群（森遺跡）、少し離れて川を望む山間に墓地―焼土・土壙墓群（小丸遺跡）のまとまりがあり、それらに挟まれて、中央北部川を望む山間に居住地―2～1軒の住居・土壙墓群・焼土群・貯蔵穴群（貝谷遺跡）、中央南部川にせり出した丘陵上に居住地―1軒の住居・焼土群（神原Ⅰ・Ⅱ遺跡）と近隣河岸段丘上に墓地・貯蔵場―土壙墓群・貯蔵穴群（板屋Ⅲ遺跡）のまとまりが展開する。

　この集落景観は遺跡群の分布のまとまりから復元された。しかし、私達は祭祀場である下山遺跡の焼土群の展開からも、遺跡群がひとつのまとまりであることを確認することができる。遺跡は前葉の共同墓地を引き継いだものであり、形成された焼土群は前葉の土壙墓群と同じ構成であったからである。下山遺跡の祭祀場は遺跡群を形成した人々が集まる場所であり、地域社会の象徴の場であった。

　したがって、志津見地区遺跡群地域社会の人々の繋がりは、下山遺跡焼土群の構成によって知られる。人々は大きく2つの群に分かれ、かつ1つにまとまる。この関係を明確に示すのが中央焼土群hの焼土の配置である。そしてこの焼土の「配置」は各居住地の遺跡の土壙墓、焼土の配置にも用いられる。各居住地には1軒、時に2軒の住居が構築され、1つから2つの家族が居住する。下山遺跡焼土群に集まる地域社会の人々は、いわば2つに分かれる大家族である。2つに分かれる人々の関係に婚姻関係を想定することになるのである。志津見地区遺跡群地域社会の人々は2群に分かれ、かつ婚姻関係で1つにまとまる。彼らを繋ぐネットワークは婚姻関係であった。

　なお、下山遺跡は後期前葉では地域社会の唯一の共同墓地である。中葉になると焼土群が形成される地域社会の祭祀場に変わった。しかし、土壙墓と焼土の対応関係は、また土壙墓から焼土への転換は、血統と炎の結びつき（大林1971）を示し、祭祀が死者―祖先に関わるものであったことを示している。また、地域で最多の総量となる石錘をはじめとする石器の出土と、ナイフや石鏃などの剥片石器の製作が盛んに行なわれたことは、この祭祀が生産活動、特に祭祀の組織的基盤が地域社会ということであれば、狩猟・漁猟の集団猟にも関わるものであったことが推察されるのである。祖先霊と狩猟との関係も注目されるところである。死者と生産活動との特別な繋がりは、板屋Ⅲ遺跡における土壙墓

群、貯蔵穴群、多量の石器と剥片石器の生産の組み合わせにも求めることができる。

 以上、志津見地区遺跡群から後期中葉の集落を復元した。集落に展開した居住地は3遺跡に求められたが、それぞれの内容は、住居に墓が伴うもの、焼土が伴うもの、貯蔵穴が伴うものなど個性的であり、居住地間に相当の期間をおいての1集団による居住の移動を示すものではない。また、季節的な移動を考慮させるものでもない。遺跡の内容が示すものは3居住地と3居住集団の併存である。ただ、神原Ⅱ遺跡では焼土─火炎の祭祀活動に関わって定期的な短期間の3居住集団の集住も推測される。むしろ、この遺跡の3居住集団の集住が、居住地、居住集団の共存を示すものである。加えて、注目されるのは、貝谷遺跡居住集団が祖先祭祀、神原Ⅱ遺跡居住集団が祖先・狩猟祭祀、五明田遺跡の居住集団が貯蔵活動と社会的活動を3居住集団がいわば分担職掌している点である[1]。

 しかし、それではこの集落の展開は1土器型式期間内の短期間に収まることになる。各居住地の住居の使用が、最長で2度の建て直しを示すにすぎないからである（貝谷遺跡3号住居）。2度の建て直しでも、中国・四国地方の縄文時代住居では多いぐらいで、建て直しの少なさ、建て替え（住居の重複）の少なさが、定着度の低さとして東日本の集落と比較して、当該地域の特色となっているのである。ところが、これをそのまま受け入れると、当該地域は縄文時代のほとんどの期間において無住の地となってしまうのである。このような地域社会の形成は、非常に希な歴史的現象ということになる。

 しかし、これは東日本の集落の居住動態を基準にして成り立つ推測である。東日本の住居の建て直し、建て替えの頻度が異常ではないのか[2]。建て直し、集落内建て替え現象は、一般的には建築資材の耐用年数と相関関係をもって考えられているが、異常な頻度の建て直し、建て替えには、耐用年数以外の要因を検討する必要がある。また、そもそも耐用の年数自体の問題もある。おおよそ20年を見積もっていると思われるが、構造材の種類によってはもっと長期を考えることもできるのではないか。中国・四国地方の縄文時代の住居の構造材は何か。地域が限定されるものの、落葉広葉樹林とは異なって照葉樹林にはもっと長期に耐えられる樹種があるのではないか。これも検討する必要がある。

下山遺跡の後期前葉から中葉、中葉から後葉に認められる活動の継続性は、長期にわたる地域社会の形成が事実であったことを示している。ところが、圧倒的な住居数の少なさは後期全体からみれば、時に当該地域が無住の地になったことも想定しうる。住居遺構以外（焼土、土器溜まり—尾原地区遺跡群）に住居機能を求め得るとしても、いくつかの遺跡で土器片だけを出土する時期があり、人々は地域外に移住したと推定される。そして相当期間の後、帰住した。その間、短期の帰郷を繰り返し、多少の土器を遺した。しかし、彼らの移住先は明らかではない。移住先の地域社会の変動を明示するような痕跡は遺していないのである。おそらく彼らが小集団であったからであろう。同じ理由によって、故地からの移住が促された。人口の減少が故地での地域社会の維持（婚姻など）を不可能にしたものと考えられるからである。

（2）　島根県奥出雲町・雲南市尾原地区遺跡群
　　　（島根県 2003bc・2004ab・2005ab・2006・2007abc、仁多町 1990・2004、飯南町 2007）

　斐伊川の上流域、主に河川の開いた河岸段丘上に遺跡が立地し、13遺跡が河川延長おおよそ 10km の間に分布する（図12）。中国・四国地方の他地域に従うと、この13遺跡に1つの遺跡群としてのまとまりを認め、そこに1つの集落を求めることができるのである。

　遺　跡　遺跡は、柳浦俊一によって上記の志津見地区と同じ6つに類型化されている（柳浦 2008）。その組み合わせによって、集落の内容と形が決定される。ところが、後期全体という長期にわたることになれば各遺跡の類型は変化する。そこで、前葉、中葉、後葉と3時期区分して集落の展開を示せば表4のようになる。

　前葉には類型Ⅴの平田、北原本郷、暮地、槇ヶ峠の各遺跡が知られる。槇ヶ峠遺跡以外では土器、石器が集中出土した地点が数箇所認知され、「土器溜まり」と呼ばれている。北原本郷遺跡ではこれに土壙墓が加わり、平田遺跡では焼土が伴う。槇ヶ峠遺跡では落とし穴群がみられる。

　中葉には類型Ⅴとして北原本郷遺跡が「土器溜まり」を継承し、新たに林原、川平Ⅰ各遺跡が出現する。一方、類型Ⅰとして住居1軒と集石土坑を出土した家の後Ⅱ遺跡が知られる。平田遺跡では中葉も終末になって集石、配石を伴う

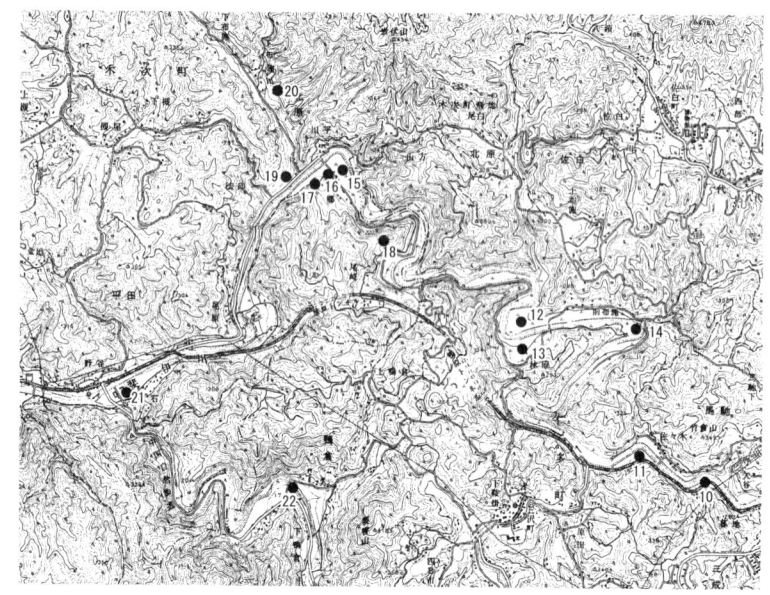

図12 縄文時代後期の尾原地区遺跡分布図（柳浦 2008）
10 暮地　11 寺宇根　12 前田　14 林原　15 北原本郷　16 家の後Ⅱ
17 家の後Ⅰ　18 槇ヶ峠　19 川平Ⅰ　20 桓ノ内　21 平田　22 下鴨倉

土坑が知られる。土壙墓であろう。槇ヶ峠遺跡には前葉に引き続き落とし穴群が設けられる。

　林原遺跡では土器溜まり1〜8が知られる（図13）。土器溜まり1-1、2、3、7、8に焼土が伴う。土器溜まり1-2、1-3、4、5、6には焼土は伴わない。各土器溜まりの出土層序、出土土器の型式や、前葉の土器溜まりのほとんどが焼土を伴わないことから、林原遺跡の土器溜まりは、焼土を伴わないものから伴うものへ移行したものと推察される。これに従えば、林原遺跡では、林原式期から崎ヶ鼻式期の間に、土器溜まり1-3、4、5、6から、土器溜まり1-2、2、3、7、8と住居1軒（ＳＩ01）を経て、土器溜まり1-1の3期の変遷が知られるのである。もっとも、中間期を細かく跡づけると、土器溜まり1-2、2、3、7とこれに8と住居が加わった前後2期に分かれるであろう。林原遺跡でのこのような土器溜まりと住居の展開で注目されるのは、石器集中部も加えた東西間で対となる相対性と、住居の位置や最終の土器溜まりが1-1の1基であることが示す収束性である。しかし、黒曜石の貯蔵穴が東側にあるこ

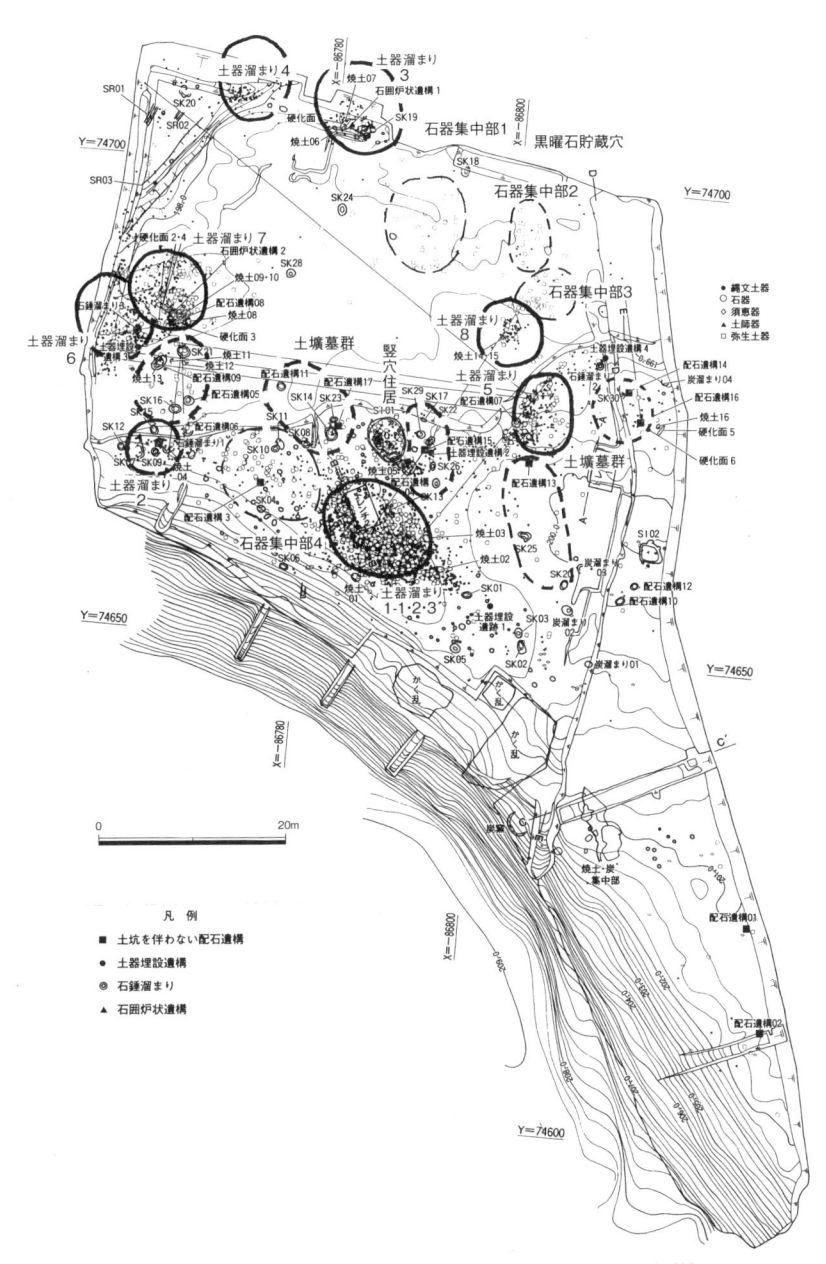

図13 縄文時代後期中葉の林原遺跡遺構分布図（島根県2007cに加筆）

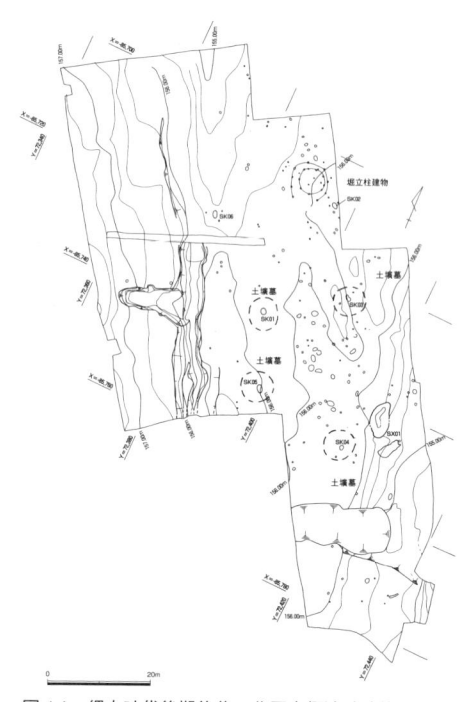

図14　縄文時代後期後葉の北原本郷遺跡遺構分布図
　　　（島根県2005cに加筆）

と、東側の石器集中部が広い範囲を占めること、土偶の出土が西側に偏ることなど、石器と土偶に関わる活動には東西の絶対的な差異も認められる。なお、土壙墓と考えられる土坑、配石土坑が、土器溜まり6、住居、土器溜まり5の間を埋めるように設けられている（原田遺跡と同じ構造）。このような「土器溜まり」は、住居の検出が乏しい当該地域において、短期の居住の痕跡とする見解がある（稲田2008）。屋根を支える柱がない点が住居としての特徴でもあり、否定する根拠にもなる。焼土を伴う場合に限って住居と認定する見解もある（柳浦2008）。ここでは当該地域において立木を柱に利用した可能性も考えて住居とする。

　川平Ⅰ遺跡でも、1基の土器溜まりに数基の土坑が加わる。土坑は集石や平面形状から土壙墓と考えられる。

　家の後Ⅱ遺跡では、1回の建て直しをみる1軒の竪穴住居と集石土坑が検出される。土坑は、平面円形の形状や集石からすれば貯蔵穴の可能性もあるが、土壙墓への転用も推測される。

　後葉に入ると、中葉の遺跡のほとんどで明確な活動が認めにくくなる。類型Ⅰの遺跡として北原本郷遺跡、類型Ⅲの遺跡として原田遺跡、類型Ⅵの遺跡として寺宇根遺跡が知られるだけである。

　北原本郷遺跡では、1軒の掘立柱建物（平地住居）に6基の土坑が伴う（図14）。建物は二重の不正円形に配置された柱穴群から復元されるが、内側の柱穴群は長径5.1m、短径4.9m、面積19.6㎡、外側の柱穴群は長径8.0m　短径7.6m、面

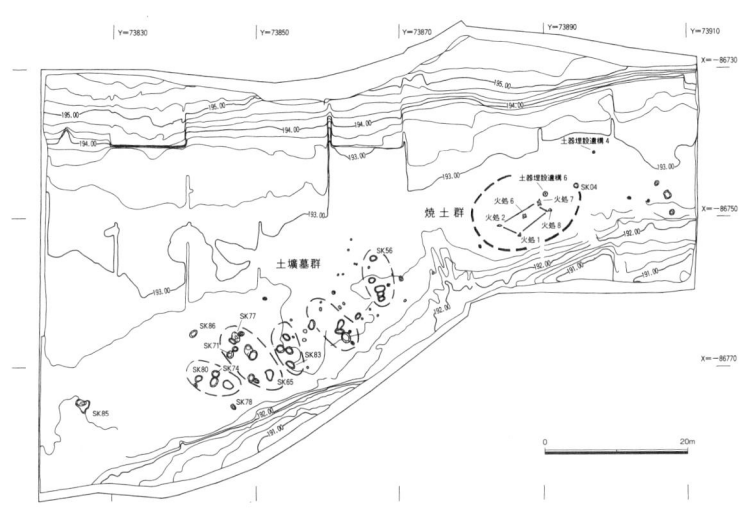

図15 縄文時代後期後葉の原田遺跡遺構群分布図（島根県 2006 に加筆）

積43.6㎡を測る。柱穴の分布から、外側の柱穴には南に開く柵が想定されている。6基の土坑は、掘立柱建物の前面に東西に2基が対になって2列に並ぶ。建物の位置は西側の列に偏る。土坑はSK01以外、平面長楕円形を呈する。形状からは土壙墓と考えられるが、多くのものが小さくかつ浅い。横位で強い屈葬を想定しなければ、SK03、05以外は少年のものになるだろう。SK01は平面方形を呈し、75cmと深く、段掘り、埋土中位に集石を見るなど、特別の土坑である。

　原田（はらだ）遺跡（図15）では、5ヵ所の焼土（火処）と多数の土坑が出土している。焼土は、火処6を間にして2つ1組の火処が相対する。土坑群は焼土の西方16m、4～5基が1群となって計5群が並列する。土坑は平面円形、楕円形の別がある。遺物の出土したもの、深いものが報告されているが、それでも貯蔵穴としては浅く、土壙墓であろう。半数が長軸100cm以下で、未成年のものである（稲田2008）。100cmより長いものを成年のものであるとすると、強く屈葬していたことになる。

　遺跡の展開　尾原地区遺跡群では、後期に属する13遺跡が斐伊川流域のほぼ10kmの間に分布し、1つの集落を形成した。

　集落を俯瞰すると、前葉ではその範囲の西端に平田遺跡の居住地―土器溜

まり群と東端に暮地遺跡の居住地—土器溜まり群があり、その間北西部に北原本郷遺跡の居住地—土器溜まり、東部に槇ヶ峠遺跡の猟場—落とし穴がある。槇ヶ峠遺跡が川を臨む丘陵尾根上に立地するほかは、いずれも河岸段丘上に立地する。

　中葉では前半期に、その範囲を狭めて東部に河岸段丘上の林原遺跡の居住地—1軒の住居・土器溜まり群・黒曜石貯蔵穴、西部に河岸段丘上の川平Ⅰ遺跡の居住地—土器溜まり・土壙墓と、その東隣、対岸の北原本郷遺跡の居住地—土器溜まり、家の後Ⅱ遺跡の居住地—住居1軒・土壙墓群・貯蔵穴群の合計4ヵ所の居住地があり、それらに挟まれて川を臨む丘陵尾根上に槇ヶ峠遺跡の猟場—落とし穴群がある。居住地に（A）土器溜まり群、（B）土器溜まり群・土壙墓群、（C）土器溜まり群・土壙墓群・1軒の住居、（D）1軒の住居・土壙墓群・貯蔵穴群の4態が知られ、林原遺跡ではB→C→Bの変遷が確認される。また土器溜まり群そのものにおいても林原遺跡に限って焼土が伴う。これは林原遺跡の「土器溜まり」が他遺跡の土器溜まりとは異なり、特別の活動に関与したことを示すものであろう。その活動とは何か。

　林原遺跡の特異性は1軒の竪穴住居にも求められる（図16）。その床面は柔らかく、柱穴はなく、墓と思われる土坑2基が存在する。これは生者の家ではなく、死者の家であろう。生者の家はその隣の「土器溜まり1」に求められる。彼らの墓が住居であり、それを一部として展開する配石土坑などの土壙墓群が一族数世代の墓であろう。その墓群の配置が遺跡全体の土器溜まりの分布に対応しないことが、特定の土器溜まり1との排他的関係を示しているのである。1以外のの土器溜まりの住人の墓はほかの遺跡にある。川平Ⅰ遺跡、家の後Ⅱ遺跡が該当する。つまり、彼らにとって林原遺跡は仮の住まい地であった。土偶の祭り、石製猟具の製作を含む集団猟の予祝に地域の人々が集住する土地であった。地域の祭場としての機能が、林原遺跡に人々の特別の活動をもたらしたのである。

　このような林原遺跡の地域的な機能から、各土器溜まりに地域の人々を参照することができるとともに、その構成に地域の人々の関係を重ね合わせることができるのである。人々は大きく2群に分かれ、かつ1つにまとまることが知られる。

245

貝谷遺跡2号竪穴住居

貝谷遺跡3号竪穴住居

S104
S102
S103
S101

五明田遺跡竪穴住居

林原遺跡竪穴住居

万場Ⅱ遺跡竪穴住居

家の後Ⅱ遺跡竪穴住居

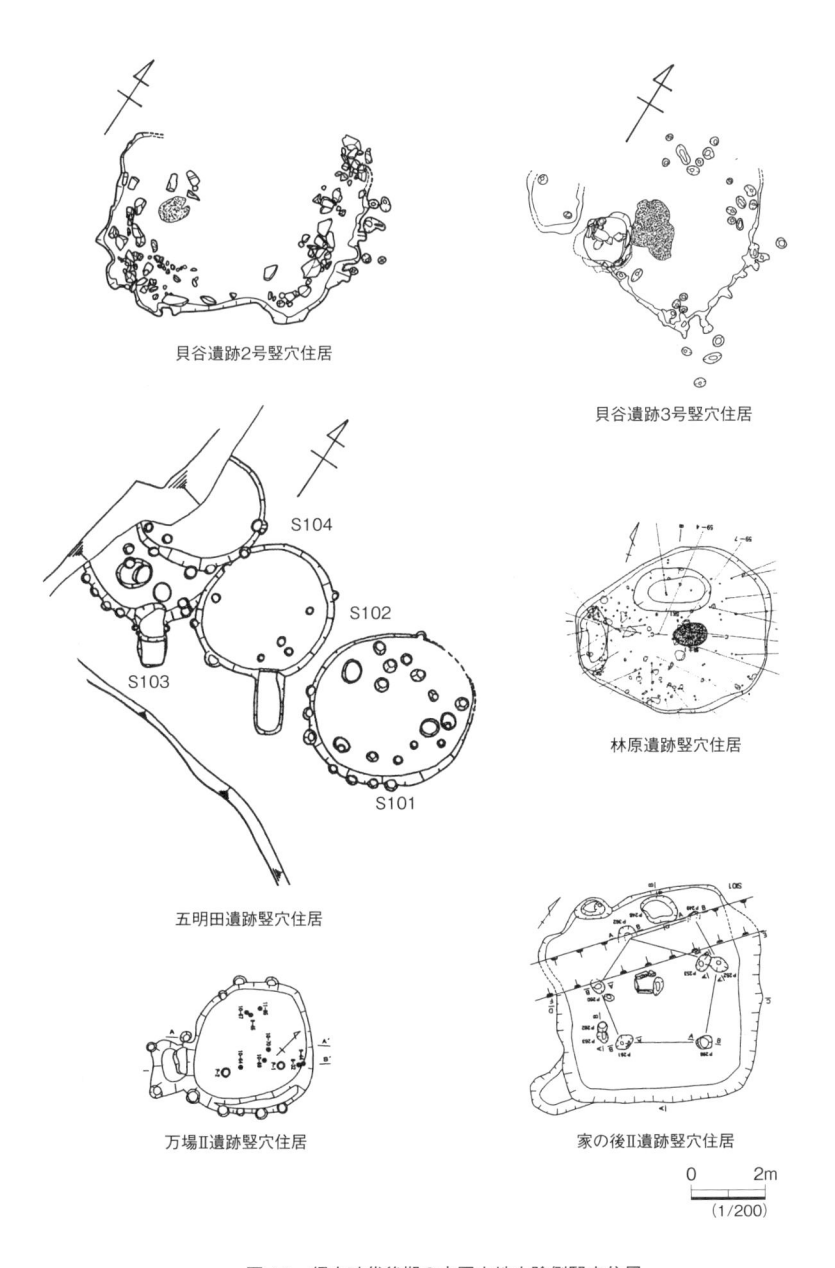

0　2m
(1/200)

図16　縄文時代後期の中国山地山陰側竪穴住居

中葉の後半期は西端の平田遺跡の墓地―土壙墓と北原本郷遺跡の墓地？―土坑が知られるだけである。土器数型式の期間、人々は他地域に移住し、時に帰還したが、集落は形成されなかったようである。

後葉に入り、集落が復活する。中葉の北原本郷遺跡の居住地が再び居住地―1軒の掘立柱建物・2列の土壙墓群として用いられ、林原遺跡の居住地があった地区に原田遺跡の墓地―土壙墓群・焼土群が営まれる。このような集落の展開に長期の空白期を介在させつつも社会そのものは継続されたことが知られるのである。それは中葉の林原遺跡の墓地を再開した原田遺跡の土壙墓と焼土の空間構成が、林原遺跡の土器溜まりと土壙墓の空間構成と同じ構造を持つ点に確認されるのである。

以上、縄文時代後期の中国地方山間部の集落の展開を島根県の2地域で検討したが、2地域の間で極めてよく似た結果を得ることとなった。

第4節　中国日本海沿岸部の事例

（1）　鳥取県の縄文時代後期の遺跡分布（小口 2008）

鳥取県下の縄文時代後期の遺跡はその分布の偏りから、A～Kの11群にまとまる（図17）。各群を形成する遺跡の最長間隔はおおよそ10kmである。中国・四国地方の各地の事例にならうと、そこに1つの地域社会と1つの集落を求めることになる。ここでは、遺跡群としてその内容がある程度明らかであるとともに、居住施設がまとまって検出されているI群遺跡群をとりあげる。

（2）　I群遺跡群（表4）

（名和町 1981、鳥取県 1994・1995・2005ab、米子市 1999）

小口英一郎はすでにここでI群に包摂した遺跡群を鳥取県下の後期集落の1事例としてとりあげ、その実態を検討している。小口は鳥取県の後期の各遺跡をA―1：住居、A―2：住居＋土坑（落とし穴・貯蔵穴・墓坑）、A―3：住居＋貯蔵穴＋土坑＋掘立柱建物＋配石遺構、B―1：掘立柱建物、B―2：掘立柱建物＋土坑（落とし穴・貯蔵穴・土坑）、C：墓坑、D：貯蔵穴、E：落とし穴、F：土坑、G：その他（溝、自然流路など）、H：包含層・散布地に類型化し、その遺跡群における展開を集落の実態として検討する。

当該地域遺跡群はI群として一括されず、大山町名和川遺跡群と米子市淀江

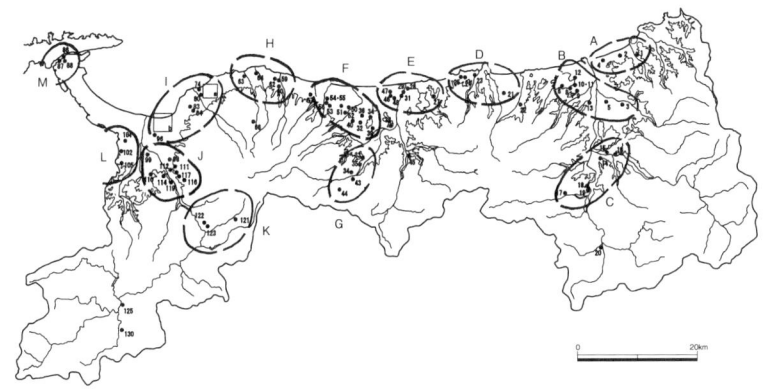

図 17　縄文時代後期後葉の鳥取県遺跡分布図（小口 2008）

表4　縄文時代後期の鳥取県Ⅰ群遺跡表（小口 2008 に加筆）

NO	遺跡	形式	土器型式							
			中津	福田KⅡ	布施	崎ヶ鼻	沖丈	権現山	宮滝	滋賀里Ⅰ
67	南川	A-1		○						
68	ハンボ塚古墳	H-1				○				
69	坪田	H-1	○	○						
70	名和飛田	H-2	○	○	○	○	○	○		
71	名和乙ヶ谷	H-2		○						
72	門前上屋敷	F				○				
73	門前2	D・E・F	○							
74	大塚	A-1	?							
75	富長第1	H-1		○	○					
76	古御堂	F		○						
77	文殊領屋敷					○?				
78	原古墳	H-1						○		
79	茶畑山道	H-1		○						
80	茶畑六反田	F			○	○				
81	押坪天王屋敷			○						
82	上大山第1			○						
83	妻木法大神	E・G		○	○	○		○		
84	塚田				○	○				
85	別所					○				
89	井出	H-2	○	○		○	○			
90	福岡	H-1				○	○			
91	河原田	H-2		○	○	○	○			
92	坪瓶山第1			○						
93	大下畑	A-2				○				
94	百塚第五	H-1				○				
95	百塚第七	H-2				○				
96	泉中峰・泉前田			○						

平野遺跡群の2つの遺跡群に分けられる。名和川遺跡群は、大山を源に北流して日本海に注ぐ名和川の下流域に分布する13の遺跡から形成される。遺跡の展開は表4のように整理される。名和川遺跡群は後期前葉から中葉まで存続する。遺跡は河岸段丘、もしくは丘陵に立地し、沖積低地にはない。居住地は福田K2式期に南川(みなみかわ)遺跡の住居1軒に認められるが、中津式期に落とし穴9基、土坑5基、谷底に2基の貯蔵穴を出土した門前(もんぜん)第2遺跡、福田K2式期に墓坑1基を出土した古御堂(こみどう)遺跡、布施～崎ヶ鼻式期に土坑2基を出土した門前上屋敷(もんぜんかみやしき)遺跡に求めることもできる。これを認めるとすると、各土器型式期間に1つから2つの居住地を想定することができる。2つの場合は名和川流域、東谷川流域にそれぞれ一つである。そして、中津式期から福田K2式期の移行において遺跡数が増加するが、それが東谷川流域への新たな集団の流入によって引き起こされた点を考慮すると、遺跡群を形成する地域集団は2群の構成で、各集団は一つの居住地を拓いたものと推察されるのである。

　淀江平野遺跡群は、潟湖となった美保湾が沖積地化した淀江平野に分布する。しかし、総数8遺跡は平野中心部の低地に立地するものと、西部を貫流する宇田川右岸の丘陵上に立地する2種に分かれる。淀江平野遺跡群も後期前葉から中葉まで存続する。遺跡の展開は表4のように整理される。居住地は布施・崎ヶ鼻式期の住居1軒と土坑(落とし穴・貯蔵穴・土坑)の出土した大下畑(おおしもはた)遺跡、住居1軒と土坑(55基の落とし穴―時期推定)の出土した百塚(ひゃくつか)第7遺跡に認められる。ともに丘陵上に立地する。併存した場合は、それぞれの存続期間に、最短でも1土器型式期間を求めることになる。ところが、沖積低地の遺跡は中津式期(前葉始期)から権現山式期(中葉末期)まで継続する。これは生産活動が中心と考えられる沖積低地での活動の「場所」にほとんど変化のなかったこと、つまり活動主体に長期の間変化のなかったことが示されているのである。活動主体は居住の主体でもあるから、丘陵の居住期間と沖積低地の生産活動の期間は一致する。したがって、淀江平野遺跡群には丘陵上に未発見の居住地遺跡が想定されるのである。淀江平野縄文時代後期人は、この丘陵で居住地を転々と移した。現在検出されている2つの居住地も併存するものでなく、その間に1形式期間中の移動を考慮する必要がある。淀江平野遺跡群には居住地は1つであったものと考えられる。

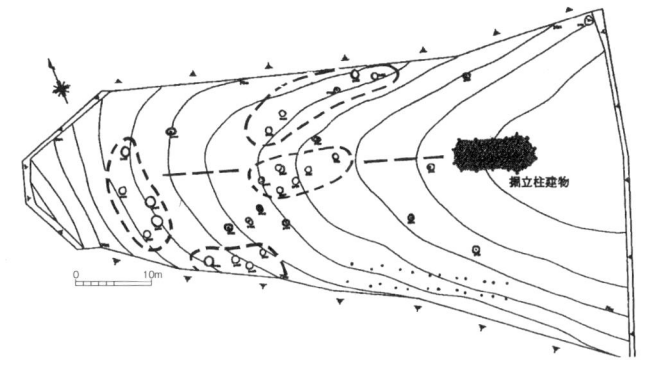

図18　喜多原第4遺跡調査区全体図（米子市1999に加筆、点線で囲った穴が貯蔵穴）

　このように名和川遺跡群に1つか2つの居住地、隣接する淀江平野群に1つの居住地が想定されるが、これらの居住地が1つの集落に展開したのか、それぞれが別の集落に属するものなのか明らかではない。この2つの遺跡群を遺跡分布の偏りから、I群として一括した。I群が見かけの上だけでなく、実質的に1つのまとまりとして結合するのであれば、これらの居住地は1つの集落の展開を示すことになる。しかし、2つの遺跡群にこのような関係を直接的に示すものは現在見あたらない。
　次にJ群の遺跡—喜多原第4遺跡を参考事例として取り上げ、この問題を検討する。喜多原第4遺跡は、崎ヶ鼻式期に属する。丘陵上にあって、長軸11mの長大な掘立柱建物1軒の前面に、貯蔵穴20基と落とし穴11基が分布する（図18）。落とし穴は時期の確定が困難ということであるが、分布に貯蔵穴との密接な関係が見いだされるところから、同時期に位置づけられる。貯蔵穴はA〜Dの4群に分かれるが、掘立柱建物、A群、B群の並びを軸にして、その両側にC、D群が対称的に分布する。注目すべきはこの遺構群の分布が、後期中葉の島根県志津見地区遺跡群の神原II遺跡の掘立柱建物と焼土群の配置、下山遺跡の焼土群の配置と同一の展開を示すことである。神原II遺跡、下山遺跡の遺構群の構成は地域集団の構成とそのまとまりを象徴するものであった。地域集団は2群に分かれ、かつ1つにまとまる。2集団の間に婚姻関係が認知された。鳥取県の後期中葉のJ群地域集団にも同じ構成と社会的ネットワークが想定されるのである。縄文時代後期に島根県東部山間部、鳥取県西部沿岸部は文

化的、社会的特質を共有していたものと思われる。鳥取県の遺跡Ⅰ群にも同種の地域集団と、1つの集落が想定されるのである。

第5節　四国太平洋側山地の事例

（1）　高知県の縄文時代後期の遺跡分布（松本2008）

　高知県の縄文時代後期の遺跡は、その分布の偏りからA群〜J群の10群に分かれる（図19）。各群の最大遺跡間隔は、おおよそ10kmである。各遺跡群の範囲は中国・四国地方の他地域と共通し、他地域の事例に従うと、各遺跡群に1つの集落と、1つの地域社会を求めることができる。後期を前葉、中葉、後葉の3期に区分すると、各期の遺跡群を形成する遺跡数は4〜1で、2〜3の場合が多い。なお、以上のデータの基となった遺跡は調査が進んでいる地域では主要遺跡にあたっており、そこでは主要遺跡を核としてその他の遺跡が分布している。したがって、調査研究の今後の進展によって、遺跡群の数、各遺跡群の範囲に大きな変更はないものと考える。ここでは、県西南部のF遺跡群を取り上げ集落の展開を検討する。

（2）　F遺跡群—大宮遺跡群

　遺　跡　四万十川の中流域、旧西土佐村一帯に遺跡群は分布する（図20）。遺跡群を構成する21遺跡のほとんどを石器のみが知られている遺跡が占める

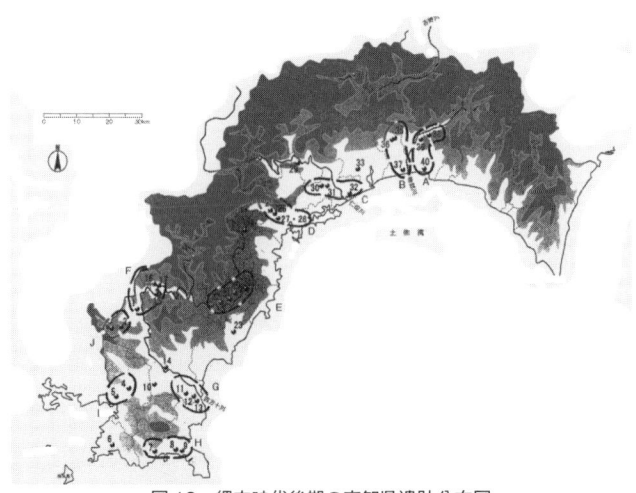

図19　縄文時代後期の高知県遺跡分布図
1大宮・宮崎遺跡　15広瀬遺跡　16小野田カミヒラ遺跡　17十川駄場崎遺跡（松本2008）

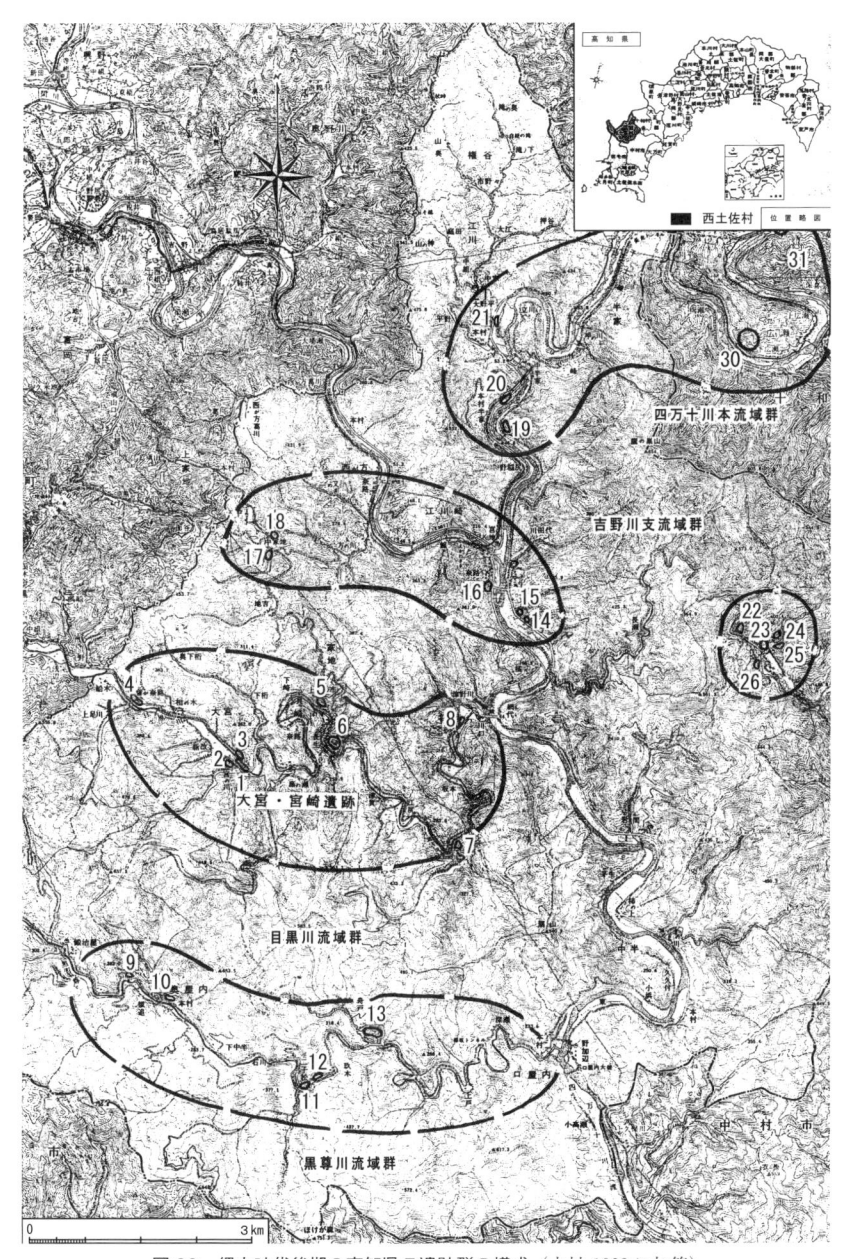

図20　縄文時代後期の高知県F遺跡群の構成（木村1999に加筆）

（表5）。また、宮崎・大宮、広瀬、川口ホリキ遺跡以外は表面採集の遺物によって知られた遺跡である。

　宮崎・大宮遺跡は数少ない発掘調査資料であるとともに、祭祀場において石器製作の行なわれたことが知られる重要かつ特徴的な遺跡である（木村 1999）。19基の配石が検出されている（図21）。これらの配石には石器、土器が伴出し、後期中葉・後葉に営まれたことが知られている。配石は配置から、2種に分けられる。調査区の中央部の環状配置を構成するもの（第11号～第13号、第17号～第19号、a号）と、その東に並列状の配置を構成するもの（第1号～第10号，第14号～第16号）である。そして，伴出した土器の型式から，並列状の配石配置が中葉（平城式）に始まり，環状配置が後葉に始まったこと、築造の時期は異なるが併存し、ともに土器数型式に及ぶ長期間用いられたことが知られる。また、環状、並列状いずれの配置においても、2つの同形式の配石が単位となり（環状配置：第11・第12号、第13・a号、第18・第19号、並列状：第1ー第2号・第3号ー第4号、第5・第6ー第7号、第8・第9号、第10・第15ー第16号）、それぞれ計4単位を数える。環状配置の第17号は2基の残骸であろう。並列状配置の第10号は大小2つが重なって、第15号と第16号の重なりに対応している。この配石の構造によって、環状配置と並列状配置の配石の構成が同一であることが知られる。また、このことから同じ集団あるいは系譜で繋がる集団によって2種の配石が築造され、営まれたことが知られるのである（丹羽 2009）。

　遺跡の展開　F遺跡群の遺跡は河岸段丘に立地し、居住地を示す遺跡は明らかではない。ほとんどの遺跡が遺物の表面採集から認定されたことも関係してか、石器の出土以外は不明である。その中で、広瀬遺跡は土器型式ー広瀬上層式の標識遺跡としてあり、川口ホリキ遺跡は多量の後期初頭の中津式と多数の石錘を出すことによって、また宮崎・大宮遺跡は多数の配石を出すことによって注目されているのである。このような遺跡の展開から、多くの石器を出す遺跡は狩猟に関係するキャンプサイトで、主要な遺跡として土器を出す遺跡が居住地と考えられている。しかし、遺跡調査の現況からは、この遺跡群に集落を復元することははなはだ困難と言わざるを得ない。ただ大宮・宮崎遺跡は、この遺跡群における祭祀遺跡であるところから、F群の遺跡群としてのまとまりと、それゆえ地域集団の構成を示すものとして期待されるのである。

表5 大宮・宮崎遺跡群遺跡表（木村1999）

遺跡NO	遺跡名	出土遺物
1	大宮・宮崎	縄文土器など
3	深田	石材核
4	留ヶ奈路	石材核・石器剥片
5	上藪ヶ市	石材核・石器剥片・石匙・縄文土器
9	城ノ下	石鏃・石器剥片
10	奥屋内本村	石器剥片
11	曽我の西	宿毛式・平城式土器片・石鏃・石錘 打製石斧・磨製石斧・叩石・スクレーパー 石材核・石器剥片
12	下久保	石器剥片
13	広井駄馬	旧石器後期・縄文草創期〜後期石器
14	平口	石器剥片・叩石
15	奈路	石器剥片
16	車木	スクレーパー・石器剥片
17	西クイ原	中津式土器・石鏃・スクレーパー・石器剥片
18	長生	石器剥片
20	本村半家	縄文土器・石鏃・石錘・磨石・石材核・姫島黒曜石
21	本村	石器剥片
23	尾崎	石器剥片
25	白髪山	スクレーパー・石器剥片
26	胡麻谷	スクレーパー・姫島黒曜石剥片
30	広瀬	羽鳥下層式土器・玦状耳飾・広瀬上層式土器
31	川口ホリキ	中津式土器・石錘

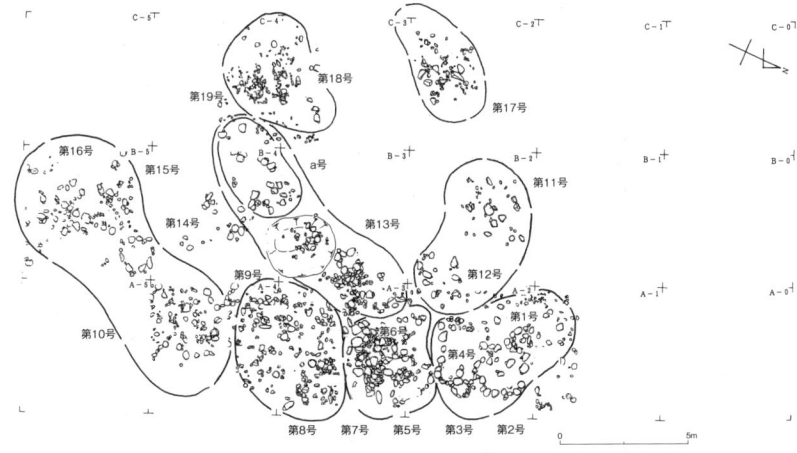

図21　大宮・宮崎遺跡配石の分布（木村1999に加筆）

大宮・宮崎遺跡では、環状と並列状の新旧２種の配石の配置がある。そして、そこに同一系統で繋がる造営集団が想定された。この造営集団が地域集団に対応する。環状配石配置では２基の単位が環の直径を軸として２対の対称的配置を展開する。地域集団は４つの群に分かれ、２つの群が対となって１つにまとまるのである。また、各群はさらに２つに分かれる。これをＦ群の遺跡の展開に対照させると、４群は四万十川本流域群、吉野川支流域群、目黒川流域群、黒尊川流域群に比定することができる。あるいは、Ｆ群は範囲が20kmに近いこと、四万十川支流の吉野川上流約13kmに配石で著名な岩谷(いわたに)遺跡があることから、Ｆ群を北半分（四万十川本流域群・吉野川支流域群）と南半分（目黒川流域群、黒尊川流域群）に２分し、北半分に岩谷遺跡、南半分に大宮・宮崎遺跡を対照させる方が妥当かもしれない。岩谷遺跡でも多量の石器および石器石材が出土するが、大宮・宮崎遺跡に出たサヌカイト石材は知られていない（前田1998）。これを地域集団の差とすると、Ｆ群を南北に２分する見方が有力となる。ところが、両配石は時期を重ねるものの、形式が異なる。岩谷遺跡は敷石住居を中心としたものである。この違いを機能の差とすると、１地域集団が２つの配石祭場を保有していたことも考えられる。これはＦ群に１つの地域集団を求める見方に適合的である。いずれが実態か。断定できないが、地域社会の維持のためにより広い範囲の人々が結合した場合も想定することができよう。当該地域の人口が少なく、広い範囲に分かれていた本来２つの集団が、人口の少なさによって１つにまとまったと考えるのである。

　大宮・宮崎遺跡は地域の祭場である。配石群が設けられ、人々が集まり、生ものの入った土器を供献し、石器を作った。地域の集団の結集、狩猟具および解体具の製作、石棒の燃焼、これらは、その場で集団猟に関わる祭り、石器製作を狩猟の準備儀礼とすると猟の予祝が執り行なわれたものと推察する。また、線刻で女性を形容した礫が石棒と対になる位置から出土している。集団の統合と生産力の増大を願って、石棒と線刻礫による性の合一を示威したものだろう（丹羽2009）。

第3章 まとめ
―各地域の遺跡群と集落の様式と地域社会の関係―

　中国山地山陰側の縄文時代後期の志津見地区遺跡群には、1つの集落が求められる。中葉には、1～2軒の住居群が3ヵ所、貯蔵穴群が1ヵ所、共同墓地が1ヵ所、共同墓地・貯蔵穴群が1ヵ所、祖霊・狩猟祭祀場が1ヵ所認められる。居住地には墓と貯蔵穴が設けられるもの（2ヵ所）と墓が設けられないもの（1ヵ所）の別がある。この集落の地域集団は、2つに分かれ、婚姻関係で1つに結ばれていたと思われる。尾原地区遺跡群の集落、地域集団も同じ構成である。

　中国日本海沿岸の遺跡群に求められる集落の実態は明らかではないが、山間部地域と類似する居住地の構造（喜多原第4遺跡）から、同じ地域集団の構成が推定される。

　四国太平洋側山地の縄文時代後期の宮崎・大宮遺跡群には、1～2の集落が求められる。現在、ほとんどの遺跡は所在とおおよその時期、埋蔵遺物の一部以外は明らかではない。しかし、配石が環状に巡る宮崎・大宮遺跡に地域集団の結集を求めると、地域集団は大きく2群に分かれ、かつ1つにまとまる。中国山地山陰側の地域集団と同じ構成である。

　中国山地山陽側の縄文時代後期の帝釈峡遺跡群は、3つの遺跡群と1住居に分けられ、そこに3集落と1住居を求めることができる。各集落には岩陰を利用した1～3ヵ所の住居、猟場と複数のキャンプサイトが散在する。埋葬は居住地で行なわれるが、上帝釈遺跡群には3集落共同の2次埋葬地が設けられ、3集落の3地域集団は婚姻関係で結ばれていたと思われる。

　瀬戸内山陽側では津島岡大遺跡群に沖積低地集落の典型が求められるが、地域集団の構成は明らかではない。その原因は、中国山間部のように集落に地域集団のまとまりを象徴するような施設がないことや、集団墓地のような地域集団の集合が想定される遺跡が明らかにされていないことによるものと思われる。山口県下では、遺跡群（集落）の内容は明らかではないものの、土器の地域的な形式の成立基盤に相当範囲の諸遺跡群の結合が想定されている（図22）。この地域集団の結合は形態上、中国山陰側のものとは異なり、山陽側にある帝釈峡

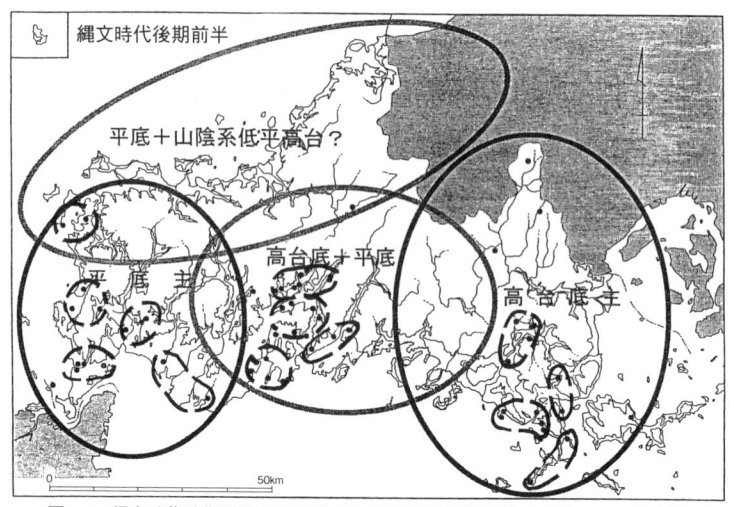

図22　縄文時代後期前半の山口県土器底部形態と遺跡群（幸泉2008に加筆）

遺跡群の3集落3地域集団の結合に類似する。瀬戸内山陽側の地域集団に帝釈峡遺跡群の地域集団と同様の構成を推定することができるのである。

このように、中国・四国地方の地域集団の構成は中国山陽側と中国山陰側・四国太平洋側、言い換えれば、四国瀬戸内側は不明であるものの、瀬戸内とその両側という2つの地域で異なる。2つの地域の間では、集団の婚姻システムが異なるのである。中国山陽側には「一般交換」に区分される3集団以上の間の婚姻システムが、そして中国山陰側と四国太平洋側には「限定交換」に区分される2集団間の婚姻システムが推測される[3]。「限定交換」は、東日本の環状集落の構造に反映されている双分原理に適合的な婚姻システムである。

注

(1) 大林氏は、北米カリフォルニアインディアンのPatwin族の家族間の社会的機能分化を紹介し、長野県与助尾根遺跡の祭祀遺物の分布に家族による祭式の分掌を推測する（大林1971）。

(2) 住居の建て直しは同所での居住の継続、建て替えは居住地内での移動と遺跡群中での移住—再居住、が想定されるが、異常な頻度の建て直し、建て替えには、特別な死や生などに伴う居住者構成の変動などの社会的要因を想定することも

必要である。住居の廃絶儀礼などはこの方面からも検討すべきである。
(3)　「限定交換」、「一般交換」は、レヴィ＝ストロースが婚姻システムを交換の体系としてとらえた時に用いる2つの様式の名称である（浜本 1996）。「限定交換」は婚姻対象を自分が与えた相手に求めるという方法、「一般交換」は自分の与えた相手ではなく、ほかのものに婚姻対象を求める方法である。交換に互酬性を求めるときに論理的に生み出されるシステムである。方法論的に考古学的事象の分析に用いることのできる概念であろう。

　筆者は、津雲貝塚晩期縄文人の婚姻システムに「一般交換」の1形式、母系父方交叉イトコ婚を復元した（丹羽 2004）。埋葬人骨の抜歯形式を出自の表徴とし、埋葬人骨群の抜歯の構成から婚姻システムを復元したものであるが、春成秀爾氏の抜歯分析にしたがってO型を未婚者の抜歯形式としてO型抜歯人骨を婚姻対象者から除外していた。しかし、同期に出された舟橋京子氏の研究はO型抜歯を未婚者と断定できないことを明らかにした（舟橋 2003）。この分析にしたがって津雲貝塚晩期縄文人の婚姻システムを再検討したが、O型人骨が婚姻対象者であることはその婚姻システムにより適合的であった。

引用・参考文献

石丸恵利子 2008「動物遺存体からみた縄文集落―中四国地方を中心として―」『西日本の縄文集落』

稲田陽介 2008「山陰地方の縄文後・晩期集落」『西日本の縄文集落』

大林太良 1971「縄文時代の社会組織」『季刊人類学』2―2

木村剛朗 1999『大宮・宮崎遺跡Ⅰ』西土佐村教育委員会

幸泉満夫 2008「山口県における縄文時代後期の地域社会の展開」『中四国における縄文時代後期の地域社会の展開』

小口英一郎 2008「鳥取県の縄文時代後期の地域社会の展開」『中四国における縄文時代後期の地域社会の展開』

鎌木義昌・高橋　護 1965「9　瀬戸内　三・瀬戸内の特殊性　定住のきざし」『日本の考古学』2　縄文時代

潮見　浩 1999『帝釈峡遺跡群』

潮見　浩・間壁忠彦 1965「8　山陰・中国山地　三　遺跡の分布とその性格　中国山地」『日本の考古学』2　縄文時代

高橋　護 1965「縄文時代における集落分布について」『考古学研究』12―1
竹広文明 2008「広島県における縄文時代後期社会の展開」『中四国における縄文時代後期の地域社会の展開』
中越利夫 2004「帝釈峡の縄文時代遺跡」『日本考古学協会2004年度広島大会研究発表資料集』
丹羽佑一 2004「津雲貝塚縄文晩期人骨群の構成と婚姻システム」『考古論集』（川瀬正利先生退官記念論文集）
丹羽佑一 2005「西の社会　東の社会」『西日本縄文文化の特徴』
丹羽佑一 2009「大宮・宮崎遺跡群の縄文人」『木村剛朗先生追悼記念論文集』
浜本　満 1996「レヴィ＝ストロース『親族の基本構造』」『文化人類学の名著50』
平井　勝 1985「瀬戸内地域における縄文時代研究の課題」『考古学研究』32―1
舟橋京子 2003「縄文時代の抜歯施行年齢と儀礼的意味」『考古学研究』50―1
前田光雄 1998「南四国縄文時代の石器相」『大宮・宮崎遺跡Ⅱ』西土佐村教育委員会
松本安紀彦 2008「高知県の縄文時代後期の地域社会の展開」『中四国における縄文時代後期の地域社会の展開』
森下哲哉 1996「鳥取県の縄文時代住居址―後期・晩期を中心に―」『考古学の諸相』坂詰秀一先生還暦記念会
柳浦俊一 2008「島根県における縄文時代後期の地域社会の展開」『中四国における縄文時代後期の地域社会の展開』
山口雄治 2008「中国地方縄文時代中・後期の居住形態」『考古学研究』54―4
山崎信治 2005「瀬戸内海をめぐる遺跡群の動態」『関西縄文時代における石器・集落の諸様相』
山田康弘 2002「中国地方の縄文集落」『島根県考古学会誌』19
山本悦代 2004「集落からみた山地域と沿岸域」『日本考古学協会2004年度広島大会研究発表資料集』
山本悦代 2008「中・四国地域における縄文後期集落の特徴と問題点」『中四国における縄文時代後期の地域社会の展開』
湯浅利彦 2008「徳島県における縄文時代後期の地域社会の展開」『中四国における縄文時代後期の地域社会の展開』

Ⅶ 九州地方の縄文集落と「縄文文化」

水ノ江 和同

第1章 九州地方の集落研究の現状と課題

第1節 九州における縄文集落研究にあたって

　縄文集落研究が東日本を中心に進められてきたことは、周知の事実である。圧倒的な遺跡数と発掘調査実績は多くの成果をもたらし、おそらくは世界の当該期（新石器時代）集落研究にも類をみないきわめて精緻な集落研究が、現在も東日本では着実に進行している。

　かたや西日本では、実質的な遺跡数の少なさと、集落の全体像把握が可能な調査事例も少なく、また集落変遷の追究に不可欠な土器の編年的研究の立ち遅れもあり、縄文集落研究に関しては後進地であったことは否めない。しかし、九州を中心とした1980年代後半期以降に急増した調査成果の集積とそれに基づく研究は、それまで曖昧であった九州縄文集落像を一気に明らかにしていった感がある。特に、遺跡数が増加する早期と後期では、九州独自の集落形態の存在も明らかになり、また東日本だけでなく、九州が持つ地理的条件から南島との関係や朝鮮半島との関係も注目されるようになり、ほかの地域とは違った縄文集落像も見えはじめた。本稿では、九州の縄文集落の個性に注意を払いながら、縄文文化の多様性の一端を明らかにしていくことを目的とする。

第2節 九州における縄文集落研究の経緯と問題の所在

　九州における縄文集落研究は、竪穴住居の集成からはじまった。島津義昭は1976年に数少ない事例から、住居の平面プランが後期の円形から晩期の方形に変化していくことを指摘した（島津 1976）。その後、1981年に木村幾多郎

図1 九州の主要遺跡分布図

が21遺跡48軒の住居を集成し（木村1981）、高橋信武は1983年に41遺跡80軒を集成した（高橋1983）。高橋は、北部九州では後期末より円形の平面プランが方形に変化していくという島津の見解を再度確認しつつ、晩期については、住居の平面形態・炉・柱穴に注意を払いながら地域性と時代変遷を検討した。小池史哲は、東北九州（福岡県東部・大分県北部）で後期中葉の比較的短期間に急増する集落遺跡を集成して、住居の平面形態や炉の構造に注意を払い、打製石斧の急増と併せて、生産経済の構造的な影響も含めたところで、住居の構造にも東日本からの影響が大きかったことを指摘している（小池1993）。

1990年代も後半期に入り、ようやく九州でも集落構造に注意が払われるようになる。矢野健一は福岡県嘉麻市アミダ遺跡（嘉穂町1989）や熊本県人吉市中堂遺跡（人吉市1993）に環状集落的な様相を認めつつも、東日本のそれとの

時期的・性格的相違から九州独自の 2 大住居群の存在を想定した（矢野 1999）。また、南九州では鹿児島県鹿児島市加栗山（かくりやま）遺跡の 17 軒からなる早期集落の構造や同時共存軒数の議論が活発に行なわれた（新東 1994、青崎 1997、雨宮 1998）。このような状況の中、2000 年 2 月に第 10 回九州縄文研究会「九州の縄文住居」が開催され、220 遺跡 1600 軒の縄文住居が集成されることで、九州における縄文住居・集落の実態が一気に明らかになった。また、2001 年 12 月の縄文時代文化研究会「縄文時代集落研究の現段階」では九州縄文研究会の集成の成果が早速纏められ、各地の縄文集落との比較研究により、日本列島の中での九州縄文集落の特性について、その普遍性と特殊性の両面を確認することができた（水ノ江 2001ab、前迫・水ノ江 2001）。

　その後は、集落の全体像のわかる例が集中する後・晩期を中心に研究は進みつつあるが、関東中心に議論されている「横切りの集落論」「見直し論」と同様に、一時期の集落景観、つまり一時期に何軒の住居が同時共存し、どのような時間的変遷を辿るのかといった議論も行なわれるようになってきた（矢野 2001、水ノ江 2002）。一方で、土器に残る植物や昆虫の圧痕、出作り小屋とされる単体竪穴住居の意義、打製石斧や磨製石斧の急増などから「焼き畑」の存在を想定し、人口増加や集落の増加と大型化との関係を想定する新たな視点も現われている（山崎 2003）。なお、九州の縄文住居については 2008 年 2 月に開催された第 18 回九州縄文研究会でその後の類例が追加され、320 遺跡 2500 軒が集成された。今まで少なかった草創期や前・中期の事例も着実に増えるとともに、南島（鹿児島県島嶼部・沖縄県）の事例も集成され、多様性に満ちた縄文集落の実体解明にさらに一歩近づいた感がある。以上のような研究の経緯を踏まえつつ、各期の縄文集落の実態を探ってみたい。

　なお、本稿では、九州を北九州（福岡県西部・佐賀県東部）、西北九州（佐賀県西部・長崎県）、中九州（熊本県北中部）、東北九州（福岡県東部・大分県北部）、東南九州（大分県南部・宮崎県北部）、南九州（熊本県南部・宮崎県南部・鹿児島県）、南島（奄美・沖縄諸島）の 7 地域に分ける。また、九州の北部地域（おもに西北・北九州）では、かつて晩期後葉とされた刻目突帯文土器期に弥生文化的様相を見いだし「弥生時代早期」として位置づける傾向にある。よって、本稿ではその前段階である黒川式までを縄文時代晩期とする。

第2章　九州地方の縄文集落の変遷と特徴

第1節　草創期～早期の集落

(1)　草創期の集落

　九州では草創期の集落というよりも、長く草創期の住居そのものの確認ができていなかった。舟形配石炉・炉穴(連結土坑)・集石・落とし穴などの生業に直結した遺構は確認されていたが、住居についての初めての確認は、1990年に調査された鹿児島県鹿児島市掃除山遺跡である(図2-1、鹿児島市 1992)。掃除山遺跡では緩やかな丘陵南側斜面に草創期後葉の径5m前後の円形住居が2軒確認されたが、立地的にも軒数的にもようやく定住をはじめた縄文住居の姿を示す典型と位置づけられ、雨宮瑞生により「温帯森林型定住化現象」として評価された(雨宮1993)。このことは、福岡県福島市大原D遺跡においても、急峻な南向き斜面に5軒の住居が確認されたことで追認されることとなった(福岡市2004)。

　しかし、鹿児島県種子島の西之表市鬼ヶ野遺跡で5軒の(西之表市 2004)、中種子町三角山Ⅰ遺跡で2軒の(鹿児島県 2006a)、宮崎県清武町上猪ノ原遺跡で14軒の住居が(図2-2、秋成 2008)、台地縁辺部の平坦地で確認されだしてから、草創期の住居に関する様相が徐々に変わりつつある。これらの住居では、楕円形の住居を取り囲むように住居外に柱穴が巡るのが一般的で、床面中央部に炉跡(石組炉)を有する例もある(図2-3)。そして、住居内からはかなり纏まった土器や石器の出土をみることができる。中でも上猪ノ原遺跡では、住居群のすぐ下に湧水地があり、それが台地縁辺部を選地した条件の一つと考えられる。近年、群馬県西鹿田中原遺跡や静岡県大鹿窪遺跡をはじめとして全国的に草創期後葉の住居群が確認されているが、数軒から多くとも10軒前後によって構成される、楕円形の平面プラン、住居外にそれを巡るように柱穴が並ぶ、床面中央部に炉跡を有する、といったおおよその共通性が認められ、南九州の事例もこれらとほぼ同様の特徴を示している。

　このように、九州の草創期後葉の集落は日本列島全体のそれと同じ枠組みの中で捉えることができる。近年、石器組成の分析などから、岩陰・洞穴遺跡については食料資源獲得を目的に利用されたフィールドキャンプとして、平坦

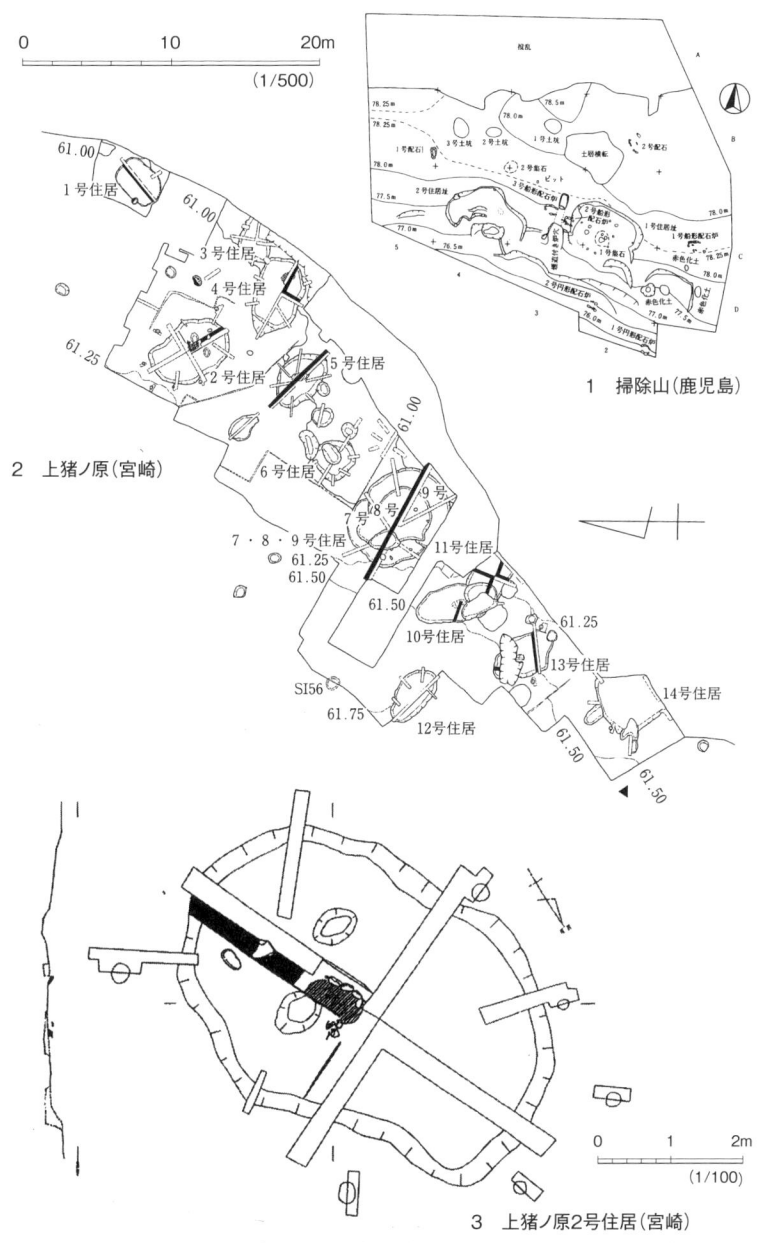

図2 縄文草創期の集落と住居（1：鹿児島市 1992、2・3：秋成 2008）

1 掃除山（鹿児島）
2 上猪ノ原（宮崎）
3 上猪ノ原2号住居（宮崎）

地（開地）の集落遺跡とは一体の関係にあると性格づけられるようになった（栗島 2004）。おそらく、斜面地に立地し規模も小さい掃除山遺跡や大原 D 遺跡も、上猪ノ原遺跡のような台地縁辺部の遺跡とは、有機的な関係にあったと考えられるが、この詳細な性格づけは今後の課題となろう。

（2） 早期の集落

九州における縄文集落の構造的研究のはじまりは、17 軒の方形住居が確認された加栗山遺跡（鹿児島県 1981）である。高橋信武は加栗山遺跡を中心に、早期集落と生業との関係について検討を進めている（高橋 1988）。前迫亮一は加栗山遺跡を分析する中で、南九州縄文早期前半代の遺構の3点セットとして住居と炉穴（連結土坑）と集石を上げた。そして、落とし穴もそのセットに加わる可能性を指摘しながらも、定住に必要な貯蔵や埋葬に関連した遺構がほとんど存在しないことを今後の課題としている（前迫 1994）。集落の景観としては、東日本での集落研究を意識しながら中央広場の存在や、季節移動ではなく回帰を繰り返す数軒の住居の同時性を想定しているが、加栗山集落の構成要因や同時共存住居数にはさまざまな意見が提出されている（新東 1994、青崎 1997、雨宮 1998）。これに対し、「東日本、しかも時代的状況も環境も異なる前・中期を中心とした集落研究の成果を直接・間接に援用する形で導かれようとしている」（佐々木 1998）として、南九州における一連の研究に批判的な意見が存在することも事実である。

ところで、実際の九州の縄文時代早期集落の実態については不明瞭な部分がいまだに多い。加栗山遺跡では周辺に柱穴が巡る長方形もしくは正方形の早期前葉の住居が 17 軒検出され、中央広場の存在や同時共存軒数が論じられたが、その後にこれだけ纒まった住居群の遺跡といえば、今のところ同時期・同地域の鹿児島県霧島市上野原遺跡に限られる。上野原遺跡では、52 軒確認された住居のうち出土土器や住居埋土の詳細な検討により同時共存は 2～6 軒としている（図 3-1、鹿児島県 1997）。南九州では、同じ早期前葉で同じ構造の住居がこのほかでも確認されているが、纒まった軒数や集落の全体構造がわかるような事例は、未報告例を含めても決して多いとは言えない。九州全域をみても、南九州の早期前葉を除いて早期の住居の検出例は 1 遺跡 1～数軒に限られ、遺跡数もいまだに 30 遺跡程度とかなり少ない。この少ない事例については、

1 上野原　第4I区(鹿児島)

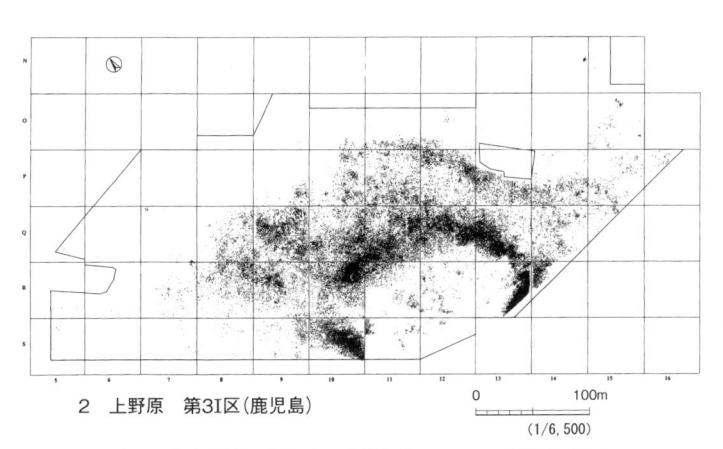

2 上野原　第3I区(鹿児島)

図3　縄文早期の集落（1:鹿児島県 1997、2:鹿児島 2001）
1は早期前葉、2は早期後葉

中九州の熊本県山江村狸谷遺跡（熊本県 1987）で確認された早期中葉の２本柱方形住居以外は、炉や柱穴がなく住居の平面プランも方形なのか円形なのか不明瞭な事例ばかりである。

　このようなことから、九州の早期では南九州の早期前葉以外では、いまだに集落構造が不明瞭なままという認識が一般的である。しかし、九州では早期遺跡は後・晩期の次に多く、特に早期の集石についてはその検出が九州全域に普遍的に相当数みられる事実は看過できない。集石は掘り込みを持たない場合も多いだけに、集石が良好に遺存するということは、その周辺では後世の削平を受けることなく、当時の生活面がそのまま残っている可能性がきわめて高いということになる。しかし、かなり広範囲に調査が及ぶ場合があるにもかかわらず住居の検出例がほとんど認められない事実は、当該期の住居構造が竪穴でなく、平地式である可能性を示唆している。九州では縄文住居＝竪穴住居という意識が潜在的にあり、この意識を変えて平地式住居を積極的に探さない限り、早期集落の研究に進展は望めないと考えられる。

　ところで、上野原遺跡の早期後葉については、遺物の出土量が膨大であるにもかかわらず、明確な遺構は認められていなかったが、15万点に及ぶ遺物の出土地点をすべて記録して図化したところ、埋設された壺形土器が集中する広場を取り囲むように、径 150m と 240m の同心円状の二重の遺物集中区が確認された（図3-2、鹿児島県 2001）。この遺物分布は人間の生活痕跡を示すものであり、当該期の南九州に巨大な環状の生活空間が存在した事実は注目に値し無視できない。

第２節　前期～中期の集落

（１）　前期の集落

　九州の前期集落は、いまだ実態不明と言わざるを得ない状況にある。そもそも住居の検出例ももっとも少ない時期であり、『九州の縄文住居Ⅱ』（九州縄文研究会 2008）においても 14 軒しか集成されておらず、そのうち平面プランや柱穴や炉、そして遺物の出土状況などから判断して確実に当該期の住居といえるのは円形の平面プランを呈する３軒程度であろうか。

　九州で前期といえば、中期と同様に遺跡数が少なく、また１遺跡からの遺

物の出土量も決して多くはない時期でもある。海岸部や沖積地に遺跡が立地することも多く、早期とは遺跡立地が大きく異なり、また扁平片刃石斧や結合式釣針など、新たな道具の出現期でもあるだけに、居住スタイルや集落構造が気になるところではある。ドングリを生貯蔵する低湿地型貯蔵穴が急増する段階でもあり、この近辺に確実に居住域は存在するはずである。やはり早期同様に、平地式住居の存在を意識して発掘調査に望むことも必要であろう。

（2）中期の集落

中期の集落も九州では前期に次いで少ないが、それでも近年は注目すべき事例が東南・南九州で集中的に見られる。

住居自体については、九州各地で散在的に見られる。東南・南九州を除き径3～4mの円形プランで、床面中央部に炉を有するものもあるが、柱穴については明確な配置は認められない。

東南・南九州では、中期中葉から円形が主体になりながらも隅丸方形も確実に存在するようであり、炉を有する住居も少数存在する。ただし、柱穴が不明確で整然と配置されないのが中期の特徴のようである。

宮崎県清武市上の原第1遺跡では、中期中葉～後葉とされる約30軒の住居が確認された（宮崎県 2000a）。平面プランはいずれも不定形な円形もしくは隅丸方形で、径は2～3mと小さい。炉や柱穴も不明瞭であり、すべてが住居であるかどうか検討が必要である。ただし、10軒程度が1単位として纏まり、それが20～30m離れて3群を構成する配置は興味深い。

また、同じく宮崎県高鍋町の下耳切第3遺跡では、中期中葉とされる9軒の住居と32軒の平地式住居が報告された（図8-1、宮崎県 2006）。平地式住居と報告されたものについては、8～10本前後の柱穴が径3.5～5mの円形状に配置されるものである。炉はまったく検出されてなく径も竪穴住居とほぼ同じ規模であること、さらには竪穴住居と混在しているため、竪穴住居が削平された痕跡とも考えられる。ただし、この遺跡の竪穴住居では柱穴が整然と配置されてなく、またそもそも炉も存在しないので、竪穴住居と異なった構造の住居、つまり平地式住居の可能性も無いわけではない。出土土器は中期中葉に限られるが、やはり時期の特定の難しさがこの種の遺構には付きまとう。なお、30mほどの空間地帯を挟みながら2群構成になる点は注目される。

第3節　後期〜晩期の集落

(1)　後期の集落

後期集落の概要　九州において、縄文時代の住居がもっとも多いのは後期である。九州の後期は中期以前に比べて実年代幅が短く約1,000年ほどと想定されているが、縄文時代のほかの時期に比べて遺跡数や住居も多く、したがって人口も多かった時期と考えられる。このことは、出土する土器や石器の多さからも相対的にいえることで、新たな祭祀具や装身具の出現と増加もそれに連動した社会的な事象とみられる。

住居の構造については、平面形態は基本的に円形プランであるが、東南・南九州では後期中葉まで方形プランもみられる。炉は主に住居中央部に地床炉が設置されるが、東北九州では後期中葉に限って石組炉や土器炉もみられる。石組炉は各地の各時期でもわずかにみられるが、あっても1遺跡に1〜2例であり普遍的な存在ではない。

1990年代後半まで、九州の縄文後期集落は後期中葉（小池原上層式〜北久根山式）に東北九州で10〜15軒単位のやや規模の大きい集落が出現し、後期後葉（太郎迫式）以降には九州全域で20〜40軒単位の集落が展開していくと考えられていた。しかし、前節でも述べたように、近年、中期中葉以降に比較的規模の大きな集落が確認されだし、また、鹿児島県鹿児島市山ノ中遺跡（鹿児島県2006b）のように後期前葉段階の住居18軒の集落が確認されたのをはじめ、後期中葉段階でも10〜20軒前後の集落は、西北九州を除いてほぼ九州の全域で確認されだしている。もちろん、住居の軒数は遺跡の存続期間によっても異なり、一概に集落の実質的な規模とは連動しないが、出土土器をみる限りではいずれの集落もそれほど長期間に亘って営まれたのではなく、むしろ短期間（土器型式で2〜3型式）で終焉している事例が多いのが実状である。

さて、集落といってもその類型は多様で、圧倒的に多いのは1〜数軒の小規模なものである。この類型は、台地上だけでなく丘陵のかなり高い尾根線上であったり、あるいは斜面地の場合もあれば、低位段丘上や沖積地内の微高地から自然堤防上まであらゆる地形に立地する。数千から数万㎡の発掘区で1〜2軒という例もあり、拠点的・定住的ではなくまさに何らかの目的をもっ

たキャンプサイトと想定される事例も少なくない。山崎純男（山崎2003）は後・晩期の丘陵部にある1〜2軒の住居は、柵列との関係や石斧を中心とした限られた出土遺物などから焼畑農耕の出作り小屋としての用途を想定している。住居の用途だけではなく、当時の生業スタイルや生活領域の復元に関わる重要な指摘である。

　これに対し、10〜数十軒が密集する事例も少なくはない。熊本県菊陽町六地蔵遺跡（図4-2、後期中葉200㎡17軒）、宮崎県木城町石河内本村遺跡（図4-4、後期前葉2,000㎡44軒）、同県清武町竹ノ内遺跡（図4-1、後期中葉700㎡48軒）、同県宮崎市丸野第2遺跡（図4-3、後期前葉〜後葉500㎡30軒）などの遺構配置をみると、いずれもかなり密集しているものの、例えば中央広場を意識した配置であるとか、2群化した配置であるとかを読み取ることはできない。そこで出土土器を通じて集落の形成過程を追究したいところであるが、残念ながら九州では、発掘調査時において埋土中の土器を床面直上に帰属すると意識したり分層して取り上げた事例が少なく、廃棄時点の住居の年代もなかなか判然としないのが現状である。このような状況の中、北郷泰道は、後期後葉から晩期中葉までの住居67軒が確認された宮崎県宮崎市平畑遺跡を分析した結果、一時期に同時共存するのは2〜3軒が主流とした（北郷1987）。これは後述するように、筆者が検討した当該期の住居の同時共存軒数をはじめ、近年の関東を中心に行なわれている住居の同時共存軒数ともほぼ等しい数値である。したがって、密集した住居群も実際に同時共存していたのは2〜3軒と考えられるが、現在提示されている報告書の情報だけでは、それぞれの集落がどのような変遷を辿ったうえで、最終的に密集した状態になったのか、あるいはどのように終焉を迎えたのかを追究するには限界があると言わざるを得ない。

　ところで、九州で初めての環状集落あるいは盛土遺構として注目を集めた宮崎県宮崎市本野原遺跡の報告書が刊行された（田野町2002・2004a・2005・2006）。報告書を見る限り、住居80軒あまりは調査区北西部に密集していて環状配置になることはなく、また盛土遺構とされる部分についても、関東のそれとは定義も内容も明らかに異なるため慎重な検討を要する（水ノ江2006）。しかし、後期全般にかけての集落変遷が辿れる可能性や、直列や弧状配列とみることができる掘立柱建物の存在も指摘されており、今後、検討が必要な遺跡と

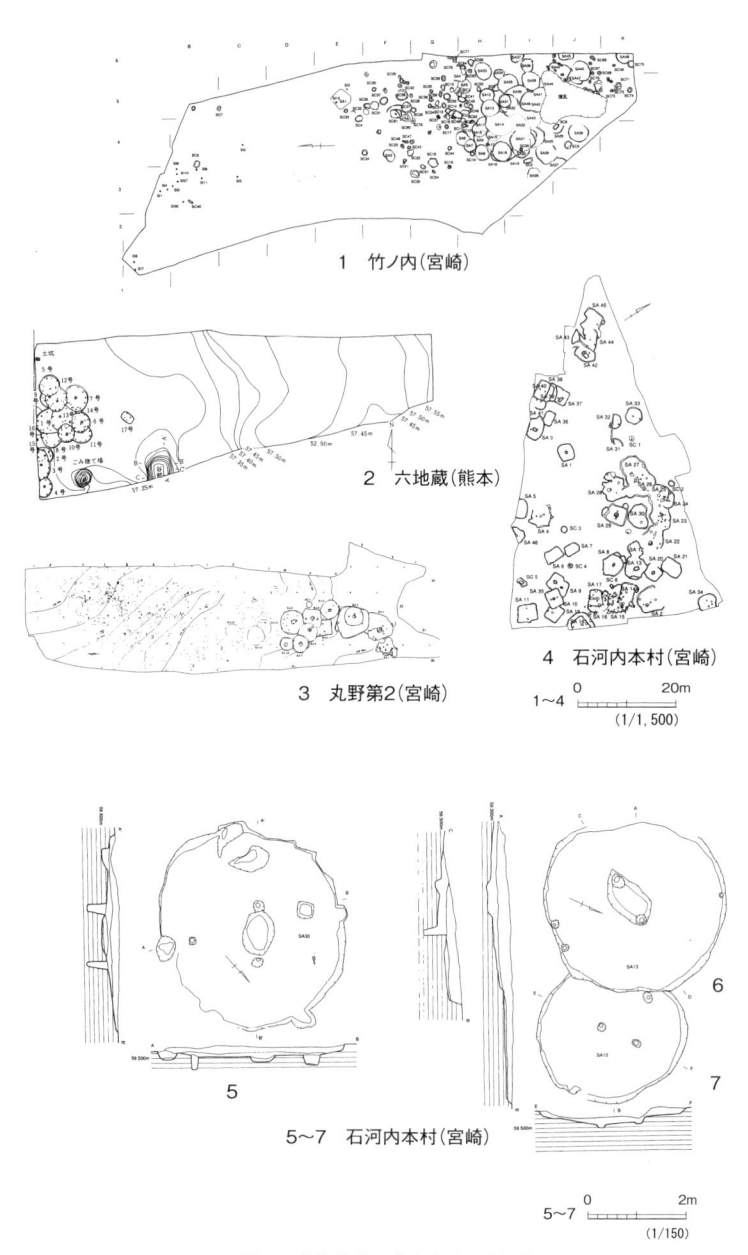

270 Ⅶ 九州地方の縄文集落と「縄文文化」

図4　後期集落と中央土坑2本柱住居
(1:宮崎県 2000b、2:熊本県 1989、3:田野町 1990、4〜7:木城町 2000)

考えられる。

2 群化する後期集落 縄文時代後期の九州には明確な環状集落は存在しないが、2つの住居群が空間部を挟んで20〜30m程度離れ、2ヵ所に密集・配置される集落形態がしばしば見られる。

福岡県アミダ遺跡では、2,500㎡の範囲に24軒の住居が密集する（図5-3、嘉穂町1989）。出土土器や住居の切り合い関係・近接関係などから後期後葉は6段階の変遷が想定されるが、その中で住居が2軒1対を基本としながら徐々に増えていき、その過程で約30m離れて2群化する状況が明らかになった（図6-1、水ノ江 2000・2001ab・2002）。熊本県中堂遺跡では、4,500㎡の範囲に63軒の住居が確認されている。所属型式のわかる土器が出土しない住居も多く詳細な集落変遷の把握は難しいが、それでも後期後葉から晩期初頭までをおよそ4段階に分けると、やはり住居の軒数がもっとも増えた段階に、約30m離れて2群化することがわかる（矢野 2001、水ノ江 2002）。このほかに、出土土器などを通じて集落の変遷過程を追うことはできないが、後期後葉の熊本県熊本市鶴羽田遺跡（図5-2、熊本県 1998）では1,800㎡の範囲に31軒が約20m離れて2群化し、また同市石の本遺跡（図5-1、熊本県 2002）でも、やはり後期後葉の5,000㎡の範囲に合計約40軒が約20m離れて2群化する。

ところで、住居の軒数単位は2軒1対を基本としたが、これはアミダ遺跡での分析のほかに、中堂遺跡での住居配置からも追認される（水ノ江 2002）。中堂遺跡D区（図6-2では4区）では、45×15mの細長い範囲に径3〜4mの円形住居12軒が切り合うことなく2列に配置される。1列上の住居6軒はそれぞれに2〜3mずつ離れるのに対し、もう1列上の住居6軒とはそれぞれに4〜5mほど離れる。1列上の隣同士の2軒間は近接しすぎていて同時共存したとは考えがたく、全体的な住居の配置も考慮するなら、対向する2軒の住居が1対となって、廃絶後に横へ横へとそれ以前の住居を避けるように建て替えていったと想定することが適当であろう。この中堂遺跡の事例は地形的な制約もあると考えられるが、当該期の住居が2軒1対を単位とすることを示す好例といえよう。

以上のように類例は必ずしも多くはないが、後期後葉の限られた時期に密集する住居群が2群化する現象が確かにみられる。中堂遺跡は晩期初頭まで

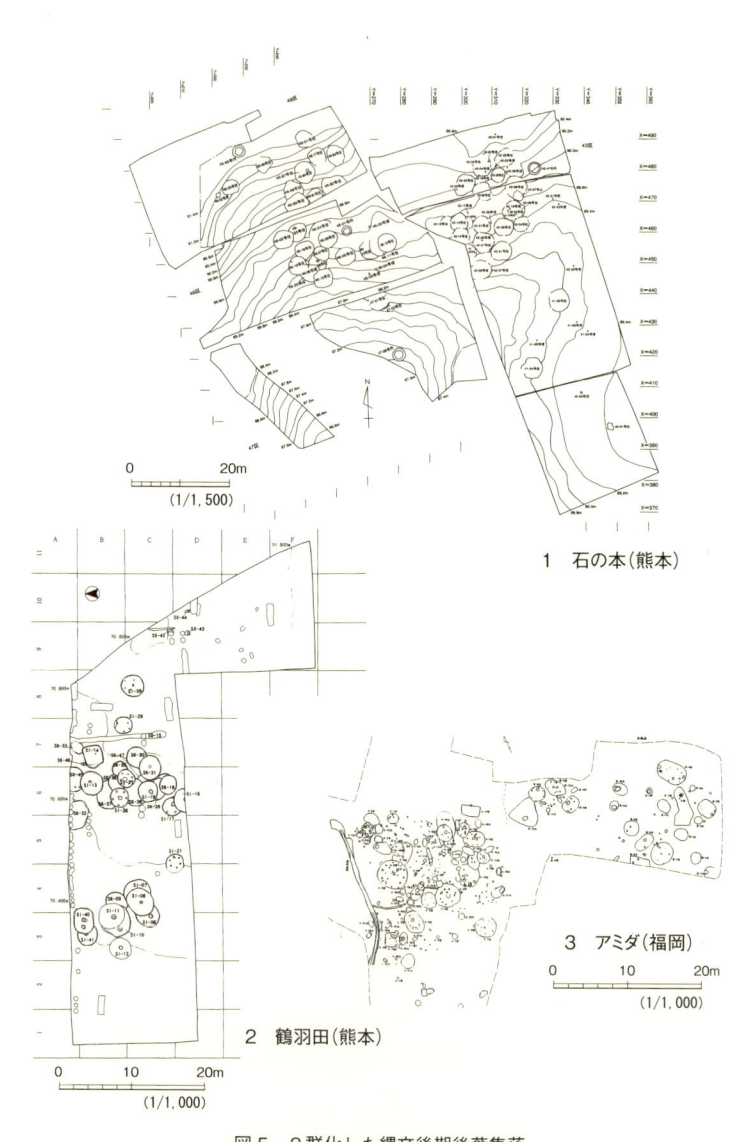

272　Ⅶ　九州地方の縄文集落と「縄文文化」

1　石の本(熊本)

2　鶴羽田(熊本)

3　アミダ(福岡)

図5　2群化した縄文後期後葉集落
（1：熊本県 2002 に加筆、2：熊本県 1998、3：嘉穂町 1989）

存続するため軒数が若干多いが、お
およそどの遺跡でも2軒1対が基本
的な単位となり、それが数単位で構
成されながら、最終的には合計で30
〜40軒程度の住居跡として発掘調査
で現われると考えられる。この2群
化も集落形成の当初からみられる現
象ではなく、集落内で人口が増加し、
それに伴い住居も増加する際に生じ
る現象（分村化）と考えられる。そ
の萌芽は、後期中葉の福岡県豊前市
中村石丸遺跡（福岡県 1993）でもみ
られるが、この段階ではまだ明確な
群を形成するまでには至っていない。
後期前・中葉や後述する晩期にも30
軒以上で100軒に迫ろうかという住
居数を有する集落が存在するが、後
期後葉のように2群化することはな
く、1ヵ所に密集して切り合う事例
が多いのが特徴である。

　後期後葉の集落2群化について、
明確な要因は提示できない。しかし
当該期は、山崎純男が提示する焼畑
農耕の最盛期であり、また土偶や緑
色石製装身具といった精神性に直結
する第二の道具が九州でもっとも多
様化・多量化する時期であることに
は、十分な注意を払っておきたい。
焼畑農耕による食料の安定は急激な
人口増加を招き、それによる組織・

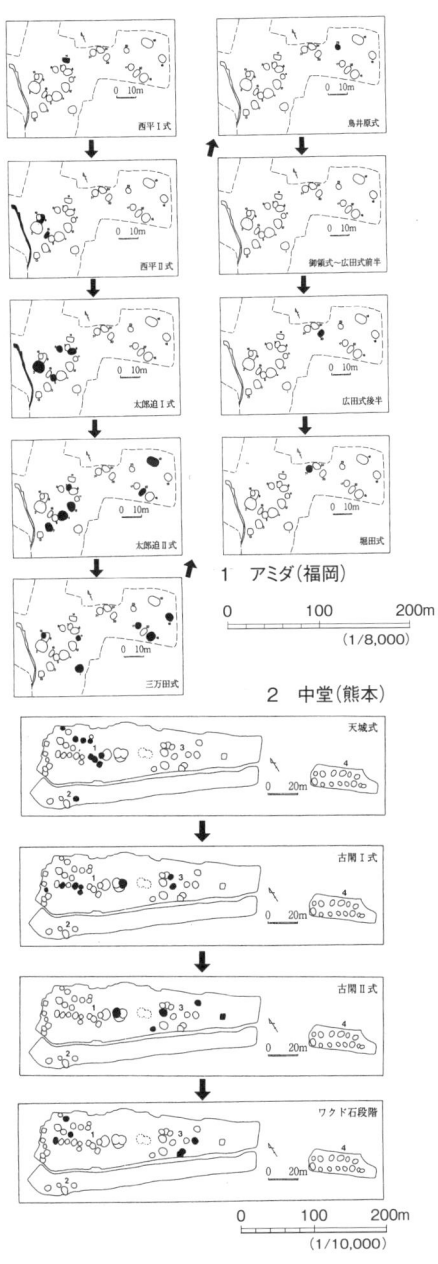

図6　縄文後期後葉〜晩期前葉集落の返遷
（水ノ江 2002）

部族の統制が必要になり、土偶や装身具を通じてその結束と同族意識の高揚が必要とされる現象は、日本列島の縄文社会では地域や時代に限定されない比較的強い普遍性とされる。住居群の2群化も、組織・部族の統制を図った結果の現象として捉えられる可能性は十分にある。

なお、九州の縄文時代後期にみられるさまざまな文化的・社会的様相の生成について、関東を中心とした東日本方面からの影響とする見解が、九州の研究者には潜在的に存在する。例えば、集落の2群化も関東の環状集落の影響とみる見解が提案されそうだが、集落の形態や規模や時期に相違があり、また九州と関東の中間に位置する近畿・中四・四国地域には2群化集落も環状集落も存在せず、両者の系統性を論ずるにはあまりに根拠は薄弱である。このような状況を踏まえ筆者は、九州の後期にみられるさまざまな文化的・社会的変化は、例えば土偶などの精神性に関する部分は同一の生活文化圏や同一型式土器の分布圏を越えて共通の用途と目的を有するが、衣食住といった生活に直結する部分は半ば自然発生的なものとして明確な系統性の中で成立するものではないと考えている。

中央に土坑を有する2本柱の住居　弥生時代の九州では、床面中央部に炉とは異なった楕円形土坑と、その長軸線上の両脇に2つの柱穴が配置される住居がしばしば見られる。稲作農耕文化を基盤とした同時期の朝鮮半島にも同様な住居構造が存在することから、その系譜関係を想定しながら「松菊里型住居」と呼ばれてきた。

近年、縄文時代においても、基本的に同じ構造の竪穴住居が確認されだし注目を集めている（図4-5～7）。出現は後期前葉の東南九州で、後期中葉から後葉にかけ東北・中・南九州へと分布域を広げていき、東北九州に位置する福岡県築城町松丸D遺跡（築城町 1992）では晩期の事例が認められる。中央の土坑には明らかに炉として使用された事例もあり、また住居の規模自体も径3m程度と比較的小さいサイズが主流となるため、2本主柱穴の小型住居としても特に問題はない。また、これまでの確認軒数は九州縄文時代住居総数の1％程度（約20軒）であり、弥生時代のそれへ確実に繋がる系譜的根拠も見当たらないのが現状である（林 2006・2007）。

（2） 晩期集落の概要

かつて、晩期の住居の平面形態は後期の円形から方形に変わるとされていたが（島津 1976）、それは北・東北・西北・中九州での現象であり、東南・南九州の晩期はほぼ円形で占められる。規模については、後期に比べて小さく径３～４ｍが主流となり、炉や明確な主柱穴が確認できない事例が大半を占める。

北九州では、後期と晩期の集落が同一遺跡で連続して営まれることは少なく、遺跡立地も後期の沖積平野内の微高地や低位河岸段丘から、晩期は中位河岸段丘や丘陵の縁辺部へと変わる。住居も 3,000㎡以内の狭い範囲に数十軒が密集・重複し、集落景観は後期と一変する。住居の規模は一辺３～４ｍ程度と小さくなり、主柱穴も不明瞭で確認できても整然と配置されていない。おそらくは、住居の耐用年数自体もかなり短くなり、長期的な居住は難しくなったと考えられる。そのうえでの密集・重複であるだけに、あたかも居住範囲に制約を受けているようにさえみえる（図７）。あるいは、土偶や装身具も激減しているだけに、組織や部族の統制力の欠如の結果とみることもできようか。なお、北九州を中心に一部西北九州では、晩期になると深鉢の無文化が九州のほかの地域に比べて著しく進行する。今後は集落だけに留まらず広い視野で、地理的・年代的にも関係性がありそうな朝鮮半島の状況を考慮しなければならないであろう（水ノ江・宮地 2002）。

北九州以外の地域では、後期の集落が晩期まで継続される事例がしばしばみられるが、住居の規模・軒数は小さく少なくなり、それに伴うかのように集落の規模も小さくなる。土偶や装身具もやはり減っていくが、

図７ 縄文晩期集落
（1：福岡県 1998、2：星野村 1994、3：立花町 1995）

1 二十谷（福岡）
2 星野小学校（福岡）
3 白木西原（福岡）

北九州のように集落構造に劇的な変化は窺えず、単に小規模化していくようにみえる。また、縄文土器においても無文化が進行する北九州以外の地域では広く強い斉一性がみられ、九州の晩期は北九州とそれ以外の地域で文化的・社会的に異なった様相がみられるようになる。

第3章　九州地方の縄文集落をめぐる諸問題

第1節　集落を構成する竪穴住居以外の遺構

（1）　掘立柱建物と平地式建物

　縄文時代における掘立柱建物の存在は、1970年代の神奈川県港北ニュータウンや長野県阿久遺跡において意識されだし、岩手県西田遺跡においてその存在が広く認知された。西田遺跡の掘立柱建物は通常の住居とは別に、環状集落中央部の墓域に接近してそれを取り囲むように同心円状に配置されるため、葬送儀礼に関連した施設として位置づけられ、これを契機に掘立柱建物に対し、葬送や祭祀に関連した遺構としての性格が半ば無条件に定着していった。しかし、炉を有する事例や柱配置が住居と共通する事例、出土遺物の内容が通常の住居と変わらない事例、掘立柱建物だけで構成される遺跡の存在などから、掘立柱建物の機能や用途を竪穴住居と簡単には分別することが難しい状況にあり、その検討はいままさに進行中である。

　九州の縄文時代における掘立柱建物と平地式住居は、竪穴住居に関する検討がはじまった1980年代以降、「存在するのであろうがいまだ確認できていない」というのが大方の共通認識であった。東日本における確認事例の報告や、九州では早期中・後葉に竪穴住居がきわめて少ないといった事例から、「九州でもいずれは出てくる」という意識が潜在的に存在したことは確かである。そして1990年代以降、九州においても縄文時代の掘立柱建物ではないかという事例が徐々に報告されだした中で、宮崎県宮崎市高野原遺跡（図8-2、田野町2004b）や本野原遺跡において後期後葉の環状を呈する掘立柱建物群が、平地式住居としては先述した宮崎県下耳切第3遺跡（図8-1、宮崎県2006）が報告され注目を集めている（金丸2006、林2006）。また、鹿児島県南種子町藤平小田遺跡の配石遺構（南種子町2002）や福岡県福岡市有田・小田部遺跡の大型ピッ

1 下耳切第3
（宮崎・縄文中期中葉）

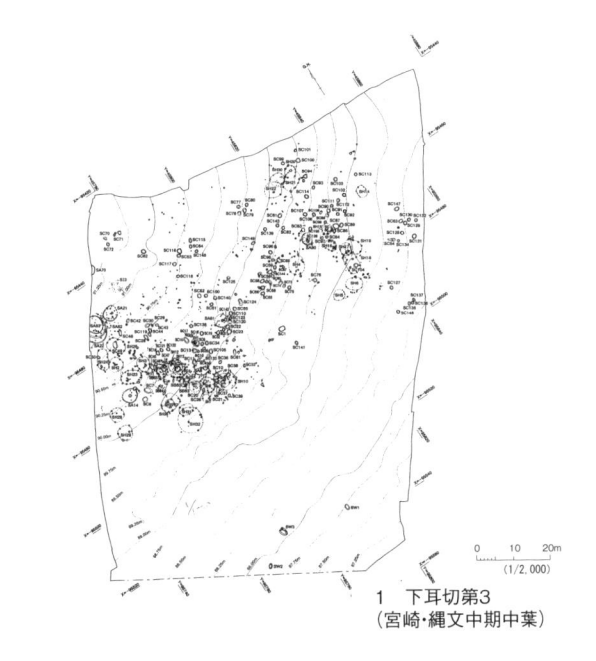

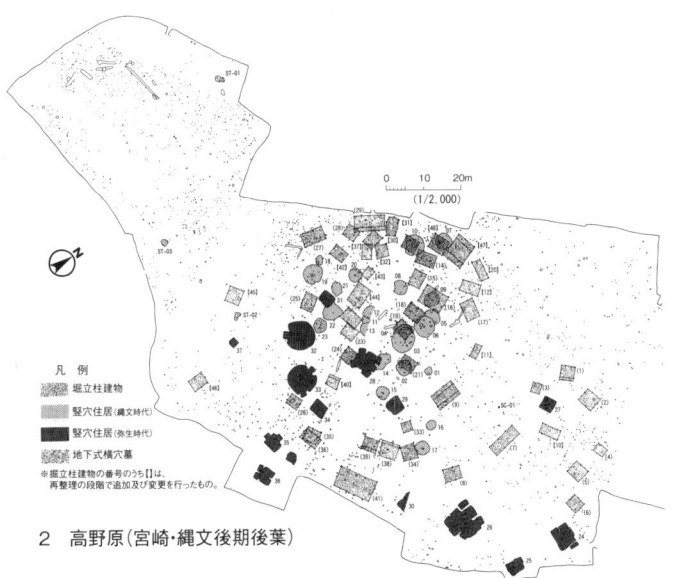

2 高野原（宮崎・縄文後期後葉）

図8 堀立柱建物群（2）平地式住居群（1）と報告された遺跡
（1：宮崎県 2006、2：田野町 2004b、）

ト群（福岡市 1985・1992）を、弧状に展開する掘立柱建物群として評価する見解も提起されだした（石井 1999・2008）。

　九州縄文時代における掘立柱建物と平地式住居の存在について、その可能性を探ることはきわめて重要であり、今後も追究はさらに積極的に行なうべきである。しかし、そのためには、まず何と言っても発掘現場において十分な検証がなされているか、そもそも本来掘立柱建物あるいは平地式住居であるかどうか、縄文時代以外に属する可能性はないのか、出現系譜はどうか、地域的・時期的に整合性のない東日本との比較は妥当か、といった課題も多いだけに、いましばらく慎重な対応が望まれる（水ノ江 2006）。

　掘立柱建物や平地式住居は構造的な性格上、その存在と構造そのものを発掘調査において認識することは難しい。多くの場合、後世の削平により本来の生活面を残すことはきわめてまれである。仮に正しく認識できても、出土遺物の少なさと構築面認定の難しさから年代特定は困難を極める。弥生時代以降については、さまざまな事例の積み重ねや発掘調査時における意識向上から、確認が比較的容易に行なわれるようになってきた。しかし、縄文時代においては、ようやくその存在が意識・確認されだした状況であり、時期的なあり方はもちろん構造についてもほとんど議論されてない。発掘調査終了後の整理作業段階での確認だけではあまりに不十分であり、今後は発掘調査方法の検討を含め、発掘調査時におけるさらなる意識の喚起が必要であろう。

　（2）　墓

　九州では、埋葬人骨が遺存する洞穴・岩陰遺跡や貝塚においては「墓域」をある程度認定することが可能であるが、それ以外の人骨が残らない場所、つまり集落内（居住域）あるいはその周辺で墓域を認定することは難しい。たとえば、人が埋葬されそうな規模の長方形あるいは楕円形の土坑が集中することもなく、また、副葬品の習慣もほとんどなかっただけに、単体の土坑を墓として認定することはまず不可能である。そこで深鉢を利用した埋設土器（埋甕・土器棺）が気になるところであるが、人骨が出土する事例はきわめて少ない。埋設土器は後期後葉から晩期にかけて集中的に見られ、福岡県苅田町浄土院遺跡の火葬骨が出土した事例（浄土院遺跡調査団 1972）や、熊本県熊本市上南部遺跡などの鉢や深鉢を蓋とする合口の事例（熊本市 1981）が散見されるため、墓の一種

である可能性はきわめて高い。埋設土器が多数確認された事例としては、長崎県雲仙市筏(いかだ)遺跡（百人委員会 1974）で後期後葉の埋設土器数十基が密集すると言われるが、報告内容からその詳細の把握は難しい。熊本県中堂遺跡ではやはり後期後葉の埋設土器 38 基が集落内で確認されたが、密集することなく散在の状況である。鹿児島県大坪(おおつぼ)遺跡の埋設土器 37 基はやや密集する傾向とも言えるが、基本的には散在であろうか。このように後期後葉になると集落内でも埋設土器はかなりの確率で検出されるが、通常は 1～数基程度が主流で遺跡によっても基数にバラツキがあり、また集落内の特定の場所に集中することもなく散在し、廃絶後の住居を切って埋設されたり、逆に住居に切られたりしていて、特別な扱いを受けた痕跡がないのが実態である。そして、乳幼児用なのか、成人の再葬用なのかも判然としない（坂本 1994・1997・2007）。仮に、埋設土器が土器棺であったとしても、当時の人口を考慮すればその基数は相対的に少なく、成人用なら火葬や再葬といった特別な扱いが存在したと考えられるし、乳幼児用としてもやはりその基数は相対的に少ない。

　このように、九州における縄文時代の墓については、人骨が遺存しない事例が多く、また副葬品の習慣もないだけにその認定が難しい。そこで、人が埋葬される程度の長方形（伸展葬）あるいは楕円形（仰臥屈葬あるいは仰臥伸展葬）の土坑に対し注意を払うことが重要になってくる（九州縄文研究会 2002）。ただし、福岡県芦屋町山鹿(やまが)貝塚（山鹿貝塚調査団 1972）や大分県中津市枌(へぎ)洞穴（本耶馬渓町(ほんやばけいまち) 1987）のように、円形に近い平面プランの土坑における合葬（複数葬）の事例も確実に存在することから、集落内およびその周辺の調査において従来は不明土坑として処理される長方形や隅丸方形でない平面プランの遺構に対しても、注意が必要となっている。

（3）　貯蔵穴

　貯蔵穴は大きく乾燥型と低湿地型の二種に分かれるが、九州ではほぼ後者しか確認されていない。前者については、草創期後葉の鹿児島県志布志市東黒土田(ひがしくろつちだ)遺跡（瀬戸口 1981）でコナラとクヌギの乾燥型貯蔵穴が確認されている（小畑 2004）が、確実に乾燥型と言えるのはこの 1 例だけである。当時の環境を考慮するなら、この事例はさまざまな問題を提起する内容ではあるが、いまだ追加事例がなく十分な検討に至っていない。

1 黒丸(長崎)

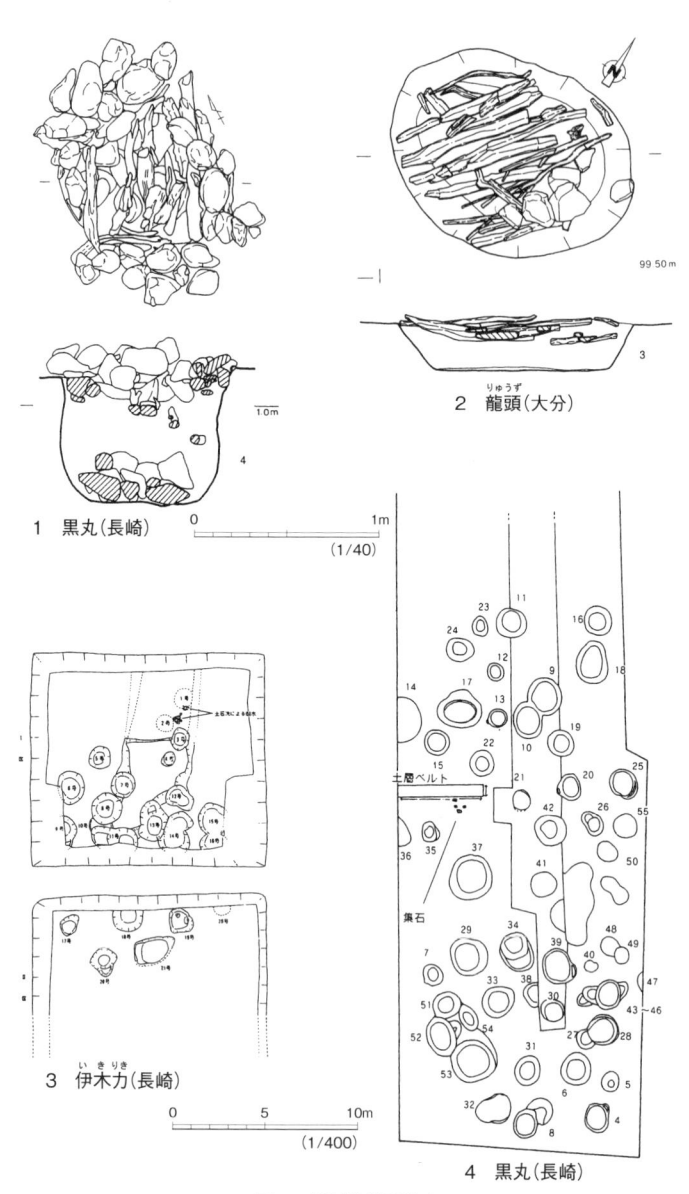

2 龍頭(大分)

3 伊木力(長崎)

4 黒丸(長崎)

図9 低湿地型貯蔵穴
(1・4:長崎県 1999a、2:大分県 1999、3:長崎県 1999b)

九州において低湿地型貯蔵穴がその大半を占める理由は、アク抜きを必要としないイチイガシを生のまま大量貯蔵する必要があったためと考えられる（図9-1・2）。つまり、実は小さいがアク抜きの手間が必要なくしかも大量に確保できるため、冬場の保存食としてだけでなく、荒救時備蓄用として中・長期的にも保存が可能な低湿地への貯蔵が選択されたのである。低湿地型貯蔵穴は限られた範囲に密集して掘られるが、多くの場合、切り合うことはきわめて少ない。このことは、イチイガシが豊富に実る「成り年」に多くの貯蔵穴を一気に掘り、大量のイチイガシを一気に保存した結果と考えられる（図9-3・4）。

温暖化による照葉樹林の拡大と繁茂に付随するように、早期後葉の佐賀県佐賀市東名(ひがしみょう)遺跡例（佐賀市 2008）がもっとも古く、その後は晩期まで多少の増減はあるものの、住居の検出例が少ない前期や中期においても低湿地型貯蔵穴については安定的に存続し、九州の縄文時代像、特に集落景観を想定する際には不可欠な遺構の一つとなっている。立地としては、扇状地先端の低地部、河川の後背湿地、海岸に近い低地部などがほとんどで、もちろん人間が直接に居住できる場所ではないが、ドングリの採取から貯蔵、そして取り出してから食するまでは必ず持ち運ぶという行為が伴うだけに、居住域からそれほど遠くない場所が選定されたものと考えられる（小畑 2006、水ノ江 1999・2007a）。

（4）　集石と炉穴(ろあな)

九州では、集石は草創期から晩期まで一貫して、炉穴は草創期から早期にかけて限定的に存在する（九州縄文研究会 2003）。集石の基本的な構造は焼け礫の集中であり、食物の蒸し焼き用遺構とされる。掘り込みのあるものや石敷きや石組みを伴うものなどいくつかの類型に分かれるが、その機能差や用途差、あるいは年代差は特に見出せない（図10-2～4、八木澤 2007）。炉穴は連結土坑とも称されるように、2つの土坑を地面下でトンネル状に貫通させるのが構造的な特徴である。一方の土坑に焼土が集中することから、それが焚き口でもう一方の土坑が煙突の役割を果たし、肉を薫製にする機能を有した遺構と考えられている（図10-6・7）。

集石と炉穴は、九州一円に分布するも、その8割は東南・南九州に集中する。集石については、1遺跡で20基以上検出されることが一般的であるが、100基以上の事例も最近では珍しくなくなっている。炉穴については集石とは違って、

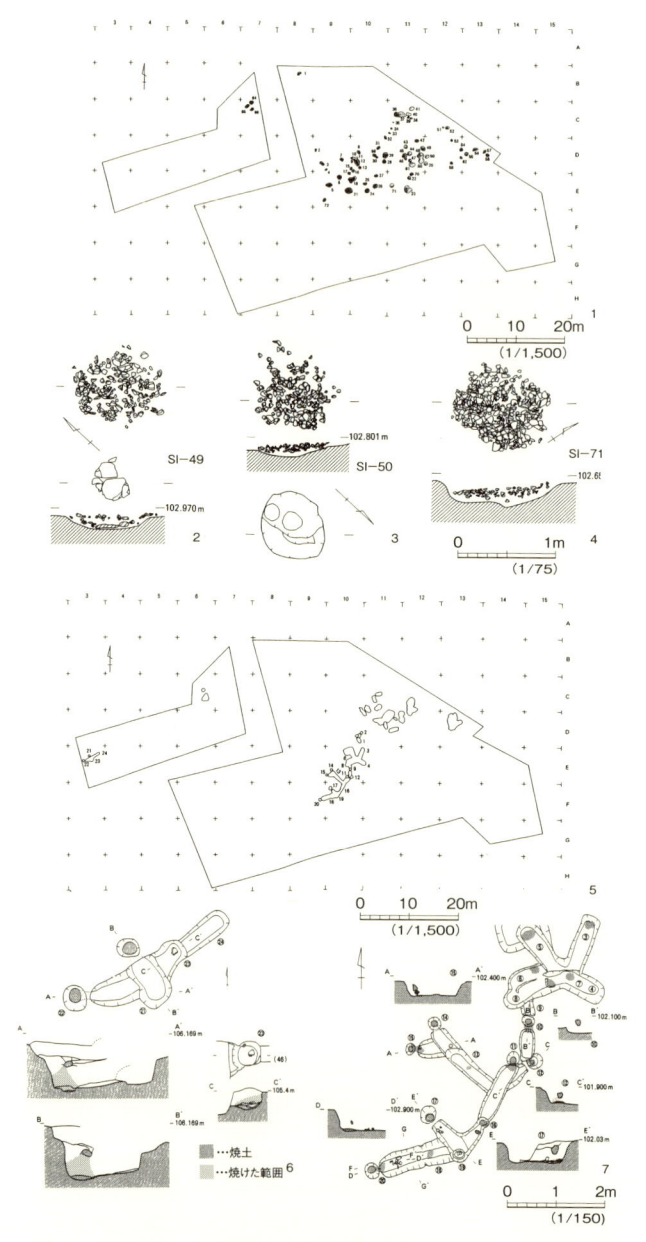

282　Ⅶ　九州地方の縄文集落と「縄文文化」

図10　縄文早期・宮崎県椎屋形第1遺跡の集石（1～4）と炉穴（5～7）
（宮崎市 1996）

それが単独で検出されることはなく、必ずと言っていいほど集石とともに検出される。図10-1・5のように、炉穴は集石と混在して検出される場合がほとんどで、このことからも両者に機能差が存在したことが想定される。

ところで、集石がもっとも多いこの早期については第2章1節（2）でも述べたように、住居の確認例がきわめて少なく、集落（この場合は居住域）と集石との関係についてはいまだ明確な回答は得られていない。住居の少なさは住居構造が竪穴ではないからなのか、あるいは、集石群と居住域とは別空間なのか、可能性はいくつか想定できる。前期以降についても、集石はそれほど多くはないが確実に存在し、特に通常の集落内部に数基伴う事例もいくつかみられ、集落の構成要素の一つとなっていることがわかる。

集石は弥生時代以降には存続しない遺構であるだけに、縄文時代の生業・食生活との関わりの深さを知ることができる。特に、先述したように、それがもっとも多くなる早期は九州にいまだ照葉樹林がしっかりと定着しない段階であるだけに、当時の集落構造を考えるうえでは重要な問題提起となることをここで改めて確認しておきたい。

第2節　九州縄文集落の景観

ここでは、先述してきた九州の縄文集落の景観について、南九州の早期中・後葉と中九州の後期後葉を例に想定復元してみたい。

（1）南九州における縄文早期中葉〜後葉の集落景観

縄文早期の九州には、落葉広葉樹の森が広がる。標高100mを越える台地上に暮らす早期の人々は、イノシシやシカといった小動物やコナラ・クヌギなどのドングリをはじめさまざまな山菜が主食であった。もちろん、魚介類も食べたが貝塚を形成するほどではなく、現在よりもさらに20mほど低い海水面まで降りて行くことは稀で、その目的は食料獲得というよりは、土器に幾何学的な文様をつける道具としての二枚貝の獲得であった。イノシシやシカは弓矢で捕獲されるが、動きがとても素早いため、九州ではそれらの動きを止めるもしくは緩めるための役割として、比較的小さな落とし穴が1ヵ所に密集するように、あるいは獣道に沿って列状に何十基も掘られたりした。うまく捕獲できたイノシシとシカは解体され、その肉は熱く赤く焼かれた石が集められた中で蒸

し焼きにされたが、保存用として薫製にする場合は、炉穴（連結土坑）でその作業が行なわれた。コナラ・クヌギなどのドングリはまず皮が剥かれ、次に石皿の上で敲石や磨石によって粉砕され、そして火に掛けられた土器の中で煮沸されアクが抜かれた。土器は煮沸に際して頻繁に壊れたようで、亀裂程度の破損では補修孔をあけて紐で亀裂がそれ以上広がらないようにし、固形物の容器として再利用された。再利用できないほどに大きく壊れることも多く、すぐに取り替えができるように土器は多めに作っておいた。

　この時期、小動物と植物質食料は豊富で安定的に獲得できたため、人口が増え定住生活も落ち着いてきた。家族や親族の単位も大きくなり、その結束と継続を安定させるには子孫繁栄への願いや同族意識の共有が必要になり、土偶や土製耳飾りといった装身具がその具体的な道具となった。家族あるいは親族といった最低限の単位がいくつか生まれると、同じ集落内では一定の距離をおいて、しかし相手とは近しい距離感が生活のうえでは重要になり、この生活の何世代かの蓄積と痕跡が、径150mや240mの環状として残されることになった。ただし、こういった大型の集落は早期段階ではまだ少なく、食料資源がもっとも安定的に存在した南九州に限られていた。

（2）　中九州における縄文後期後葉の集落景観

　縄文後期の九州には照葉樹の森が広がる。緩やかな南向き斜面に立地する縄文集落は2〜4軒の住居によって構成され、その周囲の森には多くの種類のドングリが見られるが、所々にアク抜き不要なイチイガシが群生し、その成り年には数年分にあたる多量のイチイガシを採集することができる。もちろん、時にはうま味を求めてアク抜きが必要なクヌギも採集する。採集したイチイガシは袋状編み物（カゴ）に入れて川辺の低湿地に持って行き、そこに掘ったたくさんの貯蔵穴に直に入れて保存する。クヌギはイチイガシと混ざらないように、クヌギだけの単独の貯蔵穴に保存する。気候によって食料となる動植物の捕獲量は減少することもあるため、イチイガシは食料が不足した時の非常食用としても保存する必要があることから生のまま備蓄しておく。この頃、新たに焼畑も行なわれるようになったようで、人々は少し離れた山中に入り、磨製石斧で木を伐採し、打製石斧で斜面を耕す。毎日通うのは大変であり、その期間中は出作り小屋で生活する。

海までもそれほど遠くはなく、貯蔵穴を掘った川辺をやや下っていくと河口があり、採集した貝類はいつも決まった場所で身を取り出して貝殻を捨て、やがてそれが貝塚になる。墓は集落の近くに土坑墓が作られる。子供の墓は深鉢を棺として集落の中に作ることが多いが、いずれも1ヶ所に密集して明確な墓域を作ることはあまりない。

この時期も早期と同じように人口が増加して家族や親族の単位が大きくなり、その結束と継続を安定させるために、子孫繁栄への願いを込めた土偶や、同族意識の共有を図る装身具が急増することになる。家族や親族といった最低限の単位も生まれ、約20〜30m離れたところに大きくは2つの纏まり（集団）として生活するが、早期ほど長期間に亘って同じ集落での生活はできず、集落の痕跡が環状になる前にほかの場所へ移っていったようである。こういった集落形態は、中九州を中心に北九州地域でもよくみられた。

第3節　南島の縄文集落

南島（奄美・沖縄地域）の縄文集落を語る前に、まず南島の縄文時代について若干の説明を行なっておきたい。

南島は、1900年代当初より、日本人起源論を解決する重要な位置にあると考えられ、日本列島（九州）の縄文文化との関連性が主に関東の研究者によって進められた。しかし、1960年代以降、南島の当該期を安易に縄文文化とすると南島独自の文化や個性がそれに埋没するという危機感から、「貝塚時代」という固有の時代区分を設定して、南島の地域性抽出が積極的に進められてきた。この貝塚時代とは、おおよそその前期が縄文時代前期〜後期に、中期が晩期に、後期が弥生・古墳時代にそれぞれ相当する。こうした中、1975年に沖縄本島で縄文前期の曽畑式土器が纏まって出土したことを契機に、南島と九州の関連性に関する研究は急激に進展した。そして最近では、土器や石器をはじめとする出土品から、南島は亜熱帯と島嶼という独特な環境の中で、九州との関係は濃く深くなる段階と薄く浅くなる段階が断続的に繰り返されるが、基本的には縄文文化の枠組みに入りながらもきわめて個性的な縄文文化を育んだ、という認識に至っている。このようなことから、貝塚時代という呼称は根強く残りつつも、徐々にではあるが縄文時代という呼称もかなり普及してきた。

さて、南島の縄文集落であるが、そもそも南島では明確な縄文時代の遺構の検出例が少なく、また土器編年が未確立で九州島との併行・系譜関係が十分に追えなかったこともあり、体系立った研究は1990年代まで行なわれてこなかった経緯がある。そうした中、調査事例の増加を踏まえた堂込秀人（堂込1995）によってようやく住居の構造分析とその年代的な変遷について、ある程度の方向性が提示されたところである（図11）。

　南島で住居が確認されているのは縄文後期以降である。後期後葉から晩期にかけては、地面を掘り窪め床面中央に地床炉を有する形態がもっとも普遍的であり、九州島とは大差ないものである。平面形態は方形もしくは不安定な方形や隅丸方形になる。晩期になると、琉球石灰岩（珊瑚礁）を人頭大に加工した礫を壁際に積み上げ、炉を有する方形の平面プランの構造が出現する。通常、琉球石灰岩礫を床面壁際に巡らせる例が古く、それを壁際に積み上げるのが新しいとされるが、明確な年代差が存在するかどうか検討の余地は残る。そして弥生時代になると、壁際の石積みはなくなるが床面に石組炉が登場する。なお、晩期の住居では壁際に琉球石灰岩礫が積み上げられるだけでなく、住居の肩口の外側を巡るように設置されている例もあることから、つまりこのことは現代まで削平が行なわれなかったことを示しており、これにより住居の掘り込みは、もっとも深くて30～40cm程度であったことがわかる。

　南島において、集落構造のわかる縄文時代の遺跡はきわめて少ない。近年、沖永良部島（鹿児島県知名町）の住吉貝塚（知名町2006）で縄文後期から弥生相当期の集落が調査され、14軒の住居が確認されたが、確認調査の結果、約10,000㎡の範囲に最大で50軒程度の住居が存在すると想定されている。そうすると、1時期における住居の軒数はやはり2～3軒程度ということになろうか。

　なお、沖縄本島の北谷町伊礼原遺跡（北谷町2007）では縄文前期のオキナワウラジロガシの低湿地型貯蔵施設が、宜野座村前原遺跡（宜野座村1999）では後期のオキナワウラジロガシの低湿地型貯蔵穴が確認されている。島嶼という限定された空間と、亜熱帯環境下における動植物生態系への依存状況、そして貝塚時代の名が示すように魚介類への依存度の高さなどを考慮すると、やはり独特な集落景観が想定される。しかし、低湿地型貯蔵穴の存在など九州島との類似点もあり、詳細な検討にはいましばらく資料の蓄積を待ちたい。

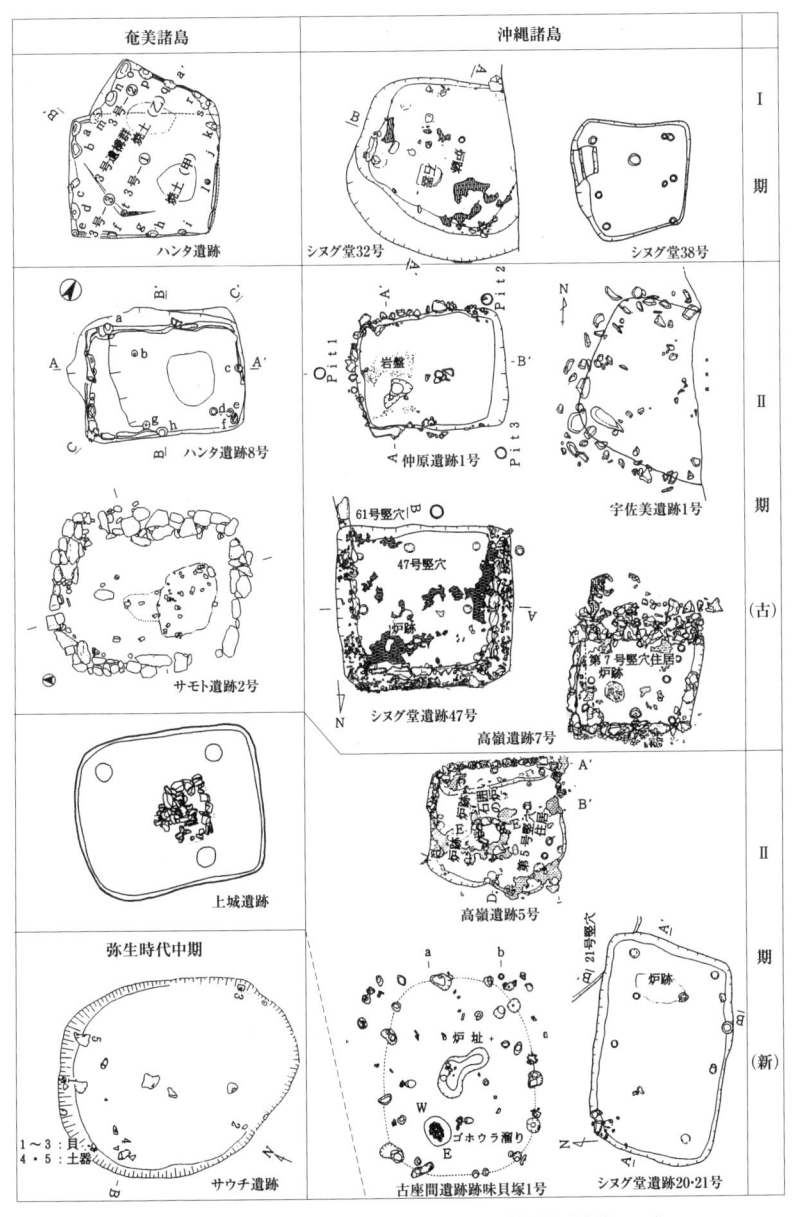

図11 奄美大島および沖縄諸島の竪穴住居変遷図（堂込 1995）
Ⅰ期は縄文後期後葉～晩期前葉　Ⅱ期（古）は縄文晩期中葉～後葉　Ⅱ期（新）は弥生併行期

第4節　朝鮮半島との関係

　縄文時代における九州と朝鮮半島との交流に関する研究は古く、1933年に及川民次郎が朝鮮半島南海岸の東三洞貝塚（韓国釜山市）から出土した隆起文土器と「南九州の縄文土器」（おそらくは轟B式土器）との関連性を指摘したのが最初であろう（及川1933）。そして、土器の外面全体に幾何学的文様を施し、また胎土に滑石を混入するという共通性により、佐賀県の西唐津海底遺跡から出土した縄文前期の曽畑式土器を実見した有光教一の「朝鮮の土器にソックリだ」という発言（松尾1955）以降、両者に関係性が存在することは周知の事実となった。その後、朝鮮半島側の隆起文土器→櫛目文土器、九州側の轟B式土器→曽畑式土器という土器変遷の共通性、型式学的にみて曽畑式が九州を含め西日本の中では出現困難、結合式釣針や扁平片刃石斧の共通性などから、縄文前期において海を越えた交流が積極的に行なわれていたという評価が定説化していった。そして、縄文前期の九州縄文人に海洋民族的なイメージを抱かせたり、アカホヤ火山灰による狩猟・採集を中心とした九州早期文化の壊滅と、それに取って代わった漁撈を中心とする前期文化の繁栄をドラスチックに表現したりと、九州縄文文化を語るうえで朝鮮半島との交流は不可欠な存在となってきた。近年ではさらに、仮面形貝製品（山崎2001）や石製装身具（大坪2001）の共通性をはじめ、東三洞貝塚から縄文後期の縄文土器が多数出土したことなどから、縄文時代における九州と朝鮮半島の交流は積極的であったという評価がいよいよ確実視されだした。しかし、はたしてこの評価は本当に正しいのであろうか。

　縄文文化は、南島の沖縄本島（正確には久米島まで）にまで及んでいる。もちろん、島嶼であることと亜熱帯という環境から気候も動植物生態系も九州島とは異なった環境であることから、食生活や生業スタイルをはじめ使用する道具の種類も異なる。しかし、例えば土器の文様は断続的に九州島からの影響を受けながら、それをベースに独自の文様を展開させたり、時には九州島の土器とまったく同種の土器を製作したり、あるいは九州島の土器が搬入品として入ってきたりする。九州島から沖縄本島までは、その間に連なる吐噶喇列島と奄美諸島の最低でも13の島々を渡っていかなければならない。総延長は約

500kmであるが、そのためには最短でも約20km、最長では約60kmの海を十数回越える必要がある。幸い、いずれの島でも晴天の時は前後の島が目視できる距離であるため、方向を見誤ることはない。しかし、それにしても、小さな丸木舟でかなり危険な航海を繰り返しながらも、縄文人は南島の島々で生活を営んでいたのである。

　これに対し、対馬海峡西水道（対馬と朝鮮半島の間）ではどのような交流が行なわれていたのであろうか。対馬は基本的に縄文文化の範囲内であるが、縄文前期の一時期だけ、その北西部に朝鮮半島から渡ってきた人々が生活した痕跡が、対馬市越高遺跡や夫婦石遺跡で見ることができる。対馬と朝鮮半島南海岸地域は最短で48km離れており、晴天時はお互いに目視できる距離にある。先述した南島の状況を考慮するなら、両者間には積極的な交流があって然るべきであるが、実際にはきわめて断片的な交流しかなかったと言わざるを得ない。

　かつて、曽畑式土器と櫛目文土器は幾何学文様の類似性が指摘されたが、実際には土器の胎土や製作方法、そして施文手法や文様モチーフなどがまったく異なっており、土器の外面全体に幾何学文様を施すという点にのみ類似性を認めることができる。結合式釣針については、軸部と針部を結合するという点では類似性が見られるが、実際に結合する部分の構造は紐などが巻かれて見えないためか異なる。このように、交流の象徴とされる曽畑式土器と結合式釣針については、視覚的に類似していても技術的・構造的には異なっている。このような事態が生じる背景には、言葉の違いが存在すると考えられる。縄文文化と朝鮮半島新石器文化を担った人々は、対馬海峡西水道を越えてお互いの存在を認識してはいるが、話す言葉が異なっているため、交流は行なっても言葉でしか伝えられないような技術や構造についての交流を行なうことはできず、もっぱら視覚的に理解できる範囲での交流でしかなかったのである。このことは、九州側にしろ、朝鮮半島側にしろ、相手側の遺物の出土量はいずれも0.1％以下であること、また九州側でみた場合、九州の縄文文化の中に日本列島全体の縄文文化とは明らかに系譜・系統の異なる文化が存在し、それが確実に根付いているといえる要素がほとんどないことからも判断できよう。ちなみに、東三洞貝塚で出土する九州の縄文土器は、厳密には九州に存在しない九州の縄文土器である。一見、文様や器形は九州の縄文土器に見えるが、いずれも微妙に九

州のそれとは異なる。おそらく、九州から対馬海峡西水道を渡り東三洞貝塚に根付いた縄文人が、記憶を呼び起こして作ったか、あるいはその二世が作った土器と考えられる（水ノ江 2003・2007b）。

さて、このように見てくると、九州の縄文住居や集落についても、朝鮮半島新石器時代のそれとどれほどの関連性があるのかはなはだ疑問である。中央に土坑を有する2本柱の住居についても、分布の中心は東南・南九州であり、また朝鮮半島のそれとは年代的にも異なる。仮に、住居の構造などに朝鮮半島の住居と類似する部分があっても、安易に両者の関係性を主張することには慎重でなければならないであろう。

かつて筆者は、縄文時代における九州と朝鮮半島との交流の実態を積極的に評価してきた（水ノ江 1988）。しかし、両地域における着実な資料の蓄積と研究の進展により、交流の事実は認めながらも、それが九州の縄文文化に与えた影響についてはきわめて小さかったと考えるようになってきている（水ノ江 2003・2007b）。

第5節　九州地方の縄文集落研究の展望

九州の縄文集落像は、この20年で急激に明らかになってきた。もちろん、それも早期や後期が中心で、不明瞭な時期のほうがいまだに多いのは事実である。今後も資料の蓄積は確実に行なわれていくだけに、さらに解明される部分は増えていくのであろう。その中にあって、草創期については、かつては事例数がほとんどなかったが、台地の縁辺部に立地することを想定していけばある程度の打開は図られるであろう。同様に掘立柱建物や平地式住居についても、明確な意識を持って発掘調査を行なっていけば資料の蓄積が進み、これらを含めた新たな集落像の構築も可能になると考えられる。また、墓についても、同様な意識が求められる。

系譜問題も重要である。九州島はその地理的条件から本州・南島・朝鮮半島との関係が想定される。南島については、交流というよりもむしろ大枠としては一体的な関係にあって、その中で島嶼・亜熱帯という特性から独特な地域性としての縄文文化が育まれていると見るべきであろう。これに対して、朝鮮半島とは交流はあるにせよ、相互の文化に大きな影響を与えるほど頻繁で濃密な

ものであったとは考えがたい。そして、本州については、日本列島としての大枠の中では縄文文化として共通の要素を有するが、九州島と南島の関係と同様に自然環境や動植物生態系については異なる部分があり、それに伴う地域性をもって基本的には九州の縄文文化として位置づけることができると考える。特に、直近の近畿・中国・四国地域とは異なる部分が多いだけに、これらを飛び越え東日本との関係性を強調すると、九州の本質性を見失いかねない。もちろん、東日本の縄文文化を視野にいれることは必要であるが、まずは足下を固めることを忘れてはならない。幸い、九州縄文研究会の積極的な活動により、住居、貝塚、墓、集石、炉穴、落とし穴、貯蔵穴を中心とした低湿地での遺構など、各種遺構の基礎的な集成は完成しており、あとは新資料の追加を随時行なうだけである。もう10年経ち、九州の縄文集落の多様性を改めて概観するとき、本稿の内容とどれほど変わったものになっているか今から楽しみである。

引用・参考文献

青崎和憲 1997「加栗山遺跡　鹿児島市」『第1回 日本文化の原点・国分上野原シンポジウム〜鹿児島は縄文発祥の地か〜』

雨宮瑞生 1992「最後の遊動生活—南九州縄文草創期資料を取り上げて—」『筑波大学先史学・考古学研究』3

雨宮瑞生 1993「温帯森林の初期定住—縄文時代初頭の南九州を取り上げて—」『古文化談叢』30（下）

雨宮瑞生 1998「南九州の初期定住」『考古学ジャーナル』429

石井　寛 1999「遺構研究　掘立柱建物跡」『縄文時代』10

石井　寛 2008「掘立柱建物跡から観た後晩期集落址」『縄文時代』19

大坪志子 2001「朝鮮半島の石製装身具」『文学部論叢』73

大坪志子 2004「九州地方の玉文化」『季刊考古学』89

及川民次郎 1933「南朝鮮牧ノ島東三洞貝塚」『考古学』4—5

小畑弘己 2004「磨製石器と植物利用—南九州地方における縄文時代草創期〜早期前半の石器生産構造の再検討—」『文学部論叢』82

小畑弘己 2006「九州縄文時代の堅果類とその利用—東北アジアの古民族植物学的視点より—」『九州縄文時代の低湿地遺跡と植物性自然遺物』

金丸武司 2005「九州における縄文の大土木工事」『南九州縄文通信』16

金丸武司 2006「宮崎市高野原遺跡の掘立柱建物群の評価」『宮崎考古』20

木村幾多郎 1981「九州地方における縄文時代集落研究の現状」『異貌』9

木村幾多郎 1997「交易のはじまり」『考古学による日本歴史10 対外交渉』

九州縄文研究会 2000『九州の縄文住居』

九州縄文研究会 2001『九州の貝塚』

九州縄文研究会 2002『九州の縄文墓制』

九州縄文研究会 2003『九州縄文時代の集石遺構と炉穴』

九州縄文研究会 2004『九州における縄文時代のおとし穴状遺構』

九州縄文研究会 2006『九州縄文時代の低湿地遺跡と植物性自然遺物』

九州縄文研究会 2008『九州の縄文住居Ⅱ』

栗島義明 2004「岩陰・洞穴遺跡を巡るパラドックス」『利根川』26

小池史哲 1993「豊前地域の縄文後期住居跡」『古文化談叢』30（下）

小池史哲 1998「周防灘南西沿岸地域の縄文後期住居跡」『列島の考古学 渡辺誠先生還暦記念論集』

坂本嘉弘 1994「埋甕から甕棺へ―九州縄文埋甕考―」『古文化談叢』32

坂本嘉弘 1997「九州における縄文時代の葬制」『古文化談叢』37

坂本嘉弘 2007「縄文―弥生移行期の葬制変化（九州）」『縄文時代の考古学9―死と弔い―』

佐々木藤雄 1998「北の文明・南の文明（上）―虚構の中の縄文時代集落論―」『異貌』16

島津義昭 1976「熊本の考古学―最近の発掘調査とその成果―」『九州考古学』52

新東晃一 1994「南九州の縄文草創期・早期の特色」『考古学ジャーナル』378

高橋信武 1983「第四節 縄文時代人と生活 二 縄文人の生活（一）住居」『大分県史 先史篇Ⅰ』

高橋信武 1988「縄文時代の集落―九州における研究の現状―」『おおいた考古』1

高橋信武 1998「縄文晩期の方形竪穴住居跡について」『列島の考古学 渡辺誠先生還暦記念論集』

堂込秀人 1995「南西諸島における竪穴住居跡―縄文時代晩期から弥生時代相当期の変遷―」『古代文化』47―1

富田紘一 1992「九州の土偶」『国立歴史民俗博物館研究報告』37

林 潤也 2006「九州地方の縄文後晩期住居」『第55回埋蔵文化財研究集会 弥生集落の成立と展開』

林 潤也 2007「九州における縄文時代竪穴住居の変遷」『日韓新石器時代の住居と集落』

北郷泰道 1987「集落論ノート―南九州の縄文晩期集落から―」『考古学研究』34―1
前迫亮一 1994「南九州縄文時代早期の集落相」『考古学ジャーナル』378
前迫亮一・水ノ江和同 2001「九州地方南部における縄文時代集落の諸様相」『列島における縄文時代集落の諸様相』
松尾禎作 1955「佐賀県唐津市西唐津海底遺跡」『日本考古学年報』4
水ノ江和同 1988「曽畑式土器の出現―東アジアにおける先史時代の交流―」『古代学研究』117
水ノ江和同 1999「西日本の縄文時代貯蔵穴―低湿地型貯蔵穴を中心に―」『同志社大学考古学シリーズ』Ⅶ
水ノ江和同 2000「福岡県の縄文住居」『九州の縄文住居』
水ノ江和同 2001a「九州地方における集落変遷の画期と研究の現状」『縄文時代集落研究の現段階』
水ノ江和同 2001b「九州地方北部における縄文時代集落の諸様相」『列島における縄文時代集落の諸様相』
水ノ江和同 2002「九州の縄文集落―縄文後・晩期を中心に―」『四国とその周辺の考古学 犬飼徹夫先生古稀記念論文集』
水ノ江和同 2003「朝鮮半島を越えた縄文時代の交流の意義―言葉と文化圏―」『考古学に学ぶⅡ』
水ノ江和同 2006「九州の縄文集落と「盛土遺構」」『考古学ジャーナル』548
水ノ江和同 2007a「低湿地型貯蔵穴」『縄文時代の考古学5―なりわい―』
水ノ江和同 2007b「ふたたび、対馬海峡西水道を越えた縄文時代の交流の意義―縄文文化と異文化との接触、言葉と文化圏―」『考古学に学ぶⅡ』
水ノ江和同・宮地聡一郎 2002「橿原式土器と文化交流」『日本考古学協会2002年度橿原大会 研究発表資料集』
八木澤一郎 2007「集石遺構とその機能―九州島の状況から―」『縄文時代の考古学5―なりわい―』
矢野健一 1999「住居と集落―非環状集落地域―」『季刊考古学』69
矢野健一 2001「西日本の縄文集落」『立命館大学考古学論集Ⅱ』
山崎純男 2001「海人の面―九州縄文時代精神文化の一側面―」『久保和士君追悼考古論文集』
山崎純男 2003「西日本の縄文後・晩期の農耕再論」『大阪市学芸員等共同研究―朝鮮半島と日本の相互交流に関する総合学術調査』

遺跡関連文献

北海道

恵庭市教育委員会 2004『カリンバ3遺跡（3）』
恵庭市教育委員会 2005『カリンバ2遺跡第Ⅶ地点』
帯広市教育委員会 1990『帯広・八千代A遺跡』
帯広市教育委員会 2006『帯広・大正遺跡群2』
北広島市教育委員会 2001『北の里3遺跡』
釧路市埋蔵文化財センター 1994『幣舞遺跡調査報告書Ⅱ』
釧路市埋蔵文化財センター 1996『幣舞遺跡調査報告書Ⅲ』
標茶町教育委員会 1983『開運町遺跡』
標津町教育委員会 1990『伊茶仁チシネ第3竪穴群遺跡』
斜里町教育委員会 2001『大栄6遺跡発掘調査報告書』
戸井町教育委員会 1990『浜町A遺跡Ⅰ』
東京大学文学部考古学研究室 1972『常呂』
常呂町教育委員会 1995『栄浦第一・第二遺跡』
苫小牧市教育委員会 1990『苫小牧東部工業地帯の遺跡群Ⅲ』
登別市教育委員会 1982『札内台地の縄文時代集落址―北海道登別市千歳6遺跡発掘調査報告書―』
北海道埋蔵文化財センター 1979a『美沢川流域の遺跡群Ⅱ』
北海道埋蔵文化財センター 1979b『美沢川流域の遺跡群Ⅲ』
北海道埋蔵文化財センター 1980『大麻1遺跡・西野幌1遺跡・西野幌3遺跡・東野幌1遺跡』
北海道埋蔵文化財センター 1981a『美沢川流域の遺跡群Ⅳ』
北海道埋蔵文化財センター 1981b『社台1遺跡・虎杖浜4遺跡・千歳4遺跡・富岸遺跡』
北海道埋蔵文化財センター 1985『美沢川流域の遺跡群Ⅷ』
北海道埋蔵文化財センター 1987『ママチ遺跡Ⅲ』
北海道埋蔵文化財センター 1990『美沢川流域の遺跡群ⅩⅣ』
北海道埋蔵文化財センター 1992a『美沢川流域の遺跡群ⅩⅤ』
北海道埋蔵文化財センター 1992b『中野A遺跡』
北海道埋蔵文化財センター 1992c『美沢川流域の遺跡群ⅩⅤ』
北海道埋蔵文化財センター 1993『美沢川流域の遺跡群ⅩⅥ』
北海道埋蔵文化財センター 1996『キウス5遺跡（2）』
北海道埋蔵文化財センター 1998『キウス5遺跡（5）』

北海道埋蔵文化財センター 1999a『中野 B 遺跡（Ⅳ）第 2 分冊』
北海道埋蔵文化財センター 1999b『富野 3 遺跡』
北海道埋蔵文化財センター 2001a『虎杖浜 2 遺跡』
北海道埋蔵文化財センター 2001b『キウス 4 遺跡（7）Q 地区』
北海道埋蔵文化財センター 2003a『キウス 4 遺跡（10）』
北海道埋蔵文化財センター 2003b『野田生 1 遺跡』
南茅部町教育委員会 1996『大船 C 遺跡平成 8 年度発掘調査報告書』
森町教育委員会 2006『鷲ノ木 4 遺跡』
森町教育委員会 2008『鷲ノ木遺跡』

青森県

青森県教育委員会 1978『三内沢部遺跡発掘調査報告書』
青森県教育委員会 1979『近野遺跡』
青森県教育委員会 1980『長七谷地貝塚』
青森県教育委員会 1980『大面遺跡発掘調査報告書』
青森県教育委員会 1980『板留（2）遺跡発掘調査報告書』
青森県教育委員会 1982『右エ門次郎窪遺跡』
青森県教育委員会 1985『大石平遺跡』
青森県教育委員会 1986『大石平遺跡Ⅱ』
青森県教育委員会 1987『大石平遺跡Ⅲ』
青森県教育委員会 1987『大湊近川遺跡発掘調査報告書』
青森県教育委員会 1988『上尾駮（1）遺跡 C 地区発掘調査報告書』
青森県教育委員会 1988『上尾駮（2）遺跡Ⅰ』
青森県教育委員会 1988『上尾駮（2）遺跡Ⅱ』
青森県教育委員会 1989『表館（1）遺跡Ⅲ』
青森県教育委員会 1990『表館（1）遺跡Ⅴ』
青森県教育委員会 1991『中野平遺跡』
青森県教育委員会 1992『富ノ沢（2）遺跡Ⅴ』
青森県教育委員会 1993『富ノ沢（2）遺跡Ⅵ』
青森県教育委員会 1993『野場（5）遺跡発掘調査報告書』
青森県教育委員会 1994『三内丸山（2）遺跡Ⅱ』
青森県教育委員会 1994『畑内遺跡Ⅰ』
青森県教育委員会 1995『熊ケ平遺跡』
青森県教育委員会 1995『千苅（1）遺跡発掘調査報告書』
青森県教育委員会 1995『上蛇沢（2）遺跡発掘調査報告書』

青森県教育委員会 1995『畑内遺跡Ⅱ』
青森県教育委員会 1996『畑内遺跡Ⅲ』
青森県教育委員会 1996『三内丸山遺跡Ⅵ』
青森県教育委員会 1997『畑内遺跡Ⅳ』
青森県教育委員会 1998『三内丸山遺跡Ⅹ』
青森県教育委員会 1999『十腰内（1）遺跡発掘調査報告書』
青森県教育委員会 2000『櫛引遺跡』
青森県教育委員会 2000『三内丸山遺跡ⅩⅤ』
青森県教育委員会 2000『三内丸山遺跡ⅩⅥ』
青森県教育委員会 2001『三内丸山（6）遺跡』
青森県教育委員会 2001『畑内遺跡Ⅶ』
青森県教育委員会 2002『畑内遺跡Ⅷ』
青森県教育委員会 2003『畑内遺跡Ⅸ』
青森県教育委員会 2003『上野尻遺跡Ⅳ』
青森県教育委員会 2003『三内丸山遺跡 22』
青森県教育委員会 2004『三内丸山遺跡 23』
青森県立郷土館 1976『下田代納屋Ｂ遺跡発掘調査報告書』
青森市教育委員会 1985『長森遺跡発掘調査報告書』
青森市教育委員会 2004『稲山遺跡発掘調査報告書』
黒石市教育委員会 1986『花巻遺跡』
階上町教育委員会 2000『滝端遺跡発掘調査報告書』
八戸市教育委員会 1982『長七谷地遺跡発掘調査報告書』
八戸市教育委員会 1986『八戸新都市区域内埋蔵文化財発掘調査報告書』Ⅱ（丹後谷地遺跡）
八戸市教育委員会 1988『八戸新都市区域内埋蔵文化財発掘調査報告書』Ⅴ（田面木平遺跡（1））
八戸市教育委員会 1988『八戸新都市区域内埋蔵文化財発掘調査報告書』Ⅶ（丹後平、丹後谷地遺跡）
八戸市教育委員会 1989『赤御堂遺跡』
八戸市教育委員会 2001『牛ヶ沢（4）遺跡Ⅱ』
八戸市教育委員会 2003『風張（1）遺跡Ⅴ』
平賀町教育委員会 1974『青森県平賀町唐竹地区埋蔵文化財発掘調査報告書』
平賀町教育委員会 1981『堀合Ⅰ遺跡』

岩手県

一戸町教育委員会 1978『一戸バイパス関係埋蔵文化財調査報告書Ⅰ』(田中4遺跡)
一戸町教育委員会 1983『一戸バイパス関係埋蔵文化財調査報告書Ⅲ』(田中1.2遺跡)
一戸町教育委員会 1993『御所野遺跡Ⅰ』
岩手県教育委員会 1978『都南町湯沢遺跡』
岩手県教育委員会 1979『東北縦貫自動車道関係遺跡発掘調査報告書Ⅱ』(大渡野遺跡)
岩手県教育委員会 1980『東北新幹線関係埋蔵文化財調査報告書』Ⅶ (西田遺跡)
岩手県教育委員会 1981『東北縦貫自動車道関係埋蔵文化財調査報告書Ⅶ』(大地渡遺跡)
岩手県埋蔵文化財センター 1980『松尾村長者屋敷遺跡(Ⅰ)』
岩手県埋蔵文化財センター 1981『松尾村長者屋敷遺跡(Ⅱ)』
岩手県埋蔵文化財センター 1982『御所ダム建設関連遺跡発掘調査報告書』(塩ケ森Ⅰ・Ⅱ遺跡)
岩手県埋蔵文化財センター 1982『東北縦貫自動車道関係埋蔵文化財調査報告書ⅩⅤ』(鳩岡崎遺跡)
岩手県埋蔵文化財センター 1982『扇畑Ⅱ遺跡発掘調査報告書』
岩手県埋蔵文化財センター 1982『御所ダム建設関連遺跡発掘調査報告書』(荢内遺跡)
岩手県埋蔵文化財センター 1983『叺屋敷Ⅰa遺跡発掘調査報告書』
岩手県埋蔵文化財センター 1983『叺屋敷Ⅰb遺跡発掘調査報告書』
岩手県埋蔵文化財センター 1983『叺屋敷Ⅱ遺跡発掘調査報告書』
岩手県埋蔵文化財センター 1983『叺屋敷Ⅲ遺跡発掘調査報告書』
岩手県埋蔵文化財センター 1983『馬場野Ⅰ遺跡発掘調査報告書』
岩手県埋蔵文化財センター 1983『君成田Ⅳ遺跡発掘調査報告書』
岩手県埋蔵文化財センター 1983『道地Ⅲ遺跡発掘調査報告書』
岩手県埋蔵文化財センター 1983『湯沢遺跡発掘調査報告書』
岩手県埋蔵文化財センター 1984『長者屋敷遺跡発掘調査報告書(Ⅲ)』
岩手県埋蔵文化財センター 1985『岩手の遺跡』
岩手県埋蔵文化財センター 1985『曲田Ⅰ遺跡発掘調査報告書』
岩手県埋蔵文化財センター 1986『馬場野Ⅱ遺跡発掘調査報告書』
岩手県埋蔵文化財センター 1986『水神遺跡発掘調査報告書』
岩手県埋蔵文化財センター 1986『馬場野Ⅰ遺跡発掘調査報告書』
岩手県埋蔵文化財センター 1986『馬場野Ⅱ遺跡発掘調査報告書』
岩手県埋蔵文化財センター 1986『大日向Ⅱ遺跡発掘調査報告書』
岩手県埋蔵文化財センター 1986『駒板遺跡発掘調査報告書』

岩手県埋蔵文化財センター 1988『馬立Ⅰ・太田遺跡発掘調査報告書』
岩手県埋蔵文化財センター 1988『馬立Ⅱ遺跡発掘調査報告書』
岩手県埋蔵文化財センター 1988『大久保・西久保遺跡発掘調査報告書』
岩手県埋蔵文化財センター 1988『飛鳥台地Ⅰ遺跡発掘調査報告書』
岩手県埋蔵文化財センター 1992『上八木田Ⅲ、Ⅳ、Ⅴ遺跡発掘調査報告書』
岩手県埋蔵文化財センター 1994『煤孫遺跡発掘調査報告書』
岩手県埋蔵文化財センター 1995『柳上遺跡発掘調査報告書』
岩手県埋蔵文化財センター 1995『上八木田Ⅰ遺跡発掘調査報告書』
岩手県埋蔵文化財センター 1995『上米内遺跡発掘調査報告書』
岩手県埋蔵文化財センター 1995『大日向Ⅱ遺跡発掘調査報告書』
岩手県埋蔵文化財センター 1997『板倉遺跡発掘調査報告書』
岩手県埋蔵文化財センター 1997『田代遺跡発掘調査報告書』
岩手県埋蔵文化財センター 1997『本内Ⅱ遺跡発掘調査報告書』
岩手県埋蔵文化財センター 1997『沢田Ⅱ遺跡発掘調査報告書』
岩手県埋蔵文化財センター 1998『大日向Ⅱ遺跡発掘調査報告書（第6次～第8次）』
岩手県埋蔵文化財センター 1999『大芦Ⅰ遺跡発掘調査報告書』
岩手県埋蔵文化財センター 1999『長谷堂貝塚発掘調査報告書』
岩手県埋蔵文化財センター 2000『相ノ沢遺跡発掘調査報告書』
岩手県埋蔵文化財センター 2000『沢田Ⅰ遺跡発掘調査報告書』
岩手県埋蔵文化財センター 2000『峠山牧場Ⅰ遺跡B地区発掘調査報告書』
岩手県埋蔵文化財センター 2000『清水遺跡発掘調査報告書』
岩手県埋蔵文化財センター 2000『上野平遺跡発掘調査報告書』
岩手県埋蔵文化財センター 2000『長倉Ⅰ遺跡発掘調査報告書』
岩手県埋蔵文化財センター 2002『上村遺跡発掘調査報告書』
岩手県埋蔵文化財センター 2004『長谷堂貝塚発掘調査報告書』
大迫町教育委員会 1979『立石遺跡』
大迫町教育委員会 1986『観音堂遺跡』
北上市教育委員会 1979『八天遺跡』
北上市教育委員会 1993『蟹沢館遺跡発掘調査報告書』
北上市教育委員会 1995『横欠遺跡』
滝沢村教育委員会 1986『湯舟沢遺跡』
遠野市教育委員会 2002『新田Ⅱ遺跡』
宮古市教育委員会 1989『千鶏遺跡』
宮古市教育委員会 1995『崎山貝塚』

盛岡市教育委員会 1997『大館遺跡群』(大館町遺跡)
藤沢町教育委員会 1998『十文字遺跡発掘調査報告書』
　宮城県
仙台市教育委員会 1987『山田上ノ台遺跡』
仙台市教育委員会 1990『下ノ内遺跡』
仙台市教育委員会 1992『沼遺跡』
仙台市教育委員会 1995『六反田遺跡』
宮城県教育委員会 1978『東北自動車道遺跡調査報告書Ⅰ』(上深沢遺跡)
宮城県教育委員会 1982『東北自動車道遺跡調査報告書Ⅶ』(菅生田遺跡)
宮城県教育委員会 1982『東北自動車道遺跡調査報告書Ⅸ』(二屋敷遺跡)
宮城県教育委員会 1985『七ヶ宿ダム関連遺跡発掘調査報告書Ⅰ』(大倉遺跡)
宮城県教育委員会 1986『今熊野遺跡Ⅱ』
宮城県教育委員会 1987『中ノ内B遺跡』
宮城県教育委員会 1987『小梁川遺跡』
宮城県教育委員会 1988『大梁川，小梁川遺跡』
宮城県教育委員会 1990『摺萩遺跡』
宮城県教育委員会 2003『嘉倉貝塚』
　秋田県
秋田県教育委員会 1981『杉沢台遺跡、竹生遺跡』
秋田県教育委員会 1984『東北縦貫自動車道発掘調査報告書ⅩⅡ』(白長根館Ⅰ遺跡)
秋田県教育委員会 1988『一般国道7号八竜能代道路建設事業に係る埋蔵文化財発掘調査報告書Ⅰ』(寒川Ⅰ、Ⅱ遺跡)
秋田県教育委員会 1989『東北横断自動車道秋田線発掘調査報告書Ⅱ』(上ノ山Ⅱ遺跡補遺)
秋田県教育委員会 1990『はりま館遺跡発掘調査報告書(上巻)』
秋田県教育委員会 1991『東北横断自動車道秋田線発掘調査報告書Ⅸ』(太田遺跡)
秋田県教育委員会 1997『池内遺跡』
秋田県教育委員会 1998『虫内Ⅰ遺跡』
秋田県教育委員会 1999『伊勢堂岱遺跡』
秋田県教育委員会 2000『潟前遺跡(第2次)』
秋田県教育委員会 2001『根下戸道下遺跡』
秋田県教育委員会 2001『松木台Ⅲ遺跡』
秋田県教育委員会 2006『深渡遺跡』
秋田県教育委員会 1980『上新城中学校遺跡』

秋田県教育委員会 1982『下堤D遺跡発掘調査報告書』
秋田県教育委員会 1984『秋田臨空港新都市開発関係埋蔵文化財発掘調査報告書』（坂ノ上E遺跡）
秋田市教育委員会 1985『秋田臨空港新都市開発関係埋蔵文化財発掘調査報告書』（坂ノ上F遺跡ほか）
秋田市教育委員会 1987『秋田新都市開発整備事業関係埋蔵文化財発掘調査報告書』（地方、台B遺跡）
秋田市教育委員会 1989『上新城中学校遺跡』
秋田市教育委員会 1992『上新城中学校遺跡』
男鹿市教育委員会 1979『大畑台遺跡発掘調査報告書』
鹿角市教育委員会 1984『天戸森遺跡』
鹿角市教育委員会 2005『特別史跡大湯環状列石（Ⅰ）』

　山形県

寒河江市教育委員会 1998『高瀬山遺跡（チェリー・パーク整備事業）発掘調査報告書』
羽黒町教育委員会 1973『玉川遺跡』
山形県教育委員会 1972『岡山』
山形県教育委員会 1976『小林遺跡』
山形県教育委員会 1982『うぐいす沢遺跡第2次発掘調査報告書』
山形県教育委員会 1988『吹浦遺跡第3、4次』
山形県教育委員会 1993『山形西高敷地内遺跡第5次発掘調査報告書』
山形県教育委員会 1994『西ノ前遺跡発掘調査報告書』
山形県埋蔵文化財センター 1997『北柳1・2遺跡発掘調査報告書』
山形県埋蔵文化財センター 2000『北柳1遺跡第2次発掘調査報告書』
山形県埋蔵文化財センター 2003『釜淵C遺跡発掘調査報告書』
山形県埋蔵文化財センター 2003『かっぱ遺跡発掘調査報告書』
山形県埋蔵文化財センター 2005『高瀬山遺跡（HO地区）発掘調査報告書』
米沢市教育委員会 1976『埋蔵文化財調査報告書』2（清水北C遺跡）
米沢市教育委員会 1983『埋蔵文化財調査報告書』（二タ俣A遺跡）
米沢市教育委員会 1985『法将寺』
米沢市教育委員会 1986『埋蔵文化財調査報告書』Ⅲ（大清水遺跡）
米沢市教育委員会 1994『矢子大日向発掘調査報告書』
米沢市教育委員会 1994『塔ノ原』
米沢市教育委員会 1994『窪平遺跡』
米沢市教育委員会 1996『一ノ坂遺跡』

米沢市教育委員会 1996『台ノ上遺跡発掘調査報告書』
米沢市教育委員会 2006『台ノ上遺跡発掘調査報告書』
　福島県
会津高田町教育委員会 1984『冑宮西遺跡』
会津若松市教育委員会 2001『本能原遺跡』
飯舘村教育委員会 1984『山辺沢遺跡』
いわき市教育委員会 1993『久世原館、番匠地遺跡』
郡山市教育委員会 1980『びわ首沢遺跡』
郡山市教育委員会 1982『河内下郷遺跡群Ⅱ』
郡山市教育委員会 2005『町Ｂ遺跡』
高郷村教育委員会 1985『博毛遺跡』
福島県教育委員会 1972『東北縦貫自動車道埋蔵文化財調査概報』3
福島県教育委員会 1975『東北自動車道遺跡調査報告』（川原遺跡）
福島県教育委員会 1975『田地ヶ岡遺跡発掘調査報告書』
福島県教育委員会 1984『真野ダム関連遺跡発掘調査報告書Ⅵ』（松ケ平Ｄ遺跡）
福島県教育委員会 1989『三春ダム関連遺跡発掘調査報告２』（柴原Ａ遺跡）
福島県教育委員会 1990『東北横断自動車道遺跡調査報告８』（角間遺跡）
福島県教育委員会 1991『東北横断自動車道遺跡調査報告11』（法正尻遺跡）
福島県教育委員会 1996『三春ダム関連遺跡発掘調査報告８』（越田和遺跡）
福島県教育委員会 1996『猪倉Ｂ遺跡』
福島県教育委員会 1996『摺上川ダム遺跡発掘調査報告Ⅱ』（獅子内遺跡）
福島市教育委員会 1991『南諏訪原遺跡』
福島市教育委員会 1994『月崎Ａ遺跡（第10.15.17.18次調査）』
福島市教育委員会 1995『宮畑遺跡発掘調査報告書』
福島市教育委員会 1995『下ノ平Ｄ遺跡、弓手原Ａ遺跡』
福島市教育委員会 1997『月崎Ａ遺跡（第６.16.18～26次調査）』
文献資料刊行会 1974『上栃窪遺跡』
三春町教育委員会 1987『西方前遺跡Ⅱ』
三春町教育委員会 1989『西方前遺跡Ⅲ』
三春町教育委員会 1993『西方前遺跡Ⅳ』
柳津町教育委員会 1996『石生前遺跡Ⅱ』
　栃木県
三沢正善ほか 1983『乙女不動原北浦遺跡発掘調査報告書』小山市教育委員会
梁木　誠 1988『聖山公園遺跡―根古谷台遺跡調査概要―』宇都宮市教育委員会

群馬県

赤山要造 1980『三原田遺跡（住居篇）』群馬県企業局
柿沼恵介ほか 1986『分郷八崎遺跡』群馬県教育委員会
関根慎二ほか 1986『糸井宮前遺跡』群馬県教育委員会
関根慎二 1988『糸井宮前遺跡』『群馬県史　資料編1』
大工原豊ほか 1994『中野谷地区遺跡群—県営畑地帯総合土地改良事業横野平地区に伴う埋蔵文化財発掘調査報告書』安中市教育委員会
大工原豊ほか 1996『中野谷松原遺跡—縄文時代遺構編—安中横野平工業団地造成事業に伴う埋蔵文化財発掘調査報告書』安中市教育委員会
大工原豊ほか 1998『中野谷松原遺跡—安中横野平工業団地造成事業に伴う埋蔵文化財発掘調査報告書3—』安中市教育委員会
大工原豊ほか 2001「群馬県における縄文時代集落の諸様相」『列島における縄文時代集落の諸様相』
谷藤保彦ほか 1987『三原田城遺跡』群馬県教育委員会
谷藤保彦ほか 1988「三原田城遺跡」『群馬県史　資料編1』
富沢敏弘ほか 1985『中棚遺跡』昭和村教育委員会、群馬県教育委員会
中村富雄ほか 1986『善上遺跡』月夜野町教育委員会、群馬県教育委員会
若月省吾・萩谷千明 1999「西鹿田中島遺跡の発掘調査」『考古学ジャーナル』447

埼玉県

麻生　優ほか 1983『打越遺跡』富士見市教育委員会
石塚和則ほか 1986『将監塚』埼玉県埋蔵文化財調査事業団
市川　修ほか 1974『高井東遺跡調査報告書』埼玉県遺跡調査会
市川　修 1983『塚屋・北塚屋』埼玉県埋蔵文化財調査事業団
梅沢太久夫・宮崎朝雄 1984「埼玉県における縄文集落の変遷」『日本考古学協会昭和59年度大会発表要旨』
金井塚良一ほか 1969『平松台遺跡』平松台遺跡調査団
恋河内昭彦 1995『南共和・新宮遺跡』児玉町遺跡調査会
笹森健一ほか 1987『鷺森遺跡の調査』埼玉県上福岡市教育委員会
並木　隆ほか 1984『椿峰遺跡群』所沢市教育委員会
宮井英一 1985「宮林遺跡」『大林・宮林　下南原』埼玉県埋蔵文化財調査事業団
宮井英一ほか 1989『古井戸』埼玉県埋蔵文化財調査事業団

千葉県

青沼道文 2000「加曽利貝塚」『千葉県の歴史　資料編　考古1（旧石器・縄文時代）』
犬塚敏雄 2000「中沢貝塚」『千葉県の歴史　資料編　考古1（旧石器・縄文時代）』

小川和博 2000「千代田遺跡群」『千葉県の歴史　資料編　考古1（旧石器・縄文時代）』
忍澤成視 1999『祇園原貝塚』市原市埋蔵文化財センター
郷田良一ほか 1982『千葉ニュータウン』10、千葉県文化財センター
子和清水貝塚発掘調査団 1976『子和清水貝塚－遺構図版編』松戸市教育委員会
子和清水貝塚発掘調査団 1978『子和清水貝塚－遺物図版編1』松戸市教育委員会
子和清水貝塚発掘調査団 1985『子和清水貝塚－遺物図版編2』松戸市教育委員会
菅谷通保ほか 2003『下太田貝塚』総南文化財センター
杉原荘介 1966『加曽利貝塚』
杉原荘介ほか 1976『加曽利南貝塚』
杉原荘介ほか 1977『加曽利北貝塚』
清藤一順 2000「飯山満東遺跡」『千葉県の歴史　資料編　考古1（旧石器・縄文時代）』
関根孝夫 1982「貝の花貝塚」『縄文文化の研究』8
高田　博ほか 1986『千原台ニュータウンⅢ　草刈遺跡（B区）』千葉県文化財センター
高柳正春ほか 1997『中野久木谷頭C地点』流山市教育委員会
武田宗久ほか 1968『加曽利貝塚Ⅰ』千葉県教育委員会
田中英世 2000「内野第1遺跡」『千葉県の歴史　資料編　考古1（旧石器・縄文時代）』
千葉県文化財センター 1999「千葉市有吉南貝塚（千葉東南部地区）」『千葉県文化財センター年報』24
西野雅人ほか 1998『有吉北貝塚』千葉県文化財センター
西野雅人 2000「草刈貝塚」『千葉県の歴史　資料編　考古1（旧石器・縄文時代）』
西山太郎 2000「八代花内遺跡」『千葉県の歴史　資料編　考古1（旧石器・縄文時代）』
野村幸希ほか 1975『飯山満東遺跡』
野村幸希ほか 1978『千葉ニュータウン埋蔵文化財調査報告書』千葉県文化財センター
林田利之ほか 1994『木戸先遺跡』㈶印旛郡市文化財センター
林田利之 2000「木戸先遺跡」『千葉県の歴史　資料編　考古1（旧石器・縄文時代）』
半田賢三 1976『武士遺跡』
堀越正行 2000「権現原貝塚」『千葉県の歴史　資料編　考古1（旧石器・縄文時代）』
松田富美子ほか 1997『千葉県成田市南羽鳥遺跡群Ⅱ』㈶印旛郡市文化財センター
松田富美子 2000「成田市中岫第1遺跡―E―地点」『千葉県の歴史　資料編　考古1（旧石器・縄文時代）』
八幡一郎ほか 1971『高根木戸』船橋市教育委員会
八幡一郎ほか 1972『海老ヶ作貝塚』船橋市教育委員会
八幡一郎ほか 1973『貝の花貝塚』松戸市教育委員会
八幡一郎ほか 1974『宮本台貝塚』船橋市教育委員会

四柳　隆 2000「有吉南貝塚」『千葉県の歴史　資料編　考古 1（旧石器・縄文時代）』
　東京都
阿部芳郎ほか 2000『中里貝塚』東京都北区教育委員会
江坂輝弥ほか 1984『なすな原遺跡』
新藤康夫 1981「神谷原遺跡におけるムラと墓」『どるめん』30
新藤康夫ほか 1982『神谷原Ⅱ』八王子市椚田遺跡調査会
土井義雄・新藤康夫 1984「東京都における縄文時代集落の変遷」『日本考古学協会昭和59年度大会発表要旨』
宮崎　博 1983「縄文草創期の住居址―東京都秋川市前田耕地遺跡―」『季刊考古学』4
吉田　格ほか 1992『向郷遺跡』立川市向郷遺跡調査会
　神奈川県
青木　豊・内川隆志 1993『勝坂遺跡 45 次調査』
相原俊夫 1987『神奈川県高座郡寒川町　県営岡田団地内遺跡（第 1 期～第 4 期）発掘調査報告書』
石井　寛 1995『川和向原遺跡　原出口遺跡』横浜市ふるさと歴史財団
石井　寛 1999『小丸遺跡』横浜市ふるさと歴史財団
石井　寛 2001『前高山遺跡　前高山北遺跡』横浜市ふるさと歴史財団
石井　寛 2008『華蔵台遺跡』横浜市ふるさと歴史財団
伊藤　郭ほか 1980「横浜市神隠丸山遺跡（ル 1・2）の調査」『第 4 回神奈川県遺跡調査・研究発表会発表要旨』
伊藤　郭ほか 1983「横浜市三の丸遺跡の調査」『第 7 回神奈川県遺跡調査・研究発表会発表要旨』
伊藤　郭ほか 1985『三の丸遺跡調査概報』横浜市埋蔵文化財調査委員会
伊藤　郭ほか 1990「大塚遺跡」『全遺跡調査概要』横浜市埋蔵文化財センター
今井康博 1978「横浜市勝田第 6・16 遺跡の調査」『第 2 回神奈川県遺跡調査・研究発表会　発表要旨』
岡本　勇ほか 1990『全遺跡調査概要』横浜市埋蔵文化財センター
河野一也ほか 1984「杉久保遺跡」『日本窯業史研究所年報』Ⅱ
小林義典ほか 1993『神奈川県高座郡寒川町岡田遺跡発掘調査報告書』県営岡田団地内遺跡発掘調査団
小林義典ほか 1993『神奈川県高座郡寒川町岡田遺跡範囲確認調査報告書』岡田遺跡発掘調査団
小宮恒雄・山口隆夫・石井　寛 1984「横浜市能見堂遺跡の調査」『第 8 回神奈川県遺跡調査・研究発表会発表要旨』

小宮恒雄ほか 2003『二ノ丸遺跡』横浜市ふるさと歴史財団
坂上克弘 1977「横浜市池辺第14遺跡の調査」『第1回神奈川県遺跡調査・研究発表会発表要旨』
坂上克弘ほか 1982「神奈川県大熊仲町遺跡」『日本考古学年報』32
坂上克弘ほか 1984「大熊仲町遺跡発掘調査概報」『調査研究集録第五冊』港北ニュータウン埋蔵文化財調査団
坂上克弘ほか 2005『月出松遺跡　月出松南遺跡』横浜市ふるさと歴史財団
坂本　彰ほか 1984「横浜市北川貝塚の調査」『第8会神奈川県遺跡調査・研究発表会発表要旨』
坂本　彰 1987「横浜市西ノ谷貝塚」『第11回神奈川県遺跡調査・研究発表会発表要旨』
坂本　彰 1995「第3章 縄文時代草創期」『花見山遺跡』港北ニュータウン地域内埋蔵文化財調査報告
坂本　彰 2003『横浜市西ノ谷貝塚』横浜市ふるさと歴史財団
桜井順也 1993「神奈川県藤沢市南鍛冶山遺跡の調査」『日本考古学協会第59回発表要旨』
桜井順也ほか 1994『南鍛冶山遺跡発掘調査報告書』
桜井順也・小林謙一 1992「第3章 縄文時代草創期第2文化層」『湘南藤沢キャンパス内遺跡』2
鈴木保彦 1978b『下北原遺跡―伊勢原市下北原所在の縄文時代配石遺構の調査―』神奈川県教育委員会
鈴木保彦 1994「岡田遺跡と縄文時代の集落」『寒川町史研究』7
鈴木保彦ほか 1996『寒川町史8　別編考古』
玉口時雄ほか 1989「川崎市黒川地区遺跡群・宮添遺跡・他の調査」『第13回神奈川県遺跡調査・研究発表会発表要旨』
戸田哲也 1989「藤沢市ナデッ原遺跡の調査」『第13回神奈川県遺跡調査・研究発表会発表要旨』
富永富士雄 1979「二の丸遺跡（チ3）の調査」『第3回神奈川県遺跡調査・研究発表会発表要旨』
和島誠一・岡本　勇 1958「南堀貝塚と原始集落」『横浜市史1』

新潟県

荒川隆史 2002「新潟県における縄文晩期のムラ・墓・建物」『川辺の縄文集落』新潟県教育委員会・(財)新潟県埋蔵文化財調査事業団
荒川隆史ほか 2004『青田遺跡―日本海沿岸東北自動車道関連発掘調査報告書Ⅴ―』新

潟県教育委員会・(財)新潟県埋蔵文化財調査事業団
加藤　学・荒川隆史ほか 1999『上信越自動車道関係発掘調査報告書Ⅴ　和泉A遺跡』新潟県教育委員会・(財)新潟県埋蔵文化財調査事業団
川村三千男ほか 1993『奥三面ダム関連遺跡発掘調査報告書Ⅲ　前田遺跡』朝日村教育委員会
川村三千男 1995『奥三面ダム関連遺跡発掘調査報告書Ⅳ　元屋敷遺跡Ⅰ』朝日村教育委員会
川中健太郎 2004「他洞窟との遺物量比較—縄文時代早期を中心に—」『黒姫洞窟遺跡—第1期発掘調査報告—』魚沼地域洞窟遺跡発掘調査団ほか
佐藤雅一・石坂圭介ほか 1994『干溝遺跡』中里村教育委員会
富樫秀之ほか 2002『奥三面ダム関連遺跡発掘調査報告書Ⅷ　アチヤ平遺跡上段』朝日村教育委員会
藤巻正信ほか 1991『関越自動車道関係発掘調査報告書　城之腰遺跡』新潟県教育委員会
宮本長二郎 2004「青田遺跡の住居と集落」『青田遺跡』新潟県教育委員会・(財)新潟県埋蔵文化財調査事業団

　山梨県
雨宮正樹ほか 1988「山梨県高根町青木遺跡調査概報」『山梨県考古学会誌』2
伊藤公明 2002『古林第4遺跡Ⅱ』大泉村教育委員会
櫛原功一・平野　修 1999『上ノ原遺跡』上ノ原遺跡発掘調査団
末木　健 1975「移動としての吹上パターン」『山梨県中央道埋蔵文化財包蔵地発掘調査報告書—北巨摩郡長坂・明野・韮崎地内—』
末木　健・小野正文・新津　健 1984「山梨県における縄文集落の変遷」『日本考古学協会昭和59年度大会発表要旨』
末木　健ほか 1984「山梨県における縄文時代・集落資料集成図集」『日本考古学協会昭和59年度大会　縄文時代集落の変遷』
新津　健 1994『天神遺跡』山梨県教育委員会
三田村美彦 2005『原町農業高校前遺跡（第2次）』山梨県教育委員会

　長野県
気賀沢進 1988『辻沢南遺跡』駒ヶ根市教育委員会ほか
小林康男・小松　学 1994『矢口・唐沢南遺跡』塩尻市教育委員会
小林康男 1986『俎原遺跡—縄文時代中期の環状集落址—』塩尻市教育委員会
小林深志 1993『阿久尻遺跡』茅野市教育委員会
新谷和孝 1995『お宮の森裏遺跡』上松町教育委員会
寺内隆夫ほか 2005『聖石遺跡　長峯遺跡（別田沢遺跡）』長野県埋蔵文化財センター

戸沢充則 1988「縄文時代の住居と集落」『長野県史考古資料編　全一巻(四)遺跡・遺物』
馬場保之ほか 1998『美女遺跡』飯田市教育委員会
平出一治 2005『比丘尼原遺跡』原村教育委員会
平林　彰ほか 1993『北村遺跡』長野県教育委員会ほか

富山県

井口村教育委員会 1980『富山県井口村　井口遺跡発掘調査概要』
大山町教育委員会 1990『東黒牧上野遺跡Ａ地区　発掘調査概要』
富山市教育委員会 1981『北代遺跡』

石川県

石川県立埋蔵文化財センター 1999「庄が屋敷Ｃ遺跡」『能美丘陵東遺跡群Ⅳ』
金沢市教育委員会 1985『金沢市東市瀬遺跡』

静岡県

池谷信之ほか 1995「駿豆地方縄文時代草創期の居住地について」『日本考古学協会第61回総会研究発表要旨』
小金澤保雄ほか 2003『大鹿窪遺跡　窪Ｂ遺跡（遺構編）』芝川町教育委員会
小金澤保雄ほか 2006『大鹿窪遺跡　窪Ｂ遺跡（遺物編）』芝川町教育委員会
渋谷昌彦 1990「旗指遺跡第Ⅰ地点」『静岡県史 資料編１ 考古一』
馬飼野行雄ほか 1983『若宮遺跡』富士宮市教育委員会

愛知県

山下勝年ほか 1980『先刈貝塚』南知多町教育委員会

三重県

三重県埋蔵文化財センター 1994a『大鼻遺跡』
三重県埋蔵文化財センター 1994b『一般国道42号松坂・多気バイパス埋蔵文化財発掘調査概報Ⅳ』
三重県埋蔵文化財センター 1995『三重県埋蔵文化財調査報告』108―2

滋賀県

今津町教育委員会 1987『今津町文化財報告書』7
滋賀県教育委員会 1973『湖西線関係遺跡調査報告書』
滋賀県教育委員会・㈶滋賀県文化財保護協会 1997『一般国道161号（西大津バイパス）建設に伴う穴太遺跡発掘調査報告書』Ⅱ
滋賀県教育委員会・㈶滋賀県文化財保護協会 1999『長命寺川広域河川改良工事に伴う発掘調査報告書』
能登川町教育委員会 1996『能登川町埋蔵文化財調査報告書』40（正楽寺遺跡５次調査）
㈶栗東町文化体育振興事業団 1993『栗東町埋蔵文化財調査1991年度年報』Ⅱ

京都府

網野町教育委員会・同志社大学考古学研究室 1958『浜詰遺跡発掘概報』

泉　拓良 1977「京都大学植物園遺跡」『仏教芸術』115

京都大学文化財資料室 1974『京都大学理学部ノートバイオトロン実験装置室新営工事に伴う発掘調査の概要　京都大学植物園内縄文遺跡』

㈶京都市埋蔵文化財研究所 1987『昭和59年度京都市埋蔵文化財調査概要』

㈶京都市埋蔵文化財研究所 1994「北白川廃寺2」『京都市埋蔵文化財調査概要』平成2年度

㈶京都府埋蔵文化財調査研究センター 1989「志高遺跡」『京都府遺跡調査報告書』12

舞鶴市教育委員会 1975「第5章　総括」『京都府舞鶴市桑飼下遺跡発掘調査報告書』

大阪府

㈶大阪府文化財調査研究センター 2000『㈶大阪府文化財調査研究センター発掘調査報告書』55

㈶大阪府埋蔵文化財協会 1986『仏並遺跡』

縄手遺跡調査会・東大阪市教育委員会 1971『縄手遺跡』

縄手遺跡調査会・東大阪市教育委員会 1976『縄手遺跡』2

東大阪市教育委員会 1985『日下遺跡発掘調査概要—第11・12次調査—』

東大阪市教育委員会 1986「第2章　日下遺跡第13次発掘調査」『東大阪市埋蔵文化財発掘調査概要』

藤井寺市教育委員会 1998『国府遺跡』

兵庫県

川西市教育委員会 1996『平成7年度川西市発掘調査概要報告—阪神・淡路大震災復旧・復興に伴う発掘調査—』

多渕敏樹 1992「篠原遺跡」『兵庫県史』考古資料編

兵庫県教育委員会 1998『兵庫県文化財調査報告176—2分冊　佃遺跡』

美方町 1989『美方町文化財調査報告書』1

六甲山麓遺跡調査会 1989「西岡本遺跡発掘調査中間概要2」『生活文化史資料館だより』13

奈良県

大淀町教育委員会 1994「越部ハサマ遺跡」『大淀町文化財報告書』1

奈良県教育委員会 1961「橿原」『奈良県史跡名勝天然記念物調査報告』17

奈良県立橿原考古学研究所 1991「布目川流域の遺跡6」『奈良県遺跡調査概報』1990年度

奈良県立橿原考古学研究所 1996「平城京1995年度調査概報」『奈良県遺跡調査概報』

1995 年度
奈良県立橿原考古学研究所 2000『本郷大田下遺跡』
奈良県立橿原考古学研究所附属博物館 1999「大柳生ツクダ遺跡」『大和を掘る』17
埋蔵文化財天理教調査団 1984『布留遺跡の調査』
埋蔵文化財天理教調査団 1989「奈良県天理市布留遺跡三島（木寺）地区・豊田（三反田）地区発掘調査報告」『考古学調査研究中間報告』16
埋蔵文化財天理教調査団 1991『発掘調査 20 年』
山添村教育委員会 1989『奈良県山添村大川遺跡』

 和歌山県
海南市教育委員会・海南市文化財調査研究会 1987『溝ノ口遺跡』Ⅱ

 鳥取県
名和町教育委員会 1981『名和遺跡群発掘調査報告書（南川遺跡）』
鳥取県教育文化財団 1994『大下畑遺跡』
鳥取県教育文化財団 1995『百塚第 7 遺跡・小波狭間谷遺跡・泉経前遺跡』
鳥取県教育文化財団 2005a『門前第 2 遺跡（菖蒲田地区）』
鳥取県教育文化財団 2005b『門前上屋敷遺跡』
米子市 1999「喜多原第 4 遺跡・岡成第 9 遺跡」『新修米子市史 第 7 巻』

 島根県
島根県教育委員会 1994『森遺跡・板屋Ⅰ遺跡・森脇山城跡・阿丹山辻堂遺跡志津見ダム建設予定地内埋蔵文化財調査報告書 2』
島根県教育委員会 1998『板屋Ⅲ遺跡 5　志津見ダム建設予定地内埋蔵文化財調査報告書 5』
島根県教育委員会 2000『神原Ⅰ・神原Ⅱ　志津見ダム建設予定地内埋蔵文化財調査報告書 8』
島根県教育委員会 2002a『下山遺跡　志津見ダム建設予定地内埋蔵文化財調査報告書 12』
島根県教育委員会 2002b『小丸遺跡　志津見ダム建設予定地内埋蔵文化財調査報告書 14』
島根県教育委員会 2002c『貝谷遺跡　志津見ダム建設予定地内埋蔵文化財調査報告書 16』
島根県教育委員会 2003a『神原Ⅱ（3）　志津見ダム建設予定地内埋蔵文化財調査報告書 18』
島根県教育委員会 2003b『尾白Ⅰ遺跡・尾白Ⅱ遺跡・家の脇遺跡 3 区・川平遺跡 尾原ダム建設に伴う埋蔵文化財発掘調査報告書 1』

島根県教育委員会 2003c『家の後Ⅰ遺跡・垣の内遺跡　尾原ダム建設に伴う埋蔵文化財発掘調査報告書2』
島根県教育委員会 2004a『槇ヶ峠遺跡　尾原ダム建設に伴う埋蔵文化財発掘調査報告書』
島根県教育委員会 2004b『暮地遺跡　尾原ダム建設に伴う埋蔵文化財発掘調査報告書Ⅲ』
島根県教育委員会 2005a『前田遺跡（2）・下布施氏館跡・原田遺跡Ⅰ区（分析編）　尾原ダム建設に伴う埋蔵文化財発掘調査報告書5』
島根県教育委員会 2005b『宮脇遺跡・家の後Ⅱ遺跡　尾原ダム建設に伴う埋蔵文化財発掘調査報告書6』
島根県教育委員会 2005c『北原本郷遺跡1-1～3・6区の調査　尾原ダム建設に伴う埋蔵文化財発掘調査報告書7』
島根県教育委員会 2006『原田遺跡（2）—2区の調査—尾原ダム建設に伴う埋蔵文化財発掘調査報告書8』
島根県教育委員会 2007a『家の後Ⅱ遺跡2・北原本郷遺跡2　尾原ダム建設に伴う埋蔵文化財発掘調査報告書9』
島根県教育委員会 2007b『原田遺跡（3）　尾原ダム建設に伴う埋蔵文化財発掘調査報告書10』
島根県教育委員会 2007c『林原遺跡　尾原ダム建設に伴う埋蔵文化財発掘調査報告書11』
頓原町教育委員会 1991『五明田遺跡』
頓原町教育委員会 1992『五明田遺跡発掘調査報告書』
仁多町教育委員会 1990『下鴨倉遺跡　道路改良工事に伴う第2次発掘調査報告』
仁多町教育委員会 2004『暮地遺跡　尾原ダム建設に伴う埋蔵文化財発掘調査報告書Ⅲ』
飯南町教育委員会 2007『万場Ⅱ遺跡　中山間地域ほ場整備工事予定地内埋蔵文化財調査報告書』

岡山県

岡山県教育委員会 1993『百間川沢田遺跡』
岡山県教育委員会 1996『百間川原尾島遺跡』
岡山県教育委員会 1999『田益田中（国立病院）遺跡』
岡山大学埋蔵文化財調査研究センター 1992『津島岡大遺跡3』
岡山大学埋蔵文化財センター 1994『津島岡大遺跡3』
岡山大学埋蔵文化財センター 1995『津島岡大遺跡9』

岡山大学埋蔵文化財センター 1998『津島岡大遺跡 10』
岡山大学埋蔵文化財センター 2004『津島岡大遺跡 14』
岡山大学埋蔵文化財センター 2005『津島岡大遺跡 16』
加計学園埋蔵文化財調査室 1998『岡山市津島東3丁目 朝寝鼻貝塚発掘調査概報』
　広島県
帝釈峡遺跡群発掘調査団編 1976『帝釈峡遺跡群』
　高知県
西土佐村教育委員会 1998『大宮・宮崎遺跡Ⅱ』
西土佐村教育委員会 1999『大宮・宮崎遺跡Ⅰ』
　福岡県
嘉穂町教育委員会 1989『アミダ遺跡』
浄土院遺跡調査団 1972『浄土院遺跡調査概報』
立花町教育委員会 1995『白木西原遺跡Ⅱ』
築城町教育委員会 1992『城井谷Ⅰ』
福岡県教育委員会 1993『中村石丸遺跡』
福岡県教育委員会 1998『九州横断自動車道関係埋蔵文化財調査報告第49集―楠田遺
　　跡・小覚原遺跡・二十谷遺跡―』
福岡市教育委員会 1985『有田・小田部』6
福岡市教育委員会 1992『有田・小田部』16
福岡市教育委員会 2004『大原D遺跡群』
星野村教育委員会 1994『十籠星野小学校遺跡』
山鹿貝塚調査団 1972『山鹿貝塚』
　佐賀県
佐賀市教育委員会 2008『東名遺跡―第2次調査の概要―』
　長崎県
長崎県教育委員会 1999a『黒丸遺跡Ⅱ』
長崎県教育委員会 1999b『伊力木遺跡Ⅱ』
百人委員会 1974『筏遺跡―縄文後・晩期の埋葬遺跡―』
　熊本県
熊本県教育委員会 1987『狸谷遺跡』
熊本県教育委員会 1989『六地蔵遺跡1』
熊本県教育委員会 1998『鶴羽田遺跡』
熊本県教育委員会 1999『古閑北遺跡』
熊本県教育委員会 2002『石の本遺跡群Ⅴ』

熊本市教育委員会 1981『上南部遺跡発掘調査報告書』
人吉市教育委員会 1993『中堂遺跡』

　大分県

大分県教育委員会 1999『龍頭遺跡』
本耶馬溪町 1987『本耶馬溪町史』

　宮崎県

秋成雅博 2008「宮崎県清武町上猪ノ原遺跡第5地区の調査」『考古学研究』54—4
木城町教育委員会 2000『石河内本村遺跡』
田野町教育委員会 1990『丸野第2遺跡』
田野町教育委員会 2002『縄文集落 本野原遺跡』
田野町教育委員会 2004a『本野原遺跡一』
田野町教育委員会 2004b『高野原遺跡B・C区（4）』
田野町教育委員会 2005『本野原遺跡二』
田野町教育委員会 2006『本野原遺跡三』
宮崎県教育委員会 1985『平畑遺跡』
宮崎県埋蔵文化財センター 2000a『上の原第2遺跡　上の原第1遺跡』
宮崎県埋蔵文化財センター 2000b『竹ノ内遺跡』
宮崎県埋蔵文化財センター 2006『下耳切第3遺跡』
宮崎市教育委員会 1996『椎屋形第1遺跡　椎屋形第2遺跡　上の原遺跡』

　鹿児島県

鹿児島県教育委員会 1981『加栗山遺跡・神ノ木山遺跡』
鹿児島県埋蔵文化財センター 1997『上野原遺跡』
鹿児島県埋蔵文化財センター 2001『上野原遺跡（第10地点）』
鹿児島県埋蔵文化財センター 2005『大坪遺跡』
鹿児島県埋蔵文化財センター 2006a『三角山Ⅰ遺跡』
鹿児島県埋蔵文化財センター 2006b『山ノ中遺跡』
鹿児島市教育委員会 1992『掃除山遺跡』
瀬戸口望 1981「東黒土田遺跡発掘調査報告」『鹿児島考古』15
知名町教育委員会 2006『住吉貝塚』
西之表市教育委員会 2004『鬼ヶ野遺跡』
南種子町教育委員会 2002『藤平小田遺跡』

　沖縄県

宜野座村教育委員会 1999『前原遺跡』
北谷町教育委員会 2007『伊礼原遺跡』

執筆者一覧（50音順）

櫛原　功一（くしはら　こういち）
1961（昭和36）年生まれ
國學院大學文学部史学科考古学専攻
財団法人山梨文化財研究所　考古第2研究室長
「縄文中期の環状集落と住居形態」『山梨考古学論集Ⅲ』山梨県考古学協会、1994
『研究集会報告集2　食の復元―遺跡・遺物から何を読みとるか』（編著）岩田書院、1999

小杉　康（こすぎ　やすし）
1959（昭和34）年生まれ
明治大学大学院文学研究科史学専修考古学専攻　博士後期課程単位取得退学
北海道大学大学院文学研究科　教授
『縄文のマツリと暮らし』岩波書店、2003
『心と形の考古学』（編著）同成社、2006
『縄文時代の考古学』全12巻（共編著）同成社、2007～2009

鈴木　克彦（すずき　かつひこ）
1948（昭和23）年生まれ
國學院大學大学院文学研究科考古学専攻　博士課程途中退学
弘前学院大学地域総合文化研究所　客員研究員
『北日本の縄文後期土器編年の研究』雄山閣、2001
『注口土器の集成研究』雄山閣、2007

鈴木　保彦（すずき　やすひこ）
1946（昭和21）年生まれ
日本大学大学院文学研究科史学専攻修士課程　博士（歴史学）
日本大学芸術学部　教授

『縄文時代集落の研究』雄山閣、2006
「縄文集落の隆盛と双環状集落・鼎立状環状集落の出現」『長野県考古学会誌』118、2006

瀬口　眞司（せぐち　しんじ）
1968（昭和43）年生まれ
奈良大学文学部文化財学科　文学博士（立命館大学）
財団法人滋賀県文化財保護協会　主任
「関西縄文社会とその生業」『考古学研究』50－2、2003年
「琵琶湖周辺の縄文社会―丸木舟の果たした役割―」『丸木舟の時代』サンライズ出版、2007

丹羽　佑一（にわ　ゆういち）
1947（昭和22）年生まれ
京都大学大学院文学研究科博士課程単位修得退学
香川大学経済学部　教授
「多摩ニュータウン No.107 遺跡縄文人の婚姻と社会」『ムラと地域の考古学』同成社、2007
「Ⅳ宗教的観念　他界観念」『縄文時代の考古学11　心と信仰―宗教的観念と社会秩序―』同成社、2007

水ノ江和同（みずのえ　かずとも）
1962（昭和37）年生まれ
同志社大学大学院文学研究科文化史学専攻　博士課程中途退学
文化庁文化財部記念物課埋蔵文化財部門　文化財調査官
「ふたたび、対馬海峡西水道を越えた縄文時代の交流の意義―縄文文化と異文化との接触、言葉と文化圏―」『考古学に学ぶⅢ』同志社大学考古学シリーズⅨ、2007
「低湿地型貯蔵穴」『縄文時代の考古学5　なりわい―食料生産の技術―』同成社、2007

2009年10月20日 初版発行　　　　《検印省略》

●シリーズ　縄文集落の多様性Ⅰ●
集落の変遷と地域性

編　者　鈴木克彦・鈴木保彦
発行者　宮田哲男

発行所　株式会社　雄山閣
　　　　〒102-0071　東京都千代田区富士見2-6-9
　　　　TEL 03-3262-3231　FAX 03-3262-6938
　　　　振替 00130-5-1685
　　　　http://www.yuzankaku.co.jp
印刷所　亜細亜印刷株式会社
製本所　協栄製本株式会社

ISBN978-4-639-02109-4　C3021　　　　Printed in Japan 2009

シリーズ 縄文集落の多様性

南北に連なる日本列島の豊かな自然環境のもとに形成された縄文時代の集落形成には、地域と年代により多様性があることが知られている。
その多様な縄文時代の集落について、20世紀代第4四半期に日本各地において発掘された資料に今世紀に発掘された新資料を加え、「縄文集落」の全体像を明らかにする。

```
Ⅰ    集落の変遷と地域性
Ⅱ    葬墓制
Ⅲ    生活・生業
Ⅳ    信仰・祭祀
```

編集
鈴木克彦・鈴木保彦
全4巻・A5判

2010年4月刊行予定（次回配本）

シリーズ縄文集落の多様性Ⅱ　葬墓制

■内　容■

- 総　説〈鈴木克彦〉
- Ⅰ　北海道北部の縄文集落の葬墓制〈藤原秀樹〉
- Ⅱ　北海道南部の縄文集落の葬墓制〈遠藤香澄・鈴木克彦〉
- Ⅲ　東北地方北部の縄文集落の葬墓制〈鈴木克彦〉
- Ⅳ　東北地方南部の縄文集落の葬墓制〈相原淳一〉
- Ⅴ　関東地方の縄文集落の葬墓制〈鈴木保彦〉
- Ⅵ　北陸地方の縄文集落の葬墓制〈渡邊裕之・木下哲夫〉
- Ⅶ　中部地方の縄文集落の葬墓制〈山本暉久〉
- Ⅷ　東海・岐阜地方の縄文集落の葬墓制〈長田友也〉
- Ⅸ　近畿地方の縄文集落の葬墓制〈中村健二〉
- Ⅹ　中国地方の縄文集落の葬墓制〈山田康弘〉
- ⅩⅠ　四国地方の縄文集落の葬墓制〈山田康弘〉
- ⅩⅡ　九州地方の縄文集落の葬墓制〈水ノ江和同〉
- ⅩⅢ　南西諸島の縄文集落の葬墓制〈新里貴之〉

＊刊行予定は変更することがあります。